中文社会科学引文索引(CSSCI)来源集刊

人大法律评论

《人大法律评论》编辑委员会·组编

2021年第2辑·总第34辑

法律出版社
LAW PRESS·CHINA
北京

图书在版编目(CIP)数据

人大法律评论. 2021年. 第2辑 : 总第34辑 /《人大法律评论》编辑委员会组编. -- 北京 : 法律出版社, 2022

ISBN 978-7-5197-7447-9

Ⅰ. ①人… Ⅱ. ①人… Ⅲ. ①法律-文集 Ⅳ. ①D9-53

中国版本图书馆CIP数据核字(2022)第251474号

人大法律评论(2021年第2辑·总第34辑)
RENDA FALÜ PINGLUN
(2021 NIAN DI-2 JI · ZONG DI-34 JI)

《人大法律评论》编辑委员会 组编

策划编辑 沈小英
责任编辑 毛镜澄
装帧设计 李 瞻

出版发行 法律出版社
编辑统筹 法治与经济出版分社
责任校对 王 丰
责任印制 吕亚莉
经 销 新华书店

开本 710毫米×1000毫米 1/16
印张 23.75 **字数** 420千
版本 2022年9月第1版
印次 2022年9月第1次印刷
印刷 北京虎彩文化传播有限公司

地址:北京市丰台区莲花池西里7号(100073)
网址:www.lawpress.com.cn
投稿邮箱:info@lawpress.com.cn
举报盗版邮箱:jbwq@lawpress.com.cn

销售电话:010-83938349
客服电话:010-83938350
咨询电话:010-63939796

书号:ISBN 978-7-5197-7447-9
定价:136.00元

凡购买本社图书,如有印装错误,我社负责退换。电话:010-83938349

卷首语

法的秩序，以及法身后的秩序

一位师长曾向我提起他念书时的一位室友。据师长说，只要问这位室友：热水瓶在哪儿、书在哪儿。他就说北边或西边，而不说左边或右边，更不去指点在这儿或在那儿。而且，此人无论被撂到哪里，怎么个七拐八弯之后，总能不动声色地说："哦，那边是南。"于是，迷了路的人就只好老老实实跟着他走。

这种人在人群中确实是稀有的。如果将方向感看作一种秩序，普通人建立这种秩序的参照物，通常是周边的草木、建筑、山河。但是，他们却是捕捉和把握一些更遥远和恒定的参照物。看着无差别的人，却被两种不同的时空秩序支配着。

这绝非什么新鲜的事。因为甚至同一个人，在同一事项上，也可同时受制于两种截然相异的秩序。开车行驶在学校附近的机动车道上，道路交通安全法要求行驶速度不高于每小时 30 千米。但是，道德所要求的既可能更严，也可能更松。如果路边灯光昏暗、行人较多，则远低于每小时 30 千米的速度才是合理的；相反，路况条件良好时，道德的"应当"会被架设在高于每小时 30 千米的某个位置。通常而言，人们容易分辨出这两种不同的规范秩序：那个固定的速度限制，是法秩序的一部分；而在精心考量后对速度作出的调整，则属于法身后的秩序，其主要成分是道德秩序。

这两种秩序在现代社会主导人们共同生活的形式，而且经常在显著或隐蔽的意义上彼此纠缠、相互影响。因此，省思它们之间的关系，找到它们各自在社会世界中的位置和存在方式，就成为一项必要工作。法理论与伦理学的交叉研究，大抵是在这一感召之下发生的。

本辑以"法理论与伦理学"为主题，集中探讨法秩序与道德秩序之间的关系。本辑收录了 8 篇相关文章，大体上又可以分为"法理论与后设伦理学""法理论与规范伦理学”。“法理论与后设伦理学”则聚焦两种秩序各自在一个自然化的世界中的位置,并观察这两个位置之间是否存在重叠和包含关系;“法理论与规范伦理学”集中讨论两种秩序本身的塑造与被塑造关系,讨论道德秩序如何具体、实实在在地影响法秩序。

在“法理论与后设伦理学”板块中,陈景辉《法理论与后设伦理学的连结点:一个导读或导论》一文可视为该板块所涉话题的一个综论。其关键主张是,“法律是什么”应被理解为后设伦理学在法理学上的对应物。“法律应当是什么”则需解读为规范伦理学在法理学上的对应物,两者是虽有联系,但性质不同的工作。史蒂芬·芬利的《规范性的最新研究》梳理了近几十年来在规范性属性的本质上有所主张的一些代表性理论,包括非还原论的实在论、新亚里士多德主义、新休谟主义、表达主义、建构主义等。对于初学者来说,芬利的引介是帮助他们概览当代后设伦理学主要争论的一个脚手架。沈宏彬《重访德沃金的道德真理论》一文用较长篇幅论证了德沃金道德真理论在怀疑论面前的溃败,并指出,更恰当的真理观念是一种“依赖法则的真理”,展现了卓越的理论勇气。在《对德沃金批评外在道德怀疑论的批评》一文中,尹不忧指出,德沃金以休谟原则和自相矛盾为依据,批评外在道德怀疑论的不充分之处,难能可贵的是,他重新“武装”了这两个论证,使德沃金的批评获得补强。钱一栋在《反思事实/价值二分法:具体含义和理论后果》中尝试证明,即便拒绝实在论,人们依然可以为价值的真理性和客观性进行辩护,并解释了这一结论之于法哲学的意义。

“法理论与规范伦理学”板块收入 3 篇文章,它们展示了规范伦理学影响法理论的 3 种范例。郑玉双《再论德沃金的价值一体性命题》一文重新回顾了德沃金价值一体性命题的最佳样貌;文章有力地证明,即便是这一最佳样貌,依然难以取得成功。孔杨的《双性人运动员参赛资格之辨》与聂清雨的《向谁忠诚:“原繁困境”与现代宪法的伦理革命》分别从两个具体场景入手,探讨渗透进制度之中的道德哲学和政治哲学命题,从而展现出难得的人文关怀和理论洞察力。

本辑中的其他论文虽没有被收录到上述两个专题中,依然以这样或那样的方式与“伦理学”相照面。例如,陈洪杰、孙瑜晨、王海洋所著的 3 篇文章,分别通过规范秩序的生成、经济法的泛法律化、公共财产变迁的规范逻辑这 3 个原理性议题,深度触摸制度背后的价值构造。当然,也有从具体制度中展开的微观伦理学分析。例如,范继增的文章是对欧洲人权法院适用共识性司法教义加以反思，聂友伦的文章是对地方人民法院设置进行合宪性分析，赵毅宇的文章是对社会主义核心价值观融入守法的分析，潘宁的文章是对法院调解制度进行实证分析，以及李智涓的文章反思公序良俗条款的引致功能。

围绕法的秩序与法身后的秩序（道德秩序）所产生的争鸣，就是本辑努力想促成的“理论合唱”。本辑内容所具有的某种风格上的整体性，有的是编者与作者的有意共谋，有的则可以说是编者与作者在偶然撞见之后的一拍即合。

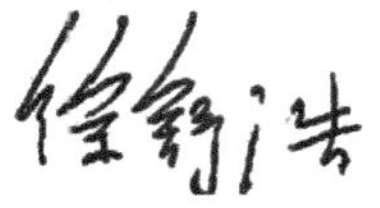

2021 年 12 月 21 日于品园

专题一:法理论与后设伦理学

法理论与后设伦理学的连结点：一个导读或导论

陈景辉*

内容摘要：

法理学由两个问题组成，关注一般法之概念一般的“法律是什么”，以及关注一般法之价值一般的“法律应当是什么”。如果比照伦理学之规范伦理学与后设伦理学的基本结构，那么法律是什么就相当后设伦理学在法理学上的体现；而法律应当是什么则是规范伦理学在法理学上的体现。传统伦理学的看法认为，后设伦理学与规范伦理学虽然有联系，但它们还是两项性质不同的工作，所以无论是后设伦理学还是规范伦理学最多是两条交叉的直线，而根本就不会是同一条直线。带着这个看法回到法理论，就会得出法律是什么与法律应当是什么，同样是两项虽有联系但性质不同的工作。此外，在方法论层面，后设伦理学就是以“法理论之方法论”的意义存在，或者说，后设伦理学“可能”为法理学提供了可靠的方法论。

关键词：

法理论　后设伦理学　规范伦理学

《人大法律评论》编辑部在设立“法理论与后设伦理学”专辑时，事先咨询过我的意见，我曾表示大力支持，并初步答应如果时间合适，也会写文章来作为支持。但由于后续的工作缠身，一直无法抽出充足的时间做专题式的专门讨论，所以只能以此介绍性的导读式短文，呼应编辑部的学术热情，并初步偿还文债。但介绍性质的文字，始终距离研究性质的论文较为遥远，无法表达细致、成熟的新想法，只能帮助读者更好理解这个话题以及这些文章。因此，这篇简短讨论

* 中国人民大学法学院教授。

将主要承担“破题”的工作,来说明“法理论”与“后设伦理学”之间的关联。笔者认为,二者之间存在两种不同的关联方式,且本卷文章基本上以第一种关联方式为主(芬利的译文除外),我将在小标题上分别使用“Ⅰ”和“Ⅱ”来加以区分。

一、关于“法理论Ⅰ”

这里所使用的“法理论”,可以在一般意义上,等于国内学术界更常使用的“法理学”。但之所以没有采用更常见的用法,部分是由语言方面的原因造成的:由于法理学之“Jurisprudence”的英文表达,同时拥有“法学”(Science of Law)的含义,为避免语言多义带来的无意义混淆,法理论(Legal Theory)的表述可能更适当,因为它能有效区别于部门法学之“教义理论”(doctrinal theory)的性质。与此同时,在中国的学科划分上,法理学学科意义的准确名称,实际上是“法学理论”,所以法理论的语词也能与之保持匹配。当然,这些考虑仍然主要是名词之争,真正重要的是实质理由,这就不能不讨论法理学或法理论的学科属性。

那么,同样作为法学的当然组成部分,法理学与部门法学之间的区别是什么?这首先需要从部门法学的性质入手。所谓部门法学,一般需要满足 3 个递进式的条件:第一,它必须围绕一套正在生效的实在法体系展开,所以民法学将必须围绕民法(体系)展开、刑法学必须围绕着刑法(体系)展开,如此等等;第二,由于不同国家的实在法体系的规定一定是不同的,所以不同国家的同一部门法理论也是不同的,如中国的民法理论与德国的民法理论肯定不同,尽管二者之间的确存在亲缘关系;第三,部门法理论一定首先是实践指向的,也就是说它的目标是要为特定法律问题(不限于诉讼)提供答案,并且必须是在该实在法体系的框架内解决问题,所以它在态度上一定是“受实在法拘束”的。

如果承认法理学有别于部门法学,那么它就应当具备三种不同的色彩:第一,法理学一定不是围绕着正在生效的实在法体系展开。但这是否意味着法理学可以将任何事物当作自己的研究对象?显然不行,否则就无法成为“‘法’理学”了。于是,法理学必须以抽象的“一般法”(Law)为研究对象,而特定国家的实在法体系就成为与之相对的“个别法”(the law),传统上写成“法与法律”的区别。第二,即使个别法因国别而有所不同,但一般法却绝不会拥有这个色彩,否则就不存在一般法的概念了,所以法理学一定是超越国别的一般性理论。第三，由于法理学是一般性理论，所以它必然不会拥有“受实在法拘束”的属性，它的任务当然也不是在实在法框架内解决实践问题；并且，如果将“实践意义”等同于在实在法框架内解决实践问题，那么法理学就不具备“这种”实践意义。[1]

通过以上对比，部门法与法理学的区别就变得非常明显：在研究性质上，部门法学一定是一种个别理论（particular theory），而法理学则是一种一般理论（general theory）。如果进一步将所有的一般理论称为“哲学”，那么法理学就是法哲学（legal philosophy）。这就解释了，为何法理学、法理论、法哲学这3个不同的名词，经常被学者用来指称相同的研究内容。[2] 但这仍然主要是名词之争，真正的关键仍然在于：法理学作为法学的一般理论，这到底意味着什么？

这取决于对“一般”的理解，当然同时也包括对“特殊”的理解。那么，什么可以被称作“一般”？在直觉上，显然是那些不因特殊的具体对象而有所不同的内容，才足以称得上“一般”。自然科学在这一点上，表现得更加明显。虽然不同地域的人们，以不同的方式使用火来生活，但像西塞罗曾经说过的那样，无论在哪里，火的燃烧方式都是一样的，这就是一般性，也可以称为自然规律，或者干脆称为“性质”。在这个意义上，以发现自然规律为任务的自然科学，显然就是一种一般理论，否则就称不上科学，那个发现也就称不上自然规律。如果将注意力从自然事物转向人类的实践，并同时认为人类实践是一种价值实践，那么就会承认第二种一般性的可能，即价值上的一般性。

应该没人会反对法律是一种人类实践，因此法律的一般理论也会同时包括两种一般性：其一，性质上的一般；其二，价值上的一般。其中，前者所要回答的问题是：法律的一般性质是什么？或者简称为“法律实际是什么”；后者所要回答的问题：法律的一般价值是什么？或者简称为“法律应当是什么”。边沁将前者称为“阐明性法（理）学”（expository jurisprudence），后者就是“审查性法（理）学”（censorial jurisprudence）或“立法的艺术”（the art of legislation）；[3] 进而，如

---

〔1〕 如果除“在实在法框架内解决实践问题”外，“实践意义”还有其他的含义，那么就不能一概认为法理学不具备实践意义。

〔2〕 参见陈景辉：《法论为什么是重要的——法学的知识框架及法理学在其中的位置》，载《法学》2014年第3期。

〔3〕 Bentham, *The Principles of Morals and Legislation*, Prometheus Bocks, 1988, p. 324.

果像边沁和奥斯汀一样,认为立法的艺术主要是个政治决断(定),而不属于科学的事项,那么作为科学的法理学(法律科学),将只剩下关于“法律是什么”之性质讨论的唯一部分。如果进一步将性质讨论等同于概念分析(conceptual analysis),那么关于“法律是什么”的法理学,就只能是一种概念分析的工作,这项工作也因此经常被叫作“分析法学”(analytical jurisprudence)。[4]

二、关于“后设伦理学Ⅰ”

当然,随着关于价值的道德哲学或伦理学的讨论取得进展,边沁之类基于是否科学的反对意见已经很难成立。假设承认法理学由回答性质一般与价值一般的两项工作所组成,那么除这两项工作的具体讨论外,就新增了一个独特的重要问题:这两项工作是相互独立的任务,还是它们存在必然的关联?让我拿个常见的例子来作进一步的说明。当法学教师在课堂上发问:你觉得法律是什么?初学者经常这样作答:法律就是正义,或法律必须体现正义的要求。严格说来,这个回答所针对的主要是“法律应当是什么”的问题,即法律“应当”满足正义的要求,而不是在回答“法律实际是什么”的问题。所以,教师通常会回应说:有的法律的确在整体上落实了正义的要求,但有的法律只是部分满足正义的要求,有的甚至根本就与正义矛盾。即使你可以说,那些与正义根本矛盾的法律不是真正的法律;但你却不能说,那些并未完全贯彻正义要求的法律,就不再是真正的法律。由此可见,法律是什么与法律应当是什么,是两件不同的事情。

姑且不论上述这些简单的说法是否真正成立,但这依然显现了某种特定主张的大致样态:法律是什么与法律应当是什么或法律的概念与法律的价值,是法理学的两个不同问题,需要两种并无必然关联的不同作业。[5] 这就是我曾

〔4〕 凯尔森的“价值相对主义”所表达的大致也是这个意思,所以他的纯粹法理论也经常被归入分析法学的范畴。

〔5〕 此外,还有一种“特殊法理学”(Special Jurisprudence)的主张。但笔者认为,这种特殊法理学的确具备一般性,但其法理学的性质非常可疑,以致很难区分它是法理学的工作还是纯粹的政治哲学的讨论。Jeremy Waldron, *Law and Disagreement*, Oxford University Press, 1999, p. 2-4; 陈景辉:《法理学的性质——关于法律一般属性的讨论如何可靠》,载《吉林大学社会科学学报》2019年第4期。

经称为“二元论”的看法，那些认为法律的概念与价值问题存在必然关联的看法就是“一元论”。[6] 暂且搁置一元论与二元论的争论，回头重新来进一步明确这两项工作的性质。非常明显，关于法律应当是什么的讨论，由于本身是关于价值的讨论，所以它本身不可能是价值中立的描述性工作或概念分析工作。也就是说，它必须要证成某种具备一般性的特定价值，并由此来说明法律实践为何是重要的，以及法律实践应当如何贯彻并提升该价值。相应地，关于法律是什么的讨论，就是一种价值中立的描述性工作或概念分析的工作，其任务并不是为了促进法律实践以符合某种价值要求的方式得以改进，而是去说明法律的一般性质是什么。正因为在是否价值中立上的态度不一样，所以它们经常被视为两项不同的工作，这也是二元论得以成立的基本理由。

现在可以说一说这件事情与后设伦理学（metaethics）有什么关系，转述德沃金这个最大一元论者的看法，可能是更为简便的做法。[7] 德沃金将二元论者称为阿基米德主义者，他们就是试图将关于价值实践的“一阶表述”（first-order discourse）与关于“后设表述”（meta discourse）的二阶平台（second-order platform）区分开来，后者可成为后设伦理学。为阐明他的主张，德沃金以这样的方式作进一步判断：普通人经常会作出如下的价值判断，例如，堕胎是不道德的、种族歧视是邪恶的、背叛国家比背叛朋友在道德上更好等。后设伦理学家并不关心这些价值判断之对错的规范状态，而只是关心这些价值判断的“逻辑状态”（logical status）。其中，部分人会认为，这些价值判断有真假值：当它为真时，那么它就正确反映（report）了某种独立于心灵的“道德事实”（moral fact）；反之，则为假。而另外一部分人则认为，价值判断并不是关于独立实体的反应，而只是情绪、个人品好之类主观性的东西。虽然这两拨人在价值判断是否有真假值上意见对立，但他们都是阿基米德主义者，因为他们所提供的理论，并不来自他们自己的价值判断。在这个意义上，这些后设性的二阶理论，是中立的、哲学化的和非认同性（uncommited）的，所以对堕胎、歧视、爱国和友谊之道德性质的问题上，它们并不持有任何特定的立场。于是，这些理论就是概念性的或描述性的，而不是实质性的或参与性的。

---

〔6〕 陈景辉：《法理论的性质：一元论还是二元论?》，载《清华法学》2015 年第 6 期。

〔7〕 See Ronald Dworkin, *Justice in Robes*, Harvard University Press, 2006, p. 140 – 142.

既然已经谈到了后设伦理学,那么紧接着再多说几句,可能会帮助读者更好地理解。一般而言,人们在谈论伦理学时,他们其实就在谈论道德判断或价值判断,也就是在谈论什么是对与错、好与坏、有价值与无价值。当然,他们既可以围绕特定话题来谈论价值判断,如说谎是否一直是错的,也可以谈论某些更一般性的话题,如正当的行动是否总是以善作为目标。以上这些讨论,就被叫作规范伦理学(normative ethics)。然而,除此之外,他们还会以更一般和更具反思性的方式谈论伦理问题,这主要是在对伦理学的性质进行反思,如价值判断是否有真值(truth),如果有,那么价值判断上的真是否依照道德事实或自然事实而获得,等等。这些讨论就是后设伦理学。[8] 几乎无人会否认规范伦理学与后设伦理学之间存在关系,但这并不能得出二者是一回事的结论。举个不恰当的例子,父亲和儿子一定存在血缘关系,但父亲和儿子始终还是两个独立的人。

现在,可以将既有的这些说法合并起来了:其一,法理学由两个问题组成,关注一般法之概念一般的“法律是什么”问题,与关于一般法之价值一般的“法律应当是什么”问题。其二,如果比照伦理学之规范伦理学与后设伦理学的基本结构,那么法律是什么就相当后设伦理学在法理学上的体现,而法律应当是什么则是规范伦理学在法理学上的体现。其三,传统伦理学的看法认为,后设伦理学与规范伦理学虽然有联系,但它们还是两项性质不同的工作,所以无论是后设伦理学还是规范伦理学最多是两条交叉的直线,而根本就不会是同一条直线。其四,带着这个看法回到法理论,那么就会得出法律是什么与法律应当是什么,同样是两项虽有联系、但性质不同的工作(这就是所谓的二元论),虽然法理学者并不必然是依照伦理学上的讨论,才最终得出这样的概念。最后,德沃金的一元论意味着,在他看来,无论是后设伦理学与规范伦理学,还是法律是什么与法律应当是什么,虽然在抽象层次上存在不同,但它们的确就是同一项工作;[9] 同时,这就是德沃金为何会成为法理学讨论焦点的主要原因。

评价德沃金的成功与否,并不是这篇导读式文章的任务,它也没有篇幅容纳如此复杂的讨论。但是,这些导读式的文字,可以帮助读者来理解,为何会有

---

〔8〕 Mark van Roojen, *Metaethics: A Contemporary Introduction*, Routledge, 2015, p. 1.

〔9〕 这就是德沃金在如下著作中的主要工作,Ronald Dworkin, *Justice for Hedgehogs*, Harvard University Press, 2011。

本卷中的这些论文，这些作者试图通过不同的侧面来作出理解和批评，这也是这些论文写作大的理论背景。当然，作为一篇初步算得上文章的文字，总要表达一下我作为作者的态度：我是传统看法的支持者，也即，还是要严格区分法律是什么与法律应当是什么；但我同时认为，这两者之间存在单向的关联性，即后设伦理学对规范伦理学会有限制作用，或法律是什么对法律应当是什么会有限制作用。稍微清楚一点的说法是，特定规范伦理学的主张可能会被后设伦理学排除在外，特定法律应当是什么的看法，可能会被特定法律是什么排除在外；[10] 尽管如此，这仍然不足以将它们等同起来，就直接将后设理论视为规范理论。就此而言，我是德沃金的反对者。

三、关于“法理论Ⅱ”

接下来，我将转向法理论与后设伦理学的第二种关系。要想理解这种关系，首先，让我假定法理学的核心任务，是致力于回答“法律是什么”的问题。[11] 按照今天的用语，这个问题被叫作法理学的“实质问题”。然而，关于实质问题，一直存在一个严峻的方法论难题：由于实质问题中的“法律”，指的是抽象的、无法依直觉认识的“一般法”（Law），而不是具体的、可依直觉把握的“实在法”（the law），那么这个工作如何是可靠的？具体来说，凭什么法实证主义与反实证主义的主张不是研究者的“个人猜想”？或者更严重一点，凭什么这些主张不是如同“跳大神”或“算命”一般的“妄想”或“玄想”？现在可将以上这个“无法依直观把握”的性质，叫作法理论的“认识难题”（epistemic problem），那么就必须想办法来克服这个难题，以保障关于实质问题的讨论是可靠的，这个工作在

---

〔10〕 第一个部分的工作，请参见笔者通过对法治的后设分析排除实质法治观的具体讨论。陈景辉：《法治必然承诺特定价值吗？》，载《清华法学》2017 年第 1 期。

〔11〕 即使是德沃金，也不会认为法理学不需要回答这个问题，他只是认为这个问题与法律应当是什么无法区别开来。由此，可以为“法理学或法理论”提供一个定义性的条件：只有那些必须直接回答“法律是什么”之问题的努力，才能称得上是法理学工作；反之，一个关于法律的理论无论多抽象，只要它并没有直面“法律是什么”，那么都称不上是法理学。但是，“不是法理学”并不是一个指责，它仍然很有可能是值得尊重的工作。

今天被叫作法理学的“方法论”。[12] 目前可以这样说,法理论的全貌由实质问题和方法论问题共同组成。

那么,后设伦理学在这个全貌中扮演什么样的角色?答案非常简单、清楚:更为积极的表述是,后设伦理学就是以“法理论之方法论”的意义存在;更消极的表述是,后设伦理学“可能”为法理学(实质问题)提供了可靠的方法论。我为什么不直接采用积极的表述,直接将后设伦理学视为法理论的方法论问题?这是因为,在表面上看来,后设伦理学其实并不是当然的唯一选择,其他带有“后设”(meta)性质的学科,似乎同样也能提供方法论上的支持,如形而上学(metaphysics)。这就需要一些进一步的说明,让我从实质问题的讨论入手,尤其是从法实证主义(legal positivism)入手。

在法理学的实质问题上,法实证主义的主张甫一出现,立刻就占据了统治性的地位,于是备选的答案就只在实证主义与反实证主义(anti-positivism)展开。更古老的自然法观念,几乎已经无法寻找;即使能够找到,几乎也只能说是一种反实证主义的主张,因为他们基本上都“部分”接受实证主义的社会事实命题,即法律的内容与存在取决于社会事实。德沃金、约翰 · 菲尼斯(John Finnis)、马克 · 墨菲(Mark Murphy)、马克 · 格林伯格(Mark Greenberg)等反实证主义者只是认为,除社会事实外,价值也在决定法律的内容与存在上扮演关键角色,基本无人会支持“法律的内容与存在‘唯一’取决于价值(条件)”的传统自然法立场。[13]

无论最终法实证主义与反实证主义哪个是正确的,但一开始,它们都得是基本可靠的主张才行,这需要寻找方法论上的根据。任何有清楚头脑的法理论者,不可能不知道方法论的重要性,但可能是受限于概念工具的成熟度,很多方法论上的思考非常粗糙。这个特点,与他们在实质主张上的学说缜密,形成明显对照。例如,奥斯丁,他在方法论上的基本方案,是从分析“‘法’的惯常用

---

〔12〕 其实,刚刚讨论的法理论与后设理论理学之间的第一种讨论,同样属于法理论的方法论。

〔13〕 于是,“自然法”基本上成为一个仅具备思想史意义的表达,而不再用来指代法理论中的特定基本立场。Mark Greenberg, *How Facts Make Law?*, in Scott Hershovitz ed., Exploring Law's Empire: The Jurisprudence of Ronald Dworkin, Oxford University Press, 2006, p. 225 – 229.

法”入手。首先，他作了4种用法的区分：上帝的命令、主权者的命令、实证道德(positive morality)与比喻或隐喻用法。其次，他依照我经常称为“冗余论”的原则[14]将两者排除在外，因为它们无须一定要用“法律”这个名词来指代。这样一来，法律就与“命令”等同，无论是上帝的命令，还是主权者的命令。最后，他又通过前面谈到的“法律实际是什么”与“法律应当是什么”的区分，通过将上帝的命令或功利原则之类道德准则等同于法律应当是什么，得出对法律是主权者的命令的最终结论。于是，奥斯丁的工作，就主要集中在对“命令”与“主权者”这两个核心概念的分析上。

同样是法实证主义者的哈特，[15]不但无法接受奥斯丁“法律是主权者命令”的实质主张，也无法接受奥斯丁的方法论。哈特是这样展开方法论批评的：在他看来，奥斯丁的方法论可归结为一种由“属＋种差”组成的“定义理论”。按照定义理论，关于“法律是什么”的争议，将会通过对“种属”和“种差”的讨论来获得解决。但之所以产生法律是什么的争议，就是因为在种属和种差上已经存在的争议造成的，因此奥斯丁的定义理论注定无法成功。至少在《法律的概念》的第一版中，对奥斯丁的批评，是哈特关于方法论的主要讨论内容。除此之外，他只在前言中做了“描述社会学”的方法论宣称，然后引用了J.L.奥斯汀(J.L. Austin)“通过对语词的理解，来加深对现象的感知”的表述。后面这个引用，曾经引发了关于哈特与(J.L.奥斯汀所在的)日常语言哲学的方法论联想。

但一般而言，研究者经常只从“描述社会学”中抽象出“描述理论”的部分，将它作为哈特的核心方法论。但除是价值中立外，描述理论具体是什么样子，就众说纷纭了。即使是哈特自己在第二版的“后记”中，基本上也只采取“即使描述的对象是评价，但描述始终是描述”的消极说法，哈特方法论的正面形象仍不清楚。至此，可稍作总结：作为目前仍然是讨论基本出发点的哈特的理论，在方法论上主要由两个消极判断组成：第一，奥斯丁的方法论是定义理论，但它是错误的；第二，哈特自己的方法论是描述理论，它是价值中立的理论。但哈特方法论的正面形象是什么，至少他自己仍然缺乏详细的说明。这件事情，成为哈特或视他为宗师的法实证主义者的主要理论痛点。

但这种窘境最近有所改善，马默以“化约论”(reductionism)来正面描述哈

[14] 陈景辉：《存在做错事的权利吗？》，载《法律科学》2018年第2期。

[15] 以下讨论，see H. L. A. Hart, *The Concept of Law*, Oxford University Press, 1994。

特的方法论,[16] 并且化约论同样可以将奥斯丁的方法论包含进来,所以马默曾作出这样的断言:哈特和奥斯丁在方法论上并无实质上的不同。如果这个判断是成立的,那么哈特为何比奥斯丁更正确就变得一目了然,因为哈特革命性地或彻底地改善了奥斯丁的实质理论,于是奥斯丁式的实质主张就只是思想史的一部分,而不再是值得坚持的理论选项或实质主张。[17] 具体来讲,所谓化约论的意思是说,存在一个待说明(explain)的现象 X,且 X 可以被化约为更根本或更基础的现象 Y,于是 Y 就拥有了相对于 X 的说明优先性,于是对 X 的说明就被化约为对 Y 的说明。举例来说,奥斯丁的化约论是说,法律(X)这件事情可化约为主权者的命令(Y),所以通过对主权者命令(Y)的说明,就能够说明法律(X)这件事情;相应地,哈特认为奥斯丁在化约论上彻底错误,虽然主权者的命令(Y1)与由“初级规则和次级规则”组成的“双重规则”(Y2)很像,但它们之间仍存在关键的区别(笔者后文重新谈及这一点),所以只能通过对“双重规则”(Y2)的说明,才能说明法律(X)这件事情。

四、关于“后设伦理学Ⅱ”

读者可能会这样感觉:你说到了现在,“后设伦理学”还没有踪迹。但其实,我已经谈到了“后设”这件事情,因为化约论实际上就是一种后设理论,但它未必是关于“伦理学”的。现在需要稍微仔细评估一下马默所说的化约论了。马默区分了两种化约论:语义化约论与形而上学化约论,并分别与奥斯丁和哈特等同起来,然后认为语义化约论是错误的,所以哈特的方法论的准确定义,就是形而上学化约论。这就是我为什么说,我已经谈到了“后设”这件事情。马默的化约论说法遭到了一些批评,这既包括对哈特是不是化约论者的批评,也包括化约论是否成立的批评。

首先应该明确笔者的立场。笔者自己并不反对将哈特的方法论视为一种

〔16〕 Andrei Marmor, *Farewell to Conceptual Analysis (in Jurisprudence)*, in Wil Waluchow & Stefan Sciaraffa eds., Philosophical Foundations of the Nature of Law, Oxford University Press, 2013, p. 209 – 229.

〔17〕 这就是如下新作难以引发广泛关注的原因。Fred Schauer, *The Force of Law*, Harvard University Press, 2015.

化约论，“视为”在这里的意思是说，哈特可以被笼统看作是化约论者，但这并非对其方法论的最准确描述，那只是这篇文章无法包含的内容。还是回到对化约论的反省上来。克莱默这样批评马默的看法：“张三在比赛中获胜”的确可以化约为“张三比其他人跑得快”，但“人们通过语言来交流”却无法化约为“语法和语法的规则”；如果将哈特的双重规则理论视为化约论，那么显然是后一种无法成功的化约，所以哈特就不是化约论者。[18] 当然，马默并不是完全束手无策，至少他可以通过将克莱默的说法，视为一种他早就反对的语义化约论，来部分回应克莱默的批评。但这样的做法仍有琐碎化的嫌疑，容易变成一种在不重要的细节上争议不下的打烂仗游戏。在我看来，真正重要的，也是似乎跟“伦理学”必然发生关联的地方在于，需要重新回头谈及哈特实质主张中的一个部分，这就是哈特对规则（rule）或“规范性”（normativity）的讨论。

哈特在他的著作中，基本没使用“规范性”这个语词，而只是普遍使用“规则”一词。然而，如果仔细考察哈特讲述“规则”的方式，你就很容易将哈特的规则等同于规范性一词。例如，他说，有一些语词在描述规则的时候必然会使用，它们就是“必须”（must）、“应该”（should）和“应当”（ought to），这些语词成为规则之存在的表征。又或者，法官将规则视为对他适用惩罚的“指引”（guide），将对规则的违犯视为惩罚违犯者的理由（reason）和正当化（justification），因此作为指导和正当化（基础）之地位，才是规则的根本或本质，等等。[19] 按照今天的用语，规则这种地位就等于说规则是一种针对行动的实践理由（practical reason）；或者换另外一种基本同义的表述，规则是一种具备规范性的事物。

将这个看法重新带回哈特对奥斯丁的批评之中，就会明白哈特之所以区分“被迫做某事”与“有义务做某事”，因为（主权者的）命令只能引发“被迫做某事”的事实性效果，而无法引发“有义务做某事”的规范性效果，所以奥斯丁的命令理论就是错误的，因为它无法说明法律的规范性。反之，哈特主张的双重规则理论，则可以借助将法律化约为规则，借助规则的规范性，来说明法律的规范性。所以，如果将哈特的方法论叫作化约论，那么哈特的确比奥斯丁正确。到此为止，大概可以粗略地说：哈特的最大贡献，就是揭示了法律的规范性。于是，法律是什么这个实质问题，其实就变成了对法律之规范性的理解。

---

〔18〕 Matthew Kramer, *H. L. A. Hart*, Polity, 2018, p. 23 – 28.

〔19〕 See H. L. A. Hart, *The Concept of Law*, Oxford University Press, 1994, p. 9 – 11.

无论后来者有多么不满意哈特的理论,但他们几乎一致同意,规范性是法律的基本性质之一,甚至根本就是法律的基本性质。但对于"什么是法律的规范性"这一点,早期还有另外一个争论:法律的规范性是不是一种有别于道德规范性(moral normativity)的性质?至少哈特对此曾表达过同意,在他看来,不同于道德的规范性,法律所拥有的是一种独特的"社会"规范性(social normativity)。但这种看法很快就被彻底放弃了,道理非常简单:一个拥有辩护或证成功能(justification)的东西,一定是道德性质的;也就是说,只有道德理由,才具备真正的规范性(real normativity)。所以,如果法律真的具备规范性,那么它所具备的一定是道德规范性。于是,对法实证主义者,如何协调法律的道德规范性与社会事实命题,就成为一个严重的理论难题。

通过以上的简单勾勒,读者可以知道:其一,法理论在实质问题上的进展是,法律的规范性是法律的基本属性,且这是一种真正的道德规范性;其二,要想完整说明法律的道德规范性,就必须借助一条可行且可靠的方法论主张。二者结合的样子,基本上就是"后设伦理学",因为伦理学这个学科同样围绕"道德规范性"展开,且后设伦理学就是各种关于"规范性"的二阶理论。就此而言,形而上学、知识论这些传统的"老"哲学,因为并不必然将"道德或规范性"视为自己的对象,所以在说明法律规范性的问题上,看起来并不如后设伦理学那么直接。于是,法理学的方法论,就成为一个在各种不同后设伦理学立场中,选择与法律之性质这件事情最匹配者的讨论。这就是法理论与后设伦理学的第二种关系,这也是芬利那篇讨论规范性的论文放置其中的原因,因为规范性是第二种关系的桥梁。

正因为存在第二种关系,所以最近 20 年,才有法理学者(他们其实同时也是伦理学者)开始向后设伦理学寻求支援。[20] 值得作一些初步的讨论的例子,一个是诉诸伦理自然主义的莱特,他将法律视为决定价值判断真假值的自然事实,提出所谓"自然化的法理学";[21] 但这个想法依赖"法律到底有多自然"的判断,即如果自然事实准确的定义要素是地球或石头之类的"'强'独立于心灵",那么法律至多只是"弱"独立于心灵的。另外一种做法是诉诸表达主义这个非

〔20〕 See generally David Plunkett, Scott Shapiro & Kevin Toh eds., *Dimensions of Normativity: New Essays on Metaethics and Jurisprudence*, Oxford University Press, 2019.

〔21〕 Brian Leiter, *Naturalizing Jurisprudence*, Oxford University Press, 2007.

认知主义的分支，[22]并试图将哈特的理论完全描述成一套法律表达主义。这个做法，一方面会遭遇对哈特的改造是否成功的疑问，另一方面还会受到"弗雷格－吉奇"这个老问题的反复折磨，离成功还有漫长的距离。[23] 另外一种努力在我看来，已经开始要蔓延出后设伦理学的范围，开始将触角伸向形而上学的领域，这就是所谓的"后设规范性理论"（metanormative theory），[24]他们首先需要考虑的就是这到底是一种实质的规范理论（normative theory），还是一种关于规范理论的后设理论（meta-theory），然后才有机会说明他们的研究是什么性质的。

五、小　　结

虽然最终笔者还是拿不准，这篇文章到底是与本卷论文有直接关联的导读性论文，还是与本卷话题有直接关联的导论性文章，但我拿得准的事情是，这篇文章已经走得足够远了，到了该结束的时候。对我来说，身为一个"一般法"（Law）问题的研究者，而不是"法理学"的研究者，必须对法学中这个最抽象，也是最艰难的话题保持足够的雄心和耐心。雄心是，我们必须将推进对相关问题的理解作为目标，而不是重复既有的看法和理论；耐心是，我们必须得首先搞懂这个问题，而不是在那之前就急于发表"个人见解"。以上这两点，共同组成了研究的美德。简短的导读或导论，肯定无法承载雄心方面的任务，那就让它做耐心方面的工作。

The Connection Between Legal Theory and Metaethics: A Guidance

Chen Jinghui

Abstract: Jurisprudence consists of two questions: "what is the law", which

---

〔22〕 Kevin Toh, *Hart's Expressivism and His Benthamite Project*, 11 LEG 75 (2005).

〔23〕 国内相关讨论，参见骆意中：《哈特是法律非认知论者吗？》，载《环球法律评论》2020年第5期。

〔24〕 David Plunkett & Scott Shapiro, *Law, Morality, and Everything Else: General Jurisprudence as a Branch of Metanormative Theory*, 128 Ethics 37 (2017).

focuses on the general problem of the concept of law and, "what the law ought to be", which focus on the general problem of the value of law. Like the distinction between the normative ethics and metathics, the problem of what is the law is a counterpart of metaethics in jurisprudence, the problem of what the law ought to be is a counterpart of normative ethics in jurisprudence. The traditional wisdom of ethics holds that metaethics and normative ethics are distinct in nature, though they are related. Metaethics and normative ethics are cross lines rather than the same line. In legal theory, what is the law and what the law ought to be are related but distinct in nature. By the way, as a methodology issue, metaethics should be regarded as a methodology of legal theory, or, metaethics "might" be a credible methodology of jurisprudence.

Key words: Legal Theory; Metaethics; Normative ethics

规范性的最新研究

斯蒂芬·芬利* 著
骆意中** 译

内容摘要：

当代法哲学中最根本性的问题是法的规范性，而无论是法实证主义、自然法还是德沃金的法哲学都可以被视为在尝试为这一问题给出答案。要想回应法的规范性则必须进入对于一般层面的规范性的讨论，这也是为何哈特、拉兹以及德沃金都试图对于例如理由、动机、价值等问题给出回答。本文的目的是总结近年来规范性问题上传统的理论阵营所取得的最新进展。文章以实在论的讨论作为基础，反思实在论的不同理论分支的区别及其理论困境，并且着重讨论表达主义与建构主义这两种当代出现的反实在论的理论，以及这两种理论如果想要回答规范性问题，需要回应何种批评。

关键词：

规范性　实在论　表达主义　建构主义

一、导　　言

虽然"规范性"(normativity)一词只是在近些年来才被作为一个术语采用，但是在规范性的名目之下展开的哲学研究，很快成为一个重要课题。在《哲学家索引》(Philosopher's Index)上根据不同的时间段，以这个词为标题进行搜索，

* 南加利福尼亚州大学哲学系教授。

** 上海师范大学法政学院讲师。

我们发现 1980 年之前的结果为零,[1]20 世纪 80 年代能搜索到 3 个结果,20 世纪 90 年代 76 个结果,而 2000 年至今有 218 个结果。[2] 哲学上对于规范性的援引同样也尤为广泛。除伦理学、实践理性、政治与法哲学,以及认识论,这些传统上被认定为“规范的”学科外,越来越普遍的是,哲学家们坚称在对于真理、意义、概率以及类似信念的心理态度等诸多学科进行分析时,规范性同样也是根本性的。因此,本文在处理的问题和文献上难免是有选择性的和独特的:本文将只关注元伦理学中,在规范性性质上展现的一些新近发展。

规范性条目下展开的研究激增,然而这却并不代表发掘了一个全新的领域。“规范性”仅仅是为一个最古老并且最核心的哲学问题贴上的一个新标签。在此之前,人们通过“价值”“善”“应当”“证成”“理性”“义务”等诸多术语来研究这个问题。所以,为什么这个新的语词如此之快,并且如此广泛地被大家接受呢?原因就在于,这些不同术语代表着不同的主题,而哲学家们对于这些不同主题所共享的某种现象或者特质感兴趣,但是这些术语中的任何一个却都无法完美地或者完整地代表这种现象或特质。规范性是将价值(value)面向从“事实/价值两分”中区分出来的因素,但是因为许多作者相信规范事实的存在,所以这个两分是有问题的。它同样将应当(ought)面向从“是/应当两分”中区分出来,但是许多实际的规范陈述,如认定善的规范陈述,包含了“是”而非“应当”。因此,当代作者普遍选择在维特根斯坦的传统中[3],通过明示(ostension)的方式来说明“规范性”表达的含义,如茱迪斯 · 贾维斯 · 汤姆森(Judith Jarvis Thomson)。[4] 他们提请我们注意到不同的规范理念背后共享的特质。由此看来,之所以接纳这个术语,是由于我们需要某种便利并且有效的方式来指代这个重要、却仍然无名的特质。

---

[1] 这个词最早出现在法学研究中;首次出现在《牛津英语词典》中是在 1935 年(一个更早的变体“normativeness”在 1914 年最初被记载)。其直接词根“normative”的出现,最早于 1852 年被记载。

[2] 相较之下,以“应当”一词进行一个相似的搜索可以发现,该词语从 1960 年开始就一直稳定出现。

[3] Wittgenstein L., *Lecture on Ethics*, in S. Darwall & A. Gibbard & P. Railton eds., Moral Discourse and Practice, Oxford University Press, 1997, p. 65 – 70.

[4] Thomson, J. J., *Normativity*, Open Court Press, 2008.

然而,给哲学问题附加便利的标签通常都伴随着危险:即这个标签会掩盖一些重要的含混之处。"规范性"究竟指代的是某种单独的、哲学上重要的种类,还是可能将本应该区分开的一些事情混杂在了一起?这种担忧背后存在正当的缘由,因为我们至少可以区分出两种不同的含义。

"规范性"的原初意义与其词源学上的根源"规范"紧密相连。一项规范(norm)就是一个判准、一个标准或者一项规则,而某些事物要么服从,要么不服从这项规范,并且依据该规范可以对照或者评价该事物。规范性在这种意义上就仅仅是规范相关性(norm-relativity),而并没有什么特别之处。在这种意义上,就算一份购物清单也是规范的,因为它提供了一种标准,依据这份清单我们可以对照购物车中的物品。这种类型的规范性是正确性(正当性)以及不正确性(错误性)日常判断的根据。也许(如同汤姆森论证的),真理的规范性这一观念,除与这些正确性条件的关联之外,别无他物。

近年来,元伦理学对于"规范性"的兴趣被导向了一个相当不同的问题之上,所以(例如)汤姆森反对这样一种趋势,即"将某种语境之中'正确'或者'不正确'这一词语的恰当性本身,当成在该语境中存在规范性的终局性标志"。[5]依据这种使用方式,我们可以区分规范相关性与严格意义上的规范性。关于严格意义上的规范性的任何观点都很难不会引起争议,但是汤姆森具有帮助性地阐明了两者间的区别:

> 假设你正在下国际象棋,并且轮到你来走。然而,你得知如果你不横着走象,那么数以百计的人们将会丧命!此时你仍然负担一项不这样做的义务吗?你必须,以及你应当不这样做吗?这种观点显然是愚昧的。[6]

换言之,一个人是否不正确地走这步棋,或者使用了一个词语,这并不是必然要紧的事情。这个区分时常被表述为这两种情况的区别:"应当"或者规范仅仅适用(applies)的情况(规范相关的情况),以及应当或者规范给某些行动者提

[5] Thomson, J. J., *Normativity*, Open Court Press, 2008, p. 108.

[6] Thomson, J. J., *Normativity*, Open Court Press, 2008, p. 90.

供理由(reason-giving)的情况。[7]

如今,许多哲学家依此借助于行动或者态度的理由来描述规范性。[8] 但是,也有人反对这种描述方式。一种怀疑的源头来自这种观点:除理由外,还存在约翰·布鲁姆(John Broome)所说的"规范性要求":对于行动者的态度具有一致性的理性要求。格外吸引我们注意的一种情况是工具性原则(instrumental principle):如果一个行动者意愿某种目的(如除掉他的岳母),并且相信某种行为(如对她下毒)是实现该目的的必要手段,那么他的意图和信念理性地要求他意愿该行为——即使没有理由来证成他这样做。该原则得到了广泛的接受。其他的情况包括:如果一个人相信他或她应当做 A,那么,这要求他或她意图做 A,以及如果一个人相信他或她拥有终局性的证据 p,那么,这要求他或她相信 p。[9]

为什么这些要求不能通过拥有理由来解释?最主要的反对意见是,这种解释将会导致"自举论证"(bootstrapping)而不可接受。[10] 通过意愿一个目的,甚至是一个邪恶的目的,我们将因此给予自己一个追逐该目的的理由(并因此证成对于该目的的追逐)。通过相信我们应当做 A,我们将因此使我们应当做 A 为真。但是,对于需要将理性的规范性与理由的规范性区分开来这种观点,也有人提出了挑战。尼科·科洛德尼(Niko Kolodny)认为,这些所谓的要求可以从行动者的角度将它们解释为表面理由(apparent reasons),它们仅仅具有表面上的规范性。[11] 而马克·施罗德(Mark Schroeder)通过诉诸客观理由和主观理由的区分来解释这些要求:客观理由基于事实,而主观理由基于信念,但是主

---

〔7〕 Foot P., *Morality as a System of Hypothetical Imperatives*, The Philosophical Review, 81(3), p. 305 – 316(1972).

〔8〕 Raz, J., *Engaging Reason*, Oxford University Press, 1999; Scanlon, T. M., *What We Owe to Each Other*, Harvard University Press, 1998.

〔9〕 Broome, J., *Normative Requirements*, Ratio, 112, p. 398 – 419(1999); Broome, J., *Reasons*, in R. J. Wallace, P. Pettit, S. Scheffler & M. Smith eds., Reason and Value, Oxford University Press, 2004, p. 28 – 55.

〔10〕 Bratman, M., *Intentions*, *Plans and Practical Reason*, Harvard University Press, 1987.

〔11〕 Kolodny, N., *Why be rational?*, Mind, 114(455), p. 509 – 563(2005).

观理由可以通过客观理由来进行分析。[12]

即使将规范相关性弃之不谈，我们也许仍然需要对这种看法持谨慎态度：即对于“规范性”的研究就是对于某一种特定事物的研究，而不是对于一组仅仅因为某种模糊的家族相似性而相互关联的事物的研究。例如，也许我们需要在评价性（the evaluative）和指引性（the directive）之间，[13]或者在倾向性（favouring）和重要性（mattering）之间[14]作出根本的区分。但是，大多数作者并没有展现出类似的谨慎态度。

二、从规范的概念到规范的属性

所以，到底什么是规范性？在此处提出任何一种具有信息量，却不会引起争议的观点都是很困难的。甚至一种越来越广泛流传的观点是，规范性争论形成当下的局面并非偶然，因为这种无法说明的性质正是规范性的本质。让我们以某种事实上没有争议的事情作为开始：每个人都同意我们拥有并且使用规范的概念和语言，就算对于哪些概念，以及语言中的哪些条目能算得上规范的，存在广泛的异议。那么，对于什么使一个概念，或者语言中的一个条目成为规范的，我们可以将不同的观点区分为两类。在规范性的实在论（realist）观点看来，一个概念或者词语之所以是规范的，这是因为它与这个世界的某个规范的部分或者规范的特性相关——某种规范事实、实体、属性、功能或者关联（出于简洁

---

〔12〕 Schroeder, M., *Means-end Coherence, Stringency, and Subjective Reasons*, Philosophical Studies, 143(2), p. 223 – 248(2009).

〔13〕 Thomson, J. J., *Normativity*, Chicago, IL: Open Court Press, 2008. 一些作者观察到了“规范性”与“评价性”之间一个相似的差别，将前者限定在对于行动者的行为/态度具有引导功能的事物上，或者行动者在形成态度时应当保持敏感的事物。所以，如在这一问题上就存在争议：理性原则是否在这种意义上是规范的或者纯粹“评价性的”，只在对行动者行为的外部评价中发挥作用[Kolodny N., *Why be rational?*, Mind, 114(455), p. 509 – 563(2005)]。然而，大多数作者在更宽泛的层面上使用“规范的”一词，来指代狭义的规范性与评价性存在的任何共同点。本文探讨的是广义的规范性观点。

〔14〕 Finlay, S., *The Reasons that Matter*, Australasian Journal of Philosophy, 84(1), p. 1 – 20(2006).

性的考虑,笔者将谈论规范事实和属性)。对于实在论者来说,规范性首先是某种形而上学的事物,并且只在推导的意义上成为规范思维和对话的一种特性。相较之下,在规范性的反实在论(antirealist)观点看来,规范性是概念和词语自有的一种特性,而并非这个世界的一个部分或者特征。对于反实在论者来说,概念和词语之所以是规范的,毋宁是因为它们在思维和对话中所扮演的角色,一种既不是描述性的,也不是表征性的角色(然而需要注意,元伦理学者时常以不同的并且互相冲突的方式来区分实在论和反实在论〔15〕)。

这种分类的框架可能面对的一个潜在反对意见是,它忽视了错误论(error theory)或者规范虚无主义(normative nihilism)。这些理论既同意实在论者的观点,认为规范概念和词语之所以是规范的,其原因在于它们是关于这个世界中的规范属性的;但是这些理论又同意反实在论者的观点,认为这个世界中并不真正存在或实现了规范属性。然而,虽然在狭义的道德事实和属性上,错误论在当代元伦理学中是一个广受欢迎的理论立场,〔16〕但关于规范性本身的错误论却着实是闻所未闻,因此我们可以在此对其避而不谈。〔17〕

规范事实和属性可能是何种事实和属性?这里隐藏一个重要的含混之处,而我们需要对此多加小心。如果在宽泛的意义上来探寻,对于一个事实或属性要成为规范的来说,什么东西是必要的,那么似乎要找到这些东西是非常容易的,因为它们就是日常的事实和属性。例如,如果托尼的牙疼这是一个事实,那么许多人会同意这个事实是托尼去看牙医的一个规范理由。如果珍妮有证据 p 这是一个事实,那么这构成了她相信 p 的一个规范理由。有时候,哲学家会声称,类似的考量足以证明规范性的实在论是正确的,或者规范属性在形而上学

〔15〕 作者曾区分了道德实在论/反实在论争论的四个不同方面:语义的、本体论的、形而上学的以及规范的。Finlay, S., *Four Faces of Moral Realism*, Philosophy Compass, 2(6), p. 820 – 849(2007).

〔16〕 Joyce, R., *The Myth of Morality*, Cambridge University Press, 2001; Joyce, R., *The Evolution of Morality*, MIT Press, 2006; Kalderon, M. E., *Moral Fictionalism*, Oxford University Press, 2005.

〔17〕 一个代表性的观点,参见 Biehl, J., *The insignificance of Choice*, In D. Chan eds., Moral Psychology Today: Essays on Values, Rational Choice, and the Will, Springer 2008, p. 75 – 92。

上没有任何奇怪的地方。[18] 然而，反实在论者们的怀疑论所针对的目标并不是这些事实和属性。我们需要区分具备规范重要性的事实和属性，以及关于规范重要性的事实和属性。[19] 托尼的牙疼这一事实是前一种，即具备规范重要性的一个事实，让我们将这一事实称为“T”。但关于规范重要性的事实应该是T是托尼去看牙医的一个理由这一事实。这个事实的规范属性并不是疼痛这一属性，而是该事实作为一个行动理由这个属性。反实在论者否认有这样的属性存在，并且对于我们认为这些事实是理由，或者它们具有规范重要性时所表达的含义是什么，他们提出了不同的理论来予以解释。这些事实和属性真的存在吗？如果存在，我们应该如何来解释它们究竟是什么？

三、实在论观点Ⅰ：非还原论（Non-reductionism）

当下，正在重新被许多人采纳的理论是一种非还原论、寂静主义（quietist）的答案：是的，规范事实和属性确实存在，但是除非借助更根本层面上的规范事实和属性，否则我们无法解释这些事实和属性。[20] 这种观点继受自摩尔（G.

---

〔18〕 Scanlon, T. M., *Metaphysics and Morals*, Proceedings and Addresses of the American Philosophical Association, 77(2), p.7 – 22(2003).

〔19〕 Parfit, D., *Normativity*, In R. Shafer-Landau eds., Oxford Studies in Metaethics, Vol. 1, Oxford University Press, 2006, p.333.

〔20〕 一个不完整的清单：Cuneo, T., *The Normative Web: An Argument for Moral Realism*, Oxford University Press, 2007; Dancy, J., *Practical Reality*, Oxford University Press, 2000; Enoch, D., *An Outline of an Argument for Robust Metanormative Realism*, In R. Shafer-Landau eds., Oxford Studies in Metaethics, Vol. 2, Oxford University Press, 2007, p.21 – 50; Fitz Patrick, W., *Robust Ethical Realism, Non-naturalism and Normativity*. In R. Shafer-Landau eds., Oxford Studies in Metaethics, Vol. 3, Oxford University Pres, 2008, p.159 – 205; Oddie, G., *Value, Reality, and Desire*, Oxford University Press, 2005; Parfit, D., *Normativity*. In R. Shafer-Landau eds., Oxford Studies in Metaethics, Vol. 1, Oxford University Press, p.325 – 380(2006); Huemer, M., *Ethical Intuitionism*. New York: Palgrave MacMillan, 2006; Raz, J., Engaging Reason, Oxford University Press, 1999; Scanlon, T. M., *What We Owe to Each Other*, Harvard University Press, 1998; Shafer-Landau, R., *Moral Realism: A Defence*, Oxford University Press, 2003。

E. Moore)善无法被定义的这一理论宣称[21],虽然如今最常见的观点是宣称,作为某事物的理由(或者“倾向于”“证成”)这种关联,才是构成实在(reality)的基本规范要素。[22] 什么使某物是好的,在该问题上一种著名的观点是 T. M. 斯坎伦(T. M. Scanlon)的“推诿”(buck-passing)理论:某物是好的,这不过就是存在某种理由对该物抱有一些积极的态度,渴望或者钦慕。

这种非还原论与另一个可以归溯至摩尔的观点紧密相关,即规范性是“非自然的”。这一观点以关于“自然主义谬误”模糊不清的谈论形式进入了大众文化的领域,并且它被等同于一种忽视了所谓的“事实—价值”,或者“是—应当”两分的观点。元伦理学者仍然普遍地会在自然主义与非自然主义的阵营中选边站。然而,对于“自然主义”或者“非自然主义”形式的规范性理论究竟意味着什么,人们甚至都没有达成共识。所以,越来越多的作者倾向于完全避免使用这两个术语。问题出在,摩尔给我们留下了两种相互独立的理论遗产,而他的元伦理学观点被视为非自然主义立场的原型。其中一种理论是非还原论的形而上学理论,即“规范的”无法通过非规范的要素或者纯粹非规范的术语来分析,并且是自成一类的(sui generis)。一些作家基于这一点将一些观点归类到“非自然主义”的形式中。[23] 另一个理论遗产是认识论上的直觉主义(intuitionism):即一些实质或者综合的真理是先验可知的。其他作者则倾向于使用“非自然主义”来指代直觉主义。[24] 虽然大多数非还原论者同样也是直觉主义者,但是近些年出现了一些非还原论者的观点认为,“规范的”是自成一类的,但却是经验的,或者只能是后验(aposteriori)可知的,如大卫·布林克

---

〔21〕 Moore, G. E., *Principia Ethica*, Revised edition, Cambridge University Press, 1993.

〔22〕 Raz, J., *Engaging Reason*, Oxford University Press, 1999; Scanlon, T. M., *What We Owe to Each Other*, Harvard University Press, 1998.

〔23〕 Wedgwood, R., *The Nature of Normativity*, Oxford University Press, 2008; Parfit, D., *Normativity*, In R. Shafer-Landau eds., Oxford Studies in Metaethics, Vol. 1, Oxford University Press, p. 325 – 380(2006).

〔24〕 Shafer-Landau, R., *Moral Realism: A Defence*, Oxford University Press, 2003; Sturgeon, N., *Ethical Naturalism*, In D. Copp eds., Oxford Handbook of Ethical Theory, Oxford University Press, 2006, p. 91 – 121.

（David Brink）以及尼古拉斯·斯特金（Nicholas Sturgeon），因此这些观点在一种定义上被归入了非自然主义，而在另一种定义上被归入了自然主义的门类中。[25]

对于自成一类的规范事实和属性的否定，在三个方面上围绕"古怪性"（queerness）这个无法容忍的指控来进行：形而上学的、认识论上的，以及实践上的。[26] 那些认为物理科学是衡量何种事物存在的标准的人们，时常认为规范事实和属性在形而上学中是无法被接受的。[27] 一些哲学家反对科学对本体论的主宰，但是近来，更流行的做法是尝试缓解这种冲突。有人认为，规范属性被科学所认可的属性"完整实现"。[28] 规范概念仅仅是刻画同一个、科学上可描述的世界的方法而已，而这些方法只有从非科学兴趣的角度来看才是有意义的，也许大众心理学和社会学概念的情况也是这样的。那么，在不侵入科学领域的情况下，自成一类的规范事实和属性仍然可以是因果上有效的。[29]

许多人同样怀疑关于这些所谓自成一类的事实和属性的知识是否是可能的，或者在认知上获知这些事实和属性是否是可能的。这些怀疑论通常被导向了直觉主义形式的非还原论。例如，马修·贝德克（Matthew Bedke）认为，既然我们的心理状态都可以在因果上得到解释，那么，对于直觉主义者来说，我们的规范信念是否为真，这只可能是一个"宇宙的巧合"。[30] 非还原论者认为，规范知识的可能性是可以被辩护的，就算它也许无法被解释。一种常见的策略是诉诸一阶规范确信的权威。如果我们知道任何事情为真，那么（例如）为了取乐而

---

〔25〕 然而，不清楚的是，这些观点是否意在成为规范性本身的观点，而不是我们的道德以及其他评价性词汇是什么的观点。

〔26〕 Mackie, J. L., *Ethics: Inventing Right and Wrong*, Penguin Books, 1977.

〔27〕 Timmons, M., *Morality without Foundations*, Oxford University Press, 1999, p. 13.

〔28〕 Brink, D., *Moral Realism and the Foundations of Ethics*, Cambridge University Press, 1989; Shafer-Landau, R., *Moral Realism: A Defence*, Oxford University Press, 2003; Wedgwood, R., *The Nature of Normativity*, Oxford University Press, 2008.

〔29〕 Wedgwood, R., *The Nature of Normativity*, Oxford University Press, 2008.

〔30〕 Bedke, M., *Intuitive Non-naturalism Meets Cosmic Coincidence*, Pacific Philosophical Quarterly, 90(2), p. 188 – 209(2009).

折磨小孩是错误的,这一定属于我们知道为真的事情之内。所以,如果我们的哲学理论或者世界观认为这样的知识是不可能的,那么这些理论或者世界观会变得糟糕得多。另外一种策略是"寻找难友":鲁斯 · 谢弗 · 兰道(Russ Shafer-Landau)认为,所有哲学探究都是先验综合的,所以除非我们同样准备对哲学知识本身持有怀疑论的立场,否则我们不应该怀疑规范知识。[31] 借助认识论上的可靠论(reliabilism),他进一步论述道,即使无法解释我们如何获取规范知识,但我们所需要的仅仅是这些(神秘的)机制确实是可靠的。拉尔夫 · 韦奇伍德(Ralph Wedgwood)走得更远,他认为,构成拥有规范概念的那些理性倾向就是正确性的可靠证明。[32]

其他反对自成一类的规范事实和属性的论证,源自这样一个想法:关于规范性的一些事情在本质上是实践的。人们时常用动机性的术语来理解这种实践性。依据强版本的动机的判断内在主义(motivational judgment internalism, MJI)理论,如果一个行动者判断他应当做 A,那么他必然有做 A 的动机。然而,认为客观的、自成一类的事实和属性具有某种"磁性",或者与行动者的动机具有如此紧密的关联,这种观点在许多人看来太过于怪异而无法被接受。[33] 如今,这种反对的方式已经几乎被放弃了。主要是强版本的 MJI 过于强了,人们在这一点上达成了广泛共识。这种理论没有对于这种可能性留有空间,即一个人可能由于不理性而没有因为规范判断而获得相应的动机。因此,弱版本的 MJI 更受欢迎;其中最受欢迎的一个版本认为,如果一个行动者判断他有做 A 的理由,那么只要他是理性的,他就必然具备做 A 的某种动机。[34]

一些为自成一类的规范事实和属性而辩护的人们认为,某种与动机之间更紧密的关联是可以被容纳的。在"意图是规范的"这一标语之下,韦奇伍德认为,规范概念和动机概念是相互定义的,并且规范概念标志性的概念角色正是通过思维和意图的特定倾向来予以澄清的。[35] 所以,如"应当"的概念角色与

---

〔31〕 Shafer-Landau, R., *Moral Realism: A Defence*, Oxford University Press, 2003.

〔32〕 Wedgwood, R., *The Nature of Normativity*, Oxford University Press, 2008.

〔33〕 Mackie, J. L., *Ethics: Inventing Right and Wrong*, Penguin Books, 1977, p. 40; Joyce, R., *The Myth of Morality*, Cambridge University Press, 2001.

〔34〕 Smith, M., *The Moral Problem*, Blackwell, 1994.

〔35〕 Wedgwood, R., *The Nature of Normativity*, Oxford University Press, 2008.

一种形成行动意图的倾向相关联。但是,对于基于动机的反对意见最普遍的回应也许就是,否认规范事实/属性与动机之间存在任何有意义的紧密联系。在论述这一点上,最坚决的就是德里克·帕菲特(Derek Parfit)。他认为,支持MJI只不过是将规范权威与动机力相互混淆的结果:在试图填充"规范性 = ________"这个等式的空白时,哲学家们往往求助于心理上的观念,因为除此之外,他们无法想象规范性还可能是什么。但是帕菲特论证道,这种方式是错位的:规范性就是规范性。用G. E. 摩尔从约瑟夫·巴特勒(Joseph Butler)那里借用过来的标语而言,它"就是它,而不是其他的事情"。[36]

实践古怪性的反对也可以在规范的而非动机性的术语上来建构。一些哲学家认为,自成一类的事实和属性不可能对行动者拥有权威,而这种权威是规范性的根本特性。这种反对意见认为,一个行动者在承认任何这种事实或属性的时候,仍然可以理性地回应道:"那又如何?"而如果这个行动者刚刚承认了某种真正规范的事物,那么这种回应会被认定为不是融贯的。[37] 然而,非还原论者对此却不以为然。如同斯坎伦所论证的:

> 假设一个人相信他拥有在t时刻做X的终局性理由。这怎么可能没有表明要求了什么呢?缺少的似乎并不是一个理由。一个人不可能融贯地说,是的,我知道C是做X的一个终局性理由,但是我有什么理由来做这件事情?[38]

换言之,"那又如何"?这个挑战只有在这种情况下才拥有反对非还原论的效力:也即如果该挑战被理解为对于(例如)理由的需求——而不是(例如)一个要求关心的挑战。但是,如果一个人认为理由和规范性并不是非还原论者所

---

〔36〕 Parfit, D., *Normativity*, in R. Shafer-Landau eds., Oxford Studies in Metaethics, Vol. 1, Oxford University Press, 2006, p. 325 – 380.

〔37〕 Joyce, R., *The Myth of Morality*, Cambridge University Press, 2001; Korsgaard, C., *The Sources of Normativity*, Cambridge University Press, 1996; Gibbard, A., *Thinking How to Live*, Harvard University Press, 2003.

〔38〕 Scanlon, T. M., *Metaphysics and Morals*, Proceedings and Addresses of the American Philosophical Association, 77(2), p. 14(2003).

声称的那样,这只能表明该非还原论者仍然没有能够满足这个需求,也即如果这个人可能假定了规范性的身份以及动机力从而乞题。

这些熟悉的反对方式似乎都失败了,而非还原论者则因此受到了鼓舞。但是,许多哲学家对于规范性可能是基本的、无法解释的这种看法,仍然抱有不满。甚至一位辩护自成一类的规范事实和属性的当代哲学家韦奇伍德就坚称,解释规范性是必要的并且是可能的:他论证道,规范概念可以通过意图性的态度(intentional attitudes)来分析,并且意图性的态度本身除非借助规范性,否则无法被分析。[39] 由于这个原因,规范概念仍然得以是自成一类的。其他的实在论者认为,为规范事实和属性提供一种非循环的分析和说明,这是可能的——某种定义上的"自然主义"(naturalistic)理论。我们现在就来讨论这些观点。

四、实在论观点Ⅱ:新亚里士多德主义(Neo-Aristotelianism)

从行动者到非行动者的规范思维和对话之中存在重要的连续性,而部分新亚里士多德主义者的规范性理论正是受到了这一观察的启发。[40] 我们可以认为,他们将规范性理解成为规范相关性的一种特殊情况,评价事物正确或错误(或者"有缺陷")的规范由特定种类事物的本质来提供。在汤姆森的观点中,所有的规范性都是源于"规范种类"的存在。存在一个好的吐司机或者人这件事情,也存在一台吐司机或者一个人应当做什么这件事情,这最终是因为吐司机和人都是规范种类。相较之下,脱离特定语境的情况下来说一块好的鹅卵石,或者一块鹅卵石应该是什么样子的,这都是没有意义的,因为鹅卵石不是一个规范种类。依据汤姆森的使用方式,"规范性"的含义比规范相关性要更狭窄[她认为,正确或者不正确只有在与更好或更坏("评价性"),或者与事情应当如何("指引性")相关联时,它们才是一组规范区分,反之则不是]。然而,汤姆

---

〔39〕 Wedgwood, R., *The Nature of Normativity*, Oxford University Press, 2008.

〔40〕 Bloomfield, P., *Moral Reality*, Oxford University Press, 2001; Foot, P., *Natural Goodness*, Oxford University Press, 2001; Thomson, J. J., *Normativity*, In R. Shafer-Landau eds., Oxford Studies in Metaethics, Vol. 2, Oxford University Press, p. 240 – 265 (2007); Thomson, J. J., *Normativity*, Open Court Press, 2008.

森的规范性比起作为“提供理由”这一广泛流传的规范性观念而言，仍然要更宽泛：关于一台吐司机应当做什么的规范事实是存在的，而这在任何重要的意义上都不必然包含任何关于规范理由的事情。理由的规范性是种类相关的规范性的一种特殊情况：一个事实只有为 S 应当做 A 这个命题“赋予了分量”的情况下，才是行动者 S 做 A 的理由——如果不是这样，S 将会是某种相关规范种类中一个有缺陷的成员。因此，我们可以通过分析一个人或行动者可能是何种特定种类中具有缺陷，或者不具有特定美德的成员，从而来分析理由所独有的规范本质。

如何来解释规范种类的存在？吐司机和牛排番茄是规范的，而鹅卵石和污迹却不是规范的，那么，某一种类是否是规范的，这是由什么来决定的？亚里士多德的答案诉诸特定种类的自然功能（目的论）；虽然这种观念被现代科学抛弃了很久，但是最近，新亚里士多德主义者采纳了生物哲学中功能理论的最新发展。[41] 但是，汤姆森对于这种观点很谨慎，他认为有一些规范种类却不是“功能种类”，如老虎和人类。[42] 这使识别规范种类的特征变得模糊了；汤姆森告诉我们的只是：“这两个种类都意味着，成为一个 K 是什么，这本身就设定了一些标准，因而一个 K 如果想要作为 K 而言是好的，那么它就必须满足这些标准。”富特（Foot）和布鲁姆菲尔德（Bloomfield）等其他新亚里士多德主义者则诉诸如“兴盛”（flourishing）以及幸福（eudaimonia）之类的观念，这种方式更适合解释具有生命的物种，而不太适合解释例如吐司机的情况。

如果这些诉诸功能以及规范种类的方式是成立的，那么新亚里士多德主义的规范性观点似乎能够幸免于形而上学以及认识论上的难题。然而，一些人担心，新亚里士多德主义无法满足规范的挑战。为什么要认为我们拥有任何理由，来避免成为我们的种类中有缺陷的成员？一些新亚里士多德主义者采取了与寂静主义者相同的回应方式。如果拥有一个做 A 的理由不过是，（例如）

---

[41] Bloomfield, P., *Moral Reality*, Oxford University Press, 2001; Casebeer, W., *Natural Ethical Facts*, Cambridge, MIT Press, 2003; Foot, P., *Natural Goodness*, Oxford University Press, 2001; Thomson, J. J., *The Right and the Good*, Journal of Philosophy, 94(6), p. 273 – 298(1997).

[42] Thomson, J. J., *Normativity*, Open Court Press, 2008, p. 20.

如果不做 A,我们会因此成为有缺陷的人类,那么这里并不存在任何融贯的挑战。[43]

五、实在论观点Ⅲ:新休谟主义(Neo-Humeanism)

根据规范性的新休谟主义(或者“工具主义”)理论,规范事实可以通过与行动者的欲望,或者类似的不可认知态度之间的关联来分析。这些理论在 20 世纪七八十年代被认为是主流观点,但在那之后便逐渐衰弱,不过却也寻找到了新的形式和新的辩护者,其中最杰出的就是马克·施罗德。[44] 一些新休谟主义的反对者提出的指控是,行动者的理由通常不包含他们的欲望,这一事实不可能被安置。当代新休谟主义者对此的回应方式是,将行动者的理由分析为外在于他们欲望的事实。[45] 其他的哲学家担心,欲望本身并不是为规范性提供基础的正确事物种类,因为欲望时常是变态的,或者无知的产物。所以,他们采纳了理查德·乔伊斯所称的“非休谟主义的工具主义”(non-Humean instrumentalism)。[46] 这种理论通过行动者在特定理想环境中会拥有的欲望,来对规范性进行分析。[47] 这些观点可以被视作休谟主义的延伸,因为他们认为,这些理想环境的规范重要性来自慎思的行动者在满足这些环境时拥有的特殊意义。

辩护新休谟主义的经典论证是一个由动机引出的论证。该论证基于强版本的 MJI,以及“休谟主义”的动机理论(所有动机都需要一个欲望)这两个前提之上。而正是因为强版本 MJI 可行性的衰落,从而使新休谟主义的追随者减

〔43〕 Foot, P. , *Natural Goodness*, Oxford University Press, 2001; Thomson, J. J. , *The Right and the Good*, Journal of Philosophy, 94(6), p. 273 – 298(1997).

〔44〕 Schroeder, M. , *Slaves of the Passions*, Oxford University Press, 2007.

〔45〕 Finlay, S. , *The Reasons that Matter*, Australasian Journal of Philosophy, 84(1), p. 1 – 20(2006); Schroeder, M. , *Slaves of the Passions*, Oxford University Press, 2007.

〔46〕 Joyce, R. , *The Myth of Morality*, Cambridge University Press, 2001.

〔47〕 Joyce, R. , *The Myth of Morality*, Cambridge University Press, 2001; Smith, M. , *The Moral Problem*, Blackwell, 1994; Williams, B. , *Internal and External Reasons*, *Reprinted in Moral Luck*, Cambridge University Press, 1979, p. 101 – 113.

少。但是当代的新休谟主义常常以不同的前提作为开始。一个著名的论证是，它为我们的一阶规范判断提供了最佳并且最简明的解释；一阶规范判断也就是我们关于行动者何时有或者没有行动理由的日常直觉。[48] 一个相关联的基础是，解释假言命令（hypothetical imperatives）在直觉上为真的标准，而行动者应当采纳他们欲望目的的手段直接推导出了这些假言命令。随着哲学家们对于规范性的动机理论以及欲望的规范权威越来越怀疑，如何解释和安置假言命题的显明真理，这个一度被认为不成问题并且没有哲学意义的挑战，却已然成为元伦理学中最热门的话题。

然而，一阶规范判断同样也给新休谟主义提出了一个最重要反对意见。如同康德的观察，道德主张显然是"绝对的"（categorical），而不以行动者的欲望为条件。认识论的规范性，或者"应当相信"同样看起来会给新休谟主义带来难题。[49] 一种至少处理道德主张的工具主义策略是接纳关于绝对理由的错误论，认为所有道德主张都是虚假的，即使它们可能是有用的。[50] 施罗德则认为，如果某一系列的欲望能够产生特定的要求，那么道德要求可能最终是基于欲望的。[51] 在另外一种不同的、语境主义（contextualist）的策略中，规范语言是相对于目的的，而这种目的也许是，也许不是特定行动者的目的。因此，我们可

---

〔48〕 Schroeder, M., *Slaves of the Passions*, Oxford University Press, 2007.

〔49〕 Cuneo, T., *The Normative Web*: *An Argument for Moral Realism*, Oxford University Press, 2007; Kelly, T., *Epistemic Rationality as Instrumental Rationality*: *A Critique*, Philosophy & Phenomenological Research, 66(3), p.612 - 640(2003).

〔50〕 Joyce, R., *The Myth of Morality*, Cambridge University Press, 2001; Kalderon, M. E., *Moral Fictionalism*, Oxford University Press, 2005; Mackie, J. L., *Ethics*: *Inventing Right and Wrong*, Harmondsworth: Penguin Books, 1997.

〔51〕 Schroeder, M., *Slaves of the Passions*, Oxford University Press, 2007. 这是迈克尔·史密斯（Michael Smith）非休谟主义的工具主义观点的一个"近亲"，即道德要求源于一系列欲望，并且任何行动者如果处于理想情况中都会拥有这些欲望，那么只有在这种情况下，道德要求才存在。See Smith, M., *The Moral Problem*, Blackwell, 1994.

以使道德主张相对化于道德目的[52];而认知主张相对化于认知目的[53]。新休谟主义可以通过这样的理论声称得以辩护:只有当这些规范相关的应当和理由是相对于特定行动者的欲望时,它们对于该行动者来说才是规范的(才是重要的)。[54]

新休谟主义的观点大多都能够幸免于形而上学以及认识论上的反对,并且万一我们同意规范性和动机之间存在紧密的联系,那么这些观点就已经提供了一种对于规范性的解释。除一阶的担心外,这里最主要的反对意见针对的是欲望的规范权威。德里克·帕菲特认为,新休谟主义理论与 MJI 相类似,也错误地将动机力和规范权威这两件相当不同的事情混淆了起来。新休谟主义者却并不信服;如果规范性存在于行动与欲望之间的客观促进或者满足的关联之中,那么规范性就是与动机力不同的。新休谟主义者也可以采纳诉诸理由分析的这个策略:如果关于理由的事实就是关于我们欲望的事实(粗略地说),那么,为了说明我们被这些事实所引导而需要理由,这完全是乞题的。[55]

六、反实在论观点 I:表达主义(Expressivism)

依据规范性的反实在论理论,世界上并不存在规范性的实体。相反,规范性被适当地解释为语词或者概念的一个特征。对于反实在论的主要论证是,实在论的观点无法说明规范判断特殊的实践性或动机性的特点。A. J. 艾耶尔(A. J. Ayer)、查尔斯·史蒂文森(Charles Stevenson)以及 R. M. 黑尔(R. M.

---

[52] Finlay, S., *The Conversational Practicality of Value Judgement*, Journal of Ethics, 8(3), p. 1 – 20 (2004); Finlay, S., *The Reasons that Matter*, Australasian Journal of Philosophy, 84(1), p. 1 – 20(2006); Finlay, S., *Oughts and Ends*, Philosophical Studies, 2009, 143(3), p. 315 – 340;一种类似的,但为非休谟主义的语境主义观点,see Price, A., *Contextuality in Practical Reason*, Oxford University Press, 2008。

[53] Chrisman, M., *Ought to Believe*, Journal of Philosophy, 105(7), p. 346 – 370 (2008).

[54] Finlay, S., *The Reasons that Matter*, Australasian Journal of Philosophy, 84(1), p. 1 – 20(2006).

[55] Schroeder, M., *Slaves of the Passions*, Oxford University Press, 2007.

Hare)的经典非认知论观点是语义行为主义(semantic behaviourism)的不同形式;[56] 依据这些观点,要理解规范语词或者概念的含义,也就是要理解人们所处的态度上的状况是什么,或者当他们在使用这些语词或概念时,他们想要做的是什么。这些状况被认定为本质上的动机状况,从而能够安置规范思维的特殊实践角色。其中,同时包括了自我激励的状况(self-motivating states)以及他人激励的状况(other-motivating states),所以,如要判断你最有理由做A,这至少部分意味着你有做A的动机;而断言其他人最有理由做A,这也就类似发布一条命令要求他们做A。

这一系列的观点也遇到了许多困难,我们也许可以将这些困难集合起来总结为这样一个批评:即规范思维和对话在表面上总是描述性的。[57] 大多数早期的非认知论者对于该问题的理解并没有到达如此深刻的程度,这种情况直到西蒙·布莱克本(Simon Blackburn)的"准实在论"(quasi-realism)理论的出现才告终结——他的理论表明,反实在论者也拥有权利作出类似实在论的事物的表述,所以,阿兰·吉巴德(Allan Gibbard)甚至主张,承认规范"事实"和"属性"存在的权利。[58] 但是最近,一些表达主义者似乎转变了姿态,变得更积极,而不再只是辩解,他们坚称规范思维和对话表面上的描述性根本不会更偏向于实在论的观点。

这种行为主义的模式使得非认知论会面临一种言语行为谬误(speech act fallacy)的指控:它将语句的含义与陈述者使用这些语句的用途,两者相混淆。该指控受到的启发来自当规范语句嵌入(embedded)在更复杂的语句中时,如在条件句和否定句中,非认知论如何解释这些规范语句的用途就遇到了困难:这些用途通常不会伴随特定状况或者行为的出现,而这些状况和行为被作为是规范语句的含义。例如,吉巴德在内的当代表达主义者,他们回应这一困难的方式是放弃行为主义,而寻求一种具有概念角色(conceptual role)的语义学:这样就能够解释包含内在推理规则的规范语言,这些规则中包括从规范语句导向动

---

[56] 具有帮助性的讨论,see Kalderon, M. E., *Moral Fictionalism*, Oxford University Press, 2005。

[57] 关于表达主义新近发展更完整的讨论,see Sinclair, N., *Recent Work in Expressivism*, Analysis Reviews, 69, p. 136 - 147(2009)。

[58] Gibbard, A., *Thinking How to Live*, Harvard University Press, 2003.

机态度的规则。[59] 其他人,如韦奇伍德和卡尔德隆观察认为,一种具有概念角色的语义学并不必然推出表达主义,因为仍然需要证明的是,规范概念的概念角色不会援引某些规范属性或者事实。[60]

一个相关的问题是规范语句的逻辑行为(logical behavior):规范语句嵌入在条件句和否定句(等)中,这显然使规范主张彼此之间,以及规范主张与非规范主张之间处于日常的逻辑关系之中——但是经典的非认知论否认这种语句具有真值。表达主义者的回应方式是:(1)诉诸真理的最小主义理论(minimalist theories of truth)——如果一个人有资格宣称 S,那么这个人有资格宣称 S 为真;(2)诉诸语句间的推理关系,这些关系不是由语句内容的真理关系,而是由规范概念的概念角色来解释的。然而,宣称成功地安置了规范思维的逻辑,这与证明了这种逻辑是相当不同的两件事情。一些大体上认同表达主义的哲学家,却对于表达主义者是否已经成功地解释了否定句持有怀疑态度。[61] 马克 · 施罗德表明,通过认定所有的规范语句都表达某一单独类型的态度,并且不同的谓语只是代表这种态度的内容,表达主义者可以安置否定句。但是他也论证道,一旦选择了这种方式,那么除接受表达主义对于所有逻辑、真理和意义理论的极端改变外,我们没有其他的选择。[62]

表达主义的存在理由(*raison d'etre*)同样也面临挑战。我们已经注意到了,近些年来对于规范权威只不过是动机力这一观点的抵制。查尔斯 · 史蒂文森认为,行动者的一个"理由"只不过代表着可能对他产生动机上影响的任何考量,然而从这一观点开始,当代的表达主义者同样取得了重大的理论进展。吉巴德认为,规范语言在关于"做什么"的实践思维中,扮演根本性的概念角色;在此基础之上,他将规范思维背后的态度界定为计划(planning)(或者意图)。因此,规范思维就是"承载计划"(plan-laden)的思维,包含了关于行动者如何在不

---

[59] Gibbard, A., *Thinking How to Live*, Harvard University Press, 2003.

[60] Wedgwood, R., *The Nature of Normativity*, Oxford University Press, 2008; Kalderon, M. E., *Moral Fictionalism*, Oxford University Press, 2005.

[61] Dreier, J., *Metaethics and the Problem of Creeping Minimalism*, Philosophical Perspectives, 18, p. 23 – 44(2005).

[62] Schroeder, M., *Being For: Evaluating the Semantic Program of Expressivism*, Oxford University Press, 2008.

同环境中行为的心理承诺。为了解释规范思维延伸的范围,吉巴德借助的是扩张的"偶然性计划"——即使这些计划是为不可能发生的情境提供的,如当朱利叶斯·恺撒决定是否要跨过卢比孔河的时候。

最近,一种更简洁的策略受到了欢迎。让人困扰的是,几乎每一个辩护这种策略的人,都为其添加了自己的标签。优先考虑最早的标签,我们可以将这种策略称为"实在论的表达主义"(realist-expressivism)。[63] 在这些观点中,规范思维和表述既包括了描述性的部分,也包括了非描述性或者说表达主义的部分。[64] 虽然这些理论之间存在重要的差异,但是它们共同具备下述特点。在无须对逻辑学或者语义学理论进行改变的情况下,规范主张的描述性因素解释了规范主张的逻辑和语义行为。[65] 但是在这些观点中,规范主张具有的特殊

---

〔63〕 Copp, D., *Realist Expressivism: A Neglected Option for Moral Realism*, Social Philosophy & Policy, 18, p.1 - 43(2001).至少在相似的观点上,也被贴上了其他的标签,如"普世表达主义"(ecumenical expressivism)(Ridge, M., *Ecumenical Expressivism: The Best of Both Worlds?*, In R. Shafer-Landau eds., Oxford Studies in Metaethics, Vol. 2, Oxford University Press, 2007, p.51 - 76.),"断言的归属主义"(assertive-ascriptivism)[Boisvert, D., *Expressive-assertivism*, Pacific Philosophical Quarterly, 89, p.169 - 203(2008).],"新表达主义"(neo-expressivism)(Bar-On, D. & M. Chrisman., *Ethical Neo-expressivism*, In R. Shafer-Landau eds., Oxford Studies in Metaethics, Vol. 4, Oxford University Press, 2009, p.132 - 165.),以及"复合表达主义"(hybrid expressivism)[Schroeder, M., *Hybrid Expressivism: Virtues and Vices*, Ethics, 119, p.257 - 309(2009).]。

〔64〕 Bar-On, D. & M. Chrisman, *Ethical Neo-expressivism*, in R. Shafer-Landau eds., Oxford Studies in Metaethics, Vol. 4, Oxford University Press, 2009, p.132 - 165; Barker, S., *Is Value Content a Component of Conventional Implicature?*, Analysis, 60, p.268 - 279 (2000); Boisvert, D., *Expressive-assertivism*, Pacific Philosophical Quarterly, 89, p.169 - 203(2008); Copp, D., *Realist Expressivism: A Neglected Option for Moral Realism*, Social Philosophy & Policy, 18, p.1 - 43(2001); Finlay, S., *The conversational Practicality of Value Judgement*, Journal of Ethics, 8, p.1 - 20(2004); Ridge, M., *Ecumenical Expressivism: The Best of Both Worlds?*, In R. Shafer-Landau eds., Oxford Studies in Metaethics, Vol. 2, Oxford University Press, 2007, p.51 - 76.

〔65〕 然而,不同版本的理论究竟在何种程度上是成功的,see Schroeder, M, *Hybrid Expressivism: Virtues and Vices*, Ethics, 119, p.257 - 309(2009)。

规范特性则主要是由表达主义的元素来解释的,而不是由它们指涉的属性和事实来解释的。因此,可以论证的是,这些实在论的表达主义观点可以被认定为支持了规范性的非描述性理论。

七、反实在论观点Ⅱ:建构主义(Constructivism)

就算在没有任何规范事实和属性的情况下,规范判断也可能存在客观的正确性或者不正确性吗?在康德的传统下,如克里斯汀·科斯嘉德(Christine Korsgaard)、希拉里·普特南(Hilary Putnam)以及亚伦·詹姆斯(Aaron James)在内的建构主义者认为,客观的正确性和不正确性是存在的。[66] 依据这些观点,规范性在根本上是从实践推理的过程(processes)中推导出来的。所以,一个事实R是行动者做A的一个理由,这只是因为依据正确的推理过程,将(例如)引导他得出一个特定的判断或者态度,而并非反之。

然而,存疑的是,建构主义究竟被理解为一种实在论的替代方案是适当的,还是被理解为实在论的一种形式才是适当的。[67] 例如,可以论证的是,对于解释中建构顺序的适当诠释方式,并不是将其诠释为去除了作为理由的属性,而仅仅是在确定该属性的性质。建构主义者也不得不解释,他们支持的这种过程在什么意义上是"正确的",并且不能诉诸其他的规范属性。科斯嘉德给出的新康德主义的回答是,这些过程就构成了实践推理,所以如果一个人没有尝试,并且没有能在一定的程度上成功地采取这一过程,那么这个人就不是一个对于要做什么进行推理的行动者,这就好比如果一个人没有将一只脚放在另一只脚前

〔66〕 Korsgaard, C. M., *The Sources of Normativity*, Cambridge University Press, 1996; Korsgaard, C. M., *Realism and Constructivism in Twentieth-century Moral Philosophy*, Journal of Philosophical Research, 28, p. 99 - 122 (2003); Putnam, H., *Ethics without Ontology*, Harvard University Press, 2004; James, A., *Constructivism about Practical Reasons*, Philosophy & Phenomenological Research, 74, p. 302 - 325 (2007).

〔67〕 Hussein, N. & N. Shah., *Misunderstanding Metaethics: Korsgaard's Rejection of Realism*, In R. Shafer-Landau eds., Oxford Studies in Metaethics, Vol. 1, Oxford University Press, 2006, p. 265 - 294.

面,那么这个人就没有在走路。[68] 相反,莎伦·斯特里特(Sharon Street)选择了一种"彻头彻尾的"建构主义;一个推理过程是"正确的",这一判断本身就是一个推理过程的输出。并不存在关于何种过程是正确的客观事实,并且所有的规范判断都预设了在最终层面上无依据地采纳某种推理过程。规范思维无法从一个外在于规范思维本身的立场来予以澄清。[69]

建构主义者们支持的过程推导出的输出究竟是什么?他们在这一点上也存在分歧。在一些观点中,这些输出就是一个欲望、偏向或者决定。但是科斯嘉德和斯特里特将输出表述为,一个行动者将R"作为"(taking)做A的一个理由。那么,这一判断的本质是什么?如果其本质是,相信R拥有倾向做A的某种属性,那么依据实在论的反对,建构主义似乎等同一种规范性的错误论[或者虚构主义(fictionalism)]。[70] 如果其本质是拥有某种非认知的态度,比如在R的基础上计划做A,那么建构主义似乎是一种表达主义。所以,一些建构主义者不得不尽力将他们的观点与上文探讨的观点区分开。

八、结　　语

本文的探讨仅仅涉及了规范性最新研究的一些皮毛,而略过了许多重要的理论推进,但是我希望它提供了一份概述,能够总览主要的理论立场,以及规范性讨论中一些重要的最新进展。关于规范性本质的争论一直是激烈的,并且必然将继续如此。非还原论、新亚里士多德主义、新休谟主义、表达主义以及建构

---

〔68〕 Korsgaard C. M., *The Constitution of Agency: Essays on Practical Reason and Moral Psychology*, Oxford University Press, 2008, p. 8.

〔69〕 Street, S., *Constructivism about Reasons*, in R. Shafer-Landau eds., Oxford Studies in Metaethics, Vol. 3, Oxford University Press, 2008, p. 207 - 245.

〔70〕 斯特里特的解决方案是,设定"理由"中存在含混之处,所以关于(表面上)自成一类的理由的判断中,建构出了真正的理由。Street, S., *Constructivism about Reasons*, in R. Shafer-Landau eds., Oxford Studies in Metaethics, Vol. 3, Oxford University Press, 2008, p. 207 - 245.

主义都仍然拥有众多拥趸,而他们没有表现出任何要在这场战争中投降的迹象。[71]

Recent Work on Normativity

Stephen Finlay

Abstract: The most fundamental problem in contemporary legal philosophy is the normativity of law. Legal positivism, natural law theories and the Dworkianian theory could be regarded as efforts to solve this problem. To clarify the normativity of law requires elaborations on normativity on the general level, which is why, for instance, Hart, Raz and Dworkin try to respond to problems such as reason, motivation, and value. The purpose of this article is to summarize the progress on the discussion of normativity that different camps have made in recent years. The summary starts with different approaches of realism, reflecting on their differences and difficulties, and then focuses on the two recent anti-realism theories namely expressivism and constructivism. Finally, this paper canvasses the criticism for those two theories to reply to, if they intend to give answers to the problem of normativity.

Key words: Normativity; Realism; Expressivism; Constructivism

〔71〕 保罗·布鲁姆菲尔德、杰克·罗斯,以及马克·施罗德对本文予以了具有帮助性的评论意见,在此对他们表示感谢。

重访德沃金的道德真理论*

沈宏彬**

内容摘要：

为了辩护道德领域存在客观真理，德沃金发展出了一套非常独特且极具吸引力的真理观。这种真理观可被称为“依赖脉络的真理”，这种观念主张道德真理来自行动者所持有的包括道德在内的价值信念之网，而这张信念之网是行动者对其所处生活脉络进行建构性诠释的产物，将其诠释为在特定脉络中能够被视为一种卓越生活的最佳个例。然而，这种观念并不能抵挡怀疑论的攻击，无法解释道德在概念上必然拥有的普遍约束力。“依赖法则的真理”则主张，道德真理来自从行动者概念中分析性获得的普遍法则，即绝对律令。这种观念一方面能够回应怀疑论的攻击，另一方面又能保存德沃金关于道德和伦理生活的深层洞见，可被视为一种更合理的观念。

关键词：

元伦理学　道德　真理　辩护　德沃金

在道德领域是否存在客观真理，这是元伦理学的核心议题之一。罗纳德·德沃金自1996年发表论文《客观性与真：你最好相信它》以来，逐渐发展了一种对道德领域客观真理的独特观念，这种观念在2011年出版的《刺猬正义》中最终成形。本文将对这种可被称为“依赖脉络的真理”的观念予以全面的检讨，并将证明这种观念并不能对道德真理作出合理的说明，而“依赖法则的真理”应被

---

* 本文受华东政法大学科学研究项目资助。在本文的撰写过程中，中国人民大学陈景辉教授、中国政法大学范立波教授提出了详细的修改意见，同时中国政法大学蓟门法哲学研习会陈竞之、孟媛媛、王昱博也提供了大量宝贵的修改意见，在此特别表示感谢。当然，本文责任完全由作者承担。

** 华东政法大学法律学院讲师。

视为更合理的观念。与此同时德沃金在依赖脉络的真理中所表达的理论洞见,亦可被纳入后者之中,并对其构成重要的理论推进。

一、问题脉络

在日常生活中,人们经常会表达自己的道德信念,诸如"男女同工不同酬是错误的"等。对严肃持有和表达这些信念的人来说,这些信念具有一定的客观性而有别于他个人纯粹的主观偏好,因此我们往往会在道德争论中听到"就算所有人都事实上不这么认为,男女同工不同酬在事实上也是错的",或者"即使所有人都表达反对的态度,女性客观上依旧拥有堕胎的权利"。我们可以将某些看法视为一种道德的"日常观点"。显然,这种道德的日常观点对我们来说意义重大,批评一个人犯了道德错误是一个相当严肃的批评,而主张一个人在道德上具有卓越的品质则是一个相当大的褒奖。问题是,这种道德的日常观点所预设的客观性是可能的吗?凭什么我们相信这些道德信念在性质上有别于纯粹的主观偏好?是什么在支持这种区分?如果没有任何事实支持这种区分,那么即使再严肃的道德信念也无非是一种根深蒂固的偏见罢了,用这种偏见去批评他人便是不合理的。因此,道德的客观性问题就成了一个异常棘手的难题。

形而上学实在论提供了一种"简单粗暴"的回答。这种观念主张在形而上学领域存在某些道德实体,当人们的道德信念符合这些实体的属性时,这些信念就是真的,反之就是假的。这使道德反思和探究类似自然科学领域对外在世界的探究,毕竟一个自然科学的信念是否为真,根本上就取决于这个信念是否符合自然世界本来的面目。但形而上学实在论也存在明显的缺陷。在日常生活中,严肃对待道德的人不会认为自己在表达道德信念时就如自然科学家那样在报道外部世界存在什么实体;相反,他们会认为自己在表达一个行动上的信念,即这件事情在道德上是应该/不应该做的,因此每个理性的人都需要在行动上作出回应,但形而上学实在论很难说明,外部存在的某些实体为何会让特定的"我"感到需要作出特定的行动,毕竟当我知道自然科学的某些新发现时,这仅仅是一个理论上的知识,它会影响我对外部世界的认知性信念,但并不需要我在行动上"做些什么"。

表达主义则是另一种思路。这种观点主张,道德信念是一类人们对某些行动和事态主观态度和情感的投射和表达。表达主义者特别强调,道德信念不是

“报道”我们持有的主观情感和态度，因为这依旧是一个客观事实，这些信念是“表达”人们的情感和态度，这本身是一个行动，即当我说“做 X 没有价值”，其实我就是在表达“不要去做 X”的态度本身。[1] 如果是这样，那么道德信念和第一人称的“我”之间的关联就很好说明了，毕竟当我表达“不要去做 X”时，那么在行动上就会拒绝去做这件事。

然而，这种观点会使道德真理和个人偏见之间的区别变得岌岌可危。表达主义承认，道德信念是一种特定类型的主观情感和态度的表达，它的确不同于纯粹的个人偏见：这种主观态度在根本上涉及“我如何生活”的问题，而这就必然预设了一个整体的“我”的存在，也因此必然要求我们所表达的这类态度能够形成一个整体的生活规划，而不是杂乱无章的集合。[2] 如果一个人对 A1 表达赞成，那么对同类的 A2 也必须表达同样的态度，而对 – A 这类行动，则必然持有拒绝的主观态度，否则这个人就不具有任何整体的生活规划，那么这个人就是不理性的。注意，一旦引入结构性的规划概念，表达主义就能在一定范围内阐明道德确信的客观性，例如，当我知道自己的学生打算研究法律的概念问题，我会主张“你应该读一读哈特的《法律的概念》”。如果他对此持拒绝的主观态度，那便是客观上不合理的。但无论如何，表达主义始终坚持，为真的价值确信所预设的并非任何外在独立的道德实体，而是人们主动表达的某种态度。

这样，表达主义就呈现一种双层结构。在人们的生活规划内部依旧可以讨论诸如“男女同工不同酬客观上是错误”等道德信念，但是从整个生活规划的外部看，并不存在任何实在论所描述的那种作为外在世界一部分而存在的道德真理。表达主义认为，一方面，可以拒绝实在论所预设的那种古怪的道德形而上学，阐明价值是如何与具体行动者的行动相关联，即这些信念都是关于“我”如何生活的；另一方面，又能够在一定范围内说明道德信念所具有的客观性，因此有理由相信相较于实在论而言，表达主义是一种更合理的道德立场。

然而，表达主义这种看似讨巧的双层结构，实际上并不能确立道德信念和纯粹主观的偏见之间的概念区别。这并不难理解。按照表达主义的观点，当我

---

[1] See Allan Gibbard, *Gibbard's Commentary*, in Derek Parfit, On What Matters, Vol. Ⅲ, Oxford University Press, 2017, p. 210.

[2] See Allan Gibbard, *Gibbard's Commentary*, in Derek Parfit, On What Matters, Vol. Ⅲ, Oxford University Press, 2017, p. 212 – 213.

主张“男女同工不同酬是错误的”,实际上是在表达我对男女同工不同酬这种行为的不赞成态度,这个态度必须和我深层次的态度保持一致,比如,我始终坚持“性别不是在薪酬领域进行区别对待的合理标准”,而这个进一步的态度又必须获得更深层次态度的辩护。实在论者会问,这个辩护链条究竟会在哪里停止?从逻辑上说,总会有一个根本性的主观情感和态度的表达行动是没有辩护的,它就是我任意的决断。如果是这样,那么道德信念就和行动者个人纯粹的主观偏好不存在本质区别,仅仅是更具结构性的个人偏好。面对一个深受纳粹种族主义意识形态影响的人而言,我们会发现他持有的那些种族主义信念环环相扣,并无不融贯之处。这从表达主义的逻辑上,就很难说他犯了一个错误,尽管我们能合理相信他的确犯了一个严重的道德错误。相反,要让为真的道德信念和结构化的个人偏见相区分,那么根基的信念就必须依旧是可辩护的,而实在论相信这个辩护只可能来自某些独立于任何人主观情感和态度之外的某些客观事实或属性。这些事实或属性确保了某些根本信念是真的。[3]

通过快速检讨两种相互对立的观念,可以看到对道德真理的合理说明必须同时安置两方面的事实:一方面,为真的道德信念在性质上不同于任何人的主观态度和偏好,它承诺了一定的客观性;另一方面,这种客观真理不是一种理论上的真理,不能直接诉诸形而上学层面存在实体的方式得到说明,而是需要说明客观的道德真理如何可能要求人们在实践上作出行动。德沃金的价值理论提供了一种可能的解决方案,下面我将简要重构德沃金理论的要点。

二、德沃金的论证

(一)拒绝错误论证

德沃金主张形而上学实在论和表达主义共享了一种对道德真理不合理的观念。这种观念认为,道德真理的存在必然需要预设某种实体的存在,只是前者承认这种实体的存在而后者予以否认。但德沃金认为,这本身就是一种错误的看法。德沃金在讨论了各种对道德的日常观点的解读之后主张,不可能从道

---

〔3〕 这个批评借鉴了帕菲特的看法,see Derek Parfit, *On What Matters*, Vol. Ⅲ, Oxford University Press, 2017, p. 232 - 237.

德的日常观点中分析出一种含义，这种含义中立于任何实质道德信念，而仅仅报道或表达了某种形而上学实体的存在。人们之所以主张“就算所有人都事实上不这么认为，男女同工不同酬依旧在事实上是错误的”，或者“即使所有人都表达了事实的反对态度，女性客观上依旧有权要求同工同酬”，这些无非依旧在表达“男女同工不同酬是错误的”这个实质价值主张，而那些略显极端的修饰语实际上只是一种强调而已，并不改变主张的性质。如果道德的日常观点中并不预设任何形而上学实体，那么实在论和表达主义的攻防就失去了意义。

实在论者可能会指出，如果承认日常观点不预设任何道德实体，那么站在整个道德领域之外反思道德就会看到，根本的道德信念无所谓真假，不存在客观真理存在的空间，道德信念和纯粹的主观偏好也将没有区别。这和道德的日常观点明显存在冲突。德沃金主张，即使承认实在论的担忧是有道理的，诉诸道德实体是否存在，在逻辑上不可能为道德真理的存在/不存在提供任何论据，因为这种论证违背了作为认识论的休谟原则。休谟原则明确主张，在不借助任何道德主张的前提下，单凭一组关于这个世界的事实性主张（无论这个事实性主张是形而上学领域的还是科学领域的），不可能得到关于应该如何行动的结论。如果实在论主张自身并不是道德领域内的实质理论，而仅仅是一种“关于道德”的形而上学理论，那么单凭其自身就不可能对道德领域内的真理提供任何有效支持。当然，同时也意味着，不存在这些实体也不等于就不存在道德真理。表达主义的主张同样是错误的。

那么，一个道德信念为真的标准究竟是什么？事实上，对实在论的拒绝是一个否定性的论证，而在否定性的论证背后是德沃金对道德真理正面的、肯定性的主张，在 1996 年发表的《客观性与真：你最好相信它》中有一段非常清楚的表述：

> 我的意思是我们认为我们所拥有的任何否定一个信念的理由，其本身只是另一个信念，我们不可能作出——包括最老辣的怀疑性论证或命题——比我们找到适合的最佳思想之后，检讨它是否是我们真心所想更多的主张。如果你坚定且全心全意地无法拒绝相信某事，那么你最好相信它。正如我所说，并非因为你的信念本身主张自己为真，而是因为你无法想象一个论证作为对一个信念的决定性反驳，而对这

一信念却没有任何减损。从头到尾,这都是信念。[4]

这就是说,道德信念是一类独特的信念,这类信念拒绝被还原为其他类型的信念,因此也不可能诉诸任何其他类型的信念支持/反驳一个道德信念,某个信念为真只可能是因为该信念获得了其他信念的辩护,而不可能是其他原因,道德真理不需要其他非道德的事实来奠基。既然如此,一方面我们可以不必接受形而上学实在论对道德真理很古怪的说明,另一方面我们又可以继续坚持为真的道德信念的确表达了某种客观真理,而与纯粹个人的主观偏好和情感相区别。

这个看似完美的主张,反而让道德真理何以可能的问题变得扑朔迷离。既然一个道德信念不是因为它"符合"任何外在的实体而为真,那么它何以为真呢?德沃金主张这个信念只可能因为获得了其他信念的辩护而为真,那么辩护在什么情况下才算充分?又会在哪里停止?这些都是需要进一步回答的问题。

(二)依赖脉络的真理

在元伦理学上,德沃金将包括道德在内的价值概念视为一种诠释性概念。这类概念与所谓判准性概念相对立。判准性概念的正确含义是由使用这一概念的人们所共享的某些外部事实所确定的。[5] 但从前述实在论的缺陷可以看到,价值概念并非用来描述任何外部事实。德沃金认为,人们共享诠释性概念是用来指涉各种负担价值的人类实践。[6] 在共享这类概念时,人们同样会共享实践的某些典范,但这些事实并不直接确定这个概念的正确含义。而诠释性概念的正确含义需要诉诸建构性诠释,即人们将某个实质目标或本旨主动赋予这个实践,并借助这个目标将这个实践诠释为该目标的一个最佳个例。[7] 如

---

〔4〕 [美]德沃金:《客观性与真:你最好相信它》,沈宏彬、夏阳译,载郑永流主编:《法哲学与法社会学论丛》第 17 卷,法律出版社 2012 年版,第 78 页。

〔5〕 See Ronald Dworkin, *Justice for Hedgehogs*, Harvard University Press, 2011, p. 158 – 160.

〔6〕 See Ronald Dworkin, *Justice for Hedgehogs*, Harvard University Press, 2011, p. 160.

〔7〕 See Ronald Dworkin, *Justice for Hedgehogs*, Harvard University Press, 2011, p. 161 – 162.

果这种诠释是成功的,即能够为该价值实践的参与者均认为是对该实践的最佳诠释,那么这个价值的正确含义就将由这个最佳诠释所提供的实质原则加以确定。

举例而言,我们多数人都共享了一个正义的价值实践,因为我们都相信诸如“奴隶制是不正义的”“累进税率是正义的”等正义实践的典范。但对正义究竟意味着什么,人们存在广泛的分歧。罗尔斯的正义理论可被视为将“公平”这个本旨赋予给正义的实践,并能将正义的实践最佳地诠释为公平的一种特殊个例,即能够借助对公平的理解阐明人们分享的正义实践各种典范的合理性,那么“作为公平的正义”就会被视为对正义概念的最佳诠释,而这种观念中对正义的实质理解,就将被视为对正义客观正确的理解。

需要注意的是,将价值视为诠释性概念意味着价值信念是一种预设了价值实践的社群立场下所形成的信念,且这种信念依赖对社群共同从事的价值实践的建构性诠释,因此这种信念就不能被还原为任何个人立场下主观态度或情感的投射或表达,这使价值信念有别于纯粹个人的主观偏见。[8] 同时,价值信念来自对价值实践的建构性诠释,而非反映和报道了外在任何独立的事实或属性,任何个别的价值信念都不可能仅仅被独断地“看”出是真的,而必须依赖对价值实践脉络最佳的建构性诠释,这就必须诉诸理性的论辩和证明。这使价值真理也有别于自然科学领域的真理,它是一类“依赖脉络的真理”,而非符合论的真理。

这是否就能建立起价值真理和纯粹个人主观偏好之间的概念区分?答案是肯定的,依赖脉络的真理预设了一种脉络中群体的立场,基于这个立场作出的判断自然和纯粹的主观偏好之间存在本质的不同。但前文提到,对道德领域中客观真理的说明除需解释真理和主观偏好的区别外,同时还要解释这些真理和特定的行动者“我”之间的内在关联,即为何这个特定的“我”需要在行动上回应这些真理?按照现在的说明,依赖脉络的真理预设了一个群体的立场,那么就需要进一步追问,“我”为什么要加入这个群体的立场中?为什么“我”必须成为局内人?

德沃金认为,对上述问题的回答必须诉诸伦理,伦理涉及的是“我应该如何

---

〔8〕 See Ronald Dworkin, *Justice for Hedgehogs*, Harvard University Press, 2011, p. 136.

生活”的议题,而每个人最深刻的价值关切就在于让自己过得好。这是一份对自己的责任。正因如此,德沃金相信每个具体的人都会将“尊严”这个本旨赋予自己的伦理生活。这个本旨包含了两个相互关联的原则,即自我尊重和本真性。自我尊重,是指“我必须承认我自己活得好这件事具有客观的重要性”,而本真性是指,我“必须找到适合自己状态的生活风格,而不是无意识地沉溺在社会惯习或他人的期望与要求之中”。[9] 其中,自我尊重的核心就在于,我们希望自己的伦理生活过得好,这种“好”不是主观任性的,而是可获得价值信念真实的辩护。由于价值信念的存在必然预设一个实践的群体立场,那么“我”想给自己的生活赢得这种辩护,就必须成为价值实践的局内人,并将自己所处的脉络中、为各方共享的好生活典范,建构性地诠释为一张整合的价值信念之网中,其中,各种价值信念相互支持相互辩护,不存在断裂和冲突。只有在这个生活叙事下,我的生活才能获得价值信念始终的辩护,且这种始终获得辩护的生活又是“我”本真的状态,那么它对“我”来说就是客观重要的。[10]

这里需要补充说明的是,一些读者会指出,按照本文上述重构,德沃金似乎提出了两个并行的价值信念为真的条件。其中一个主张,“价值信念是对社群共同从事的价值实践的建构性诠释”;另一个主张,“诠释赋予的本质诉诸更深层价值的辩护,这种更深层次的价值依赖于个人活得好的表现价值”。在我看来这是一个误解。对实践进行建构性诠释,固然要契合实践本身的形式,但在多大程度上契合,留下多少空间给来自深层价值的辩护,这本身就是一个辩护的问题,因此我们最好将契合价值实践的形式本身,视为辩护的一个考虑方面,而道德信念为真的根本条件就只有一个,即这个信念是否能得到其他信念的辩护。进而,按照德沃金的观点,当整个价值领域的信念都能形成相互辩护的网状结构时,网络上的信念就都是真的。从某种意义上说,整个价值领域的真都取决于这个辩护网络的整体。而“我”之所以会和这些价值真理发生联系,成为价值领域的局内人,则取决于“我”对自身伦理生活的理解,即只要“我”承认,

---

〔9〕 See Ronald Dworkin, *Justice for Hedgehogs*, Harvard University Press, 2011, p. 203 – 204.

〔10〕 这也就是德沃金主张人对自己好生活的责任,而这种责任就是对道德价值的一项认识论原则。See Ronald Dworkin, *Justice for Hedgehogs*, Harvard University Press, 2011, p. 108, 210 – 211.

我们需要让自己的生活具有客观的重要性,那么整个包括道德在内的价值真理都会进入我们的生活中。

然而,这是为什么?为何“我”要将“尊严”这个本旨赋予自己的生活?为何我要让自己的生活具有客观的重要性?为何这是一份“我”对自己的责任?对这些问题的回答就涉及“我”如何理解我自己,在这里德沃金预设了一种行动者的形而上学,正是因为“我”在概念上是这样一种行动者,才会必然选择成为价值实践的局内人。德沃金是诉诸“自我意识”的概念来界定行动者。对自我意识而言,最重要的是“我”能够在“我”做的事情和仅仅发生在我身上的事件(如膝跳反射)之间做出区分,而如果我想拥有一个好生活,那么这个生活必须是“我”所拥有的,而不能是如膝跳反射那样仅仅发生在我身上。[11] 这使稳固的自我意识只能诉诸客观真实的价值才能得到建立,即当我主动回应客观价值的要求时,我会意识到这些行动都是“我”作出的,而非偶然发生的,也因此对我有意义。既然稳固的自我意识只能建立在客观的价值之上,这个事实就必然让“我”将尊严这个本旨赋予自己的伦理生活,因为如果我不这么做,那么我的生活将不可能是一种“属人”的好生活。德沃金所说的“责任”亦可获得解释,即“我”作为拥有自我意识能力的存在,如果我不去过上属人的好生活,那么我就没有回应(respond to)我事实上已经拥有的“人性”。这就是一种放弃责任。

在这个意义上,依赖脉络的真理就显现出对罗尔斯建构主义传统的继承。罗尔斯总结自己的建构主义指出:

> 从本质上讲,康德式建构主义的独特之处在于:它设定了一个独特的人观念(conception of the person)作为一个合理建构程序的基本要素,这个程序的结果决定首要正义原则的内容。换言之,这种观念设立一个回应特定合乎情理的要求的建构程序,并且在这个程序里,个人被刻画为理性的建构行动者,首要正义原则正是通过他们达成的协议来制定的。这里的基本思想是:通过建构程序在一种独特的人观

〔11〕 See Ronald Dworkin, *Justice for Hedgehogs*, Harvard University Press, 2011, p. 206 -207.

念与首要正义原则之间建立起恰当的联系。[12]

这就是说,价值真理最终是行动者主动建构的产物,而建构价值的"行动者"是一种对人的特定理解。这就同时回应了道德理论两方面的关切,一方面道德真理需要独立于"我"的主观偏好——建构是建立在对行动者的特定理解的基础上,且基于一定的理性程序,建构的结果自然和经验中的"我"的主观偏好完全不同;另一方面,道德真理需要能够让这个特定的"我"在行动上作出回应——建构所预设的对行动者的理解也是"我"事实上所共享的,因此建构的结果对"我"而言就是真实而有约束力的事实。

三、道德真理可能是依赖脉络的吗

(一)"偶然"的道德真理

在上一节中,我们初步重构了德沃金道德理论的要点,在这种理论下道德真理实际上是一种依赖脉络的真理,而依赖脉络的真理意味着这种真理只存在于以特定脉络为基础的建构性诠释中。这一点将会给德沃金的理论带来致命的缺陷。我们不妨回到日常观点下的道德信念。当我们和一个种族主义者进行讨论时,很可能严肃地主张"白人至上的观念在客观上是错误的"。但他可能主张,在他所生活的脉络中,这并非什么不可理喻的主张,而是对"平等"的最佳诠释,即他的生活环境中每个人就是被分为三六九等,而每个等级的人得到自己应该得到的对待,这就是"平等"的一个基本典范。相反,我们所主张的平等观念,很可能在他的生活脉络中反而是错误的,甚至无法为基本的平等典范提供辩护。但当我们主张"白人至上的观念在客观上是错误的",并非说这种观念在"我们"看来是错误的,而是说这件事客观上就是错误的。种族主义者的生活脉络中不是有一种与"我们"不同的、"他们"的平等,而是在根本上就没有客观的平等价值。

我们可以从另一个角度来重构这个批评。按照德沃金的主张,一个拥有自我意识的行动者就会主动选择进入特定生活脉络中,用社会共享的好生活的概

---

〔12〕 [美]罗尔斯:《罗尔斯论文全集》,陈肖生译,吉林出版集团有限责任公司 2013 年版,第 342 ~ 343 页。

念典范建构自己的伦理生活叙事,显示他认真对待自己过得好这件具有客观重要性的事。进而,由于他的生活的客观重要性就来自这种生活是由社会共享的好生活的典范建构起来的,那么他就同时有理由平等尊重那些同样运用这些典范为基础,但建构起来的不同生活叙事,这些不同的叙事显示出每个人不同的本真性。但问题是,如果一个人的生活拒绝尊重这些典范,那么从我自己尊重自身伦理生活的重要性中,就没办法推导出尊重这些人生活的理由;相反,我会认为这些人的生活在客观上存在严重的价值缺陷。

这显然和道德的基本性质相冲突,道德要求一种普遍的平等尊重,只要对方是一个人,那么我们就有理由给予道德上的尊重,无论他的生活在实质上我们作何评价,因此对纳粹分子我们也采取审判的方式对待他们,而非随便将其处决。有趣的是,德沃金在《刺猬正义》中引用了达沃尔提出的一组概念,即承认性尊重和赞赏性尊重,前者是道德所要求的尊重,即人们因为自己是一个理性行动者本身就应获得的承认和尊重,无关于实质上他们过着怎样的生活,取得了什么成就,后者才依赖于这些实质的评价,且与达沃尔一样,德沃金同样认为道德要求的是一种承认性尊重。[13] 很显然,依赖脉络的真理没办法合理说明道德这种对每个行动者都给予的承认性尊重何以可能,相反按照德沃金的论证,道德对人的尊重同样依赖对其实质生活的实质诠释,那就不存在普遍有约束力的道德了。

总之,在日常观点下,我们认为真的道德信念具有普遍的约束力,对每个理性行动者提出了实践上必然的要求,而非偶然的、依赖于建构的要求。德沃金对道德真理的客观性固然给出了一种说明,但这种说明太过脆弱,以致和道德怀疑论已经没有本质上的不同,毕竟如果各种道德价值的基本含义是依赖于建构、偶然地被决定的,不存在任何独立于建构、必然的含义,那么日常观点下的道德真理就已经不存在了。相对而言,实在论之所以要像德沃金所描述的那样,主张道德真理的存在必然需要预设某种形而上学实体的存在,就是因为在实在论看来,日常观点下道德真理被视为一种具有普遍约束力的真理,而这种真理不可能诉诸任何偶然的东西得到说明,只能预设形而上学实体的存在。如果击败了这种实体的观念,日常观点下的道德也就被摧毁了。而德沃金对道德

〔13〕 See Ronald Dworkin, *Justice for Hedgehogs*, Harvard University Press, 2011, p. 205 – 206.

真理的辩护,看上去不必预设古怪的道德实体,但其代价是将道德真理也削弱到微不足道的地步。从某种意义上说,遵循德沃金的逻辑,我们可以主张国际象棋领域也存在客观为真的象棋信念,这些信念涉及棋手应该如何进行象棋对战。但这些真理只对进入象棋实践脉络中的棋手有效,而对一般人来说,我们依旧可以对这些真理置之不理。但很显然,道德真理拒绝我们对其置之不理,如果种族主义者拒绝承认客观的平等,那么他们就犯了一个客观的错误。

事实上,即便是德沃金本人的理论,其中对道德的大量论述都需要预设存在某种独立于建构、普遍有效的道德真理。德沃金在文本中反复使用了“价值部门”的概念,特别是主张伦理和道德分属两个价值部门,对这两个价值部门要作整体性的诠释才能确定各自的含义。这可被视为《刺猬正义》的基本主张了。但如果这两个价值部门的真理都是依赖特定脉络建构而来的,那么这种整体诠释还会有多少意义?此时这种整体诠释就很容易蜕变成由伦理吞噬道德的模式,因为在这种模式下道德具有何种独特性,这本身就依赖对伦理价值的理解。维罗妮卡 · 罗德里格斯 – 布兰科(Veronica Rodriguez-Blanco)就在一篇评论性文章中准确指出,按照德沃金的立场,道德和伦理之间的整体诠释的关系并不明显;相反,主要的论证都集中在伦理生活上,道德无非是最终需要被安置进某种伦理生活框架中,它对我们构想伦理生活并没有实质的指导。[14] 相反,要想让伦理道德的整体性诠释模式有意义,就至少需要预设道德拥有某种独立于建构、普遍有效的道德真理,这些真理确定了道德这个价值部门所具有的独特的“好”,这种“好”是不能被扭曲到伦理部门中去的。这是依赖脉络的真理所无法解释的。

(二)真理与独断论

为什么德沃金认为对道德真理的辩护只能停止于这种依赖脉络的真理?为什么不能主张一种更“强劲”(robust)的观念?为什么不能主张道德真理是某种客观存在的事实或属性,为真的信念是因为准确表达了这些事实或属性而为真?德沃金会问,这种事实或属性是一种怎样的存在?如果它们是某种实

---

〔14〕 See Veronica Rodriguez-Blanco, *Dworkin's Dignity under the Lens of the Magician of Konisberg*, in Salman Khurshid, Dr Lokendra Malik & Veronica Rodriguez-Blanco eds., Dignity in the Legal and Political Philosophy of Ronald Dworkin, Oxford University Press, 2018, p. 200 – 219.

体，它们通过某种因果性的作用，刺激人们拥有的某种“道德感官”而形成客观为真的道德信念，那么这个过程就显得非常荒谬。如果某个人主张她“看”出男女同工不同酬是错误的，几乎不会有人认为，仅凭这一点就应该承认男女同工不同酬的确是错误的，我们还需要提供必要的辩护，而这就是辩护的真理所主张的。这里似乎只有这两条路：要么诉诸古怪的实体，要么诉诸对特定脉络中信念本身的建构。

然而，帕菲特认为这并没有穷尽所有的可能。他认为，主张存在古怪的道德实体仅仅是一种关于道德真理的形而上学，即便不存在古怪的实体，也可能存在客观的事实或属性，使某个信念因为准确反映了这些事实或属性而为真。这就涉及对“何谓存在”的形而上学讨论，而帕菲特借助数学的例子指出，关于存在的“单一观点”是错误的，存在有多种而非一种形式，主张某物存在并不必然等于在特定时空条件下存在某些实体。[15] 例如，数学真理显然是一类存在的客观真理，但这并不必然需要预设某些古怪的数学实体，因此我们既可以主张由于不存在数学实体，因此不存在“对应”或“符合”意义上的数学真理，也可以主张存在不预设实体的、无本体论分量的独特的数学真理，这两者都是可理解的。这就显示出我们在存在论上应持有一种“多样性观点”，即事物的存在有多种形式，而我们人也有理解多样化存在的能力，我们既可以理解自然科学领域的真理，也可理解数学、逻辑等领域的真理，以及道德领域的真理。[16]

这样我们就能主张，某些道德信念依旧可以是因为它表达了客观的道德真理而为真，而非因为它获得了其他信念的辩护而为真。这就是说，这些信念在内容上具有道德的合理性，这种合理性并不需要诉诸其他信念加以辩护，而就是这个信念本身在内容上具有自明的合理性，这种合理性能够通过人们所具有的道德推理能力直接认识到。形象地说，这种合理性就是直接“看”出来的，例如，杀人取乐是邪恶的，它就是一个自明的道德真理。如果一个人怀疑这些自明的真理，那么我们就会合理怀疑他是否理解我们所说的道德推理，以及是否有能力进行这种推理。当然，这种直接识别道德真理的能力是有限的，我们只能直接识别那些显明为真的信念。对于男女同工不同酬是错误的，我们或许会

---

〔15〕 See Derek Parfit, *On What Matters*, Vol. Ⅱ, Oxford University Press, 2011, p. 469.

〔16〕 See Derek Parfit, *On What Matters*, Vol. Ⅱ, Oxford University Press, 2011, p. 470 – 475.

大致接受,但对于实习生和资深员工是否需要获得同样的薪酬对待,或许会存在合理分歧,需要人们诉诸进一步的辩护,但这并不拒绝某些道德真理可以是自明的。这类似于在数学领域,我们固然会对费马大定律是否是可证立的存在合理分歧,但对“1 + 1 = 2”这样的基本真理,则并无合理分歧的可能。如果有人质疑这一点,我们会认为他不会基本的数学推理。

德沃金在《刺猬正义》中一个讨论大卫 · 威金斯(David Wiggins)观念的长篇脚注中讨论了上述观点。德沃金主张,无论在数学领域还是道德领域,真理是无法“看”出来的。他认为,当一个数学家主张“看”出费马大定律是能够获得证立时,他还没有给出任何实质的数学证立,而我们认为“1 + 1 = 2”是显然为真的,无非是因为数学领域的信念都支持这个信念为真,而非它本身被“看”出是真的。同理,在道德领域亦不存在能够被直接“看”出的真理,一个信念为真必然是因为它能够获得辩护。[17] 或许是德沃金意识到,如果数学领域可能存在不预设实体而存在的客观事实或属性,为真的数学信念是因为反映了这些事实或属性而为真,那么在道德领域似乎就很难拒绝存在同种类型不预设实体而存在的客观真理,因此德沃金在数学领域亦拒绝存在这样的真理。但包括哥德尔在内的很多重要的数学家已经指出,一个数学信念是真的并不必然因为它能获得其他信念的辩护,往往它本身就是自明为真的。即使很多数学信念与之冲突,也不会影响它是真的,并且数学领域(特别是集合领域)的发展已经证明,我们人有能力理解这种不预设实体的客观真理。[18]

这是否意味着德沃金的拒绝失败了?道德领域无非也存在一些如数学领域那样不预设实体的客观事实,使符合这些事实的信念为真?在笔者看来答案是否定的。德沃金强烈拒绝道德真理和数学真理建立类比关系的深层理由在于,他非常清楚本文在开篇中提到的道德真理的其中一个实践特征,即这种真理需要和特定的行动者建立行动上的关联,生活在特定脉络中的“我”需要对道德真理作出行动上的回应,这种实践特征是数学真理所没有的。因此,即使可以借助某种没有本体论分量的事实来说明数学信念客观为真的条件,但要以同

---

〔17〕 See Ronald Dworkin, *Justice for Hedgehogs*, Harvard University Press, 2011, p. 442 – 443.

〔18〕 帕菲特对哥德尔的主张有简单的讨论,see Derek Parfit, *On What Matters*, Vol. Ⅱ, Oxford University Press, 2011, p. 508。

样的方式说明道德信念为真的条件则存在相当的困难，毕竟很难解释这些事实是如何对特定的“我”提出行动上的要求。从某种意义上说，数学真理对每个具体的人来说，就是外部的一个客观事实，“我”自己的生活不会因此受到直接的影响，但道德真理就会要求“我”在自己的生活中做些什么，而每个具体的人的生活千差万别，客观的道德真理是如何可能对每个人提出行动上的要求，这是单纯用“没有本体论分量的事实”很难讲清楚的。

应该承认，帕菲特本人对此有回应。这个回应非常直接，他主张理性行动者在概念上就包含了回应实质理由的要求，即外部的道德事实和“我”之间的关联是通过“理性能力”建立起来的。但这个回应非常含混，这仿佛就是主张，尽管每个人的生活千差万别，但总有一种共同的官能，这种官能使我们能够认知并回应外部道德真理的要求，无论我们在自己具体的生活中在乎的是什么。这类似于我们作为人有一套共同的神经机制，以至无论你是个什么样的人，当你将手放到火上时，一定会感到剧痛并神经性地把手缩回来。问题是神经机制是一种因果机制，但对道德真理的回应并非因果性的。帕菲特对此也承认，主张我们对道德真理的回应是“非因果性的回应”，但拉里·泰姆金（Larry Temkin）在一篇评论性文章中指出，帕菲特立场实际上和主张我们拥有一种如同神经机制的理性官能，外部的道德真理能借助这套官能因果性地作用于我们并无本质的差异。而要想解释这种差异，就必须阐明帕菲特所说的这种理性能力是如何嵌入千差万别的合理生活之中并总被视为是重要的，也因此人们并不是因果性的，而是基于对自己合理生活的追求而重视这套官能，但帕菲特对此并没有作任何说明，因此艾伦·吉巴德（Allan Gibbard）主张帕菲特的理论“对的还不够”，即他仅仅片面地强调了客观道德真理的存在，但并没有给予充分的解释。

在笔者看来，吉巴德所批评的“对的还不够”正是德沃金拒绝帕菲特这种观念的深层理由。前文的分析已经看到，德沃金之所以要将对道德真理的说明与伦理生活关联在一起，就是因为他相信对任何具体的行动者来说，最根本的价值关切就是让自己获得属人的好生活，道德真理只有和这一点关联起来，它才可能对具体的行动者提出行动上的要求。德沃金甚至明确提出，一种妥当的合理性理论必然要包含一种伦理学，这其实也是上述考虑的必然逻辑，而这个论证逻辑就证明了帕菲特理论的上述短板，在德沃金看来是不可接受的。因此，对道德信念何以为真的回答，依旧需要有别于数学真理的单独说明。而我认为依赖脉络的真理观所预设的建构性的观念,就包含了一个能够发展出更好真理论的契机。

四、新的起点:依赖法则的真理

(一)自由、行动与普遍法则

前文提到,在德沃金理论的最深处预设了一种行动者的形而上学,即所谓行动者就是拥有自我意识的人,而拥有自我意识意味着,人们有能力在"我"主动做出的行动与因为外部因果关系发生在我身上的事件之间作出区分,因此"我"并非一个发生在我身上各种事件的大杂烩,而是由主动的选择建构起来的。主动选择的依据就是各种价值真理:当我回应这些真理而行动时,就能够合理主张这些行动是我作为理性行动者主动作出的,我也会对这些行动承担责任。正因如此,德沃金认为,自我意识的行动者必然会进入对价值领域的诠释中,因为在这里他才能过上一种自我意识的行动者所拥有的合理生活。但从前面的论证已经看到,由于德沃金对道德真理的辩护过于脆弱,以致和怀疑论相差无几,因此自我意识的行动者并不会选择接受这种事实上取消道德的真理观,毕竟受到道德约束是自我意识的行动者必然会接受的。可见,能够要求自我意识的行动者给予回应的道德真理不可能完全依赖脉络而为真,必须能够独立确定为真。这也就是为什么帕非特等实在论者总是尝试论证道德真理是某种特殊存在的客观事实或属性所给予的,而这些事实或属性是所有理性行动者能够直接识别和回应的,因为只有这样才能避开德沃金理论的缺陷,并为道德真理提供足够强有力的支持。

如果我们拒绝道德真理预设以任何形式存在的客观事实或属性,那么该如何为道德真理提供足够强的支持?其实在德沃金的理论内部包含了可能的新方向。概言之,按照德沃金的主张,对自我意识的行动者来说有一个"纯粹的事实"是直接的,即"我是一个自我意识的行动者"这个事实本身。在德沃金的理论中,当我们以这种方式理解自身的时候,就意味着我们将自己理解为以回应外部的价值真理而行动的存在者。从逻辑上说,这与在认识论领域我们需要通过回应理性的认识论真理来形成信念认识世界并无差别,即两者都是外部存在的客观真理对我们施加理性的影响和约束。

然而,作为自我意识的行动者必然受到约束的道德,显示出某种不同于上述逻辑的特征。前面提到,德沃金引入了达沃尔提出的两种尊重的概念,即承认性尊重和赞赏性尊重,其中道德是和承认性尊重相关的。这种类型的尊重的核心在于,它主张每个自我意识的行动者都应该获得一种尊重,这种尊重不取决于这个行动者做了什么有实质价值的行动或成就。达沃尔认为,这显示出在道德中,我们每个人本身是"有效主张的自我来源",即当我们将自己构想为行动者时,这个事实就能要求他人对我们给予一种尊重。行动者作为有效主张的自我来源,这是德沃金的诠释理论几乎无法解释的,也正因如此,在德沃金的理论下,道德真理才会被削弱到与怀疑论相差无几的地步。道德这种以行动者自身为有效主张的自我来源的特征,显示出对自我意识的行动者这个纯粹的事实而言,德沃金的理解是有缺陷的。合理的观念至少需要说明,这种自我来源的特征何以可能。

从基本的概念来看,所谓"有效主张的自我来源"意味着,这个有效主张的来源就是"我"本人而非任何外在的事实或属性,能够给予对方某些有效主张,并且主张的接受方也会理解我的这些主张是针对"他"的,而不是针对任何中立于行动者的外在事实或属性。例如,在地铁上 A 踩了 B 的脚,B 会主张 A 把脚挪开并对自己表示歉意,这些道德上的要求都是 B 以自己的名义提出的,且这些要求是指向 A 的,即"我要求你向我道歉"。对道德真理的充分说明需要解释行动者自身作为"有效主张的自我来源"何以可能。而森森通过对康德哲学的重构,提出了一种思考道德真理的新的路径。他主张在康德哲学中,自我意识的行动者实际上拥有"意志自由"这一形而上学属性,而自我意识的行动者主动做出的行动,也就意味着他的意志自由成为该行动的根本原因——这才有可能让行动者自身成为"有效主张的自我来源"。[19] 而在康德哲学中,"原因"概念中必然预设了"法则"的概念,毕竟只有当存在普遍的法则确定 A 和 B 之间的因果关系时,人们才能在特定情形下判断 A 的个例 a 是引起 B 的个例 b 的原因。

与此同时,康德注意到在实践领域,作为原因的是意志自由,因此在意志自由和行动之间建立关联的法则必须是自由本身内在包含的,而不能是外界施加的,否则这种遵循外在法则的意志就不是自由的了。康德主张,在这些约束条件下,意志自由这一形而上学属性与行动之间建立因果关系的普遍法则只可能

---

〔19〕 See Oliver Sensen, *Kant on Human Dignity*, De Gruyter, 2011, p. 102 – 103.

是下述法则,即绝对律令:

> 你要仅仅按照你同时也能够意愿它成为一条普遍法则的那个准则去行动。[20]

如何判断"我"所遵循的准则是否符合绝对律令的要求?这就需要检验这项准则是否有可能被所有自由的行动者所意愿接受。这是因为,如果这项准则仅仅是"我"意愿接受,而其他自由的行动者则无法接受,这表明该项准则和作为各方分享的普遍的自由属性是相互冲突的,该准则就不满足绝对律令的要求。这使形式化的绝对律令对准则的实质内容也施加了消极的限制,即某种准则不可能获得绝对律令的检验。康德将这种内容上的约束称为"人性公式",它是绝对律令的另一种表述形式:

> 你要这样行动,把无论是你的人格中的人性,还是任何其他人的人格中的人性,任何时候都同时用作目的,而绝不只是用作手段。[21]

前文提到,康德所讲的"人性"其核心与德沃金一致,都是指意志自由这种属性,因此尊重一个人的人格中的人性,实际上就是尊重他作为自由的行动者的地位,而这种尊重就要求所有人遵循绝对律令的要求行动。人性公式显示出绝对律令中所预设的人们之间根本的平等地位,这最终导向了"普遍立法"和"目的王国"的概念:

> 每个理性存在者,都必须通过它的意志的全部准则把自己看作普遍立法的,以便从这一视角出发来评判自身及其行动,这样一个理性存在者的概念,就引向一个依赖它的、极富成果的概念,即一个目的王国的概念。[22]

---

[20] [德]康德:《道德形而上学奠基》,杨云飞译,人民出版社2013年版,第52页。

[21] [德]康德:《道德形而上学奠基》,杨云飞译,人民出版社2013年版,第64页。

[22] [德]康德:《道德形而上学奠基》,杨云飞译,人民出版社2013年版,第69页。

总体来说,康德从“自我意识的行动者”这个概念中分析性地确定了人们之间平等尊重的道德原则,这个结论和德沃金的主张是一致的。但这两者之间存在性质上的区别。康德对道德的论证不涉及任何实质价值的诠释,只要是具有自我意识的行动者,就将受到道德的约束。这就对日常观点下的道德给予了强有力的支持:如前文所述,当一个人主张“女性客观上有堕胎的权利”时,所主张的并非在“我们”的脉络内女性有这项权利,而是说对所有理性行动者来说都应承认,女性享有这项权利。换言之,由于对道德的确证和尊重是自我意识的行动者必然会选择的,而康德对道德客观性的说明能够支持人们对道德的确证和尊重,因此这种客观性的观念才是自我意识的行动者真正会选择的,而非德沃金那种过于虚弱的客观性。我将这种观念称为“依赖法则的真理”,这些真理来自对所有行动者都有效的普遍法则。

与此同时,上述观念也能说明道德真理的一些基本特征。首先,依赖法则的真理的确不是以任何形式存在于外在空间的客观事实或属性,而是和我们自身的基本属性紧密相关。如果不存在拥有自我意识的行动者,这些真理也就不复存在。在这一点上德沃金的确是对的。其次,与此同时,依赖法则的真理的确不依赖于任何特定价值观念,而是依赖于一种人的形而上学,这种形象的行动者的存在的确不涉及任何形而上学实体,而就是一种对人的哲学理解,这种形而上学的确如帕菲特所言没有任何本体论分量,同时也不违背德沃金念兹在兹的休谟原则。最后,依赖法则的真理直接关联于行动者的基本属性,可以直接在一般层面上分析出来,在这个意义上它们就是能被“看”出的自明的真理,但却不是独断论,在这个意义上帕菲特等人的观念也是对的。

(二)两种行动者的观念

这里我们需要考虑德沃金可能提出的一个重要的反对意见。德沃金在《客观性与真:你最好相信它》一文中,考虑了一种与上述观念相类似的康德哲学。他主张:

> 比如,康德主张对人而言,道德的本旨和价值寓于自由之中——这种自由只有当我们依照理性的指示,而非自利或其他不同的动机行动时才拥有……尽管很有说服力,但康德的道德观点显然是我之前定义的那种实质性的道德判断。他假设行为出自理性——且仅仅当行

为出自理性——才具有道德价值……[23]

这就是说,上文通过意志自由的分析所得到的依赖法则的真理无非是一种对道德的建构性诠释,这种诠释是将“自由”赋予道德实践罢了。如果是这样,那么上述论证不仅不构成对德沃金道德理论的竞争,相反只是对他理论框架的一个应用。

然而,笔者认为这个转化并不能站得住脚。德沃金在进行上述转化时,预设了依赖脉络的真理观的合理性,进而预设了一种对行动者的形而上学理解。在这种理解下,自我意识的行动者实际上是一个历史的概念,其实质含义是由特定脉络下的材料建构而成的,但问题是这种行动者的形而上学为什么就是对的呢?这个观念是如何确定下来的?事实上,即使我们采取德沃金在很多场合也表示认可的罗尔斯的反思平衡装置,也会发现德沃金所预设的对行动者的理解,并不能很好地被纳入与道德的反思平衡中,这种过于历史化的行动者的观念无法和道德客观具有的普遍约束力保持一致;相反,森森所诠释的康德哲学所描述的行动者的观念,反而能够和道德真理的基本属性保持一致,因此从反思平衡的认识论出发也能看到,这是一种对行动者更好的理解。而如果采取这种理解,德沃金对康德理论所做的转化就是非法的,毕竟两者在对行动者的基本理解上就不一致。

德沃金如何看待上述康德哲学中对行动者的描述?在我看来,德沃金对这个问题的检讨是通过检讨“责任”概念展示出来的,对行动者的说明实质就是说明在什么条件下“我”会对某个行动负责,而责任概念的核心就是对自身行动的控制。德沃金认为,这种控制只存在两种可能,一种是所谓“因果性控制”,另一种是所谓“能力性控制”。

以因果性控制为核心的责任概念,是指只有当从上帝视角看某个行动完全是由行动者作出,而不受任何外在因素影响时,才能主张这个行动受到了行动者的控制,也才能主张行动者为这些行动负责。[24] 德沃金认为,这种责任概念

[23] [美]德沃金:《客观性与真:你最好相信它》,沈宏彬、夏阳译,载《法哲学与法社会学论丛》2012 年第 1 期。

[24] See Ronald Dworkin, *Justice for Hedgehogs*, Harvard University Press, 2011, p. 229.

是错误的。概言之,如果“我”只会对完全由我独立作出选择行动负责,那么“我”根本无从做出任何选择,因为此时这个“我”是完全空洞的。反过来说,“我”要能作出实质的决定,必然会依赖或受到之前既定条件的影响,但这些行动又会因为我对它们并不享有这里所要求的因果性控制,而被排除在我负责的行动之外。在日常生活中无论如何不可能存在任何需要人们负责的行动,这显示出这种概念并没有对我们所理解的责任给出合理的说明。[25]

以能力性控制为核心的责任概念,则是指一个决定是在行动者的控制下做出的,这意味着在作决定时,就是“这个”行动者面对着这个需要作出决定的事项,没有任何人借助他或为他作出最终的决定,而他个人也有能力形成为真的信念,并且作出一个能够嵌入他规范性人格之中的决定。[26] 在这种能力意义的控制下,我们要为自己的“品质”负责,而不是某个最终由“我”单独作出的决定负责。如果我长期受到某些错误观念的影响,形成了不好的品质,但如果这些观念并不会挫败我的上述能力,那么我依旧要承认这些错误观念下具有糟糕品质的人就是“我”,他人也因此可以对这个“我”提出批评。

德沃金论证的重点并不是单独考虑两种控制孰是孰非,而是将其作为对责任这一规范性概念说明的核心,检讨何种控制观念能够最佳地诠释责任的要求。德沃金对实践领域的责任来说,重要的不是探究作出决定的形而上学依据,而是努力让自己的生活过得好。判断生活是否过得好的关键,就在于行动者所持有的那套整体性的价值之网所构成的生活叙事是否足够好,这套叙事所塑造的就是这个人的整体品质,包括他的欲望、雄心、目标、规划、偏好等。既然这些才是责任评价的重点,那么责任中的所谓“控制”也必然主要围绕塑造这些品质的能力展开,而非围绕在形而上学上“我”是否能独立于因果律作出任何特定决定展开。因此,能力性控制显然能够提供一种对责任概念更好的诠释。如果能力性控制为核心的责任概念是对的,那么似乎就必须承认,行动者需要以特定脉络为背景,考虑自己在这个脉络中形成的特定品格特质,从而判断自己是否尽到了责任。这就对德沃金的历史性的行动者观念提供了强有力的支撑。

---

〔25〕 See Ronald Dworkin, *Justice for Hedgehogs*, Harvard University Press, 2011, p. 231 – 241.

〔26〕 See Ronald Dworkin, *Justice for Hedgehogs*, Harvard University Press, 2011, p. 229.

然而,德沃金对行动者概念的讨论似乎并不充分。首先,尽管在依赖法则的真理观中预设了一种因果性的观念,并从这个观念中得到了绝对律令,进而支持了道德的普遍约束力,但这里所说的"因果性"并非德沃金所主张的"因果性控制",而更接近于"能力性控制"。森森所主张的"我"的意志自由作为行动的根本原因,无非是德沃金所主张的,"我"有能力形成价值信念,并主动遵循这些信念行动,因此这些行动也是"我"能负责的。[27]

其次,从依赖法则的真理观出发,当一个人主张自己拥有德沃金所说的"能力性控制"时,这种能力必须包含一般性的原则。概言之,当"我"自己有能力独立于我的欲望、倾向等生理条件而主动行动时,同时也会意识到,如果要让作为拥有自我意识的行动者做些什么,那么"我"所拥有的意志自由本身就应当成为行动的原因。这就需要"我"进一步思考,意志自由这种属性如何与行动之间建立因果关系,由此就获得了绝对律令的概念,并确定了"我"和其他同样拥有意志自由属性的行动者之间的根本平等关系。注意,这些都是"我"没有进入具体脉络之前所获得的一般性真理。这些真理反而构成了我判断脉络中各种信念的判准,即如果这些信念和这些一般性真理相冲突,那么我响应这些信念而行动就必然会挫败自己作为自我意识的行动者的根本地位。

回到最初所确定的合理道德真理论应当满足的条件。首先,它必须能够阐明道德与任何人主观偏好之间的性质差别,道德真理是一种具有普遍约束力的真理。依赖法则的真理所预设的普遍法则,从性质上说并非任何个人或群体的主观选择或偏好,而是从对行动者的意志自由这一属性中推导出来的。其次,它必须阐明道德真理如何与特定行动者之间建立行动上的关联?依赖法则的真理并非任何意义上外部存在的事实或属性,而是来自对行动者自身形而上学属性的分析,"我"作为一个行动者也必然包含这样的属性。

对上述康德式的行动者观念,很可能存在一种批评声音,主张上述论证最多可以说明,道德真理的存在预设了一种特定的行动者的存在,但这并没有说明"我"为什么有理由成为这样的行动者。持有这种怀疑观点的人,往往持有一种内在理由的观念,主张对一个行动者来说,哪些目标是合理的,完全是由这个人的成长史在其主观动机集合中注入了什么内容所决定的,因此"我"是否有理由成为一个康德式的行动者,这依旧是不确定的,并没有什么必然的理由证明,

---

[27] See Oliver Sensen, *Kant on Human Dignity*, De Gruyter, 2011, p. 100 – 104.

为什么千姿百态的人生都会在根本上承诺康德式的观念。在我看来，这种批评本身失之草率。如果我们接受德沃金对道德真理独立性的辩护，就意味着“道德要求我做的事情”不能被还原为“我必然事实上有动机做的事情”，后者是一个心理学化的问题，而前者是一个规范性问题。而如果道德真理拒绝被还原为心理学的实际动机，那么内在理由的观念就很难阐明道德真理如何可能，相反康德式的观念显然更具合理性。事实上，持有内在理由观念的人，也往往在道德上持有怀疑论的立场，而我相信德沃金已经证明这个立场不可能“野心太大”以致摧毁康德式的行动者观念。

然而，这并非意味着这个批评没有合理之处。尽管道德真理和康德式的行动者观念形成了相互支持和强化的关系，但单纯依赖行动者观念以及相应的普遍法则，所能直接获得的道德真理相当有限。相对，上述批评注意到真实存在的行动者都具体生活在每个特定的环境中，而道德真理作为一种实践性的真理，在根本上是要对这些具体环境下的具体行动者给出行动上的指引。森森认为，这与其说是康德哲学的一个缺陷，不如说是一个优势，即这让我们看到很多被广泛认为是道德真理的主张，其实未必能获得辩护。同时，那种诉诸实质价值而对道德领域加以扩展的理论，也有自己重大的理论缺陷，未必能够主张自己比这种有限的主张更合理。[28] 但如果道德真理仅限于从法则直接推导出的若干要求，那么具体的行动者就会发现，这些真理并没有提出多少断然性的具体指令，即便有也是消极性的要求，但究竟正面应当如何行动却很难直接判断，存在相当多的争议空间。如果无法提供一种解决争议的道德推理模式，这种争议本身就会对道德的实践重要性构成严重的削弱，人们会从争议中倾向于怀疑是否真的存在道德这件事。在笔者看来，德沃金关于伦理和道德的整体性诠释的观点，在这里就能够得到重构。

五、再论伦理与道德的整体诠释

从逻辑上说，解决上述问题有两种可能的路径。一种可能的解决方案可被称为“单向推导模式”。这种模式希望通过逻辑演绎的方式，从绝对律令本身推导出整个道德体系。但这不可能。绝对律令是一个形式性的法则，并不包含太

---

〔28〕 See Oliver Sensen, *Kant on Human Dignity*, De Gruyter, 2011, p. 135 – 139.

多实质的内容。退一步说,假设能进行这种单向推导,则意味着存在一种普遍的、对各种生活方式中的人们都有效的道德体系,它首先独断地宣布,只有遵循这种道德体系的生活才是好生活。这就使伦理和道德之间的关系变得偶然,可能在某些环境中这套独断的体系对人们提出了过高的要求,使人们注定不可能过上它所要求的好生活。此时,人们不会将自己的生活强行套入这个模式中,相反会果断抛弃它,毕竟毁掉自己的生活去遵循一套行动规范其意义何在,这很难讲清楚。森森亦承认,除单纯从普遍法则得到的道德真理外,更多的道德真理是依赖脉络的,但这两种类型的真理是什么关系?它们之间是否会相互冲突?如果相互冲突究竟如何判断?这些其实都是无解的难题。

德沃金的看法可以重构出第二种方案,即"整体诠释模式"。这种模式鼓励我们将道德本身视为伦理生活的内在组成部分,并将这两者作整体性的诠释,毕竟对人们来说最深刻的价值关切始终在于让自己过得好。因此,"我"必须对一个人所配享的幸福生活究竟是什么有原则性的反省,而依赖法则的真理提供了一个基本的判断标准,即任何好的生活都必须确保"我"作为有自我意识的行动者,而这进一步要求我需要承认自己和他人处在根本的平等地位上,任何贬损他人地位的做法都不可能被纳入属人的幸福生活中。[29] 但是,这些依赖法则直接获得的道德真理依旧过于抽象和有限,在具体的脉络中这些真理究竟意味着什么,依然需要进一步的诠释而非推导。此时,人们就需要结合生活脉络中实质的伦理信念,诠释出一种在他所处的特定时空条件下最佳的属人的幸福生活的个例。这种生活一方面在伦理上具有高度的吸引力,另一方面在这种有吸引力的生活中,道德真理得到了妥善的安置。这样,相对抽象的道德真理就在这种具体的生活脉络中得到了具体化。

这种整体诠释模式有几方面的优势。首先,它将德沃金对伦理和道德整体关系的合理洞见,从德沃金虚弱的真理观中拯救了出来。前文提到,德沃金所持有的真理观会导致对伦理和道德的整体诠释蜕变成对伦理这一单独价值部门的诠释。而在这种整体诠释模式下,依赖法则的真理确定了道德领域的定泊之锚,这就避免了道德被伦理吞噬的问题。这样伦理和道德相互的整体关系才变得可能。

其次,这种整体诠释模式对斯坎伦式的契约道德观念给予了更强有力的支

〔29〕 See Oliver Sensen, *Kant on Human Dignity*, De Gruyter, 2011, p. 124 - 127.

持。尽管德沃金也赞成这种道德观念,但他对这种观念提供的支持显然不够有力。而在整体诠释模式下,由于道德不再是一个有待伦理诠释予以安置的价值部门,反而构成了合理伦理诠释的基本前提。这样道德就能够被视为一种人们进行共同实践推理的平台,从某种意义上说,人们在进入任何生活脉络中进行伦理建构之前,首先就成为道德共同体中的一员,并在这个框架下价值建构自己的生活。这种对道德的理解恰恰是契约论观念的核心。

最后,这种模式也符合康德对道德的深层洞见。康德在《论俗语所谓:这在理论上可能是正确的,但不适于实践》中提到,“我曾暂且将道德学解释为教导我们如何才会配享幸福,而非如何才会得到幸福的一门学问之引介”。这句话的注释中康德提道:

> “配得幸福”是一个人格基于主体本身的意志而有的资格,根据这种资格,一种普遍的(不但为自然,也为自由意志)立法的理性才会与这个人格的所有目的相协调。因此,这与获取一种幸福的技巧迥然不同。因为如果他所拥有的意志无法与唯一适合于理性之普遍立法的那种意志相协调,并且无法被包含于其中(也就是说,它与道德性相抵触),则他连这种技巧及自然为此赋予他的才能都不配拥有。[30]

从上面这段话很清楚地看到,对康德本人来说,道德哲学关注的是我们究竟有资格配享何种幸福,而非如森森所说的处理人际之间的关系。固然从配享幸福的资格问题中,可以推导出处理彼此之间相互对待的法则,但这并不是道德最核心的出发点。在这一点上,这种从德沃金的理论中挽救出来的伦理和道德的整体性诠释,比森森的观点更符合康德对道德的理解,并因此我们能解释在森森的理论框架下无法解释的问题。

其中一个关键的问题就是普遍法则的效力问题。森森认为,这里可能还有一个有待回答的问题,即为什么我要遵循绝对律令构建自己的生活?如果绝对律令是意志自由的分析性结论,那么为什么我要运用和实现这种自由?这似乎需要提供一个独立的辩护。森森认为,康德是将绝对律令安置在了某些“更现

---

〔30〕[德]康德:《康德历史哲学论文集》,李明辉译注,广西师范大学出版社2019年版,第90页。

实”的基础上。康德主张,人们生活的一个基本境况是,我们总是和别人生活在一起,而他人和我们的需求存在很大的差异。此时,每个人都必须思考,如何与别人合理地生活在一起,这种生活必须确保我自己的自由和其他人的自由相互兼容而不是相互毁灭。森森认为,绝对律令就是康德给出的答案,即只有遵循绝对律令的要求,自由本身才是可能的,相反每个人都按照自己的主观任性行动,所能得到的只能是相互毁灭。[31] 然而,森森也意识到,怀疑论者会提出,上述论证充其量能够说明,绝对律令对那些希望在一起生活下去的人们而言是有约束力的,而对那些希望相互毁灭的人来说则没有约束力。森森认为,在康德看来,拒绝共同生活、选择相互毁灭,这本身并不是一个合理的选项,没有人希望自己的生活落入这种境地。人们组成社会生活在一起就是“纯粹的必然”。[32] 但所谓“纯粹的必然”是含混的。如果这意味着我们具有的某种 DNA 因果性地决定了人们必然生活在一起,并因此导致人们形成了关于绝对律令的一切信念,那么就无所谓人“应该”如何行动的问题,也就无所谓实践理性的概念。整个康德实践哲学将被还原为某种进化心理学理论。这种主张显然是荒谬的。

整体诠释模式就能提供比较好的回答。这里所说的“纯粹的必然”不应该直接从人际的共同生活中寻找基础,而应该从伦理生活中寻找基础。这个基础就在于每个人最深刻和基本的价值关切,“我希望自己过得好”。在这一点上,我们的确可以说,希望自己过得不好,“这本身并不是一个合理的选项”,即便是对道德的怀疑论,也无非是主张道德在我们的好生活中并非真正重要之事。如果一个人完全不在乎这个基本的价值关切,那么其也就不会进入实践哲学中,毕竟进入这个讨论就预设了我们希望搞清楚究竟怎么算是过得好。

有读者可能会指出,这种主张可能会和康德哲学的基本主张发生紧张。森森明确指出,康德并没有将自己的道德哲学奠基在任何实在的价值之上,而如果这里主张普遍法则的基础是对好生活的关切,这是否意味着普遍法则的约束力来自伦理生活的实质价值?笔者认为这个主张失之草率。当我主张普遍法则所具有的那种“纯粹的必然”来自对伦理的关切而非对共同生活的关切时,我并没有主张它需要依赖对伦理的某种实质主张。它就是来自自我意识的行动者的一个意志、一种自我立法,只是说这种意志的关切并非直接指向共同生活,

---

〔31〕 See Oliver Sensen, *Kant on Human Dignity*, De Gruyter, 2011, p. 204 – 209.

〔32〕 Oliver Sensen, *Kant on Human Dignity*, De Gruyter, 2011, p. 207.

而是指向自身的伦理生活。行动者在有这个意志之后,开始追问自己作为自我意识的行动者,究竟配享什么样的幸福,以作为自己这个意志所要实现的对象,从而获得普遍法则,并在这个法则的约束下构想自己实质的伦理生活。这并不违背森森对康德哲学的基本解释。

除上述理论上的优势外,这种整体诠释模式还可以对伦理生活中的一些基本现象给予说明。如德沃金所指出的,我们总是生活在具体的脉络中,加入具体的负担价值的实践中形成相应的价值信念,这些都是历史的、脉络的。在这里德沃金正确地指出,对自我意识的行动者来说,他需要对自己的生活负责,将自己的生活建构为一个连贯的理性叙事,而不是充满断裂、冲突的大杂烩,毕竟只有连贯的叙事才能证明这种生活在理性上是可辩护的。在这个根本责任的推动下,上述的张力就会提供人们持有诠释性态度、对负担价值的社会实践进行不断诠释的内在动力。这就是说,在面对上述张力时,我们总会反思实践所负担的价值真正意味着什么,从而尽可能与道德真理保持一致,反过来我们也会反思,一般性的道德真理在这个具体的脉络中意味着什么,从而尽可能与我们所依系的具体伦理生活保持一致。在这个相互诠释的过程中,道德的一般性真理会被具体化到特定脉络中,而这些被具体化的真理反过来又会推动人们对既有伦理生活实践的反思。而由于这个张力存在于伦理的特殊性和道德的一般性之间,因此它将贯穿人类生活的始终,在这个意义上我们会将这个相互诠释不断地推动下去,这也就说明了人类道德生活内部不断“有机变迁”的根本动力。

与此同时,由于伦理和道德分别表达了特殊性和一般性的关切,这两者之间并不存在线性关系,从这两者本身的性质出发,并不存在对这两者进行最佳权衡的唯一正解,只会存在无数大致相当的合理解决方案。这实际上就为个人的意志和选择留下了发挥作用的空间。尽管人们的意志并不能主动创设价值和理由,但人们的意志会作为一个“影响”(impact)自身生活脉络的因素出现在对自己生活叙事的整体建构中,即当我作出决定时,“我决定”这个事实本身就会影响实质价值发挥作用的环境。[33] 例如,一些价值就会被凸显出来,进入我的生活中,而另一些价值在性质上说可能同样好,但在我的生活脉络中其重要性可能会被削弱等。通过影响我自身生活的脉络和环境,每个人都会在伦理和

---

〔33〕 这里受到了马克·格林伯格(Mark Greenberg)法理论的启发。See Mark Greenberg, *The Moral Impact Theory of Law*, 1288 Yale Law Journal 123(2014).

道德的张力之间寻找到自己“本真”的生活叙事。事实上;笔者认为,在这里德沃金所说的“本真性”才会得到认真对待,而如果对伦理和道德的诠释总能得到唯一正解,那就不存在本真性存在的空间了,我们只能按照客观价值真理决定的方案生活。

总之,即使道德真理是一种依赖法则的真理,的确可以在独立于具体脉络的前提下推导出来,德沃金的洞见依旧是正确的,即这些真理固然有一些明确的要求需要我们在诠释伦理生活时与之保持一致,但重要的争议并不是围绕这些清晰的部分展开,而是围绕这些有限的真理在具体脉络下究竟意味着什么展开的,毕竟伦理道德作为价值真理总是要对具体的行动者提出具体的规范性指引。而在依赖法则的真理观下,德沃金提供的伦理和道德的整体诠释不仅依旧是合理的,并且显示出更强的解释力和发展空间,道德更深刻地嵌入每个理性行动者的伦理生活中。从这个意义上来说,依赖法则的真理所理解的伦理和道德的整体诠释关系也是对德沃金理论框架的最佳诠释。

六、余　　论

德沃金在《刺猬正义》的开篇引用了古希腊诗歌中的话,“狐狸知道很多事,但刺猬只知道一件大事”,而他认为“价值统一”就是这样一件大事。这就使德沃金明确地站在了伯林的对立面,后者明确主张了一种“价值多元论”,并主动将自己视为一个“狐狸型”的哲学家。从德沃金为自己设定的理论对话的目标可见,德沃金所忧虑的乃是伯林所刻画的那种价值生活。在这种生活中,价值在概念上就必然处在永恒的冲突之中,无论我们作何努力,总是会得到些什么又失去些什么,生活只能如此或必然如此。这种生活显示出一种强烈的悲剧气质。德沃金试图证明的也就在于,生活并非必然如此,没有任何形而上学的必然属性决定了价值生活势必处在永恒的分裂和冲突中,价值真理是一种辩护的真理,而如果我们承担起对自己的伦理责任,那么没有理由不相信我们能在整体上过得更好。

然而,要避免这种强烈悲剧气氛的生活,就需要找到人类理性生活的定泊之锚,它必须能够独立于具体的生活脉络,首先告诉我们“属人”的幸福生活在原则上究竟是怎样的,我们才可能在具体的脉络中将自己的生活努力建构成人所配享的幸福生活的一个最佳个例。在这个意义上,德沃金所主张的依赖脉络的真理显然无法提供这样一个普遍性的支点，相反他将普遍性的道德完全建立在具体脉络伦理生活的建构之下，因此按照德沃金模式生活的人，尽管其生活内部可能构成了一个连贯叙事，但这个叙事本身很可能依旧是受到外界偶然因素所形成，如同一艘坚固但没有锚的航船，在整体上受到风浪的左右。相反，本文主张将道德真理视为一种依赖法则的真理则提供了这样一个稳固的支点，并为进一步建构伦理生活提供了原则的指引，因此这才是自我意识的行动者会主动选择的真理。这些真理并不是任何外在的事实，而根植于我们对自我的深刻理解之中。

Dworkin's Moral Truth Theory Revisited

Shen Hongbin

Abstract: In order to defend the existence of objective truth in the field of morality, Dworkin argues a very unique and attractive conception of truth, which can be called "the truth rely on context". It claims that truths in morality come from the network of beliefs held by agent, which is the product of constructive interpretation of agent's life context, which can be regarded as the best interpretation of a wonderful life in a specific context. However, this concept cannot resist the attack of skepticism, and cannot successfully explain why the morality has universal normative force. "The truth rely on maxim" claims that the moral truth comes from the maxim, which can be achieved from the concept of agency. On the one hand, this conception can respond to the attack of skepticism. On the other hand, it can preserve Dworkin's deep insight on the relationship between morality and ethics, which can be regarded as a more reasonable conception.

Key words: Metaethics; Morality; Truth; Justification; Dworkin

对德沃金批评外在道德怀疑论的批评

尹不忧*

内容摘要:

是否存在正确答案,这对于道德和法律领域来说都是难题。外在道德怀疑论认为所有的道德主张都是错的。德沃金基于休谟原则和自相矛盾这两个理由批评外在道德怀疑论。但是他对于这两个理由都没有提出充分的证明。德沃金认为,休谟原则是明显成立的,因此并没有试图证明休谟原则。德沃金提出了对道德领域的一个定义,以此来说明外在道德怀疑论的主张仍然属于道德主张,因此它是自相矛盾的。但是,一方面我们可以提出其他关于道德领域的定义来说明外在道德怀疑论不属于道德主张,另一方面可以利用定义来说明外在道德怀疑论主张属于道德主张的做法有循环论证的嫌疑。本文试图对休谟原则和自相矛盾这两个批评外在道德怀疑论的理由提出更充分的论证。

关键词:

罗纳德·德沃金　休谟原则　外在道德怀疑论　元伦理学

"法律命题是否存在正确答案?"这个问题对于当下中国法治的发展来说是一个绕不过的难题。而对于"是否存在正确答案"这个问题,道德领域的讨论远比法律领域要成熟得多。本文通过考察德沃金对于道德领域的一种怀疑论的批评,希望能够为回答法律领域"正确答案的存在与否"这一问题提供启发。

德沃金认为,所有的阿基米德式的理论都具有怀疑论的含义。换言之,这

---

* 天津师范大学法学院讲师。

些理论都主张在道德领域不存在正确答案。[1] 像这样的阿基米德式的理论家有约翰·麦凯(John Mackie)[2]、阿尔弗雷德·朱利斯·艾耶尔(A. J. Ayer)[3]、理查德·麦尔文·黑尔(Richard Hare)[4]、西蒙·布莱克本(Simon Blackburn)[5]、艾伦·吉伯德(Allan Gibbard)[6]等。[7][8]德沃金将"在道德领

〔1〕 See Paul Bloomfield, *Archimedeanism and Why Metaethics Matters*, in Russ Shafer-Landau ed., Oxford Studies in Metaethics Volume 4, Oxford University Press, 2009, p. 286.

〔2〕 See John Mackie, *Ethics: Inventing Right and Wrong*, Penguin Books, 1977, p. 38 - 40.

〔3〕 See A. J. Ayer, *Language, Truth, and Logic*, Dover Publications, 1952, p. 67 - 68.

〔4〕 See Richard Hare, *The Language of Morals*, Clarendon Press, 1952; Richard Hare, *Freedom and Reason*, Clarendon Press, 1963.

〔5〕 See Simon Blackburn, *Spreading the Word*, Oxford University Press, 1984.

〔6〕 See Allan Gibbard, *Thinking How to Live*, Harvard University Press, 2003; Allan Gibbard, *Wise Choices, Apt Feelings: A Theory of Normative Judgment*, Clarendon Press, 1990.

〔7〕 有一些错误理论家,如麦凯(Mackie)、查尔斯·皮格登(Charles Pigden)和乔纳斯·奥尔森(Jonas Olson)认为,即使人们接受错误理论,基于审慎的理由也不应当放弃他们通常的道德信念。See John Mackie, *Ethics: Inventing Right and Wrong*, Penguin Books, 1977, p. 38 - 40; Charles Pigden, *Nihilism, Nietzsche, and the Doppelganger Problem*, Ethical Theory and Moral Practice, Vol. 10:5, p. 441 - 456 (2007); Jonas Olson, *Getting Real about Moral Fictionalism*, in Russ Shafer-Landau ed., Oxford Studies in Metaethics Volume 6, Oxford University Press, 2011, p. 1 - 34. 但是,朱西·苏克卡宁(Jussi Suikkanen)认为,在主张错误理论的同时维持通常的道德信念是非常困难的。See Jussi Suikkanen, *Moral Error Theory and the Belief Problem*, in Russ Shafer-Landau ed., Oxford Studies in Metaethics Volume 8, Clarendon Press, 2013, p. 168.

〔8〕 特伦斯·库恩(Terence Cuneo)同样认为,表达主义很难容纳伦理学表面上的客观性。See Terence Cuneo, *Properties for Nothing, Facts for Free? Expressivism's Deflationary Gambit*, in Russ Shafer-Landau ed., Oxford Studies in Metaethics Volume 8, Clarendon Press, 2013, p. 223.

域不存在正确的主张"称为外在道德怀疑论,[9]并对外在道德怀疑论提出了两个批评。[10] 他认为,外在道德怀疑论是违反休谟原则的,并且外在道德怀疑论本身是一个道德主张,因此它是自相矛盾的。

如果德沃金对于外在道德怀疑论的批评是正确的,那就意味着在道德领域,正确的主张是存在的,因此像外在道德怀疑论这样的彻底的道德怀疑论将是失败的。[11] 同时,这个批评的成功相当于给了关于道德的规范性研究一张许可证,它支持了道德知识的可能性。[12] 而且,德沃金对于外在道德怀疑论的批评可以类比到其他评价性领域,使得证明其他评价性领域的主张为真同样成为可能。

本文试图说明,德沃金对于外在道德怀疑论的批评是不充分的,并试图对德沃金对外在道德怀疑论的批评进行补充。一方面,休谟原则无法反对外在道德怀疑论的所有版本。基于非道德的评价性主张来主张不存在正确的道德主张的版本,和不存在论据的版本,都不受休谟原则的攻击。而且,德沃金对于休谟原则并没有提出证明。另一方面,德沃金并没有为"外在道德怀疑论的主张是一个道德判断因此是自相矛盾的"观点提出充分的证明。本文试图对休谟原

〔9〕 巴里·马奎尔(Barry Maguire)认为,"所有的道德主张都是错的"这并不是对于虚无主义的一个恰当描述。他认为虚无主义的主张中并不能得出"所有的道德主张都是错的"的结论。See Barry Maguire, *Grounding the Autonomy of Ethics*, in Russ Shafer-Landau ed., Oxford Studies in Metaethics Volume 10, Clarendon Press, Clarendon Press, 2015, p. 212. 但是,之所以我们关注各种道德虚无主义理论,恰恰是因为它们具有"所有的道德主张都是错的"的意义。如果道德虚无主义并不否定我们通常的道德主张,那么我们对它们进行关注的意义将大大降低。或者,我们可以将道德虚无主义区分为具有"所有的道德主张都是错的"的主张的版本和不具有这个主张的版本,那么德沃金的"外在道德怀疑论"这个词汇仅仅表示前者是可接受的,毕竟后者在道德上不具有与前者同样的重要性。

〔10〕 See Ronald Dworkin, *Justice for Hedgehogs*, Harvard University Press, 2011, p. 25 - 30.

〔11〕 关于各种各样的道德怀疑论,see Diego E. Machuca ed., *Moral Skepticism: New Essays*, Routledge, 2017。

〔12〕 关于道德知识论,参见王奇琦:《道德知识论的核心问题及其争议》,载《厦门大学学报(哲学社会科学版)》2018 年第 2 期;徐向东:《道德知识与伦理客观性》,载《云南大学学报(社会科学版)》2013 年第 1 期。

则、外在道德怀疑论是自相矛盾的这两个观点都提出证明，以此补充德沃金对外在道德怀疑论的批评。

本文的第一部分将说明，当利用休谟原则对外在道德怀疑论进行批评时，虽然它具有有效的批判力量，但却是不全面的。而且，休谟原则并不是无争议的，因此其是需要被证明的。本文的第二部分将说明，德沃金基于道德领域的定义对外在道德怀疑论属于道德主张的论证是不充分的，因此需要补充。本文的第三部分提出了对休谟原则的证明。本文的第四部分对外在道德怀疑论是自相矛盾的提出了两个证明。

一、休谟原则与外在道德怀疑论

休谟原则主张，单纯的事实主张无法推导出评价性结论。[13] 德沃金对于休谟原则的总结是：如果关于世界是怎样的之科学或者形而上学事实命题的集合不隐藏一些价值判断，它无法得出任何关于应当怎么样的结论。[14] 为了应用休谟原则，德沃金意图说明不存在外在道德怀疑论所需要的两个条件。这两个条件是语义的独立性（semantic independence）和怀疑论的相关性（skeptical pertinence）。语义的独立性的意思是，外在道德怀疑论的主张的论据必须是与道德的真值无关的（外在的），而怀疑论的相关性的意思是，外在道德怀疑论主张的论据必须是能够否定所有道德主张的（怀疑的）。[15][16]

德沃金认为，这两个条件无法同时被满足。因为，当一个论据满足了语义的独立性条件时，例如，“人们对于道德问题具有巨大的争议”，它将无法否认道德主张，也就是无法满足怀疑论的相关性这个条件。[17] 之所以如此，是因为事

---

〔13〕 参见［英］戴维·休谟：《人性论》（下册），关文运译，商务印书馆1996年版，第509～510页。

〔14〕 See Ronald Dworkin, *Justice for Hedgehogs*, Harvard University Press, 2011, p. 44.

〔15〕 See Ronald Dworkin, *Justice for Hedgehogs*, Harvard University Press, 2011, p. 55.

〔16〕 德沃金在《客观性与真理》（*Objectivity and Truth*）一文中对这两个条件进行过详细的阐述。See Ronald Dworkin, *Objectivity and Truth: You'd Better Believe it*, Philosophy and Public Affairs, Vol. 25:2, p. 87－139 (1996).

〔17〕 See Ronald Dworkin, *Justice for Hedgehogs*, Harvard University Press, 2011, p. 55.

实主张自身无法得出评价性结论(休谟原则),因此,像是"人们对于道德问题具有多样的看法"[18]这类与道德的真值无关的事实主张无法否认道德主张的真。

对于运用休谟原则反对外在道德怀疑论这一点,沙费尔·兰道(Shafer-Landau)和丹尼尔·史塔(Daniel Star)认为,[19]休谟原则确实断定事实主张自身无法证明任何道德主张,但是休谟原则并没有规定事实主张自身无法反对任何道德主张。[20] 而外在道德怀疑论恰恰就是依据事实主张自身来反对道德主张,因此,外在道德怀疑论并没有违反休谟原则。

但是,沙费尔·兰道和丹尼尔·史塔的这个反驳是无效的。正如德沃金所说,反对某个道德主张,就是去支持与这个道德主张相对应的另一个道德主张。[21] 例如,反对"富人对于穷人有帮助的责任"这个道德主张,就是去支持"富人对穷人没有帮助的责任"这个主张。而"富人对穷人没有帮助的责任"这个主张仍然是道德主张。或许"富人对穷人没有帮助的责任"这个主张是道德主张并不明显。但是,我们可以通过与数学类比来确认这一点。例如,"自然数中包括 1"是一个关于自然数的主张,"自然数中不包括负数"也同样是一个关于自然数的主张。关于自然数的主张不仅包括自然数包含什么,同样也包含自然数不包含什么。类似地,道德主张中不仅包含我们有什么样的道德责任的主张,同样也包含我们没有什么样的道德责任这个主张。所以,否定性的道德主张仍然是一个道德主张。

莎拉·麦格拉思(Sarah McGrath)认为,休谟原则确实拒绝一种怀疑论,那就是单纯依据事实主张来试图主张与某个道德主张相反的主张。以肯定性行动为例,如果你相信肯定性行动是公平的,那么休谟原则将使我无法仅仅依据单纯的事实主张来说明肯定性行动是不公平的。但是,休谟原则无法拒绝另一

---

〔18〕 这是被认为支持外在道德怀疑论的理由之一。See Ronald Dworkin, *Justice for Hedgehogs*, Harvard University Press, 2011, p. 47.

〔19〕 See Daniel Star, *Moral Skepticism for Foxes*, Boston University Law Review, Vol. 90:2, p. 497 – 508 (2010).

〔20〕 See Russ Shafer-Landau, *The Possibility of Metaethics*, Boston University Law Review, Vol. 90:2, p. 484 (2010).

〔21〕 See Ronald Dworkin, *Response*, Boston University Law Review, Vol. 90:2, p. 1060 – 1061 (2010).

种怀疑论,那就是向你说明,你不是处于一种能够形成关于肯定性行动的可靠观点的状态中。例如,向你说明,因为你的大脑被扫描所以形成了肯定性行动是不公平的事实,这个事实无法使你相信相反的主张,但却说明了你关于肯定性行动的信念是不可靠的。[22]

如果莎拉·麦格拉思是对的,这似乎意味着确实可以依据单纯的事实主张来反对道德主张。但实际上,莎拉·麦格拉思所认为的那种休谟原则无法反对的怀疑论,实际上并不是一种道德怀疑论。因为"某人的关于肯定性行动的道德信念"和"肯定性行动的道德优劣"并不是一回事。即使通过事实主张说明了某人形成的关于肯定性行动的道德信念是不可靠的,这也并不是通过事实主张说明了"关于肯定性行动的道德主张是不可靠的或者可靠的"。换言之,我们所持有的道德信念可能确实是错的,但是这并不意味着道德主张不是真的。所以,莎拉·麦格拉思所提出的并不是一种不受休谟原则反对的外在道德怀疑论。

莎伦·斯特里特(Sharon Street)提出了另一个基于事实主张对于道德真的反对。莎伦·斯特里特认为,如果认为道德主张的真是如同道德实在论那样与事实主张无关的,那么就很难解释道德主张的真与我们基于因果力量形成的道德主张之间令人惊讶的一致性,基于此,斯特里特支持反实在论。[23] 莎伦·斯特里特的观点同样可以视为一种基于事实主张的道德怀疑论。但是,莎伦·斯特里特有和莎拉·麦格拉思同样的问题,那就是惊人的一致性只能产生对我们的道德信念的怀疑(既然我们基于因果力量形成的道德信念与道德真无关,那么很难相信我们的道德信念是真的),但是却无法产生对于道德主张的真的怀疑,因此实际上并不是一种道德怀疑论。卡蒂娅·瓦沃娃(Katia Vavova)对于斯特里特所提出的这种怀疑论提出了较系统的批评。[24]

---

[22] See Sarah McGrath, *Relax? Don't Do It! Why Moral Realism Won't Come Cheap*, in Russ Shafer-Landau ed., Oxford Studies in Metaethics Volume 9, Clarendon Press, 2014, p. 211.

[23] See Sharon Street, *Objectivity and Truth: You'd Better Rethink It*, in Russ Shafer-Landau ed., Oxford Studies in Metaethics Volume 11, Clarendon Press, 2016, p. 305.

[24] See Katia Vavova, *Debunking Evolutionary Debunking*, in Russ Shafer-Landau ed., Oxford Studies in Metaethics Volume 9, Clarendon Press, 2014, p. 76.

当用休谟原则来反对所有的外在道德怀疑论时,真正的不充分之处是,休谟原则仅仅规定了事实主张自身无法反对任何道德主张。但外在道德怀疑论的论据自身并不必然都是事实的。外在道德怀疑论主张所有的道德主张都不是真的。为了避免自身的论据与自身的主张矛盾,它基于这一点对自身论据的要求仅仅是自身的论据不能是道德主张。因此,根据论据的种类,外在道德怀疑论主张可以有 3 种版本:

(1)基于事实主张支持所有的道德主张都不是真的;

(2)基于评价性的非道德论据支持所有的道德主张都不是真的;

(3)无论据,仅仅主张所有的道德主张都不是真的。

只有(1)版本的外在道德怀疑论是被休谟原则所攻击的。外在道德怀疑论可能存在(2)这样论据为非评价性道德主张的版本,也可能存在(3)这样无论据的版本。[25] 而后两种版本则并没有违背休谟原则。

但是,从实际的效果上来说,休谟原则所能够反对的外在道德怀疑论能够涵盖几乎所有值得重视的外在道德怀疑论,这些外在道德怀疑论基于事实主张来反对道德主张的真。[26] 而基于非道德的评价性主张,如用美学主张来反对道德主张的真,或者以不存在论据仅仅主张道德主张无法是真的,这两种版本的外在道德怀疑论虽然是可能的,但是其本身很难具有说服力。因此,休谟原则仍然是反对外在道德怀疑论的适当武器,虽然它并不是充分的。不过,这种不充分是基于休谟原则的,我们无法修正休谟原则使它能够否定所有种类的外在道德怀疑论。

除休谟原则对于外在道德怀疑论的适用范围有限外,德沃金利用休谟原则来反对外在道德怀疑论的另一个不足之处在于,德沃金对于休谟原则并没有提

---

〔25〕 (2)版本的外在道德怀疑论或许会被某些疯狂的艺术家所主张。(3)版本的外在道德怀疑论虽然看似不会有人主张,但却存在与(3)版本对应的某种对于道德真的肯定性的看法,这种看法认为某些道德真是自我证明的,或者是不证自明的。See John Finnis, *Natural Law and Natural Rights*, Oxford University Press, 2011, p. 81 – 100.

〔26〕 之所以(1)版本的外在道德怀疑论是最常见的,也是看起来最有说服力的,这或许是由于科学世界观对我们的影响。

出证明。沙费尔·兰道指出了这个缺陷。[27] 而这一点是能够得到补充的。实际上,德沃金写道,休谟原则对他来说是明显成立的。[28] 但是,在将外在道德怀疑论这样一类主张进行整体式处理时,如果不对于反对外在道德怀疑论的所有论据进行证明,是不太谨慎的。一方面,对外在道德怀疑论的彻底批评如果是成功的,这将意味着正确的道德主张是存在的,这将是一个非常重大的结论。在得出如此重要的结论时,即使是学界一般认为成立的前提,也应当考证一番。另一方面,休谟原则是否正确并不是毫无争议的。例如,赛尔(Searle)认为,制度事实能够产生应当;[29] 雷顿(Railton)认为,一个个体的善构成于他希望自己追求或者想要的东西中,如果他从一个具有充分信息并且完美的工具理性的视角去审视他自己和他的环境,[30] 这似乎意味着一个个体应当追求的东西等同于一个个体在信息充分和工具理性完美的情况下将会追求的东西,这挑战了休谟原则;普特南(Putnam)认为,由于认知性价值的存在,事实与价值之间的区分是无法成立的;[31] 库恩(Kuhn)认为,从本质上讲,好的或者坏的事实概念不仅在逻辑上是可能的,而且是可证实的经验的最自然的表达,而伦理学中事实与价值的区分歪曲了这一现象[32];汉纳福德(Hannaford)认为,有时候应当从"is"中推导出"Ought",例如,当人们处于一个必须在矛盾的规则之间作出选择而正当化权威却没有作用的社会中时,人们应当为了形成一个规则而一致行动;[33]

---

〔27〕 See Russ Shafer-Landau, *The Possibility of Metaethics*, Boston University Law Review, Vol. 90:2, p. 483 - 484 (2010).

〔28〕 See Ronald Dworkin, *Justice for Hedgehogs*, Harvard University Press, 2011, p. 44.

〔29〕 See Searle, *How to Derive "Ought" from "is"*, Philosophical Review, Vol. 73:1, p. 43 - 58 (1964).

〔30〕 See Peter Railton, *Facts and Values*, *Facts*, *Values and Norms*: *Essays Toward a Morality of Consequence*, Cambridge University Press, 2003, p. 54.

〔31〕 See Hilary Putnam, *The Collapse of the Fact/Value Dichotomy and Other Essays*, Harvard University Press, 2002, p. 28 - 45.

〔32〕 See Helmut Kuhn, *Fact and Value in Ethics*, Philosophy and Phenomenological Research, Vol. 2:4, p. 501 - 510 (1942).

〔33〕 See Robert V. Hannaford, *You Ought to Derive "Ought" From "Is"*, Ethics, Vol. 82:24, p. 155 - 162 (1972).

格沃思(Gewirth)认为,作为一个有目的的行动者这一事实,便逻辑地要求行动者承认一些基本道德,如自由的权利和基本的幸福。[34] 因此,对于休谟原则的某种证明仍然是必要的,而本文将在第三部分提出对休谟原则的证明,以此来作为一个补充。由于这个证明是主动的,因此即使不去理会众多对于休谟原则的反对,它本身仍然具有对休谟原则的证明效力。

二、道德主张与外在道德怀疑论主张

为了说明外在道德怀疑论是一个实质道德主张,因此外在道德怀疑论是自相矛盾的,德沃金提出了一个道德领域的定义,以此从正面上来说明外在道德怀疑论主张属于道德主张。

德沃金主张,外在道德怀疑论的主张自身也是一个道德主张,因此外在道德怀疑论的主张是自相矛盾的。[35] 因为外在道德怀疑论必然主张自身是正确的,而其内容又主张所有的道德主张都是错的,所以如果外在道德怀疑论自身是一个道德主张,那么外在道德怀疑论便是自相矛盾的。

因此,这里的关键是外在道德怀疑论是否是一个道德主张。在《刺猬的正义》中,德沃金主张,道德领域包括这些问题:人们对于他人具不具有一些独立于他们的欲望或者想法的无条件的责任?如果有,这些无条件的责任是什么?[36] 依据这样一个关于道德领域的解释,外在道德怀疑论的主张和其他实质的道德主张一样,都回答了这个问题,也就是"人们对于他人具不具有一些独立于他们的欲望或者想法的无条件的责任"。外在道德怀疑论对于这个问题给出了一个否定的主张。而其他实质的道德主张则对这个问题给出了肯定的主张,并且更具体地指出了这些责任的内容。也就是说,外在道德怀疑论主张和其他实质道德主张一样,都是关于人们对于他人的无条件的责任的主张,因此

---

[34] See Gewirth, *The "Is-Ought" Problem Resolved*, Proceedings and Addresses of the American Philosophical Association, Vol. 47, p. 34 - 61 (1973 - 1974).

[35] See Ronald Dworkin, *Justice for Hedgehogs*, Harvard University Press, 2011, p. 41.

[36] See Ronald Dworkin, *Justice for Hedgehogs*, Harvard University Press, 2011, p. 41. 这句话中的"无条件的",就是独立于欲望或者想法的意思。也就是说,道德领域是关于与个体的欲望或想法无关的人们对于他人责任的研究。

它们都属于实质道德主张。

也就是说，德沃金给出了一个关于道德领域的定义，而基于这个定义，道德主张是那些回答"人们对于他人具不具有一些独立于他们的欲望或者想法的无条件的责任"的问题的主张。而外在道德怀疑论恰恰回答了这个问题，因此外在道德怀疑论是一个道德主张。

但是，我们也可以给出某个定义，使外在道德怀疑论主张不是一个道德主张。例如，密尔认为，道德是人类行为的规则，通过遵守它们可以使幸福生活得到保证。[37] 基于密尔对道德的定义，外在道德怀疑论不是一个道德主张。因为密尔认为道德是人类行为的规则，可是外在道德怀疑论并不为人类行为提供任何规则。

当然，还存在很多其他关于道德的定义。例如，吉伯德(Gibbard)认为，道德判断是对于感到愤怒和愧疚的情感标准接受的表达；[38] 格尔塔(Gert)认为，道德是应用于所有理性人、管理影响他人的行为并且将减少伤害或者罪恶为目标的非正式公共系统；[39] 斯坎伦(Scanlon)认为，道德的主体是管理行为的一个规则系统，这个规则系统基于对信息充分、非强迫、一般协议的欲望而无法被理性地拒绝。[40] 或许德沃金对于道德的定义是更适当的，但是这需要更多的论证，而不是仅仅将某个对道德的定义提出来。

而且，更重要的是，外在道德怀疑论是否属于道德主张这个问题似乎无法通过对道德主张下定义来解决。因为，当我们在讨论外在道德怀疑论是否属于道德主张的时候，我们在同时讨论关于外在道德怀疑论和关于道德主张的理解。换言之，当我们讨论外在道德怀疑论是否属于道德主张的时候，我们便也同时部分地讨论了什么是一个道德主张。因此，如果我们通过对道德主张下定

〔37〕 See John Stuart Mill, *Utilitarianism*, The Floating Press, 2009, p. 23.

〔38〕 See Allan Gibbard, *Wise Choices, Apt Feelings: A Theory of Normative Judgment*, Clarendon Press, 1990, p. 150.

〔39〕 See Bernard Gert, *Morality: Its Nature and Justification*, Revised Edition, Oxford University Press, 2005, p. 14.

〔40〕 See T. M. Scanlon, *Contractualism and Utilitarianism*, in A. Sen and B. Williams eds, Utilitarianism and Beyond, Cambridge University Press, 1982, p. 103 - 128; T. M. Scanlon, *What We Owe to Each Other*, Harvard University Press, 1998, p. 4.

义来回答这个问题,我们便将结论隐藏在了前提之中。

因此,德沃金通过给出道德领域的定义来说明外在道德怀疑论的主张属于道德主张的做法,至少是不充分的。对外在道德怀疑论属于道德主张的论证,需要一些其他的途径。本文的第四部分试图对外在道德怀疑论是自相矛盾的提出两个论证。

三、对休谟原则的证明

休谟原则主张,单纯的事实主张无法推导出评价性结论。我们可以利用简单的反证法来证明休谟原则。我们可以假设休谟原则是错的,然后通过这一假设来证明休谟原则是正确的。

如果休谟原则是错的,那就意味着单纯的事实主张能够推导出评价性结论。例如,“由于人们欲求快乐,所以快乐是值得追求的”这样的推理可能成立。如果这样的推理能够成立的话,就意味着当某些事实主张为真时,某些评价性主张必然为真。用我们的例子来说,也就是如果人们真的欲求快乐,那么快乐就是值得追求的。而这将进一步意味着,如果这些评价性主张为假,那么某些事实主张必然为假,因为如果这些事实主张为真,那么这些评价性主张为真。也就是说,如果快乐不是值得追求的,那么人们必然没有欲求快乐。

但是,任何单纯的评价性主张的真或者假都无法推导出事实主张的真或者假。例如,无论快乐是否是值得追求的,这都不会意味着我们事实上是否追求快乐。我们是否追求快乐这样一个经验判断是基于它的经验证据而为真或者为假的。例如,我们是否从事一些追求快乐的行为,我们是否有追求快乐的心理倾向等。事实主张的真假仅仅基于事实被决定,这恰恰是事实主张的特征。

因此,并不存在某些评价性主张,单凭这些评价性主张的真假推导出某些事实主张的真假。因此,并不存在某些事实主张,如果这些事实主张为真,那么某些评价性主张为真。于是,休谟原则便得到了证明。

我们可以用证明 A 来表示这个对休谟原则的证明:

(1)如果休谟原则是错的,那么便存在某些事实主张,仅仅依靠这些事实主张就能够推导出某些评价性主张;

(2)如果(1)是正确的,那么存在某些评价性主张,如果这些评价性主张为

假,那么某些事实主张为假;

(3)事实主张不会基于某些评价性主张为假,因此(2)是错的;

(4)由于(2)是错的,所以(1)是错的,所以休谟原则是正确的。

对论证(A)的一个可能异议是,从评价性主张中确实能够推导出事实主张。依据威廉姆斯(Williams)提出的对于理由的内在解释,有理由做某事蕴含着做某事的动机。[41] 如果这种解释是对的,这使评价性主张的正确性(有理由做某事)能够推导出事实主张的正确性(存在做某事的动机)。在《刺猬的正义》中,德沃金对于内在理由仅仅是说,没有任何东西要求我们接受对理由的内在解释。[42] 在这里给出一个不接受理由的内在解释的理由。这个理由是,如果对理由的内在解释是对的,这将意味着如果不存在做某事的动机,那么就不存在做某事的理由。因此,如果我们不存在养育我们的孩子的动机,我们就不存在养育我们的孩子的理由;如果我们不存在帮助遇到生命危险的人的动机,我们就不存在帮助遇到生命危险的人的理由。这种解释背离了我们对道德的通常认识。因为我们通常并不将动机和理由作如此紧密的联系。相反,我们会认为,即使那些父母并不想养育子女,但养育子女仍然是他们的义务。即使我们不想救助遭受生命危险的人(或许是由于我们担心自己的安危),我们仍然有救助我们所遇到能被救助的遭受生命危险的人的一般性义务。类似地,布林克(Brink)认为,人们的欲望构成人们的行动理由的想法无法解释实践理由的规范性。欲望并不具有充分的规范性权威。[43]

另一个可能的异议是,在科学领域进行理论评价时存在某些认知性价值,例如预言准确性(Predictive accuracy)、内部一致性(internal coherence)、外部一致性(external consistency)、统一力量(unifying power)、生产性(fertility)和简单性(simplicity)。[44] 科学领域里认知性价值的存在似乎意味着事实与价值联系了起来。但是,我们无法单纯从这些认知性价值中推导出事实主张。例如,我

---

〔41〕 See Bernard Williams, *Internal and External Reasons*, in Bernard Williams, Moral Luck: Philosophical Papers 1973 - 1980, Cambridge University Press, 1981, p. 101.

〔42〕 See Ronald Dworkin, *Justice for Hedgehogs*, Harvard University Press, 2011, p. 50.

〔43〕 See David O. Brink, *The Significance of Desire*, in Russ Shafer-Landau ed., Oxford Studies in Metaethics Volume 3, Oxford University Press, 2008, p. 5 - 7.

〔44〕 See Ernan McMullin, *Values in Science*, Zygon, Vol. 47:4, p. 698 - 699 (2012).

们无法从简单性这个价值中获得某种科学理论,进而获得某种事实主张。认知性价值只有在进行理论评价的时候才能够对于理论主张的真假产生影响,而科学理论总是以某些事实为基础的。这意味着,认知性价值只有与某些事实主张结合后,才能够对科学理论的真假产生影响。

正如约翰(John)和克里斯蒂安(Christian)所说的,单纯从道德主张中推导出事实主张将面临一个两难。[45] 这样的推理要么将作为前提的道德主张的真视为依赖事实主张,这样它就在前提中蕴含了结论,因此是循环论证。要么它将作为前提的道德主张的真视为不依赖任何事实主张,可是并不存在可理解的不依赖任何事实主张的道德主张。因为道德主张的真是依赖于情境的。[46]

因此,我们无法单纯从价值主张的假中推导出事实主张的假,所以我们无法单纯从事实主张的真中推导出价值主张的真,所以证明A具有一定的说服力,其能够作为对德沃金反对外在道德怀疑论论证的一个补充。当然,证明A并没有提供对于休谟原则的整体解释。查尔斯(Charles)将休谟原则视为一个逻辑原则,[47] 巴里(Barry)则认为,休谟原则是一个形而上学原则[48],黑尔(Hare)则在一定程度上将休谟原则视为语义的。[49] 评价这些解释的优劣将是另一篇论文的任务。

四、对外在道德怀疑论主张是自相矛盾的证明

接下来本文将会提出两个关于外在道德怀疑论主张是自相矛盾的证明。

---

〔45〕 See John Basl & Christian Coons, *Ought to Is: The Puzzle of Moral Science*, in Russ Shafer-Landau ed., Oxford Studies in Metaethics Volume 12, Clarendon Press, 2017, p. 161 – 177.

〔46〕 例如,一般来说,我们可能会认为杀人在道德上是错的。但是,在正当防卫的情形下杀人,在道德上就并不是错误的。正是在这个意义上道德主张的真依赖情境。

〔47〕 See Charles R. Pigden, *Logic and the Autonomy of Ethics*, Australasian Journal of Philosophy, Vol. 67:2, p. 127 – 151 (1989).

〔48〕 See Barry Maguire, *Grounding the Autonomy of Ethics*, in Russ Shafer-Landau ed., Oxford Studies in Metaethics Volume 10, Clarendon Press, 2015, p. 212.

〔49〕 See Richard Hare, *The Language of Morals*, Clarendon Press, 1952, p. 29, 44 – 45.

证明 B 继续沿着德沃金的路线前进,试图说明外在道德怀疑论自身是一个道德主张所以是自相矛盾的。而证明 C 则是通过说明外在道德怀疑论主张能够推导出大量相互矛盾的主张,来说明外在道德怀疑论是一个自相矛盾的主张。

(一)证明 B

要证明外在道德怀疑论主张确实是一个道德主张,我们同样可以利用反证法。外在道德怀疑论主张所有的道德主张都不是真的。那么,基于外在道德怀疑论,对于任何一个道德主张来说,它都不是真的。例如,基于外在道德怀疑论,“杀人是错的这不是真的”。

如果外在道德怀疑论主张确实不是一个实质道德主张,而“杀人是错的这不是真的”属于外在道德怀疑论的主张的一部分,那么,“杀人是错的这不是真的”这个主张同样不属于实质道德主张。

但是,“杀人是错的这不是真的”这个主张属于实质道德主张。或者说,如果“杀人是错的这不是真的”这个主张不属于实质道德主张,那么同理可得,任何我们通常认为是实质道德主张的主张都不是实质道德主张,而这个结论是不可接受的。

所以,外在道德怀疑论主张确实不是一个实质道德主张这一点是错的,或者“杀人是错的这不是真的”这个主张不属于外在道德怀疑论的主张的一部分。基于外在道德怀疑论的主张的定义,“杀人是错的这不是真的”这个主张属于外在道德怀疑论的主张的一部分。所以,外在道德怀疑论主张不是一个实质道德主张这一点是错的。

所以,外在道德怀疑论主张是一个实质道德主张,因此它是自相矛盾的。

我们可以用论证(B)表示这个证明:

(1)外在道德怀疑论的主张中包含这样一个主张,也就是“杀人是错的这不是真的”;

(2)外在道德怀疑论主张不是一个实质道德主张;

(3)如果(1)和(2)都是正确的,那么“杀人是错的这不是真的”这不是一个实质道德主张;

(4)“杀人是错的这不是真的”这确实是一个实质道德主张,所以(1)或者(2)是错的;

(5)(1)基于外在道德怀疑论的定义是正确的;

(6)基于(4)和(5),(2)是错的;

(7)所以,外在道德怀疑论主张是一个实质道德主张;

(8)所以,外在道德怀疑论是自相矛盾的。

对论证(B)的一个可能异议是它是循环论证。具体来说,异议者可能会认为,之所以我们判断"杀人是错的这不是真的"确实是一个实质道德主张,是因为我们预设了外在道德怀疑论主张是一个实质道德主张。换言之,这个异议认为除外在道德怀疑论主张是一个实质道德主张外,我们无法解释为什么"杀人是错的这不是真的"是一个实质道德主张。

这个异议与对摩尔著名的开放性问题论证的循环论证的异议类似。对开放性问题论证的一个重要异议就是,这个论证是循环的,因为我们似乎无法找到好与其他东西不等同的直觉来源,除好是不可定义的外(这恰恰是开放性问题论证的结论)。[50] 但是,这个异议不适用于论证(B)。我们对于"杀人是错的这不是真的"这个主张可以提出很多实质的理由来支持和反对它,如我们可能诉诸生命的价值、社会合作的可能性等来反对它,我们可能诉诸现在处于战争状态或者我们民族有食人的传统来支持它。而反对和支持它的理由都是实质性的,所以"杀人是错的这不是真的"这个主张同样是实质性的。

另一个可能的异议是这个论证没有任何哲学上的重要性。换言之,它是琐碎的。确实,这个论证基于"'杀人是错的这不是真的'这确实是一个实质道德主张"这样一个平凡的、看起来随处可见的论据。但是,这并不意味着这在哲学上是不重要的。反之,平凡的论据恰恰在哲学上具有足够的重要性。因为哲学的很多依据都是平凡的,例如,概念分析就是依据很多人们都知道的关于概念的事实(自明之理)来进行的。[51] 而且,无论这个论证的论据是否是平凡的,它的结论——外在道德怀疑论主张是一个实质道德主张毕竟是重要的。因为如果它的结论成立,这意味着外在道德怀疑论是一个自相矛盾的主张是错的。

(二)证明 C

还可以提出另一个外在道德怀疑论是自相矛盾的证明。它并不依赖外在道德怀疑论是一个实质主张这一点。接下来让我来阐述它。

外在道德怀疑论主张所有的道德主张都是错的。而"杀人是道德上错误

---

〔50〕 See Altman Andrew, *Breathing Life into a Dead Argument: G. E. Moore and the Open Question*, Philosophical Studies, Vol. 111:3, p. 401 (2004).

〔51〕 See Scott J. Shapiro, *Legality*, Harvard University Press, 2011, p. 13.

的”这个主张是一个道德主张，所以外在道德怀疑论主张“杀人是道德上错误的”是错的，所以外在道德怀疑论主张“杀人在道德上不是错误的”。

外在道德怀疑论主张所有的道德主张都是错的。而“杀人在道德上不是错误的”这个主张是一个道德主张，所以外在道德怀疑论主张“杀人在道德上不是错误的”是错的，所以外在道德怀疑论主张“杀人在道德上是错误的”。

基于前两段的内容，外在道德怀疑论既主张“杀人在道德上不是错误的”，也主张“杀人在道德上是错误的”，所以外在道德怀疑论是自相矛盾的。

用证明 C 来表示：

(1)外在道德怀疑论主张所有的道德主张都是错的；

(2)“杀人是道德上错误的”这是一个道德主张；

(3)基于(1)和(2)，外在道德怀疑论主张“杀人在道德上不是错误的”；

(4)“杀人在道德上不是错误的”是一个道德主张；

(5)基于(1)和(4)，外在道德怀疑论主张“杀人在道德上是错误的”；

(6)基于(3)和(5)，外在道德怀疑论主张“杀人在道德上是错误的且杀人在道德上不是错误的”；

(7)基于(6)，外在道德怀疑论是自相矛盾的。

证明 C 揭示了否定所有道德主张的正确性的不可能性。[52] 因为道德主张中包含很多相互矛盾的主张，如杀人是道德上错误的和杀人在道德上不是错误的、奴隶制是道德上错误的和奴隶制不是道德上错误的、虐待猫是道德上错误的和虐待猫不是道德上错误的等。否定所有道德主张的正确性，就意味着同时否定相互矛盾的道德主张，这必然会导致自相矛盾。

如果外在道德怀疑论能够避免这种自相矛盾，一种可能性是它是一种纯粹的描述性主张。例如，它可能认为“所有的道德主张都是错的”的意义仅仅是“所有的道德主张都不具有某个与通常的物理性质完全不同的道德性质”。如果外在道德怀疑论仅仅是一个纯粹的描述性主张，它确实能够避免证明 C 中的自相矛盾，因为从它的主张中推导不出任何道德主张。但是，如果外在道德怀疑论仅仅是一个描述性主张，那么它便不再是外在道德怀疑论，因为它对于道德没有任何怀疑的力量。“所有的道德主张都不具有与某个通常的物理性质完

〔52〕 实际上，它也揭示了肯定所有道德主张的不可能性。因为，同样地，肯定所有道德主张的正确性，就意味着对相互矛盾的道德主张都给予支持。

全不同的道德性质”这个主张可以结合任何道德主张而不发生矛盾。

而如果外在道德怀疑论仅仅在那些相互矛盾的道德主张中选择某一方并主张它们是错误的,那么它将同样不再是外在道德怀疑论,因为它没有主张所有的道德主张都是错误的,而仅仅是主张了某些道德主张是错误的。这将使它成为德沃金所说的内在道德怀疑论[53]的一种形式。

或许有的读者认为,主张“杀人是道德上错误的”这个道德主张是错的,并不等同主张“杀人在道德上不是错误的”。可能主张“杀人是道德上错误的”这个道德主张是错的,仅仅是在主张支持“杀人是道德上错误的”理由是不成立的。但是,除非我们是在具体的环境中进行讨论,我们无法区别“某个主张是错的”和“某个主张的理由是不成立的”。这样的具体的环境是,支持该主张的理由是特定的,而反对者也仅仅是在反对这个特定的理由。例如,某人主张“杀人是道德上错误的”的理由是上帝发出了这样的命令,我们确实可能主张他作出这个道德判断的理由是不成立的,因为上帝不存在,但是我们并不反对“杀人是道德上错误的”这个道德判断,因为我们有其他理由支持这个道德判断。但是,外在道德怀疑论无法采用这种策略。因为采用这种策略意味着它确实支持某些道德判断,因此不再是外在道德怀疑论。而且如果外在道德怀疑论主张的是支持道德主张的所有理由都是错的,由于道德主张中存在相互矛盾的主张,因此支持道德主张的理由中也存在相互矛盾的理由,那么外在道德怀疑论就再次陷入了自相矛盾之中。

五、结　　语

休谟原则虽然无法反对论据为非道德的评价性主张的外在道德怀疑论以及不存在论据的外在道德怀疑论,但休谟原则确实是成立的,并且它对于论据为事实主张的外在道德怀疑论具有批判力量。而且,外在道德怀疑论确实是一个实质道德主张,但它蕴含了大量相互矛盾的观点,因此它是自相矛盾的。所以,德沃金对于外在道德怀疑论的批评,虽然是不充分的,但却是正确的。

德沃金对于外在道德怀疑论的批评的成立,意味着正确的道德主张确实是存在的。这一结论将为关于法律和道德等的规范研究提供支持,其说明了规范

[53] See Ronald Dworkin, *Justice for Hedgehogs*, Harvard University Press, 2011, p. 89.

研究的前景并不是黑暗的。同时,这一批评也为我们在法律领域回答是否存在正确答案这个问题提供了指引。

Dworkin and External Moral Skepticism

Yin Buyou

Abstract: Whether there is a correct answer or not is a difficult problem for both moral and legal fields. External Moral Skepticism argues that all moral claims are wrong. Dworkin criticizes external moral skepticism based on Hume's principle and self-contradiction. But he did not provide sufficient proof for either. Dworkin believed that Hume's principle was obvious, so he did not try to prove Hume's principle. Dworkin put forward a definition of the moral field to explain that the claim of external moral skepticism is still a moral claim, so it is self-contradictory. But on the one hand, we can propose other definitions of the moral field so that the external moral skepticism is not a moral claim. On the other hand, it is a circular argument to use a definition of morality to argue that the external moral skepticism itself is a moral claim. This article attempts to provide a fuller argument for Hume's principle and the self-contradiction of external moral skepticism.

Key words: Ronald Dworkin; Hume's principle; External moral skepticism; Metaethics

反思事实/价值二分法：具体含义和理论后果

钱一栋*

内容摘要：

在现代人文社科研究中，事实/价值二分法是公理般的存在，但它的具体含义和理论后果却不易把握。事实/价值二分法仅仅意味着价值问题上的非实在论立场，不能径直从事实/价值二分法推导出价值怀疑论。在拒绝价值实在论后，我们依然可以为价值真理辩护。作为法哲学领域的两种基本立场，法律实证主义和自然法理论都与事实/价值二分法紧密相关，澄清这一元伦理学问题可以为法哲学提供更坚实的理论平台。

关键词：

事实价值　实在论　怀疑论

在现代人文社科研究中，事实/价值二分法被视为公理般的存在。[1] 但它的具体含义和理论后果并不容易把握，许多学者往往会从这一法则径直推导出

---

* 同济大学法学院助理教授。

〔1〕 并不是说从来没有学者挑战这一两分；相反，此类挑战不时会出现，但它们毫无例外都没有取得显著成功。这里特别值得一提的是希拉里·普特南的《事实与价值二分法的崩溃》（应奇译，东方出版社2006年版）。此书反对事实/价值二分法的关键论据是，这一二分法依赖一种非常贫乏的经验主义事实概念，但其实，事实与价值无可避免地缠结在一起。笔者认为，此书虽然不无洞见，但琐碎松散、言过其实，至多能够批驳某些版本的事实/价值二分法，而并没有取得如标题所宣告的那般宏大的理论成就。后文会对普特南的几条论据进行讨论，但不会特地提及他的名字，因为他的观点并没有很强的原创性，也算不上是这些观点的最佳代表。

价值怀疑论。在政治哲学、法哲学领域，这种误读的后果尤其严重，其中最突出的表现是，我国学界普遍接受了这样一种自由主义论证路数：从事实/价值二分法推出价值怀疑论，再由价值怀疑论推出崇尚多元宽容、恪守国家中立性的自由主义立场。[2] 这显然是一个自我挫败的糟糕论证。[3]

本文的写作目的是对事实/价值二分法的具体含义和理论后果（特别是在法哲学领域的理论后果）作出澄清。核心论点是，这一法则的基本含义是从事实判断[4]推不出价值判断，反之亦然；接受这一法则并不意味着必须接受价值怀疑论，它只意味着价值问题上的非实在论立场，在拒绝价值实在论后，我们依然可以为价值真理辩护。

本文第一节将对事实/价值二分法的基本含义作出说明，具体涉及语义澄

〔2〕 在我国学界，确立这种自由主义形象的关键文本是甘阳的《政治哲人施特劳斯：古典保守主义政治哲学的复兴》（载［美］列奥·施特劳斯：《自然权利与历史》，彭刚译，三联书店2006年版，特别是此文第四节），可以说，这篇文章奠定了许多没受过政治哲学专业训练的政治哲学研究者对自由主义的基本理解。需要补充说明的是，这类误读的关键环节是从价值怀疑论推导出自由主义，而事实/价值二分法只是相关论者得出怀疑论的一个相对重要的理论起点，除此之外，他们还常常从价值多元主义等前提得出怀疑论结论，由马克斯·韦伯作出经典表述的诸神之争思想图景或由伯林作过经典阐释的价值多元现实往往被认为是自由主义出场的真正背景。相关论者特别是受施特劳斯影响的学者常常意识不到事实/价值二分法、价值多元主义、价值怀疑论、相对主义、虚无主义等立场之间的细致区别。按照施特劳斯式的观点，价值多元主义也好，事实/价值二分法也罢，这些都意味着相对主义、虚无主义，意味着对绝对善好、自然正当的否定，对古典智慧的否定。最终，基于概念含混性和片面的思想史叙述，在这些学者笔下，对自由主义的批评成为现代性批判的另一种说法。对自由主义作此种指控的主要文本根据是罗尔斯对正当与善之关系的论述，这里既有相关论者对罗尔斯的误解，也确实有罗尔斯本人的一些问题（对罗尔斯式义务论解读的一个关键批评，see Derek Parfit, *On What Matters* [*Vol.* 1], Oxford University Press, 2011, p. 235）。值得一提的是，此类误读在西方同样流行，see Ronald Dworkin, *Law's Empire*, Fontana Press, 1986, p. 440 – 444。

〔3〕 事实上，几乎没有哪个重要的自由主义理论家给出过这种论证方案，因此对自由主义的这类刻板印象在思想史层面也完全站不住脚。

〔4〕 或称“事实命题”。在逻辑学中，命题与判断的主要区别在于，判断是真值被断定的命题。但在一般情况下，我们不会也不必刻意区分这两个词。

清、思想史交代、概念辨析等方面;第二节将对反对事实/价值二分法的两类论证作出回应,进一步澄清事实/价值二分法的含义;第三节是对二分法的关键结论——反价值实在论——的说明;对事实/价值二分法的一种主流诠释是将它解读为价值怀疑论;第四节将会论证,在拒绝价值实在论后,我们依然可以为价值真理作辩护;文章最后一节将简要分析上述结论在法哲学领域的理论后果。

一、基本含义

"事实"是个论理词,它有很强的证据色彩。我们一般只在特定语境中,在证明某个观点时才会给出事实。在日常生活中,我们一般谈事情,见到的、经历的也是一件件事情,而非一个个事实。事实是通过有意识地观察、分析,从混沌未分的事情中拣选、切割出来,用以证明相关命题的。最典型的是法律事实。正是因为事实是拣选出来用以完成特定论证任务的,法学家才努力将法律事实与其他类型的事实相区别。〔5〕

事实的陈述带有强烈的客观色彩:在陈述事实时,不能掺入"陈述者"的感受、评价(区别"事中人"的感受、评价——这是一种心理事实),必须努力"让事实说话"。作为证据,事实必须具有公共色彩。在特定认知框架下,拥有足够信

---

〔5〕 法学家常将法律事实与客观事实相区别,后者被认为是某种大写的、绝对的事实。如果法学家理解的客观事实是在事发现场通过我们的各种感官不打折扣地投射到白板心灵上的事件,法律事实则是借助法律概念系统(这一点使其不那么客观)事后从客观事实中拣选、构造出来的,那么这多少有些幼稚。我们的心灵从来不是白板一块,人类认识到的任何事实都是在特定视角下、借助特定表征系统呈现的。这样说并不是在否定客观事实本身。虽然社会事实依赖人类的建构,但纯粹事实(brute fact)确实是完全客观的、独立于人类心灵存在的,依赖人类心灵的仅仅是对这些事实的表征(但我们一般所说的事实都是人类眼中的事实,即已在表征系统中呈现的事实)。法律事实与客观事实之分如果想在哲学上站得住脚,所谓的客观事实就不能被理解为在事发现场被充分感知到的事件或自然科学意义上的事实,它只能是物自体般的、尚未接入任何表征系统的、无可名状的事实本身。当然,我们完全可以承认,法律事实与客观事实之分在朴素的理论语境中有很大的合理性。因为相比其他类型的事实特别是自然科学意义上的事实,法律事实的主观建构程度确实较深。

息和认知能力的人都可以得出同一事实。

下面我们分析下“价值”的基本语义。

在英语中，作为名词的“value”除在语言学、数学、音乐中有较容易区分的特定含义（各种“值”，如真值即“truth-value”）外，还有交换价值的意思，以复数形式出现时则指价值观或诸种价值。我们关注的是“value”作为名词时表达的“重要性、有用性、值得欲求性”这层含义。

需要特别强调的是，在汉语中，受马克思主义影响，“价值”的一个重要含义是体现在商品中的社会必要劳动。这种政治经济学意义上的价值概念显然不是本文所关心的，虽然在思想史上，两者有过一些联系。

综合英语和汉语的语义辨析，我们排除了不相干的含义，聚焦具有评价属性的价值概念。但我们还可以进一步细分这一概念。

一般认为，“价值”是最基础的评价性概念，评价性领域包含审美与道德两大块，实践哲学关注的是宽泛意义上的道德领域。这自然是一个比较粗糙的说法，因为有些评价性领域似乎无法被纳入道德或审美领域之中，比如，希腊意义上的诸多美德就不具有鲜明的道德色彩——按伯纳德·威廉斯等人的说法，晚近意义上的道德和古希腊伦理思想差异极大。〔6〕

除审美与道德，以及道德概念的广义与狭义外，我们还需考虑理论哲学的评价性特征。一般看法是，评价性、规范性问题与实践哲学相关，和理论哲学无关。但也有不少学者指出，这类问题也内在于理论哲学之中，典型的代表是匹兹堡学派，例如，塞拉斯就把“自然主义谬误”这个元伦理学术语用到了认识论领域中。〔7〕

在作出上述澄清后，我们对本文的论域作出以下限定：本文关注的价值领域是一般由实践哲学负责处理的评价性领域。

---

〔6〕 Bernard Williams, *Ethics and The Limits of Philosophy*, Routledge Press, 2006, p. 32, 197.

〔7〕 诸如此类的做法会被一些学者解读为“认识论问题归根结底也是伦理学问题”，也就是说，面对此类现象，一些学者的反应是重构伦理概念，使其变得宽泛，不再仅仅与人的品格、行动问题相关，而是被等同于价值领域（规范性领域）。但也有学者强调，这种现象的存在意味着价值领域的范围远大于伦理领域——究其实质，他们在保留对伦理学的传统理解的基础上，对伦理领域和价值领域作出了区分。

上述说明区分了价值一词的不同语义,明确了我们关注的是何种含义。接下来我们辨析下“善好”与“价值”的异同。

在汉语中,“善”“好”“善好”常用作移植词、论理词,用来表达“goodness”一词的特定含义。“goodness”派生自“good”。“good”含义众多,在实践哲学中,重要的是它用作不可数名词时的两个含义:合乎道德之事;益处、好处。“good”较具体,一般指被人认为值得欲求的对象;“goodness”比较抽象,除精华、营养这层含义外,主要是指善好的性质(the quality of being good;the good)。

这种意义上的“goodness”“the good”和我们关注的价值基本可用作同义词;“valuable”与作为形容词的“good”也可互换使用。[8] 虽可互换,但在论辩说理、学术研究等语境中,人们更多使用“value”“valuable”,而非“goodness”“good”。有些学者会对这两组词作出具体明确的区分,但并不存在约定俗成的区分方式,是否作区分、作何种区分取决于具体的理论需要。[9]

作完语义辨析,我们再来简要讨论下事实/价值二分法的思想史。

事实/价值二分法通常被追溯到休谟《人性论》第三卷第一节中的相关论述,因此也被称为休谟法则。一般认为,休谟在此节提出了一个概念/逻辑真理,即从事实推不出价值。但这种解读受到了越来越多的怀疑。例如菲尼斯认为,这些论述附属于休谟对 18 世纪理性主义者的批判,主要论战对手是克拉克。休谟认为,对行动的道德品质(moral qualities)的理性认识不足以提供行动动机。因此,休谟所说的鸿沟不是事实与价值之间的鸿沟,而是真理与动机之间的鸿沟,即真理能否提供动机,促使人去行动。[10] 本文无意辨析何种解读正确,而仅仅满足于澄清这一事实:休谟的相关论述简短且模糊,有很大的解读空间,将其解读为事实/价值二分法的文本依据其实很弱,因此,将这一法则追溯到休谟并不可靠。

根据笔者的有限阅读,相比休谟,把严格意义上的事实/价值二分法的起源

---

〔8〕 T. M. Scanlon, *What We Owe to Each Other*, The Belknap Press of Harvard University Press, 1998, p. 8, 78.

〔9〕 例如,菲尼斯区分了“good”和“value”,后者特指“good”的一种普遍形式。See John Finnis, *Natural Law and Natural Rights*, 2th, Oxford University Press, 2011, p. 61.

〔10〕 John Finnis, *Natural Law and Natural Rights*, 2th, Oxford University Press, 2011, p. 36 – 42.

追溯到洛采(Rudolf Hermann Lotze)的价值哲学更恰当。文德尔班、李凯尔特等受洛采影响的新康德主义哲学家在社会科学方法论等领域深入发展了事实/价值二分法,我们熟悉的马克斯·韦伯、卡尔·施米特、列奥·施特劳斯、汉斯·凯尔森、古斯塔夫·拉德布鲁赫等人都深受这一传统影响。

在英美学界,逻辑实证主义接受了摩尔对自然主义谬误的论述,同时放弃了摩尔的认知主义立场,走向了情感主义。在第二次世界大战前后的很长一段时间,逻辑实证主义的上述立场在伦理学界占据主导地位,且影响广泛波及其他学科。

如今,大部分人文社科研究者都将事实/价值二分法视为公理般的存在。经由前面几段的说明,我们可以看到,这一公理地位其实是经由洛采—新康德主义、摩尔—逻辑实证主义这样两条学术脉络确立起来的,这两条脉络相对独立且都无法直接追溯到休谟。

前文对事实/价值二分法涉及的语义和思想史问题作了简要介绍,下面我们来分析这一命题中的核心概念。

首先需要注意的是,"事实/价值二分法"只是对这一法则的最常见表述,它以事实与价值、事实与规范、描述性与规范性、实然与应然、是与应当乃至理论的与实践的、科学领域与伦理领域等表述广泛存在于人文社科研究之中。不同表述虽然大致可以互换,但也多少显示出相关学者对这一鸿沟两边的事物理解略有不同。

一般认为,事实指的是与自然科学研究范式紧密绑定的因果现象。[11] "鸿沟"另一边往往被称为价值领域,这是因为,"价值"常被视作最基础的评价性概念,同时人们普遍认为,以"应当""必须"等概念表达的规范性判断以评价性判

---

〔11〕 经验主义传统下的事实一般被定义为可感物、可被观察句捕捉之物。这种定义显然非常狭隘,容易被自然科学的新发展所否定。本文给出的是一个更宽泛的定义,可以容纳更具说服力的事实概念。需要说明的是,此处笔者是在勾勒一般观点,在下一节,笔者将更具体地给出本文赞同的事实概念:我们将会看到,这种与自然科学相绑定的事实概念的关键特征不是可感性,而是因果性、机械性、去目的论化。

断为基础。[12] 但也有不同观点,比如斯坎伦的理由基础主义认为,价值、善好、对错等概念只有借助理由才能得到说明,理由比价值更为根本。[13]

笔者采纳学界最常用的"事实/价值二分法"这一表述,但本文的论述可以兼容理由基础主义等立场。采用这一表述仅仅是因为它最常用,可以使我们在分析不同学者的观点时不必作频繁的术语转译。因此在本文语境中,价值判断、规范性判断、应然判断等表述可以互换,笔者在特定上下文语境中也会灵活使用不同表述。

还有一个问题是,当我们说从事实判断中推不出价值判断,这究竟是在何种意义上"推不出"? 借助蒯因对"两个教条"的批判,我们可以说,所谓推不出,是指从事实判断推出价值判断在逻辑和概念上都无法成立。

二、两类反驳和对反驳的回应

(一)事实与价值相混杂

在日常生活中,我们经常从事实判断推导出价值判断、规范性判断。例如,我们可以从"这个手机收不到信号"推导出"这是个糟糕的手机";从"我是一个学生"推导出"我应该好好学习"。[14] 这两个推理之所以有效,是因为手机、学生都是功能性概念,我们基于手机、学生应该完成的任务、需要实现的功能来定

---

〔12〕 熟悉当代实践哲学讨论的读者也许会举出"规范性事实"这一概念来反驳此处的界定,这种反驳可以通过澄清"事实"的不同含义来消解。简单而言,"规范性事实"这一表述一般是在比较宽泛的意义上使用"事实"这个词,它是指正确地陈述据以正确的东西,而此处所说的事实已经作了严格的自然主义限定。因此,事实/价值二分法可以与规范性事实(至少是某些版本的规范性事实)共存。此外,这种反驳多少显得有些语境混乱。此处笔者是在勾勒一般所理解的事实/价值二分法中的事实和价值概念,评判这一工作的标准不是此处对事实与价值的界定客观上是否正确,而是它是否提炼出了一般理解。

〔13〕 T. M. Scanlon, *Being Realistic about Reasons*, Oxford University Press, 2014, p. 34.

〔14〕 这类反例的提出者为普莱尔(Arthur Prior)。普莱尔本人并不反对休谟法则,而仅仅认为需要对它作出限定。

义它们,它们内在地包含目的,包含了"应做某事"这层含义。[15]

功能性概念提出的挑战在于,一些描述性概念带有评价性意涵。给事实/价值二分法带来麻烦的还有另一类概念:一些评价性概念带有描述性成分,如"勇敢""残忍""粗鲁"等。我们可以借用伯纳德·威廉斯的说法,把这类概念称为厚概念。[16] 与之相对的是薄概念,薄概念几乎是纯评价性的,如"正义"。[17]

面对厚概念的挑战,为事实/价值二分法辩护的一种方式是强调厚概念的描述性成分和评价性成分可以区分开来。提出这种辩护的学者没有真正领会事实/价值二分法的要义。事实上,我们完全可以在坚持事实/价值二分法的同时承认这一点:即便在学术分析中,我们也无法将厚概念的描述性成分和评价性成分区分开来。厚概念已经将纯粹事实接入了我们的价值系统,这些"价值事实"离开我们的价值系统便难以构造。塞尔所说的制度性事实同样如此。事实上,塞尔本人便清晰阐述了制度性事实与纯粹事实的区别:制度性事实已经预设了价值系统。[18]

从根本上来说,功能性概念和厚概念是从不同的方向提出了同一个挑战:如果跳出抽象的讨论,敏锐地反思我们的语言实践,那么我们会发现,事实与价值并非截然两分,很多时候,它们相互缠绕,难解难分。

---

〔15〕 功能性概念以合格乃至优秀的事例来定义自身。举例来说,只有了解能完成功能的手机是什么样的,我们才能知道手机是什么,坏手机概念在逻辑上后于手机概念。这一点可以联系拉兹对正当权威与事实权威概念的分析,拉兹认为,前者相比后者有一种说明上的在先性(explanatory priority),事实权威预设了正当权威。See Joseph Raz, *The Problem of Authority: Revisiting the Service Conception*, in his Between Authority and Interpretation, Oxford University Press, 2009, p. 128 - 129. 此外,还可参考拉兹著名的刀子比喻,see Joseph Raz, *The Authority of Law*, Oxford University Press, 2009, p. 225。

〔16〕 需要注意的是,威廉斯本人并未以厚概念来反驳事实/价值二分法;相反,他注意到这类概念给事实/价值二分法带来的挑战是虚假的,see Bernard Williams, *Ethics and The Limits of Philosophy*, Routledge Press, 2006, p. 129 - 130。

〔17〕 Bernard Williams, *Ethics and The Limits of Philosophy*, Routledge Press, 2006, p. 140 - 143.

〔18〕 [美]约翰·R. 塞尔:《社会实在的建构》,李步楼译,上海人民出版社 2008 年版,第 13 ~21 页。

如果事实/价值二分法的意思是,在日常语言呈现的世界中,有一部分对象是事实,其余的是价值,它们彼此分离,那么上述反例确实会对事实/价值两分法构成严重的挑战。但我们显然不能对事实/价值二分法作这种朴素理解。事实/价值二分法与其说是一个语言哲学问题,不如说是一个形而上学问题;[19]它不是对人们常用而不知的语言规则的总结,而是一个相当新奇的哲学发现,这一发现将会重构我们对相关现象的日常理解。因此,通过列举描述性与评价性成分难解难分的语言现象来驳斥事实/价值二分法是一种无聊琐碎的尝试。我们来具体解释这一点。

麦金太尔指出,"古典的、亚里士多德式的传统——无论是其希腊版本还是中世纪版本——中的道德论证中至少包含一个功能性的中心概念,即被理解为具有一种本质性本性(essential nature)和一种本质性目的或功能的人的概念,只有在这一整合的古典传统遭到实质性拒斥时,道德论证才改变它的特征,从而落入某种从'是'前提不能推出'应当'结论的原则的管辖范围之内"。[20] 哈特同样注意到,根据目的论宇宙观,万物都有自身的目的,都要趋向完美的状态。从而,"事物是什么"与"事物应该如何"这两个问题并非截然两分,而是一体两面的。其中的道理不难理解:我们根据事物的目的来理解事物是什么,而理解了事物的目的,我们便明白了它应该如何发展。[21]

由于现代自然科学的发展,至少在学术层面,目的论宇宙观已经被机械论宇宙观取代了。在自然科学研究中,"目的""功能"等都是可以被取消的概念,自然科学只关注规律性、因果性现象。[22]

麦金太尔与哈特正确地指出,在现代思想中,依然有大量目的论宇宙观的残留痕迹,离开目的论预设,我们的规范性话语将会变得难以理解。因此,常识层面的现代思想特别是规范性信念是内在无序的,目的论信念与自然科学所揭示的因果性、规律性自然图景并存。但如果保持严格、系统且深入的反思性,我们就

---

〔19〕 作为"问题",它主要发生在形而上学层面,但这并不意味着为价值真理辩护需要一种关于价值的形而上学说明;相反,后文将会说明,这种辩护的要点恰恰在于说明价值真理与形而上学无关。

〔20〕 Alasdair MacIntyre, *After Virtue*, 3th, University of Notre Dame Press, 2007, p. 58.

〔21〕 H. L. A Hart, *The Concept of Law*, 3th, Oxford University Press, 2012, p. 188 – 192.

〔22〕 Alasdair MacIntyre, *After Virtue*, 3th, University of Notre Dame Press, 2007, p. 58.

得承认，只有人的世界谈得上目的，自然世界只是机械性、规律性的存在。[23]

在机械论宇宙观取代目的论宇宙观的过程中，事实概念也被重构了：在目的论传统中，事实本就含有评价属性，但现代自然科学兴起后，事实被构造成了一个与价值相对立的概念。[24][25]这一概念重构并非只是为“事实”一词增添了一种较为狭隘的新含义。在现代人的思想世界中，其他意义上的事实与自然科学意义上的事实地位并不平等。人们普遍认为，只有能够被自然科学的观察、测量方法捕获的事实才是严格意义上的事实，且真理概念与事实概念内在关联。结果是，自然科学的“方法”桎梏了人文领域的“真理”，无法以自然科学意义上的事实作根据的论断往往被认为只是情感、偏好的表达。[26]

---

〔23〕 即便是对目的论抱有同情的现代学者（如生机论者）也多半会承认，内在目的、固有目的是生命体独有的，人造物、无生命的自然物的目的是由人赋予的。这显然是对现代自然科学作出妥协后构造出来的折中方案，已经和亚里士多德式的更宽泛的目的论自然观不同了。当然，即便是这类折中方案，最终也因其神秘主义色彩而没能得到严肃对待。

〔24〕 Alasdair MacIntyre, *After Virtue*, 3th, University of Notre Dame Press, 2007, p. 77.

〔25〕 这里没有任何相对主义暗示，笔者仅仅是想指出，事实/价值二分法是对现代自然科学世界观的其中一个面向的清晰揭露。单纯指出历史上存在不同看法并不能说明太多问题，因为其他看法可能是错的，或至少在某种意义上不那么好。我们也可以得出另一种非相对主义论断：现代意义上的事实概念糟糕透顶，亚里士多德式的事实概念更可取。此外，本文也并不否认作为现代人的我们常常在更宽泛的意义上使用“事实”这个词。

〔26〕 我们也可以从这个角度来理解德国古典哲学。康德、黑格尔等人试图在由现代自然科学塑造的机械论世界图景中拯救道德与审美，从康德到黑格尔，德国古典哲学的核心线索可以归结为从拯救自由走向拯救自然。具体言之，康德通过自然和自由的二元分裂为自由保留了地盘，但谢林、黑格尔等人不满于这种二元分裂，试图重新赋予自然以灵魂和目的。因此，康德的理论方案更节制，与自然科学更亲和，从而不至于像黑格尔和浪漫派那样，遭受神秘主义指责。事实上，从黑格尔到海德格尔，伟大的德国哲人在英美同行那里遭受的批评归根结底都落在这一点上：他们没有对自然科学提出的挑战作出足够严肃的回应。但需要指出的是，黑格尔等人并不认为自己只是出于审美或伦理冲动非理性地否定自然科学的成就；相反，按其自我理解，他们的哲学为自然科学提供了基础，是一种更高意义上的科学。此外，值得注意的是，在当时的语境里，这类反机械论观点并不会显得很荒谬。18 世纪后半叶生物学的发展特别是基尔迈尔的理论为德国哲学家的反机械论立场提供了关键支持，对斯宾诺莎的重新发现也为黑格尔等人提供了重要的思想资源。

因此,事实/价值二分法并非一个因为没有认识到一词多义现象而产生的肤浅误解,它提出的是一个深嵌现代思想图景根基处的严肃问题。要真正理解事实/价值二分法的深意,我们得穿透语言迷雾,聚焦实质问题:事实/价值二分法中所谓的事实是与自然科学研究范式严格绑定的因果现象;事实/价值二分法提出的真正挑战在于,我们如何能够在一个被自然科学祛魅的后目的论宇宙中,证成人类的目的世界、价值系统。

(二)随附性

相比功能性概念和厚概念,给事实/价值二分法带来更大麻烦的是这类现象:价值随附于非混杂的(自然主义意义上的)事实。例如,如果一个手机信号强、续航时间长、屏幕分辨率高……那它就是一个好手机。如果另一个手机和这个手机事实属性完全相同,那它也必然是个好手机。这就是随附性现象。随附性意味着,如果两个事物拥有完全相同的事实属性,那它们的价值属性也必然完全相同。[27] 随附现象似乎强有力地证明了,事实与价值之间存在内在关联。

随附现象确实是个极为有力的挑战,但面对这一挑战,事实/价值二分法并非毫无还手之力。这里我们可以诉诸斯坎伦的论证。斯坎伦认为,绝大多数价值判断、规范性判断是混合判断,其作出了或预设了与自然事实相关的论断,因此会出现随附现象。他进一步指出,事实/价值二分法的真理在纯粹规范性判断的地位和作用之中:纯粹规范性判断具有规范必然性(normative necessity),发挥着赋予非规范属性以规范意义(significance)的作用。聚焦纯粹规范性判断能够使我们更准确地理解事实/价值二分法的要义。[28]

---

[27] 需要注意的是,此处对随附性的刻画只适用于实践哲学,而随附性这个概念虽然是由黑格尔在伦理学领域先提出来的,但并不专属于伦理学(以及更宽泛意义上的实践哲学)。晚近讨论随附性问题最多的哲学分支要数心灵哲学。

[28] 斯坎伦从理由基础主义立场出发,对价值判断的事实特征(factive character)作了细致阐发,但斯坎伦强调,其中的分析思路并不以接受理由基础主义为前提。See T. M. Scanlon, *Being Realistic about Reasons*, Oxford University Press, 2014, p. 36 -42.

三、自然主义/非自然主义实在论

（一）自然主义谬误

当代元伦理学讨论一般以摩尔的《伦理学原理》为起点，此书的招牌概念是自然主义谬误（the naturalistic fallacy）。[29] 摩尔认为，我们应该做什么取决于什么事物是内在善好的，而善好是一个最简单的概念，因此不可定义。自然主义谬误的基本表现是，借助自然属性来定义善。[30]

自然主义谬误一般被等同休谟法则，亦即被等同事实/价值二分法。前文已经说明，不能将事实/价值二分法简单等同于休谟本人的论述。这里需要强调，我们对自然主义谬误的界定与摩尔本人的论述同样要区分开来，摩尔的许多具体观点我们无须接受。例如，摩尔对自然主义的理解非常独特，在他看来，以神学来解答伦理学问题也犯了自然主义谬误；[31] 摩尔对自然主义谬误的论述并未促使他走向非认知主义；相反，他认为善是可以直觉到的。此外，摩尔没有明确区分伦理道德判断和更为一般的规范性判断。

经过修正，我们可以把自然主义谬误理解为对价值问题上的自然主义实在论的否定。

价值问题上的自然主义实在论立场与自然科学的研究范式相亲和，因此极具吸引力。自然主义实在论在形而上学和认识论层面不会遭遇太多麻烦，因为它所预设的实在之物和认识这种实在之物的方法都并不神秘。它的致命缺陷在于，任何将价值化约为事实的做法，都会使价值丧失特性，即给予我们理由的力量。因为面对任何事实属性F，我们都能想象，实现F这一事实并不足以成为我们的行动理由。简言之，事实属性具有一种规范上的惰性。

（二）非自然主义实在论

下面我们考虑下非自然主义实在论。

---

〔29〕 G. E. Moore, *Principia Ethics*, Cambridge University Press, 1903, p. 39.

〔30〕 摩尔的具体论证被称为“开放性问题论证”，这一论证涉及许多技术性细节，在后来的文献中也衍生出了大量版本及相应的反驳，本文不拟介入这些讨论。

〔31〕 摩尔真正强调的是伦理领域的自律性，自然主义谬误几乎可以等同违背这种自律性的做法。

前文指出,自然主义实在论的主要问题是,事实具有一种规范上的惰性,因此从事实判断无法推出价值判断。非自然主义实在论似乎可以解决这一问题,因为所谓的道德善、客观价值等非自然主义实体或属性内在地就具有评价性、规范性意涵。

非自然主义实在论之所以能解决自然主义实在论的困境,只是因为它所说的道德善、客观价值神秘而空洞。不难看出,非自然主义实在论是一种非常造作的理论方案,面临巨大的形而上学和认识论负担,与现代自然科学塑造的世界观不协调。如果我们接受现代自然科学主导的世界图景,那么如何构想摩尔所说的道德善或麦凯所说的客观价值——简言之,某种非因果、非机械的,具有评价性、规范性意涵的实体或属性——以及如何认识这类非自然主义实体或属性,这些都将成为悬而未决乃至无望解决的问题。[32]

那么,在何种意义上,否定非自然主义实在论也是事实/价值二分法的理论后果之一?前一节指出,事实/价值二分法的关键在于自然科学研究范式对事实概念的重构,而非自然主义实在论之所以被否定,正是因为它所主张的价值实体或属性不同于自然科学意义上的事实,容易遭受神秘主义指控。因此,事实/价值二分法已经以一种间接的方式否定了非自然主义实在论,或者至少是给非自然主义实在论设定了极高的自我辩护门槛。

四、价值真理的可能性

如果在价值问题上,自然主义/非自然主义实在论都无法成立,那我们是否可以认为,事实/价值二分法将把我们带向价值怀疑论?[33]在回答这一问题之

---

〔32〕 参考麦凯的“怪异之物”论证:客观价值是一类很奇怪的实体、属性或关系,和宇宙中的其他东西不同。See John Makie, *Ethics*: *Inventing Right and Wrong*, Penguin Books, 1978, p. 38.

〔33〕 需要将这一问题与休谟本人是否陷入了价值怀疑论区分开来。在后一问题上,关键点也许在理性、价值、客观性、真理等概念的关系之中,对这些概念的不同界定可以导出不同的回答。比较典型的解读,see Peter Singer ed., *Does Anything Really Matter*?, Oxford University Press, 2017, p. vii – viii; Christine Korsgaard, *The Sources of Normativity*, Cambridge University Press, 1996, p. 51 – 65。另外,即便是怀疑论者,也不会怀疑关于工具性价值的判断是可以被证成的,问题在于这种证成是在预设内在价值的前提下作出的,因此这种有限的可证成性不足以反驳价值怀疑论。

前,有必要检讨下价值真理与实在论的关系。

许多学者认为,价值真理依赖某种价值实在论,即只有认识到某种独立于人类心灵的(自然主义的或非自然主义的)实体或属性才能确立价值真理。但基于上一节提到的理由,在价值问题上,实在论立场难以成立。因此,如果接受这套价值真理观,那么我们也许会倾向说,一切肯定性价值判断都是错误的,此即“错误理论”。

“错误理论”依然是一种认知主义立场,因为它预设价值判断有对错可言,[34]认为作出价值判断是在表达信念而非欲望等非认知主义态度,只不过它主张一切肯定性价值判断都是错的。更釜底抽薪的立场是非认知主义,非认知主义否认价值判断有对错可言,否认作出价值判断是在表达信念,其典型代表是情感主义。无论是错误理论还是非认知主义立场都意味着价值怀疑论,[35]因为它们都认为不存在可证成的价值信念,区别只是不可证成的具体缘由不同。

可以看到,各种形式的价值怀疑论与价值实在论虽然立场对立,但它们之间其实分享着深层共识,即一种与实在论相匹配的符合论真理观:如果价值判断有真假可言,那必然是因为存在这些判断致力于描述的实在之物;如果不存在或不可认识这种实在之物,则肯定性价值判断都是错的,甚至于说,如果更细致地反思我们的语言实践,那么我们会发现,价值判断无对错可言,它们只是在

---

〔34〕 随着相关讨论的细化,不少学者对真理概念作了紧缩说明,从而非认知主义不必再否认价值判断有真值条件,由此,认知主义与非认知主义的区分不再简单是“是否承认价值判断有对错”。如果进入前沿语境,认知主义立场最好被表述为价值判断在强意义上(robust)或者说在实质意义上(substantial)有对错。但在此处,我们没必要引入这些概念区分,这些区分只有进入认知主义和非认知主义之间立论—反驳—回应—再反驳……的复杂理论脉络之中,在对各自立场、相关术语作出不断修正后才有意义,过早引入这类区分只会使写作变得不必要的晦涩。此外,从心理学角度(从作出价值判断是在表达信念还是表达非认知性态度这一角度)来区分认知主义和非认知主义也面临相似问题:在前沿讨论中,这些经典区分都需要作出更细致的修正。

〔35〕 本文所说的价值怀疑论是对价值信念可辩护性的全面否定,而非局部的怀疑论。如果不结合具体议题,那么局部的怀疑论不会有太大理论价值,因为这种立场完全可以被合理地设想。

表达情感。

那么,在否定两类价值实在论之后,我们是否只能选择某种价值怀疑论立场呢?事实上,我们无须在价值实在论和怀疑论之间进行非此即彼的困难选择,因为只有当价值真理确实依赖于某种价值实在论时,休谟定律才意味着价值怀疑论。我们可以对价值实在论和怀疑论的深层共识进行反思,进而挖掘出这样一个概念空间:重新解释价值真理这一概念,将它从与实在论的联系中解放出来。〔36〕

也许有人会问,我们为什么不直接接受价值怀疑论,却要尝试为某种非实在论的价值真理辩护?之所以会有这种疑问,是因为在许多人看来,价值怀疑论是一种更理性乃至更诚实、更勇敢的立场,本文主张的理论方向则显得牵强造作:它似乎是为了避免价值怀疑论而刻意发明出来的,且极大地扭曲了我们对真理的一般理解。但事实上,这样一种真理观并不神秘。在现代世界,典范性的真理有两类,一类是物理学式的,另一类是数学、逻辑学式的。一般来说,物理学式的真理与实在论相亲和,数学、逻辑学式的真理则与"何物存在"这样一个本体论问题无关。〔37〕

可以想象一下,在时空之中找得到数字实体吗?我们会因数学缺乏实在论基础而否定其客观性、真理性吗?和数学一样,价值领域也可以是一个相对独立于自然科学的领域,价值真理可以是一种领域性真理。〔38〕〔39〕

同时,价值怀疑论本身也面临诸多难以克服的困境。

在日常生活中,我们显然没有成为一以贯之的价值怀疑论者,甚至根本没什么怀疑论倾向,怀疑论几乎完全只是一起学院事件。鉴于常识的初步(prima

〔36〕 T. M. Scanlon, *What We Owe to Each Other*, The Belknap Press of Harvard University Press, 1998, p. 2-3.

〔37〕 毋庸赘言,在科学哲学、数学哲学上,有各种不同的说法,本文不可能介入这些复杂的争论,而只勾勒一般观点。这样一种简略处理不会影响本文结论的可靠性,因为此处的讨论只发挥提示性、启发性作用,不承担实质性的论证任务。

〔38〕 T. M. Scanlon, *Being Realistic about Reasons*, Oxford University Press, 2014, p. 19-21.

〔39〕 [美]约翰·R. 塞尔:《社会实在的建构》,李步楼译,上海人民出版社 2008 年版,第 14 页。

facie)权威性和现实重要性,价值怀疑论者必须对这种非怀疑论的常识态度作出回应。[40] 他们大概会给出以下两类回应:一是否定这种常识态度:鉴于价值怀疑论客观上是正确的,我们确实应该做一个一以贯之的怀疑论者,否则将陷入态度分裂、自相矛盾的处境。二是在坚持价值怀疑论的基础上肯定常识态度,否认我们应该在日常生活中贯彻怀疑论立场。理由是,虽然价值怀疑论客观上正确,但在日常生活中、在大众面前不宣扬、不贯彻价值怀疑论有稳定社会秩序等实践层面的好处(可以认为,对列奥·施特劳斯或施特劳斯笔下的柏拉图式政治哲学的某些解读就持这种立场)。[41] 这两类回应都是问题重重。

第二种回应的问题很明显:这种说法——在日常生活中贯彻怀疑论立场会破坏社会稳定、使人陷入虚无主义等,因而不可取——本身就在诉诸规范性判断,因此和价值怀疑论立场不相融贯,陷入了自我挫败的境地。[42] 第一种回应的问题相对深刻,但本质上犯了同样的错误:当价值怀疑论者坚持认为我们应该做一个一以贯之的怀疑论者时,他已经接受了至少一个规范性真理——应当服从理性——因而陷入了自我挫败的境地(类似地,当主张"不存在可证成的价值信念"的价值怀疑论者认为这一事实值得为人所知时,他已经预设了知识是

[40] 除对常识态度作出回应外,价值怀疑论者还要对这一问题作出说明:既然怀疑论是对的,为什么绝大部分人都没有怀疑论倾向?怀疑论者大概会说,之所以在现实中我们还是相信存在价值真理,是因为从我们当下持有的、根深蒂固的常识立场向一以贯之的价值怀疑论立场转变是一个漫长的过程,我们需要耐心等待这一转变的完成。此外,怀疑论者可能还会补充道:一些人出于好意(高贵的谎言)或恶意(意识形态工具),虚构并维护着道德等规范体系,这进一步导致普通人难以走向价值怀疑论。这些说法都经不起推敲。

[41] 有一种论证和这种回应存在细微区别:不少学者认为,价值怀疑论本身就是错误的,但理由仅仅是,价值怀疑论会使人们陷入悲惨的境地。有些学者甚至进一步主张,为了使人的好生活更加牢靠,我们不仅要拒绝价值怀疑论,还要进一步去拥抱最强的那类价值真理观念。这类论证在逻辑上显然非常糟糕,因为反对价值怀疑论的理由本身是一个价值判断,这一理由只有在预设价值真理的前提下才成立,而价值真理在此处的讨论中正是问题本身。除循环论证外,这类论证还犯了诉诸后果谬误。因为一般来说,一种元伦理学主张的正确性并不取决于它的后果的可欲性,在价值问题上持有某种符合论真理观的学者尤其不该这样认为。

[42] 如果是道德怀疑论者采取这种回应方式(这意味着接受革命性道德虚构主义),那其勉强还能通过诉诸道德判断与价值判断的区别来回避这个问题。

一种价值,因此陷入了自我挫败)。[43]

一种内在融贯的价值怀疑论立场不会面临自我挫败指控,但依然无法轻易打发这一现象:我们在日常生活中确实拥有一系列价值确信。严格的价值怀疑论难以贯彻于生活之中,甚至连怀疑论者本人也是如此。这一现象说明,我们对价值信念的确信要比对某种导向价值怀疑论的关于价值真理的知识论主张的确信更强。[44] 价值怀疑论只能在抽象层面、学院语境中展现出一定的说服力,而无法妥帖地接入我们的信念体系之中。这背后的深层原因在于,价值领域是个独立的领域,并不适用自然科学式的知识论标准。[45] 在价值领域,一系列根深蒂固的直觉便是我们的最终凭靠。实践哲学的基本工作形态就是在原则体系和诸如"违背承诺是错误的"这类深刻直觉之间进行反思平衡操演。[46]

---

〔43〕 John Finnis, *Natural Law and Natural Rights*, 2th, Oxford University Press, 2011, p. 74.

〔44〕 这是一个对伦理学怀疑论的摩尔式回应(虽然摩尔本人在伦理学中并没有采纳这种回应方案),其中的关键在于,我们在伦理领域最确信的不是关于善好的最一般的判断,如"友谊是一种基本善",而是一些较一般的概括性判断,如"违背承诺是错误的"。司各特·索姆斯对摩尔的这一失误作了清晰说明,参见[美]司各特·索姆斯:《20 世纪分析哲学》(1),张励耕、仲海霞译,华夏出版社 2019 年版,第 76 ~ 79 页。

〔45〕 笔者接受德沃金的判断:严格来说,并不存在作为二阶反思的元伦理学。如果我们保留"元伦理学"这一标签,那也只能将它理解为相对抽象的伦理学思考,而非二阶思考。

〔46〕 笔者不会全盘接受罗尔斯对反思平衡的说明,而是试图将它与德沃金关于解释性概念、建构性解释的论述结合起来。这一结合之所以可能,是因为罗尔斯的反思平衡方法与德沃金的建构性解释具有极大相似性,两者的主要差别只在着眼点和技术细节上:反思平衡方法在直觉(成见)与理论(具有证成力量的直觉的系统化表述)之间进行,建构性解释则是对前解释素材(符合)的本旨说明(证成)。究其要点,建构性解释更强调特定实践的历史维度、具体结构,解释者在实践传统内延续这一传统,因此,建构性解释是一种实然维度与应然维度、符合与证成的微妙结合;反思平衡更超脱一些,比较接近于就应然思考应然。但是,上述差异并非方法本身的差异,而是德沃金和罗尔斯具体的理论目标不同导致的方法操作层面的差异。毕竟,即便是《正义论》中展现的反思平衡方法,也得预设前解释素材(对典范性正义事例的信念),否则它无法在最低限度上明确研究对象。反之,建构性解释也可以用反思平衡方法来表述(参见[美]罗纳德·德沃金:《身披法袍的正义》,周林刚、翟志勇译,北京大学出版社 2014 年版,第 273 ~ 274 页)。因此,我们可以将反思平衡方法看作较抽象的建

因此,当某个哲学论证导向价值怀疑论、难以嵌入日常生活经验时,合理的选择是反思我们对价值领域的理解,全面考察相关信念,以最融贯地建构信念体系为目标,重构价值真理,而非不加抵抗地拥抱怀疑论。[47]

综上所述,本文认为,休谟法则仅仅意味着事实的归事实,价值的归价值,如果休谟法则成立,则实在论立场错误;相比价值怀疑论,这样一种理论立场更具前景:放弃价值实在论,保留价值真理。

构性解释。但在德沃金和罗尔斯的相关论述中,有一点差异确实非常根本:罗尔斯持一种哈特式的概念理解,反思平衡方法修正的是正义观念,而非正义概念;德沃金的建构性解释则可深入概念层面,他认为法律、正义等概念都是可修改的,而非无可撼动的语义平台(See Ronald Dworkin, *Law's Empire*, Fontana Press, 1986, p. 70 – 76. 德沃金对罗尔斯的概念、观念之分提出过直接批评, see Ronald Dworkin, *Justice for Hedgehogs*, The Belknap Press of Harvard University Press, 2011, p. 166)。在这一点上,笔者支持德沃金的观点。但反思平衡方法本身不需要预设罗尔斯式的概念理解,更不必与罗尔斯在《正义论》中的具体操作步骤绑定在一起,我们可以将其与罗尔斯理论的其他方面分离开来,对其作进一步改造。在加入德沃金的解释性概念这一设定后,反思平衡方法会成为更有力的实践哲学方法,成为建构性解释的特定表述。

〔47〕 宽泛地说,在日常语言、日常理解被以哲学为典范的文科理论反复雕琢后,我们必须细致谨慎地梳理不同概念系统之间层层叠叠、细碎绵长的线索,理论的冲击力必须经由这些线索传导回日常概念系统。因为理论命题只在理论体系中才能展现出准确的意涵,直接放回日常语境会显得言过其实、荒谬绝伦。这不是说理论语境和日常语境完全不相关。相反,理论思考归根到底是从日常困惑中生发出来的,理论是对日常困惑的技术化处理。这里的关键在于,理论命题依托理论体系,它以体系为中介与日常理解发生关联;理论话语有强烈的"去语境化"特质,丧失体系制约的理论命题很容易模糊自身的前提和界限。因此,理论命题首先得在理论体系中定位自身,而不能孤零零地移植到日常理解之中。哲学反思的破坏性大多源于对思考层次、对特定命题的"周边状况"不敏感,直接把思想深处的结论嫁接到思想的表层,从而使与这一结论相关联的日常确信枯萎而死。事实上,哲学论争深处的滔天巨浪传达到生活的表面后往往只会是几缕微澜。好的哲学往往会深化日常理解,而非摧毁这种理解,它的效果是治疗性的:澄清日常确信的前提,划定其有效界限。反之,良好的常识感也能有效治疗"哲学病",因为它会强迫癫狂的哲学家去反思特定理论命题生效的诸多前提,拒绝将理论命题的适用范围作不适当的扩展。

那么,我们如何在元伦理学[48]版图上定位这一立场?在用来标示各种元伦理学立场的常用标签中,最适合本文的大概是"非自然主义实在论"。但前文不是已经否定了非自然主义价值实在论吗?这一"自相矛盾"不难解决:前文否定的是典型的、标签化的非自然主义实在论,本文主张的则是一种非常独特的非自然主义实在论。标签只是粗糙的认知路标,在进入具体的理论语境后,我们需要超越标签,转而关注同一标签下各种理论之间的细致区别。在给本文的立场贴上"非自然主义实在论"这一标签时,我们需要对"实在""事实"等概念作极为宽泛的解释:"实在""事实"表达的意思和"真"没有实质区别。承诺这种意义上的实在论不会带来各种本体论、认识论疑难。

五、事实/价值二分法与法哲学

在法哲学领域,法律实证主义和自然法理论是两种最基本的立场,而事实/价值二分法对双方都产生了极为根本的影响。

事实/价值二分法与法律实证主义较为亲和。德语世界的法律实证主义者大多有浓厚的新康德主义背景,他们从事实/价值二分法推出了价值怀疑论,进而为了确保法学的科学性,将价值判断从法学研究的对象中清除了出去。典型的代表是凯尔森和拉德布鲁赫。凯尔森最根本的学术关切是,如何在伦理学非认知主义的前提下,解释法律的规范性和法学的科学性。拉德布鲁赫也基于事实/价值二元论、价值判断上的相对主义立场走向了实证主义[49](或至少是带有浓厚实证主义色彩的)法学,且终其一身都没能真正化解这一理论立场和他对纳粹统治的历史反思之间的张力。

与之形成鲜明对照的是英美法律实证主义传统。以奥斯丁、哈特和拉兹为代表的英美法律实证主义者并不依赖价值怀疑论;相反,他们都有一套积极的伦理学、政治哲学理论,并且除了认知层面特别是语言现象层面的理由,他们往

[48] 鉴于本文讨论的是较之伦理学更宽泛的实践哲学问题,此处所说的元伦理学也许改称为"元规范探究"更恰当。但为行文简便起见,笔者还是选择了更传统的表述。

[49] 毋庸赘言,本文所谓的"实证主义"都是"法律实证主义"的缩写,与经验研究意义上的实证主义没什么关系。

往还以非常明确的实践理由作为采纳法律实证主义的依据。[50] 事实/价值二分法对英美法律实证主义理论的主要挑战在于如何解释法律的规范性:法律实证主义者坚持仅仅以社会事实作为法律效力的识别标准,休谟法则的存在似乎会使经由这种程序识别出来的法律丧失规范性。

相比法律实证主义,事实/价值二分法对自然法理论的冲击要更为强烈。如前所述,事实/价值二分法意味着从事实推价值是一种错误的推理,而自然法理论普遍被认为是一种从对事物本性(nature)特别是人之本性的理解中得出价值判断、规范性判断的理论。因此,人们常常认为,事实/价值二分法对自然法理论构成了致命的挑战。[51] 但这种批评非常粗糙,我们有必要对其作更细致的刻画。

本文第二节已经说明,在前现代的概念体系中,从事实推规范并不存在任何概念或逻辑层面的问题,因此我们不能说前现代的自然法学家陷入了自然主义谬误,这种指控是语境错乱的。这里无意引入任何粗鄙的相对主义主张,事实上,笔者依然认为,这些自然法学家陷入了错误,但他们的错误不在于从事实推规范,而在于他们那种带目的论色彩的事实概念是站不住脚的。现代自然法学家的情况则比较复杂:如果他们尝试从生物学意义上的人性事实推出自然法,那么我们可以说,他们陷入了自然主义谬误;[52] 如果他们有意或无意地从带有目的论色彩的人性事实推出自然法,那么他们将面对的质疑是,这种事实概念如何站得住脚?这里的关键在于,事实/价值二分法只有在引入自然科学意义上的事实概念后才有意义,对于拒绝这种事实概念的人来说,自然主义谬误必然是个错误的指控:他根本不接受自然主义的事实概念,何来自然主义谬

---

[50] 需要特别指出的是,在这一问题上,哈特的立场比较暧昧。笔者认为,哈特的相关思考并不彻底,在道德确信和怀疑论之间摇摆,并且越是晚年的作品,怀疑论色彩越浓厚。

[51] See John Finnis, *Natural Law and Natural Rights*, 2th, Oxford University Press, 2011, p. 33 - 36.

[52] 需要将这种推理与另一类推理区别开来:先预设一些价值判断,比如,“生存是值得欲求的”“快乐是生活的最终目的”,然后根据自然主义意义上的人性和人类生存环境的常理,推导出一系列自然法。这种推理在形式上并没有什么问题,它的主要困境在于如何证成那些被预设的价值判断。

误?总之,我们不能在自己的概念框架中自说自话,必须明确分歧发生的层次,找准不同理论分道而行的岔路口。

综上所述,无论选择为何种立场辩护,在法哲学领域,事实/价值二分法都是一个难以回避的问题。下面我们简要谈谈,本文对事实/价值二分法的解读在法哲学领域的理论后果。

就法律实证主义而言,如果接受本文的立场,那么基于价值怀疑论的实证主义理论将不再有吸引力。但这绝不是对实证主义的致命打击,因为当下主流的实证主义理论很少依赖价值怀疑论。这些理论需要面对的问题是,如何协调法律的事实性与规范性面向,在法律实证主义的框架内解释法律的规范性。

法律实证主义者们意识到了这一难题,并尝试跨越事实与价值的鸿沟,从社会事实推导出法律的规范性。这种尝试在哈特的社会规则理论中已经得到了明确的展现,后来则发展出了各种更为精致的版本。但基于本文第二节提到的理由,我们可以认为,这种尝试即便成功,也并不意味着对事实与价值之鸿沟的跨越。因为实证主义者笔下的社会事实早已在特定规范性框架下获得了规范性意涵,无非具体是在何种规范性框架下获得了何种规范性意涵还有待澄清。换言之,实证主义者其实一直在鸿沟的一边构筑理论大厦,只不过用了些来自对岸(事实领域)的建材。明确了这一点,我们便能理解,休谟法则对法律实证主义的挑战其实是初步的、表面上的。在化解休谟法则的挑战后,实证主义者面临的真正难题才显露出来:相关社会事实究竟依托何种规范性框架;能否在接受社会事实命题(这意味着法律的内容可能存在瑕疵)的基础上,将守法理由解释为普遍性、义务性理由。

下面讨论自然法理论。

自然法理论和价值怀疑论相冲突,若不存在价值真理,则自然法理论不可能成功。但是,虽然笔者为价值真理作了辩护,但本文的立场与自然法理论并不亲和。原因在于,自然法理论是一种从事物本性特别是人之本性推出规范性判断的理论,而笔者认为带有目的论色彩的事实概念缺乏说服力;在接受自然主义意义上的事实概念后,从事实判断无法推导出规范性判断。

针对这一困境,菲尼斯等人为阿奎那式的自然法理论作了新颖的辩护。他们主张,阿奎那式的自然法强调的是合乎理性而非合乎人类本性。[53] 但笔者认为,即便此种辩护在文本解读层面确实成立,这类自然法理论也会陷入名不副实的尴尬境地:如果自然作为理性,而非作为本性,那么这类理论和一般意义上的实践哲学没有什么区别,没有必要给它们贴上"自然法"这样一个非常独特的标签。

The Meaning and Theoretical Consequences of Fact/Value Dichotomy

Qian Yidong

Abstract: Although in modern humanities and social sciences, the fact/value dichotomy is an axiomatic principle, its specific meaning and theoretical consequences are not easy to grasp. The fact/value dichotomy means the non-realistic stand on the value issue. Value skepticism cannot be deduced directly from the fact/value dichotomy. After rejecting value realism, we may still defend value truth. As two basic positions in the field of philosophy of law, legal positivism and natural law theories are closely related to the fact/value dichotomy. Clarifying the fact/value dichotomy will help us to put forward more reliable legal theories.

Key words: Fact; Value; Realism; Skepticism

〔53〕 简·波特的著作《自然作为理性——托马斯主义自然法理论》(杨天江译,华东师范大学出版社2018年版)对正文中所述的自然法的两种路向作了细致阐发。特别值得注意的是她的这一观察:"他们(指晚近的天主教自然法理论家)几乎无一例外地都会选择强调自然法是合乎理性的,而不去强调它的那种按照早先意义理解的前理性的自然具有独立道德意义的自然性。到20世纪之初时,这种自然观被广泛认为是站不住脚的。"([美]简·波特:《自然作为理性——托马斯主义自然法理论》,杨天江译,华东师范大学出版社2018年版,第41页。)

专题二:法理论与规范伦理学

再论德沃金的价值一体性命题*

郑玉双**

内容摘要：

德沃金的价值一体性命题是其刺猬式正义观的核心主张，也是其理论成功的关键。在最新的关于价值一体性命题的争论之中，麦金尼斯对价值一体性命题作出了新的辩护，认为不能从建构主义—实在论的框架对价值一体性进行理解，而是要从价值的参与性、实践性和互惠性来解释价值一体性。然而，这一辩护仍然无法成功。价值一体性命题中所包含的价值增值期待并不会产生价值的相互支持，而是相互冲突。德沃金所论证的政治价值的一体性，在他关于平等关怀与尊重的制度设计中也无法实现。

关键词：

价值一体性　不可通约性　平等

一、价值一体性命题的最新批评与辩护

德沃金的《刺猬的正义》（*Justice for Hedgehogs*）一书出版于2011年，距今已10年有余。[1] 虽然这不是德沃金生前最后的著作，但其是德沃金一生思想的总结。德沃金在政治、道德和法律领域所提出的核心观点都在这本书中展现出来。而且，相比德沃金之前的重要著作，如《法律帝国》和《身披法袍的正义》

---

* 本文系国家社科基金一般项目“基因科技视域下的尊严法理研究”（项目编号：20BFX016）的阶段性研究成果。

** 中国政法大学法理学研究所副教授。

[1] See Ronald Dworkin, *Justice for Hedgehogs*, Harvard University Press, 2011. 中译本参见[美]罗纳德·德沃金：《刺猬的正义》，周望、徐宗立译，中国政法大学出版社2016年版。

等,这本书的理论目标是整体性的,即回答一个刺猬式的核心问题:好好生活(living well)应该是怎样的?德沃金主张好生活的关键是追求价值,而支撑每个人的好生活的价值是一体的,无论在政治、道德还是法律领域,所有的价值都能够形成一个整体,互相支持。

在《刺猬的正义》出版前后,各种批判意见纷至沓来。这一方面展示出德沃金的学术地位,同时也体现了其观点的争议性。随着德沃金的离世,他本人的回应无法再现。后续的批判和质疑仍然不断,但对德沃金观点的辩护并不多见。卢克・麦金尼斯(Luke MacInnis)于 2020 年发表《德沃金的价值一体性:解释与辩护》(Dworkin's Unity of Value: An Interpretation and Defense)一文,属于少见的对德沃金理论的实质进行辩护的观点。[2] 麦金尼斯对过去 10 年来的代表性批判观点作出了梳理和回应,也给出了自己对价值一体性的实质性理解,值得认真对待。我曾经在两篇论文中对德沃金的价值一体性命题的方法论立场和法律意义作出了批判,但关于价值一体性本身应该如何具体地捍卫或批判,并未展开讨论。[3] 借助于对麦金尼斯文章的梳理和回应,本文尝试从具体价值视角对德沃金的价值一体性命题进行新的解读。

麦金尼斯的观点具有两个特点:第一,麦金尼斯尽可能全面地展示出价值一体性理论所面对的各种批判以及背后的方法论预设,有助于澄清德沃金的方法论立场与批判理论之间的区别;第二,麦金尼斯较忠实地展示出德沃金的方法论主张和实质主张如何能够应对这些挑战,特别是在德沃金所打造的一个解释论框架之下,这有助于促使我们延续对德沃金之理论的深入挖掘。

从整体上来说,麦金尼斯认为德沃金的价值一体性可以避免建构主义—实在论的立场预设,但同时也能在方法论上得到辩护,因为德沃金采取的是一种基于个人责任的、参与性的立场,并不将价值视为一种待分析和描述的实体,而是人们参与其中、以责任和本真性加以追求和实现的善好。麦金尼斯称为互惠性的过程,即人们在追求价值的过程中不断实现价值的最佳面向,同时也是价

---

〔2〕 See Luke MacInnis, *Dworkin's Unity of Value: An Interpretation and Defense*, Res Publica, Vol. 26:3, p. 403 - 422 (2020).

〔3〕 参见郑玉双:《价值一体性命题的法哲学批判:以方法论为中心》,载《法制与社会发展》2018 年第 2 期;郑玉双:《价值一元论的法政困境——对德沃金〈刺猬的正义〉的批判性阅读》,载《政法论坛》2018 年第 6 期。

值的客观面向。麦金尼斯认为,批判者的主张是有力的,但要么游离于德沃金的解释性框架之外,即不把价值实践视为一种解释性工程,要么在德沃金的价值分析框架之内,但忽视了各种看起来冲突的价值之间在相互支持上的巨大潜力。

例如,麦金尼斯对克莱默的批判观点进行了回应。克莱默认为价值之间的相互支持和促进是不必要的,他以自由价值作为例子进行说明。自由是一种重要的价值,其重要性体现在自由价值的经验和显明(empirical and flat)的内涵,即不受到干预。我们不需要通过其他价值对自由加以强化和支持。[4] 麦金尼斯认为,克莱默想不借助价值的相互支持而捍卫自由价值的独特规范内涵这一做法是不能成功的。只有借助其他价值的支持,自由的价值才能体现出其独特意义,才能具备经验和鲜明的内涵。[5]

麦金尼斯对价值一体性的辩护值得认真对待。但笔者认为,即使我们对价值实践采取一种足够参与性和本真性的态度,也仍然无法实现德沃金所主张的价值统一。反对的理由可以从很多方面展开,但本文以德沃金在《刺猬的正义》一书中所展现的内部论证作为突破口,即德沃金对价值不可通约性的反驳,以及对政治价值的分析等,都无法成功地对价值一体性进行辩护。本文的论证并非意在全面驳斥价值一体性,但可以对麦金尼斯的辩护构成反驳。

二、价值的不可通约性

麦金尼斯认为,价值不像它们看起来那样冲突和不可调和,也即并非不可通约。德沃金刺猬式正义观的隐喻借自伯林,伯林借用了古希腊寓言中刺猬和狐狸的故事,用刺猬指代一元式追求,用狐狸指代多元主义。[6] 伯林是一个多元主义者,他认为存在多元的、相互冲突而无法调和的价值。伯林对价值一体

〔4〕 See Matthew. Kramer, *Working on the Inside: Ronald Dworkin's Moral Philosophy*, Analysis Reviews, Vol. 73, p. 127 (2013).

〔5〕 See Luke MacInnis, *Dworkin's Unity of Value: An Interpretation and Defense*, Res Publica, Vol. 26:3, p. 421 (2020).

〔6〕 参见[英]以赛亚·伯林:《俄国思想家》,彭淮栋译,译林出版社 2001 年版,第 23~24 页。

性表达了质疑和批判。他主张,“完美的世界,最后的解决,一切美好事物的和谐共存,这样一些概念,对我来说,并不仅仅是无法实现的——这是不言自明的道理——而且它在概念上也不够圆融;我不能够理解,这种和谐究竟意味着什么。有些至善是不能够一起共存的。这是概念上的事实”。[7] 伯林的批判中暗含着两种观念:一是价值多元主义,二是价值的不可通约性。对于德沃金来说,价值多元主义并不会对价值一体性带来实质威胁,因为通过解释可以在不同的价值之间建立关联,这并不会违反多元主义的主张。然而,价值的不可通约性对价值一体性的威胁却是致命的。

不可通约性的概念最早由库恩提出,指的是不同的科学研究进路之间无法进行“何者更好”的比较。[8] 后来该概念被引入价值理论,成为界定价值属性的一个关键命题。按照拉兹的主张,价值的不可通约性的基本主张是:对于 A 和 B 两个价值,在一种价值既不比另一种价值更好,二者也不具有同等价值的情况下,这两个价值是不可通约的。[9] 拉兹将不可通约性与不可比较性(incomparability)等同,尽管有学者对此作出了区分。不可通约性在价值领域至少引发三个方面的问题:其产生的依据是什么?如何影响价值推理?其在道德和实践领域有怎样的影响?这三个方面与价值一体性的立场紧密相关。一旦价值不可通约性命题成立,那么价值一体性在本体论上和实践影响上就归于失败。

德沃金并未过多地正面探讨不可通约性的概念,而是从两个方面对其进行回应。第一,在道德、艺术、伦理和法律等领域,当我们对不同价值的重要性产生分歧的时候,并不必然意味着道德就是不确定的(indeterminate),而可能只是不能确定的(uncertain)。不能确定(uncertainty)或者冲突只是表明我们对价值

---

〔7〕 参见[英]以赛亚 · 伯林:《扭曲的人性之材》,岳秀坤译,译林出版社 2009 年版,第 29 页。

〔8〕 参见[美]托马斯 · 库恩:《科学革命的结构》,金吾伦、胡新和译,北京大学出版社 2003 年版,第 95 页。

〔9〕 See Joseph Raz, *Value Incommensurability: Some Preliminaries*, Proceedings of the Aristotelian Society, Vol. 86, p. 117 (1985).

判断还没有形成最终的方案，冲突可能是“更深层次的合作”。[10] 第二，解释的运用和价值概念的解释性特征除去了不可通约性的障碍。有很多概念的确可能是冲突的和不可比较的，比如，我们很难对勇气和慷慨作出哪个更好的判断，文学作品的简洁和厚重可能是冲突的。但如果这些相互冲突和不可比较的价值被放置在一个由一体性所引导的价值网络之中，经过解释性重构，它们之间的冲突就会化解。

如前所述，以解释为核心的建构主义方法并不能维护价值的客观性，那么其是否能够克服不可通约性难题？按照拉兹的主张，价值的不可通约性最重要的来源是用来界定价值的标准的不完全定义。比如，其他来源包括(1)模糊性和精确标准的缺失，(2)价值通常由一个选项产生特定效果的可能性所决定，而对该种可能性的判断受到这些判断自身的不可通约性的重要影响。[11] 不可通约性对于实践推理的影响是显著的，如果两个选项是不可通约的，那么我们就无法在二者之中作出更好的选择，因此偏倚性就需要被尊重。此外，如拉兹所主张的，不可通约性也会影响人们的道德推理，即价值与实践之间的关系并不需要我们对实践合理性持一种最大化的态度，它并不承诺最好的行动是能产生最大善的行动。[12] 按照对不可通约性的来源和实践意义的理解，德沃金所给出的两种回应方式就分别对应着来源问题和实践意义。

先讨论来源问题。德沃金区分了不能确定和不确定，后者即不可通约性，德沃金将其批判为内在怀疑主义。然而，这个指控是错误的。首先，不可通约性并没有否定价值的客观性，很多不可通约性的辩护者都主张价值的客观性，如拉兹和张美露(Ruth Chang)。此外，不可通约性的来源虽然包括模糊性，比如美学标准的模糊性，但模糊性并不否认价值与事物之间的客观联结。在这个意义上，我们无法严格地对不能确定和不确定这两个概念作出区分。其次，不可通约性之价值的不可比较性这个意义至少包含两种情形：一是无法比较，包

〔10〕 参见[美]罗纳德·德沃金：《刺猬的正义》，周望、徐宗立译，中国政法大学出版社2016年版，第135页。

〔11〕 See Joseph Raz, *Value Incommensurability: Some Preliminaries*, Proceedings of the Aristotelian Society, Vol. 86, p. 122 (1985).

〔12〕 参见[英]约瑟夫·拉兹：《价值、尊重和依系》，蔡蓁译，商务印书馆2016年版，第6页。

括既分不出好坏,也不相等,比如勇气和美丽;二是在冲突之中不可调和,如美国社会所争论的堕胎妇女的自由和胚胎的存活。德沃金会用后一种情形的例子来否定前一种情形的正确性。[13] 然而,即使在堕胎妇女的自由和保护胚胎之间可能会存在一个正确的选择,这种可能性提供一种判断勇气和美丽哪种价值更好的方案,因为后者涉及的是在实践推理中解决价值冲突的问题,相互通约的价值之间也会出现冲突,因此价值冲突的解决并不能直接否定价值的不可通约性。[14] 除坚持不能确定和不确定之间的区别外,德沃金并未对如何从认识论上消除价值不可通约的可能性给出更多的论证,但却不公地批评该主张的支持者:“那些哲学家们宣称伦理不确定性广泛存在,但是为不能确定如何转变为不确定提供的论证却如此之少,实在令人迷惑不解。”[15]

德沃金并未在来源问题上成功破解不可通约性命题,但可以在一个更强硬和实质的立场上否定价值之间不可通约的可能性。根据刺猬信念,“所有正确的价值形成一个环环相扣的网络,其中每一个关于何为善、正确或美的信念都支持着我们在这些价值领域中的其他每一个信念。我们只有通过追求信念背书之融贯,才可能寻找到道德真理”。[16] 这种类似上帝视角的价值整体主义改变了价值之间的关系,即价值之间不再是不可通约,而是在一个宏大的价值网络中相互支持。这个价值一体性的图景在 3 个方面冲击不可通约性命题的主张:(1)确立一种抽象形式的价值最大公约数,这个公约数既非化约式的,如化约为幸福或快乐,也非功利主义式的目标最大化,而是实践整体的最佳状态,也就是个体好好生活的整体图景,价值在其中互相支持和促进;(2)价值世界内部是动态的和开放的,价值之间并不存在严格的概念界限,而是在解释实践的调适下相互强化;(3)价值世界由增值性的价值实践所塑造,我们通过责任和尊严

---

〔13〕 参见[美]罗纳德·德沃金:《刺猬的正义》,周望、徐宗立译,中国政法大学出版社 2016 年版,第 111 ~ 112 页。

〔14〕 See Walter Sinnott-Armstrong, *Moral Dilemmas and Incomparability*, American Philosophical Quarterly, Vol. 22:4, p. 321 – 329(1985).

〔15〕 参见[美]罗纳德·德沃金:《刺猬的正义》,周望、徐宗立译,中国政法大学出版社 2016 年版,第 110 页。

〔16〕 参见[美]罗纳德·德沃金:《刺猬的正义》,周望、徐宗立译,中国政法大学出版社 2016 年版,第 135 页。

的概念,构建了一个价值在其中可以增值的动态世界。[17]

我们可以从很多方面来比较价值一体性图景和价值不可通约性主张之间的深刻分歧。但总体而言,两种立场之间的最深刻分歧不在于前述(1)和(2)所反映的价值来源、价值本质的对立,而是在于价值是否能够在实践中实现增值。毕竟德沃金所真正关心的并非价值是什么,而是价值相互作用的方式。在不可通约性主张下,价值是竞争的,不可比较的价值反映了社会实践之中个体自我和价值世界的分离。[18] 而价值一体性命题反映了价值和社会实践的动态关系,并提供了价值增值背后的动力机制。这个机制的发动机是责任,动力原理是解释,燃料则是尊严。在责任和尊严的联合作用下,价值之间能够相互融合和增进。

然而,价值一体性背景下的价值增值动力机制最终却会导致尊严和价值的分裂。回顾一下这几个核心概念的意义。责任产生于尊严的两个原则,即自尊原则和本真性原则,自尊要求我们把自己的生命看作客观重要的,因此我们有责任好好生活,即在状语意义上实现价值。本真性要求我们结合自身的真实状况、按照自己的判断来真诚地行动。尊严也实现了伦理责任和道德责任的统一,尊严要求我们也应当尊重他人的生命重要性和本真性。[19] 责任将我们带入了实现尊严价值的动态世界。但这个充满价值分歧的动态世界是如何实现增值的?以德沃金所引用的佛伦(Fallon)讲的故事为例。[20] 如果一个朋友让

---

〔17〕 参见[美]罗纳德·德沃金:《刺猬的正义》,周望、徐宗立译,中国政法大学出版社2016年版,第287页。

〔18〕 拉兹认为,价值只是提供实践的理由,而非为实践提供辩护(justification),也不能产生价值最大化的要求,参见[英]约瑟夫·拉兹:《价值、尊重和依系》,蔡蓁译,商务印书馆2016年版,第6页;菲尼斯在对共同善的基本原则的分析中,一方面强调了共同善的基础地位,另一方面也主张我们对于共同善采取必要的超然态度。See John Finnis, *Natural Law and Natural Right*, Oxford University Press, 1980, p. 110.

〔19〕 参见[美]罗纳德·德沃金:《刺猬的正义》,周望、徐宗立译,中国政法大学出版社2016年版,第127页。

〔20〕 参见[美]罗纳德·德沃金:《刺猬的正义》,周望、徐宗立译,中国政法大学出版社2016年版,第133页。See Richard Fallon, *Is Moral Reasoning Conceptual Interpretation*, Boston University Law Review, Vol. 90:2, p. 539(2010).

你评价他的书稿,但你发现书稿很糟糕。你该坦诚相告,还是保持善意?诚实和友善这两种价值出现了冲突。在德沃金看来,此处并不存在不可通约性问题,通过概念的重新解释可以解决这个困境。按照前面提到的理论框架,我们通过对诚实(V1)或友善(V2)进行解释,那么无论选择V1还是V2,我们都将得到比这两种价值被解释前更好或更多的价值(V1 + V′或V2 + V′)。解释性实践必然是增值性的,否则如果只是在两种不可比的价值之间择其一,那么就无法回应价值通约性的挑战。关键的问题是,在解释性实践过程中,价值的增值(V′)是如何实现的?

按照德沃金对责任和尊严的论述,责任是增值V′的发动机制。然而,在这个增值过程中,责任和尊严概念分裂开来。自尊和本真性共同构成了尊严的总价值,责任的实践是尊严价值的状语状态,责任只是在第一人称的意义上对自尊和本真性的实现,而非尊严的增值。解释实践是承载责任的动力机制和工具,其分析价值,而非增加价值。由此,增值V′的出现就成了不解之谜。解决的方案有两个:一是否认V′的出现,承认冲突不可避免,在V1和V2之间作出选择。二是承认V′的存在,但在两个方面强化责任的概念:一是进行视角转化,不只是从第一人称分析责任,也接受第三人称的责任观念;[21]二是基于其他立场为产生V′的责任建立基础,如契约主义立场。[22]但这两种方案带来的必然结果是责任和尊严的分裂,而这意味价值一体性工程的坍塌。

三、政治价值是一体的吗

价值一元论视野下的政治与法律观,是一种各种价值统一和相互支持的正

---

〔21〕德沃金并不接受第三人称的责任观。在一个长脚注中,他批判了基于第三人称视角的自由意志观。参见[美]罗纳德·德沃金:《刺猬的正义》,周望、徐宗立译,中国政法大学出版社2016年版,第242页。但第三人称性是责任概念的重要面向,see Jay Wallace, *Normativity and the Will: Selected Papers on Moral Psychology and Practical Reason*, Oxford University Press, 2006, p.123。

〔22〕契约主义立场或许能够产生价值的增值,但这只是一种设想。关于契约主义的基本主张,参见[美]托马斯·斯坎伦:《我们彼此负有什么义务》,陈代东等译,人民出版社2008年版,第204~271页。

义观。如罗尔斯所言,政治生活关乎正义这一美德,而正义又与权利、自由、平等基本价值和权力限制、民主、立法等实践模式紧密相连。[23] 很少有论者否认这些价值和实践之间无法分离,但极少有人会主张这些价值能够被编织进一个价值网络之中。德沃金的价值一体性命题在方法论、价值基础、价值的关联方式以及价值的实践模式上对刺猬式正义观进行了捍卫。然而,在政治实践之中,我们对这些价值的理解和使用明显不同于对道德价值的理解和追求。在日常交往中,人们相互之间主张责任。但在政治实践中,人们以权利话语实现合作。按照德沃金的主张,责任是实现尊严的动力机制,但权利与尊严之间的关系却显得模糊不清。很多人主张尊严的本质即是权利,有论者主张权利提供了尊严的基础。[24] 究其原因,差异出现在伦理和道德价值在价值网络中是以价值事态的形式发挥作用、影响推理,而政治和法律价值是在一种拟制的意义上存在着。友谊作为一种道德价值,是在人的交往之中通过关怀或互助行动而展现出来的善的事态,而像权利这样的政治价值则并非如此,当我们实践权利的时候,并不一定会产生善好的价值事态,其价值可能只在于权利被实施这个事实。换言之,政治价值是被建构或"发明"出来的。

价值一体性命题在将政治和法律价值纳入整体的价值网络中时,需要克服这种差异所带来的方法论上的挑战。德沃金在方法论上仍然坚持解释论立场,不同的政治价值之间仍然可以通过解释相互强化。然而,这个图景与现实相差太远。在真实的政治实践中,不同价值之间的分歧和冲突甚至已经到了不可调和的地步。在德沃金所属的美国,恐怖主义威胁之下国家对自由权的限制、同性婚姻革命、公众对民主的不信任等,不断加剧政治共同体的分裂。[25] 在这种背景之下,价值一体性的主张在法政领域是否仍然能够得到辩护?

伯纳德·威廉姆斯在《从自由到自由权:一种政治价值的建构》中提出,"政

---

〔23〕 参见[美]约翰·罗尔斯:《正义论》,何怀宏等译,中国社会科学出版社 1988 年版,第 1~17 页。

〔24〕 这个主张的典型代表是范伯格,see Joel Feinberg, *The Nature and Value of Rights*, The Journal of Value Inquiry, Vol. 4:4, p. 243 - 260(1970).

〔25〕 德沃金对公共事务一直保持持续关注,撰写了大量评论和论文,将他所辩护的政治道德立场运用到真实世界的政治实践之中。德沃金对美国最高法院的分析,参见[美]罗纳德·德沃金:《最高法院的阵型》,刘叶深译,中国法制出版社 2011 年版。

治价值的概念蕴含一种确定不同行为者的欲望的优先性的公平立场,这种立场并不是简单地通过每个人的欲望的观念而给出的。那种立场必定是有实施权的权威的立场"。[26] 威廉姆斯区分了原始自由和自由权,他认为,只有在现代性条件下,自由权才能成为一种政治价值。原始自由并不需要格外的辩护,一个人可以自由地呼吸、活动和谋生,但现代性条件下的自由却处在一个证成和辩护关系之中,这种价值体现在国家的目标和个体的欲望之间通过政治论证和论辩而达成的一种关系平衡。自由是重要的,每个人通过自由而实现福祉,但自由必然对应着国家的强制。

威廉姆斯所描述的自由权的"发明"机制在政治哲学中很流行,在政治话语中被反复使用的其他政治价值也像自由价值一样,在一种独特的机制中被建构或发明出来。罗尔斯是这种发明观的代表性人物,他认为政治正义应该与道德正义相区分,用他后期的术语来说,政治正义原则是公共理性的目标。[27] 奥尼尔在对正义与美德的可能联系的分析中,也使用了建构性方法来构建一种拒斥伤害的、包容性的正义价值。[28] 政治价值的发明机制有两个特征:一是使用建构的方法,以罗尔斯为例,他通过反思平衡的机制建构出一种体现公平的正义价值;二是认可政治价值的限度,这种限度体现在价值的抽象性和原则性,政治价值之间可能并不相容,奥尼尔即主张自由和平等无法为正义的建构提供基础,因为正义可能与自由和平等相冲突。[29]

尽管政治价值的发明观遭到了很多批判,但这种建构思路提供了观察价值一体性命题的有益视角。价值一体性命题至少在三个方面区别于政治价值的发明观:(1)来源:发明观通过对政治实践中人们实现合作和解决分歧的原则进行反思平衡,从而建构出政治价值,而价值一体性命题主张将政治价值奠基在

---

〔26〕 [英]伯纳德·威廉姆斯:《从自由到自由权:一种政治价值的建构》,应奇译,载应奇、刘训练编:《第三种自由》,东方出版社 2006 年版,第 420 页。

〔27〕 参见[美]约翰·罗尔斯:《政治自由主义》,万俊人译,译林出版社 2000 年版,第 225~226 页。

〔28〕 可整体性,参见[英]奥诺拉·奥尼尔:《迈向正义与美德:实践推理的建构性解释》,应奇等译,东方出版社 2009 年版。

〔29〕 参见[英]奥诺拉·奥尼尔:《迈向正义与美德:实践推理的建构性解释》,应奇等译,东方出版社 2009 年版,第 174 页。

人的伦理和道德重要性之上,也即从尊严的两个基本原则中推导出来;(2)方法论:发明观采取建构主义的方法论将政治价值发明出来,基于建构素材的差异,被建构出来的价值之间会存在重要性的差异,也可能会存在冲突,而价值一体性是以整全性为追求,通过把政治价值理解为解释性概念,而实现不同价值在最终的意义上的相互支持和强化;(3)在实践意义上,尽管发明观和价值一体性都会导向一种植根于自由主义精神的民主实践,但价值一体性旨在实现政治和法律实践的整全观,其中包括政府对平等的恪守、超越多数决原则的伙伴式民主实践、司法审查的贯彻等,这些制度和原则要求共同构成了一种整全性的政治实践。[30]

在直觉上,发明观的论证负担要小很多,毕竟以反思平衡的方式对政治实践背后的原理进行建构,既能够从实践中获得相应的实证印证,又无须受实践后果的束缚。然而,整全性的价值主张必须以一种强有力的方式呈现价值之间的相互关联,并证实其在政治实践中的优势。因此,政治价值世界的整全性面临的两个难题是:如何能够顺利地基于尊严的两个基本原则把不同的政治价值解释为相互支持和强化的?价值一体性的价值理想果真能产生实践中的优势吗?我以德沃金对资源平等观的辩护进行分析。

政治中的平等价值是尊严的两个原则在政治实践中的具体体现,它要求政府对个体的平等尊重与关怀。然而,政府如何做,才能真正实现平等尊重和关怀?这里有两个限制条件:一是平等价值是在尊严概念指导之下的,应该体现人的重要性和本真性;二是平等价值与其他价值并不会真正地产生冲突。德沃金提出平等的核心要义体现在资源平等中。[31] 在一个虚拟的拍卖和分配方案中,每个人都得到平等的关心,被赋予相同的竞拍资金,他们对资源进行竞拍,只要他们对竞拍而来的资源心满意足,并且不忌妒其他人获得的资源,也就是

---

〔30〕 参见[美]罗纳德·德沃金:《刺猬的正义》,周望、徐宗立译,中国政法大学出版社2016年版,第401~434页。

〔31〕 虽然在政治实践中,政治平等是引起更多关注的话语,但平等的概念如果只是局限在政府平等地对待每个个体,那么就会显得空洞。因此,在关于平等的讨论中,往往是从社会结构的某些重要方面切入,如机会、资源和福利等。对平等的道德意义的批判,see Harry Frankfurt, *Equality as a Moral Ideal*, Ethics, Vol. 98:1, p. 21-43 (1987)。

通过了忌妒测试,那么人们之间就实现了资源平等。[32] 资源平等在经济学、公共政策方面有着深刻意义,也与罗尔斯的机会平等、阿玛蒂亚 · 森的能力平等等竞争性理论相抗衡。但其核心意义在于通过虚拟的资源分配方案体现尊严的两个原则,以及在此基础上抽象出政府平等地对待公民的正当性依据。因此,这是对平等概念进行的解释,来检讨资源平等观念和尊严原则是否契合。我们需要追问的是:资源平等所包含的要素是否真正能够体现尊严的两个原则?

这个问题可以区分为两个方面:一是资源平等是否包含着个体重要性和本真性两个原则;二是通过解释性实践,这种价值能否与其他价值相互强化。就第一个问题而言,资源平等的预设和运行与个体重要性和本真性之间存在张力。首先,资源平等是政府分配的正义品质的体现,是政府基于集体责任对个体生命重要性的认可。然而,这个语境下的政治平等并非从尊严概念演绎而来,而是从个体在共同体环境中实践重要性和实现本真性的实践中被阐释出来。即使我们接受德沃金所预设的在竞拍之前每个人享有相同的竞拍资金,但有几个因素会影响个体对于自身重要性的判断和本真性态度:个体对环境的敏感度、个人嗜好和运气等。这几个因素是给对自身重要性的本真性理解的辅助因子,如果一个人接受了失败的教育,导致他对环境的敏感度极低(他对借助社会资源提升自身毫无兴趣),他培养了不利的嗜好,并且因为运气差而身患疾病。[33] 在资源的平等分配中,他竞拍了实际上并无助于他发展的资源,并且他也不忌妒其他人竞拍的资源,这个分配方案是否表明了对他的重要性和本真性的尊重?

实际上,这种方案与对尊严的两个原则是不一致的。虚拟竞拍下竞价筹码

---

〔32〕 [美]罗纳德 · 德沃金:《刺猬的正义》,周望、徐宗立译,中国政法大学出版社 2016 年版,第 386 ~ 389 页。

〔33〕 在虚拟的竞拍环境中,德沃金并未对个体状况之间在精神状况、身体素质和嗜好等方面的差异作过多预设。可能原因是,只有资源的平等才能在数量的意义上保证每个人都得到平等的关心,一旦从精神和嗜好等方面来关注这些差异,并探究这些差异的社会意义,那么就可能滑向福利平等或能力平等,比如,他认为,“资源平等的设计应当提供初始补贴以减少生理或物质资源上的不平等这个建议,涉及到各种不同的麻烦”。参见[美]罗纳德 · 德沃金:《至上的美德》,冯克利译,江苏人民出版社 2007 年版,第 83 页。

的等量只是平等关心个体的初步意义，等量筹码是实践个体重要性的材料，而按照德沃金的主张，重要性是一种状语价值。对重要性的关心更多地体现在人们如何通过实践中的责任选择来体现自身的重要性。在虚拟竞拍中，个体的重要性既体现为个人如何选择资源，也体现为如何利用资源。本真性原则是在这两个实践过程中基于个体视角的偏好、嗜好、知识结构、反思性态度等责任要素，按照前面的例子，如果一个人基于本真性竞拍了无助于其发展的资源，其重要性并未得到维护，也不利于他们个人责任的实践。[34] 资源平等在初始意义表明了竞价的平等，但这种平等观与尊严的两个原则并不契合。

这个问题同样也反映在德沃金对于虚拟保险市场的设定上。在虚拟竞拍下，每个人通过竞价基金所得到的资源是平等的，因为通过了忌妒测试。然而，个体之间在身体状况和运气上存在差异，如残障人士由于先天因素而处于劣势。[35] 德沃金设计了竞拍之外的另一套保险机制，在一个大致确定的最高保险覆盖度下，共同体的大多数成员都会投保。[36] 这个保险制度是为了让每个人预防可能发生在自己身上的风险和先天厄运，并对遭遇风险和厄运的成员进行弥补。保险机制在现实生活中作为一种再分配机制转化成了税收制度。通过保险机制，资源分配的失灵可以被矫正，政府再次地夯实了对个体的平等关

---

〔34〕 在虚拟竞拍中，资源的平等分配是即时性的，但在真实的社会环境中，这种分配方案可以作为共同体弥补不平等、对市场进行调整和纠正的理想参照，在这个意义上，资源的平等分配模式可以说是通过社会的复杂机制不断地重复和进行的。因此，资源平等方案对个人责任的尊重就不只是停留在个人于初始分配时作出决定的瞬间，而是其一生中通过大量的选择、偏好的调整所体现的人生状态。既然人们在一生中所面对的机会、所作的选择和所获得的资源会对其福祉产生影响，那么资源、机会和福利这几个方面的平等就不会存在如此严格的概念分离。See Marc Fleurbaey, *Equality of Resources Revisited*, Ethics, Vol. 113:1, p. 84 – 85(2002).

〔35〕 参见[美]罗纳德·德沃金：《至上的美德》，冯克利译，江苏人民出版社 2007 年版，第 76 ~ 86 页。

〔36〕 参见[美]罗纳德·德沃金：《至上的美德》，冯克利译，江苏人民出版社 2007 年版，第 76 ~ 86 页；罗纳德·德沃金：《刺猬的正义》，周望、徐宗立译，中国政法大学出版社 2016 年版，第 392 页。

心和尊重。然而,除这个保险机制所带来的家长主义风险外,[37]保险机制的一个严重困境在于与个人责任观念的冲突。德沃金区分了原生运气和选择运气,原生运气如天生残障,而选择运气的例子如一个人在滑雪运动中受伤致残。德沃金认为,只有前者才是保险机制面向的情形,但我们很难在这两种运气之间作出严格的区分。[38] 此外,本真性作为一种个体反省和认可自身的认知态度,必然包含推理性失误(reasoning error)和偏见,而这种失误和偏见会影响和阻碍个体对保险机制的选择和接受。[39] 按照弗勒拜伊(Fleurbaey)的分析,保险机制在结构上是功利主义的,"它使得个体之间的财产转移依赖于一个假定的、道德上无关的风险转移,同时以一种隐含的福利主义和附加的社会目标取代了平等获取资源的理想"。[40]

四、结　　语

即使我们对价值一体性命题作最大同情的理解,仍然无法像麦金尼斯所期待的那样对价值之间的互惠性和相互支持产生更多认同,反而揭示出人类价值实践中难以弥合的分歧,以及追求和实现价值所面对的各种困境。价值一体性表明了一种基于价值独立性和人的责任而建构好生活的根本原则的伟大尝试,但这一工程难以实现。

---

〔37〕 亚瑟·李普斯理(Arthur Ripstein)批评德沃金的保险方案是强制性的,有家长主义色彩,德沃金对此作出了回应。See Arthur Ripstein, *Liberty and Equality*, in Ronald Dworkin, Arthur Ripstein ed., Cambridge University Press, 2007, p. 102 - 104;罗纳德·德沃金:《刺猬的正义》,周望、徐宗立译,中国政法大学出版社2016年版,第393页,脚注1。

〔38〕 Arneson, Richard, *Egalitarianism*, the Stanford Encyclopedia of Philosophy (Summer 2013 Edition), Edward N. Zalta ed., Accessed Mar. 24, 2020, https://plato.stanford.edu/archives/sum2013/entries/egalitarianism/.

〔39〕 See Alexandru Volacu, *Preferences, Reasoning Errors, and Resource Egalitarianism*, Philosophical Studies, Vol. 175:8, p. 1 - 20(2017);葛四友:《资源、选择和运气》,载《政治思想史》2010年第3期。

〔40〕 Marc Fleurbaey, *Equality of Resources Revisited*, Ethics, Vol. 113:1, p. 96(2002).

Revisiting Dworkin's Unity of Value

Zheng Yushuang

Abstract: Dworkin's Unity of Value is the key claim in his Hedgehogian justice theory. In his new paper concerning the unity of value, MacInnis provides with a new argument for it, by which he claims that the unity of value cannot be understood in the framework of constructivism-realism, rather, one should appreciate the unity of value by engagement, practicality, and mutual-benefit nature of value. The argument, however, is not successful. The improvement-expectation involved in unity thesis may not lead to mutual support of values, and the unity of political value in Dworkin's argument is also hard to be realized in his design of equal respect institution.

Key words: Unity of value; Incommensurability; Equality

双性人运动员参赛资格辩*

孔　杨**

内容摘要：

“异常”的体貌特征与生理指标使双性人运动员的参赛资格备受争议。这一争议在相当大的程度上固然是一个科学问题，但科学对双性人运动员在性别和能力上的判断和区分并不是精确的，也不可能做到精确，参赛资格依然有许多伦理探讨的空间。公平是判断参赛资格是否合理的核心理由，所有论证都围绕竞技公平展开。为了实现竞技公平，不仅要展示竞技体育对待运动员在先天与后天因素方面的相对特殊性，也需要具体挖掘比赛分类的必要原则，还可尝试以双性人身份认同的论证对何为公平进行补强。在现有的科学水平下，允许双性人运动员不附任何条件地参加女性比赛，完全满足科学层面和伦理层面的双重要求。

关键词：

竞技公平　参赛资格　双性人　身份认同　科学

一、问题的提出

2019 年 7 月的全国田径锦标赛上，湖南代表队的两名女性运动员备受关注。她们的长相丝毫没有女性特征，加之竞技表现异常出色，现场观众无不露出惊讶的表情。专业人士和其他运动员也窃窃私语，怀疑她们是男性。事后的媒体报道附上 2 人的照片，更是加剧了人们的猜疑。赛前的官方检测显示，2 名争议运动员的雄性激素（以下简称激素）水平比一般女性略高一点，但处在可以

* 本文为中国科协 2021 年“高端科技创新智库青年项目——智能算法在社会治理中的挑战、机遇与发展对策研究”（项目编号：2021ZZZLFZB1207065）的阶段性研究成果。

** 广西师范大学法学院讲师。

接受的水平,因此才通过了审查。简言之,这是由于性发育的某种轻微异常导致的资格争议。假如她们的异常激素值更大一些——超过检测标准规定的1倍——她们是否就因此不能参加女性比赛,或者只有在接受药物控制和治疗的条件下才能参加比赛?答案似乎并不是显而易见的。

在激素超标的女性中,南非运动员卡斯特尔·塞门亚(Caster Semenya)是人们关注的焦点,也是体育组织修改参赛规则所针对的主要对象。塞门亚有着黝黑的皮肤、健壮的体格、低沉的嗓音、惊人的速度,[1]在2009年柏林田径世锦赛上她一举斩获女子800米冠军。男性化的外表和强大的竞争力[2]却使主流媒体以及塞门亚的部分竞争对手认为,允许一位男性或者身体素质接近于男性的女性参加女性的体育比赛,是不公平的。国际田联试图以科学[3]标准解决争议,对塞门亚进行了性核实检测[4],结果显示,塞门亚是一位双性人[5](intersex)。双性人通常被认为是由于身体"不平衡"而"需要纠正的人",[6]是

---

[1] 参见肖永平、乔一涓:《从塞门亚事件看体育领域性别法律问题的新发展》,载《法学评论》2013年第6期。

[2] See Shane Aaron Miller, *Just Look at her!:Sporting Bodies as Athletic Resistance and the Limits of Sport Norms in the Case of Caster Semenya*, Men and Masculinities, 2015, Vol. 18, No. 3,2015,p. 293 -317.

[3] 本文中的科学不仅是指科学的标准,也是指科学实践本身。科学对于实践的影响并总是不具有"可见"的工具性应用,因此本文在大多数情况下均使用"科学"一词,而不使用"技术"。

[4] 此次检测由5名医学专家组成:妇科专家、内分泌专家、内科医生、心理学家、性别专家。

[5] 主流意见认为,双性人实际上是女性的一种。但双性人在生理上不同于一般女性,双性人在医学上又称性发育紊乱(DSD),不具有典型的生殖或者性的解剖学特征。双性人其实极为常见,2000个儿童中,就有1个儿童先天具有模糊的外生殖器。双性人不是一个内部无差别的范畴,而是包含了一系列至少16种的复杂情况(AIS、gonadal dysgenesis、Turner Syndrome),每种情况都以特别的方式影响身体,在双性人内部划分是困难的。双性人的生理构造是复杂的,而生理因素是确定体育比赛参赛资格的重要参考,因此,作为女性的双性人运动员是否应当"被允许"作为女性参加体育比赛,就成为一个十分重要的问题。

[6] See Michel Foucault, *The Abnormals*, in Paul Rabinow ed. , Ethics: Subjectivity and Truth,Penguin,2000,p. 54 -55.

男女性别分类中一个需要道德解释的“空隙”〔7〕。在重视身体对抗的体育领域,双性人在生理上的异常更是被无限放大,作为运动员的双性人更加被视为“异类”。是否应当驱逐这些“异类”以维护公平?如果答案是不应当,那么,具体的参赛规则又将如何规定?理由又是什么?

针对如何规定塞门亚的参赛资格,国际上巨大的争议早已持续 10 余载。在此期间,国际体育组织积极征求科学界专家的意见,频繁修改竞技规则。但科学检测的数据作为一些“不会说话”的数字,并不能直接决定竞技体育的参赛规则。对参赛规则的考量必然加入人们的伦理和价值判断。在科学数据的外表下,我们必须要追问的是,科学对身体的界定是如何获得规范性意义的?身体上的平等究竟意味着什么?在双性人运动员之外,残疾人运动员〔8〕、变性人运动员以及其他生理性异常的运动员,同样面临这样的伦理判断。是包容地接纳他们,还是以严格的科学标准作为规范、限制她们参与竞技的门槛?是否需要差别对待?在体育已经变成一种职业并且攸关个人自由与国家名誉的今天,法律人有义务,而不是选择把秩序和公正带入体育活动。〔9〕法律无法回避双性人参赛资格的问题,如何制定竞技体育规则是对公平的严峻考验。

梳理双性人运动员参赛资格问题的现实表现、历史上的经验教训,并且结合对公平、平等、体育精神等多种价值对问题进行分析,十分必要。本文第二部分首先回顾参赛资格的演进历程,说明科学标准的介入从一开始就是以确保公平为目的。随着人们对科学理解的加深,完全禁止相应双性人参赛的做法逐渐被抛弃。但是目前,抑制一定水平的雄性激素依然是硬性标准,部分双性人必须伤害自己才能参赛。第三部分讨论在伦理意义上,参赛资格诉诸的竞技公平

〔7〕 See Michel Foucault, *The Order of Things*, Routledge Classics, 2002, p. 158 – 164.

〔8〕 奥斯卡 · 皮斯托瑞斯(Oscar Pistorius),奥运会历史上第一位双腿截肢的运动员。皮斯托瑞斯是残奥会世界纪录的保持者,作为刀锋战士,他把目光放到了世界顶尖的奥运会,但是国际田联在 2018 年年初裁定他不具有参赛资格,因为他使用的义肢构成了不允许的科技装备,使他具有了不正当的竞争优势。2018 年国际体育仲裁法庭推翻了国际田联的这一决定,但效力仅限于个案。国际田联曾试图对皮斯托瑞斯义肢的运动机能进行科学检测,但没能得出有效可靠的结论。此后如果出现类似情况,是否还需要进行科学判断,以及科学判断是否对参赛资格具有直接的规范指导效力,依然有待探讨。

〔9〕 参见郭树理、周青山主编:《什么是体育法》,湘潭大学出版社 2015 年版,第 84 ~ 85 页。

有何种特点和原则，我将其抽象为"竞技公平论证"，这一论证将不支持现行的激素规则。第四部分从双性人自身的视角出发，提出强有力的"身份认同论证"，并将论证的效力尽可能地扩展到普遍的意义，即其他人为何需要在体育领域承认双性人自身对女性身份的认同。"身份认同论证"进一步发展了"竞技公平论证"的原则，是对"竞技公平论证"必要的补充。

二、参赛资格规则的演进历程

国际竞技体育的历史上，双性人的参赛资格问题不是自始便成为一个单独的问题，而是从性别检测与鉴定的国际习惯演化而来的。为了确保竞技体育的公平，一些国际体育官方组织不遗余力地变更检测手段，以保留"纯正的""合乎标准的"女性参赛。从检测历史的早期一直到现在，检测对于运动员来说都是强制性的，强制性的检测力度贯穿了女性运动员参赛规则的始终。在早期，遭到强制性排除的不仅是双性人，还有其他有某些生理异常的女性。如今，遭到排斥的群体已然大幅减少，只有雄性激素超标的双性人才被排除在参赛资格之外。人们对竞技公平的理解逐渐走向理性、温和与包容。

(一)20 世纪 60 年代至 90 年代——针对全体女性运动员的"性检测"

实际上，对性别欺诈的怀疑在 20 世纪三四十年代便已经发生在英国运动员和捷克斯洛伐克选手身上，[10]这种怀疑最初是零星的。20 世纪五六十年代，苏联和前东德女性运动员取得的巨大成绩引发了西方体育机构的关注，对共产主义国家运动员的怀疑达到高潮。这些国家部分运动员的体貌特征明显超出了西方对于女性气质的期待。虽然没有任何一个性别欺诈的正式记录，但是在怀疑的高潮中，系统而标准的性检测便从 20 世纪 60 年代开始了。

最初的性[11]检测是粗糙的，女性运动员被迫进行"裸体展示"(nude parades)，接受裸体检查，由医生从外观来判断，但是以这种方式没有排除任何

---

〔10〕 See Heggie, Vanessa, *Testing Sex and Gender in Sports*; *Reinventing*, *Reimagining and Reconstructing Histories*, Endeavour, Vol. 34, No. 4, 2010, p. 157 – 63.

〔11〕 性别是社会性的建构，将男性理解为具有男子气概，女性理解为具有女子气质，表现为男性或者女性，而性是由生理决定的。虽然间接地建构了女性运动员的性别，但医学检测使用的科技直接探索的是生理的性，故而这里是对性的检测。

运动员。国际奥委会(International Olympic Committee)在 1967 年实施了染色体测试,即巴尔小体测试(Barr Body test)。这个测试在显微镜下非常直观。有 46 条染色体,并且第 23 对性染色体是 XX 结构的人可以通过检测。但巴尔小体测试远非可靠,有些人的染色体天生少于 46 条,或者多于 46 条。性染色体结构的变异也十分普遍。埃瓦 · 克洛布克瓦斯嘉(Ewa Klobukowska)在 1967 年成为第一个因为没有通过染色体检测的女性,她的性染色体结构为"XXY",国际奥委会据此收回了她过去所得的奖牌,并且终身禁赛。讽刺的是,随后她生了孩子。染色体测试实施一年以后到 20 世纪 80 年代,没有运动员因此被排除,因为参赛国自己可以轻易地在国内选拔阶段就作出排除,许多运动员在地方、区域或者国际组织的先行检测中就被淘汰,没有进入国际视野并不意味着问题并不存在。

国际田联在 1988 年取消了染色体测试,在 1992 年完全取消了一切形式的系统性的性检测。该组织称,在现代暴露的体育着装之大环境下,一个男性不可能混进女性比赛。而国际奥委会却在 1992 年引入了一项在科学上更加精密和严谨的染色体测试——PCR 表征(Polymerase Chain Reaction)测试。该测试以 Y 染色体为基础,缺失这条染色体就是女性。在 1996 年亚特兰大奥运会上,8 名女性没能通过检测,但经过进一步的检测,她们依然被允许参加了比赛。1999 年,国际奥委会最终全面取消了性检测。国际田联与国际奥委会不同步的性检测表明,是否实施检测、实施怎样的检测具有很强的主观性,科学基础本身无法决定运动员的参赛资格。

(二)21 世纪初——针对个别受到怀疑运动员的"性检测"

虽然全员的性检测被取消,然而一旦体育组织对于运动员的性别产生怀疑,体育组织依然可以基于怀疑、以个案的形式展开检测。2006 年,印度女运动员桑蒂 · 桑德拉 · 杨(Santhi Soundara jan)在多哈亚运会中获得 800 米的银牌。然而,第二天,桑蒂被要求接受血液测试,并要求她脱掉衣服。检测结果大大出乎桑迪的意料。印度国家电视台宣布了亚运会主办方的决定,声称桑蒂虽然以女孩的身份出生和成长,但携带 Y 染色体,未能通过性检测,被剥夺奖牌,并且被取消参赛资格。从未怀疑过自己女性身份的桑蒂忽然间就成为公众眼中隐瞒性别的骗子,基于怀疑的性核实检测给桑蒂带来了巨大的耻辱。持续的抑郁中,她甚至企图自杀以结束自己的生命。由于备受歧视,她至今未能谋取一个非临时性的工作。

2008 年的北京奥运会，奥组委专门在北京成立了性核实检测实验室，防止发生性别导致的竞技不公。这是奥运历史上首次设立性核实鉴定中心。2009 年的塞门亚事件，性别欺诈的传说被再度创造和想象。虽然证实塞门亚不是男性，但没有任何允许塞门亚继续参赛的官方报道。遭禁赛 11 个月后，塞门亚重返赛场，面对的却是部分竞争对手的嘲笑与拒绝。

怀疑模式下的性检测依然具有强制性，当体育组织要求进行性别检测，就类似执行法律，受到怀疑的运动员面临着被取消资格的风险。[12] 从全员检测到个案怀疑式的检测，只是将官方的公平标准从一开始便施加到特定的个人身上。哪怕是非官方的针对某个运动员提出性检测的呼声，就足以使被怀疑的运动员承受巨大压力。

当然，不可否认的是，怀疑总是存在的。即使体育组织不怀疑运动员，社会媒体和大众同样可能会对运动员的性别产生怀疑，外表酷似男性的塞门亚就被广泛认为是一位地地道道的男性。一旦取消基于怀疑的检测，把监督交给媒体和社会，虽然可以使性别欺诈的运动员在众目睽睽之下无处遁形，但是那些没有实施性别欺诈的运动员，也同样失去了辩白的机会，无法证明自身的清白。只有科学的数据才能最有效地击败谣言和偏见。在应对性别欺诈的意义上，依然需要以科学手段进行检测。

（三）2011 年至今——针对全体女性运动员的“激素检测”

塞门亚事件所产生的巨大争议发生 3 年之后，国际田联 2011 年规则和国际奥委会 2012 年规则相继要求，雄性激素水平高于 10nmol/L 的女性运动员，要么接受治疗（附加治疗要求，additional-treatment requirement），要么证明自己对于睾丸素不敏感，亦即无法转化为竞争优势，这就是早期的“雄性激素过多规则”（以下简称激素规则）。激素规则的出发点在于，拉平每个运动员的起点，使所有运动员都有平等的机会取得胜利，才体现了公平。[13]

---

[12] See Yamuna Menon, *Denied the Finish Line: Sex Verification Testing for Intersex Athletes under the International Association of Athletics Federations*, The Dukeminier Awards, Vol. 9, No. 1, 2010, p. 389 – 423.

[13] See Erin Elizabeth Berry, *Respect for the Fundamental Notion of Fairness of Competition: The IAAF, Hyperandrogenism, and Women Athletes*, Wisconsin Journal of Law, Gender & Society, Vol. 27, No. 3, 2012, p. 207 – 228.

2014 年,国际田联拒绝印度短跑运动员杜蒂 · 钱德(Dutee Chand)参加英联邦运动会,因为她的激素水平明显超过了规定。钱德上诉到国际体育仲裁法庭(Court of Arbitration for Sports,CAS),挑战激素规则。2015 年,CAS 宣布暂时停止激素规则。但法庭的依据仅仅是,国际田联还没有足够的科学证据证明,雄性激素过多症的女性比其他女性具有竞争优势。CAS 给了国际田联两年时间来证明。

2018 年,基于对 1000 多名女性运动员多年来的跟踪检测,国际田联得出结论,雄性激素过多的运动员的确比其他运动员多出 1.8% ~4.5% 的竞争优势。国际田联〔14〕据此重新提出了激素规则。塞门亚受到激素规则的制约,需要降低自己的激素水平才能继续参赛。认为受到歧视的塞门亚向 CAS 提起诉讼,但法庭判定塞门亚败诉,新的激素规则于 2019 年 5 月 8 日正式生效。

以激素为准的检测虽然与前两项检测的对象一致,即均针对女性,但与前两项检测有根本性差异。前两项检测是"性检测",而目前的检测方法是"激素检测"。历史上前两个阶段的性检测均是以性为关注点,考察女性运动员是否真的是"女性",而现阶段实行的激素规则关注的是激素所带来的竞争优势,与性无关。在激素检测中,激素成为一个独立考量的因素,并不附着于性别之上,所有参赛的女性运动员都需要接受以激素为准的检测,不管她是否在性别方面受到怀疑。假如一个女性在染色体、外观、生理结构上都毫无疑问是女性,她也会因为天生高的激素水平而被排除到女性比赛之外。激素检测不需要被单独实施,赛前的兴奋剂检测就可以测量出运动员的激素值。〔15〕 激素规则成为以更为科学的能力为标准的独立规则。

至此,双性人的参赛资格似乎告一段落,激素超标的双性人运动员必须遵守激素规则,降低自己的激素水平才能参赛,以能力为标准的检测似乎更加公平。然而,激素规则对于双性人来说,无异于宣告禁赛,使其陷入极为不利的处

〔14〕 2018 年的激素规则更加严格,运动员要想以女性身份参赛,须满足 3 个条件:(1)必须在法律上被承认为女性或者是两性之间;(2)比赛中及赛前、赛后,必须将血液睾酮水平降到 5nmol/L 以下;(3)血液睾酮水平降到 5nmol/L 以下,同时这个数据要持续至少 6 个月。

〔15〕 区分先天自然的激素与后天摄入的外源性激素,是致力反兴奋剂研究的内容之一,目前,通过科学手段是可以测量和区分出来的。

境。双性人以及不少人认为,激素规则是对双性人群体巨大的不公。但也有很多人认为,激素规则至少已经允许双性人参加女性比赛,只是附条件而已,已经最大限度地保证了竞技公平。但是,激素规则是否是恰当合理的?是否符合竞技公平的要求?争论远未结束。

全员检测与个案检测的初衷是,以科学手段"揪出"隐藏在女性中的男性,从而维持男性与女性分开的公平竞争。人们进一步意识到,严格地区分男女的科学标准并不存在,转而试图以科学的方法找到可能影响公平竞技的不正当的竞争优势。从上述历史发展来看,参赛资格规则的制定主要从公平的角度出发,围绕竞技公平进行论证。下一部分将提出一种伦理上抽象的"竞技公平论证","竞技公平论证"有助于我们分析竞技公平对于参赛资格而言,究竟意味着什么。

三、竞技公平论证

参赛资格的检测隐含了我们对公平的直觉。双性人运动员参加女性比赛,似乎不符合我们对公平的直觉。全员强制的检测和个案怀疑的检测并不是没有来由的,并不是自始就打算对双性人运动员充满敌意。双性人被鉴别为"男性"或者"不标准"的女性,不能与"标准"的一般女性运动员同台竞技,是因为国际体育组织认为竞技需要符合公平的"标准"。一般女性运动员之间的竞技符合"标准",属于同等情况,应当被同等对待,但是双性人运动员属于一种不同的情况,处在"标准"之外,就应当被区别对待。

激素规则更是试图精确地找出双性人运动员到底在哪方面有碍竞技公平。通过细化"标准",使其与激素水平挂钩,激素规则可以包容那些它所认为的在体育领域中不违背公平的双性人,即雄性激素未超标的双性人。这部分双性人享有与一般女性运动员同样的参赛资格,而激素超标的双性人则被认为有碍竞技公平。问题是,公平自身的标准是什么?怎样来衡量人们持有的公平的直觉?隐含于参赛规则演进历程的公平观仅仅是我们对公平这一直觉的反映,什么是公平,需要严密的论证,有必要进一步使这一直觉清晰化,提炼出一种可能的抽象化的竞技公平论证。

对竞技公平的论证需要一种全面的层层递进的考察。这里所讨论的公平有特定的语境,竞技公平是特定领域中的公平,即体育领域中的公平。因此,竞技公平的论证要结合体育精神和体育领域的特点。我们要问,体育领域中的公平竞技,与社会整体中的公平是否一致?体育领域中的公平是否有着自身的独特之处?答案是肯定的,竞技体育会相当宽容地同时接纳运动员先天自然禀赋和后天影响带来的差异,竞技体育的精英化特征为竞技公平奠定了一种基调,尽量减少人为的干预,允许运动员尽可能发挥实力。而在整个社会领域中对公平的考虑,需要对后天影响通过再分配等手段进行纠正。竞技体育领域与整个社会领域对公平的理解有不同之处。

进一步需要明确的是,运动员的精英化实力指的是哪方面的实力?现行的体育规则奉行一种"先天原则",即实力必须是自然而然的。身体在自然方面的能力展现,才是竞技公平的应有之义。先天禀赋和后天的训练〔16〕都可以是自然的,但兴奋剂以及使用科学手段的基因改造,则超过了自然的限度,是对身体的过分干预。当然,这是有争议的,"自然"本身的含义是什么,就是模糊不清的。"自然"的规范意义也必须源于对"自然"概念的澄清,但本文并不想走得那么远。就本文而言,是否"支持"先天原则,对于竞技公平的理解不是必需的。参赛资格规则的制定是一种十分具体的社会实践,不是纯粹应然的探讨,至少,参赛资格的制定需要遵循现有规则所内含的共同原则。证明体育现行规则所含的原则是什么,以及双性人的参赛资格怎样做到与其他规则相融贯,已经可以完成本文的目的。

竞技体育的"先天原则"决定了对运动员的分类主要是依据运动员的先天禀赋,自然禀赋是判断是否公平的基本标准。先天禀赋的差异直接影响到运动员参与哪一种类的比赛。综观所有运动员的自然禀赋,可以形成一个自然禀赋从多到少(或者由少到多)的连续统。然而,从哪个点开始运动员被归为"一类"?判断的依据是什么?从先天禀赋到实际的对运动员的划分,还需要经过我们主观的价值判断。采取哪些价值,以及价值的依据何在,无不与公平密切相关,是对公平的细致体现,需要结合体育精神和社会一般实践进行具体考量。

---

〔16〕 有观点认为,运动员后天进行的身体训练并不自然;相反,是违反自然的。这种观点从奥林匹克运动的历史起源来看,有一定的道理。但通常看来,我们不会认为运动员的训练是不自然的。

(一)竞技体育的相对特殊性

从全社会的整体来考虑公平,我们会要求先天因素尽量少地带来差异,后天选择的差异则会被我们接受,即自由主义者所希冀的“钝于境况,敏于选择”。〔17〕 我们会期待国家补偿社会弱势群体,比如加大对智力低于一般理解水平的人在儿童阶段的教育投入,以及对其在成年后在就业和生活方面有所照顾。然而,如果有人因为自愿选择一种奢侈的生活方式而陷入贫困,国家则没有义务对其潦倒的生活承担责任。但竞技体育并非如此,无论是运动员的自然境况,还是运动员后天的努力,似乎竞技体育都可以接受,即运动员先天与后天的之间的差异在体育中都是合理的。

需要注意的是,本文讨论的焦点在于竞技体育,而不是泛泛而谈的体育。竞技体育与大众体育有着极大的差异,后者属于国家为民众提供的基本福利之一,不仅有利于民众的身体健康,更是实现人的全面发展的重要途径。大众体育作为一种重要的善好需要国家有计划地提供和保障,属于社会整体公平所讨论的领域。

竞技体育的典型代表是奥林匹克运动。伴随奥林匹克运动的普及,奥林匹克的组织以及奥林匹克精神逐渐被世界各国所认同,国际体育竞技逐渐成为高度自治的活动,享有相对自治的规则制定机构和指导原则。奥林匹克宪章作为国际体育竞技的最高纲领,是公认的国际习惯,具有规范效力。奥林匹克宪章第五项基本原则就是自治原则,国际奥委会及其下属的体育组织可以自由制定体育规则、决定如何控制体育组织,通过举办国际级别的体育赛事,对各个国家和地区的运动员适用同样的规则,并由 CAS 统一体育司法。这个相对独立自治的竞技体育共同体,有自身对于公平的理解,可以相对独立探讨公平的意涵。

对参加奥林匹克的运动员来说,展现身体的能力,就是其直接的目的,先天因素和后天因素在竞技体育中都可以正当地带来差异。运动员无论是通过先天的基因、训练条件、家庭或国家环境(包括体育氛围),还是通过后天的训练强度、训练方法等获胜,都再正常不过。我们不会因为一位运动员的先天体能较差,而希望对其予以某种补偿,以求所有运动员有着相似的竞技成绩。相反,观众恰恰希望看到运动员之间水平的差异,这种差异无论是先天优势还是后天努

---

〔17〕 参见[加]威尔・金里卡:《当代政治哲学》,刘莘译,上海译文出版社 2004 年版,第 171 ~ 175 页。

力造成的,都体现了人类的卓越,特别是身体方面的卓越。先天和后天造成的差异都是正当的。在运动员的能力之间,不需要某种“分配正义”。竞技的过程中,保证运动员按照实力各自发挥出应有的水平,就是最大的公平。因此,竞技体育本质上是一种精英式的活动,尤其不考虑先天因素的不平等。

竞技体育的精英式特性并不意味体育与整个社会领域的公平相矛盾。理由在于,体育是一种局部竞争,这个子系统内带来的财富、地位等分配上的差异,可以在更大社会系统中被纠正过来。例如,体育中的胜出者基于自身的卓越能力而获得了更多的奖金,社会将通过税收再分配的方式对之予以调整。但在体育系统内,不用考虑税收的问题。在诺奇克所举的篮球明星张伯伦的例子中,张伯伦的应得收入不需要国家进行再分配。当然,对张伯伦的收入是否进行国家的再分配是可以探讨的,但诺奇克的例子体现了竞技体育精英化的直觉,竞技体育内部不需要考虑再分配。如果按照社会公平的思路讨论竞技体育内部的公平,就相当于认为,张伯伦原本不应当享有这样突出的身体素质,也不应当进行刻苦的训练;相反,他应当平庸一些。运动员的卓越成绩与他所在社会的公平正义,完全可以兼容。

而且,竞技体育的精英式特征并不意味着体育自身放弃遵守社会伦理。国际体育组织极为重视在竞技体育中维持社会基本伦理。《奥林匹克宪章》(2015年修订版)第一项基本原则明确规定,奥林匹克运动遵守普遍而基本的伦理原则。首要的社会基本伦理自然是对人的尊重,甚至有学者认为,体育的首要精神就是对人的尊重。[18] 体育中的尊重,体现在给予一切人以通过体育实现自我、超越自我的平等机会,即每个个体都有机会享有成为“精英”的可能。如果体育的宗旨只是打破纪录,既然女性和残疾人很难达到正常男性的竞技水平,那么女性和残疾人就不需要参加奥运会。接纳女性和残疾人参加奥运会,是出于全社会对弱势群体的尊重,给予其同样追求梦想的机会。在某种意义上,这相当于社会基本伦理在体育领域对先天禀赋劣势者的一种补偿。

(二)排除后天的“外源性”干预

虽然竞技体育的精英式特征可以同时容纳先天与后天的差异,但并不意味着竞技体育可以容纳其中所有的差异。有些差异会严重影响竞技公平,应当予

---

〔18〕 See Vincent Geeraets, *Idelogy*, *Doping and Spirit of Sport*, Sport, Ethics and Philosophy, Vol. 12, No. 3, 2018, p. 255 – 271.

以排除。当今国际体坛所着力排除的差异是后天造成的某些差异,我将其统称为“外源性干预”,比如服用兴奋剂、基因改造以及使用特殊的高科技辅助设备(如“鲨鱼皮”泳衣)。“外源性”意味着,从事的活动并非出于身体自身的努力,如刻苦训练以及适量借助器材辅助。摄取高营养的食物虽然也是一种“外源性”的活动,但并非对身体的“干预”,而是为身体的正常发育创造更好的条件。

国际体育组织排除后天“外源性”干预最著名的举措,当数反兴奋剂。反兴奋剂的理由似乎很明显,即造成对运动员的伤害,这种伤害论证的确很具有说服力,但尚未把握问题的重点。适量服用许多种类的兴奋剂,并不会对人体造成伤害,因为这些药剂很多都是我们体内的自然分泌物。有些普通药物,如感冒药中也含有国际反兴奋剂组织列举的违禁物质。在生病的时候服用适当的药物,显然没有什么过大的损害。假设可以保证服用兴奋剂是安全的,那么禁止兴奋剂的理由是什么?

归根结底,是因为许多人持有一种体育的“自然观点”,即竞技体育的本质是人的自然禀赋的展现,而服用兴奋剂打破了体育对于人们自然才能的展示,更改了人们的自然禀赋,因而是不公平的。桑德尔就是持有这种“自然观点”的典型代表,他认为,天赋和力量并不全是我们自己的,世界上也不是全部事物都可以由人的欲望或者设计来更改,体育就属于这一有更改限制的领域。体育不同于娱乐表演,体育和表演的区别就像真正篮球与蹦床篮球一样,后者降低了自然天赋的展示,而纯粹的人的自然,才是体育精神所真正体现的。[19] “自然观点”认为,竞技公平必须采纳“先天原则”。当然,“先天原则”并不是只承认先天自然禀赋的差异,“先天原则”也会承认部分后天造成的差异,允许通过训练及一般的科学器械提升成绩,因为这些改变同样是自然的。

许多人旗帜鲜明地反对体育的“先天原则”,认为“先天原则”所承认的后天差异范围过于狭窄,公平的竞技应当包容一切后天“外源性”改造。我们可以称其为“改造论者”。改造论并不否认先天自然禀赋差异的合理性,只是认为合理的差异不应仅仅限为先天,后天对身体的刻意改造也应当是合理的。波斯纳认为,桑德尔过分强调了自然禀赋所带来的机会,沦为了一种宿命论,宿命论是

---

〔19〕 See Michael J. Sandel, *The Case Against Perfection: Ethics in the Age of Genetic Engineering*, Belknap Harvard, 2007, p. 36 – 37.

不行动的方法。面对日新月异的现代化,僵化的不行动是迂腐的。[20] 波斯纳似乎是从整个社会发展的视角谈论运动员的机能提升,的确,运动员后天的提升很难脱离社会的语境,假如整个社会允许了基因改造,有什么理由单独禁止运动员的基因改造?运动员自主改造自己身体的限度,与社会中其他个体改造自己的限度,应当是一致的。毕竟,运动员是一项职业,社会中的其他人可以进入这项职业,运动员也可以随时退出这项职业,而后天的身体改造,比如,基因改造对人的影响是永久性的,禁止运动员的基因改造相当于阻断了竞技体育与社会其他领域的沟通。

体育的改造论者认为,如果仍然固执体育领域中的反改造立场,就是宣告针对运动员的生物决定论,我们只是将运动员视为一个个生物性的存在。[21] 赛马、赛狗的比赛中,我们会将马与狗单纯视为生物体,符合"先天原则"。但我们的直觉会认为,赛马、赛狗比赛与人的比赛当然有重大区别,只有人才具有创造性,可以改变自己,创造性当然包括改变自己的生物属性。[22] 现代社会的普遍观点是,人类的本质充满可塑性,[23] 一切仍在变迁,唯一有意义的只有移动的方向,[24] 拒绝对人的发展式理解,相当于拒绝人类历史所积累的文明,是天真的怀旧。福山所倡导的人类继续遭受痛楚、孤独和折磨,避免修改自身的复杂性,[25] 实际上是对原始自然的非理性崇拜,是对未来社会发挥创造性的明显

[20] See Richard A. Posner, *In Defense of Prometheus: Some Ethical, Economic, and Regulatory Issues of Sports Doping*, Duke Law Journal, Vol. 57, No. 6 (Apr., 2008), p. 1725 – 1741.

[21] See Andy Miah, *Genetically Modified Athletes: Biomedical Ethics*, Gene Doping and Sport, Routledge, 2004, p. 110.

[22] See Savulescu J, Foddy B. & Clayton M., *Why We Should Allow Performance Enhancing Drugs in Sport*, Br J Sports Med, Vol. 38, 2004, p. 666 – 670.

[23] 参见[美]凯文·凯利:《科技想要什么》,严丽娟译,电子工业出版社 2016 年版,第 105 页。

[24] 参见[美]凯文·凯利:《科技想要什么》,严丽娟译,电子工业出版社 2016 年版,第 147 页。

[25] 参见[美]弗朗西斯·福山:《我们的后人类未来:生物技术革命的后果》,黄立志译,广西师范大学出版社 2017 年版,第 10 页。

排斥。这些先天以及后天的立场不但牵涉对何为体育的理解,更是深入了对人性的讨论。

让我们暂且搁置哲学理论层面上的争议,目光转向实际操作。当前体育界反兴奋剂的立场十分坚定,即便后天的改造没有造成身体的伤害,也被认为有违体育精神。基因改造更是国际反兴奋剂组织重点防范的对象,该组织在数年前便开始鼓励相关的专家加快研发对基因改造的检测。甚至不是改造身体,只是改造装备的"鲨鱼皮"泳衣也是被禁止的,因为这种装备似乎使得比赛成为比拼科技装备的舞台,而不是对身体素质的展现。显然,国际体育界所认可的主流是"先天原则",即只承认先天自然禀赋、训练及使用一般的科学器械带来的竞技差异。

然而,决定双性人参赛资格的激素规则,实际上与体育的改造论者的思路相一致。假如采纳"先天原则",双性人运动员完全可以正当地展示自身的全部生理机能。以生理运动表现来看,双性人运动员通过先天的身体素质加上后天的努力训练,成为赛场上的精英,是没有问题的。以药物或手术方式降低其先天的激素水平,与服用兴奋剂提高先天的激素水平,都是采纳了改造论的观点,"提高"与"降低"只是方向上的差异,在思维上没有本质差异。

用药物或者手术手段降低雄性激素很可能会对运动员造成伤害。实际上,激素规则是要求运动员作为医学研究的实验对象。没有证据表明药物或者注射的效果是安全的,这种医学处理就是赫尔辛基宣言所称的"未经证明的干预"(unproven interventions),这种干预只有在拯救生命、确认健康以及减轻痛苦的时候才可以被接受,但激素规则却将健康的个人刻意地变成病人。[26] 在尚未证明治疗过程的无害以前,激素规则作为参赛的标准是不适当的。

不仅现有的科学手段无法证明激素治疗过程是无害的,而且,我们通过常识可以判断,激素规则的确会对身体造成伤害,这与我们认为在当前的技术条件下,服用兴奋剂会造成身体伤害的想法是一致的。激素规则与服用兴奋剂的做法进一步保持惊人的一致。激素规则好比做算术题,以为竞争优势可以被随意加减,就如同"3 - 1 = 2"那么简单。人为降低雄性激素,对于体育官方组织以及其他运动员来说,看到的是雄性激素的数值,然而对于双性人本身来说,是对

〔26〕 Roger Pielke, *Caster Semenya Ruling*: *Sports Federation is Flouting Ethics Rules*, World View, 2019.

健康切实的损害,而且还不清楚潜在性的更大伤害。雄性激素仅仅在体育竞技中才可能被视为一种优势,此外,雄性激素都是双性人(并且是几乎所有人)维持生命运行的基本生理要素,长期服药抑制激素对于双性人运动员是致命的。以塞门亚为例,在其顺从服药期间,免疫力严重下降,常常因患病缺席比赛。没有运动员会自愿地、长期以严重损害自己的健康为代价参加比赛。就如同如果运动员甘愿冒着猝死的风险,每天服用兴奋剂,我们会认为他是不理性的。如果基于伤害原则禁止服用兴奋剂,有什么理由强制适用激素规则?

激素规则的制定者并不是对双性人造成的伤害怀有疏忽大意或者放任不顾的过失心理,而是有意为之。在有意造成伤害的意义上,我们会发现,激素规则远不是包容的。激素规则已经达到了排斥这些激素超标者参加体育比赛的程度,而不仅仅是后续对双性人在分类上作出小修小补的限制。从规则制定的初衷来说,国际田联就没有意图将双性人的问题作为一个分类的问题。假如国际田联真诚认同目前的兴奋剂对运动员带来的巨大伤害,那么它也在同样"真诚"地伤害双性人运动员。国际田联并没有真的试图以公平的具体分类方法处理之,而是迫不及待、不择手段改造激素超标的双性人,把她们"塞进"某个看似合适的"筐"里。激素规则从一开始的思路上就没有容纳,而是限制了双性人群体的先天因素。

对"先天原则"来说,即使未来的科技发展可以使身体改造变成无害的,也不能干涉双性人的身体。唯有转换立场,即只有改造论才允许激素规则。激素规则的思路是,以药物或手术方式改变双性人先天的激素水平,将其降至某种生理上的同等水平,所有女性运动员才可以公平发挥后天的努力,使后天努力在成绩中占有更大比重。但这种思路只是针对双性人运动员,强调对她们的改造和压制。站在"提升"的角度,其他一般女性运动员是否可以通过改造,达到与某些激素异常值同等的高水平?即提升其他运动员的激素水平从而拉平起点?以改造论的标准衡量,其实后一种做法更可取,因为改造是为了变得更好,变得更具竞争力,为观众献上更加精彩的比赛,而不是相反,让运动员的实力"打折扣"。

因此,激素规则采取主动干预先天自然禀赋,伤害自然的身体,违背了蕴含在众多体育规则之中的"先天原则"。即使适用与之对立的改造论,激素规则也带有偏见,单独为双性人运动员这个群体设限。在与现行其他规则是否融贯的意义上,激素规则是不公平的。

(三)先天因素的分类标准

竞技体育的分类,归根结底是出于公平的考虑。按照"先天原则",竞技分类的标准是先天禀赋。但先天禀赋在生理上是复杂的,而且经常离不开对其进行社会实践性的解释,因此,竞技体育的分类相较社会大体上男女划分的分类,要棘手得多。分类的复杂性直接影响到参赛资格的争议,需要进行细致的梳理,以下仅尝试提出运动员分类的几个原则。

1. 明显优势原则

绝对劣势的一方几乎没有获胜的可能性,竞技体育分类的目的,就是避免处于绝对劣势的一方与绝对优势的一方相互竞争。我们最习以为常的男女二分的划分手段,实际上便是依据竞争优势的强弱,男性通常具有女性无可比拟的竞争优势,需要分别竞争。实力相近的竞争中,所有运动员都有展示自己的竞技水平,理论上才有同等的机会成为精英。当运动群体具有"明显"的竞争优势,即差异巨大的时候,分类就是必要的。[27] 明显优势原则的合理性无可置疑,区隔竞技水平相差悬殊的群体才能保证竞技的公平。

现有对运动员的分类广泛采用这一原则。以拳击、举重、柔道等比赛为例,更加健壮的身材以及更大的体重意味着不可否定的绝对优势。如果一位轻量级的拳击手对阵重量级选手,不仅很难战胜对手,甚至自己很可能有生命危险。因此,在这些比赛中,体重就是分类的合理标准。残奥会对优势的衡量和重视,体现得更明显。残奥会使用科学手段,通过效能(efficiency)而非身体的形态(morphology)衡量运动员之运动机能的差异,[28] 即针对各个特殊的项目,以运动机能划分运动员,而不是以残疾的类型划分运动员。[29] 按照竞技项目所需机能的特点,将实力相近的运动员归为同类,才能在最大限度上确保残奥会的公平。

---

〔27〕 See Joanna Harper, *Athletic Gender*, Law and Contemporary Problems, Vol. 80, No. 4, 2017, p. 139 – 153.

〔28〕 See Damien Issanchou, Sylvain Ferez & Eric de Léséleuc, *Technology at the Service of Natural Performance: Cross Analysis of the Oscar Pistorius and Caster Semenya Cases*, Sport in Society, Vol. 21, No. 4, 2018, p. 689 – 704.

〔29〕 See Daniel Gandbert, *The Intersection of Women's Olympic Sport and Intersex Athletes: A Long and Winding Road*, Indiana Law Review, Vol. 46, No. 2, 2013, p. 387 – 423.

明显的竞争优势是分类的标准,但一般的竞争优势不应构成分类的标准。公平不等于完全平等,竞技体育需要一个公平竞争的平台,并不要求平等的训练基础以及平等的基因天赋。[30] 运动员所在国家的经济实力、体育投入、资金来源、训练条件、赞助支持、技术设备、气候条件(如沙滩排球需要足够的阳光)都存在极大的差异,深刻影响了运动员的运动机能,[31]但是无论其中哪一项都不足以完全决定运动员的竞技表现。多样性的基因差异和训练差异,恰恰是体育竞赛的观赏性所在。

一旦我们认同明显优势原则,焦点就需要对准激素规则。虽然激素规则违背了"先天原则",从源头上就是错误的,但我们不妨进一步探讨激素规则着重强调的理由,即激素超标的双性人有着明显的竞技优势,因而在分类上必须从正常女性中排除。如果我们可以动摇激素规则所立身的基础,激素规则就更加站不住脚。那么,当前我们判断激素规则是否合理的争议点就在于,部分双性人运动员是享有"明显"的优势,还是只享有一般的优势。

国际田联科学实验表明,雄性激素多的运动员的确比其他运动员多出1.8% ~4.5%的竞争优势,但这一优势是否已经达到"明显"的程度,答案似乎并非十分肯定。不可否认的是,田径,尤其是跑步项目对速度和耐力的要求非常高,技巧性相对较少,雄性激素可能带来的爆发性优势会更直接和明显。但同样不可忽视的是,篮球、排球运动员的身高在竞技中也是极为重要的优势,但是人们不会因为一支球队的平均身高比对方的平均身高高出一些(粗略假设球队由此占有4.5%的竞争优势),就荒谬地要求具有身高优势的球队自觉降低竞争优势,作为参赛的前提。运动员具有多种多样的先天优势,至少有200种常规染色体的变异可以提高运动机能。[32] 如果常规染色体的基因变异

---

〔30〕 See J. Harris and S. Chan, *Understanding the Ethics of Genetic Enhancement*, Gene Therapy, Vol. 15, No. 5, 2008, p. 338 – 339.

〔31〕 See Erin Buzuvis, *Caster Semenya and the Myth of a Lever Play Field*, The Modern American, 2011, p. 36 – 42. Erin Buzuvis, *Hormone Check: Critique of Olympic Rules on Sex and Gender*, Wisconsin Journal of Law, Gender and Society, Vol. 31, No. 1 (Summer 2016), p. 29 – 56.

〔32〕 See Jaime Schultz, *Caster Semenya and the "Question of Too": Sex Testing in Elite Women's Sport and the Issue of Advantage*, Quest, 2011, p. 228 – 243.

是正常范围内有利的自然天赋，为什么性染色体的变异就为体育界所不容？双性人运动员极为多样的性染色体的基因差异，理应也在体育竞技多样性的展示之列。

以双性人运动员中的佼佼者塞门亚为例，塞门亚的成功完全可以更多地归功于她的后天努力，先天的竞争优势只是一种可能的解释。即便塞门亚的确具有先天的竞争优势，从女子800米项目的竞技历史来看，她的个人最好成绩从未达到过这个项目的世界纪录，与男子800米项目的平均水平更是相距甚远。她的运动水平没有超出正常女性运动员的范围。在国际体育比赛中屡屡夺冠的事实，很可能仅仅意味着在她的时代，缺乏与她旗鼓相当的对手，使她"显得"更加突出而已。

2. 禁止无限区分原则

如果明显优势原则是合理的，那么相对应的是，对运动员的分类也不可能过细。当区分过于琐碎，分类之间的竞争优势也就不再明显。现有的分类都会大致截取某个区间。例如，举重比赛对运动员体重的划分只是以5公斤为一档，不会无穷区分下去。男女之间截然地划分也是必要的，区间段之外的极端个例亦需要被排除。

(1)性作为连续统的男女二分

无论性检测规则如何演进，都以男女性别二分作为基本前提。显而易见的是，男性运动员与女性运动员相比，在速度和力量方面占有绝对优势。在同等的训练强度下，女性运动员若与男性运动员同台竞技，女性取胜的可能性较小。因而，男性与女性分别竞技是公平的。然而，男性与女性的界限似乎并不像人们直觉所认为的那样泾渭分明，在生理和社会环境方面都十分复杂。

科学告诉我们性的连续多样性和复杂性。与其说二分的性，不如说性是一个范围。[33] 性无法被单独提取为一个决定性的因素，在染色体、激素、体格和

〔33〕 See Cooper, Emily J., *Gender Testing in Athletic Competitions—Human Rights Violations: Why Michael Phelps is Praised and Caster Semenya is Chastised*, Journal of Gender, Race & Justice, Vol. 14, Issue 1 2010, p. 233 – 264.

心理方面,一般人都处在二分的框架之内,但是有许多变量。[34] 二分法对女性的定义并不确定,我们并不清楚所说的女性到底指谁:女性并不是具有两条X性染色体的人,也不是具有特定水平雌激素的人,不是具有可以生育的内在生殖器官的人,也不是具有符合外生殖器官的人。折中的方法即选取以上某些特征的结合,也并无定论,我们不知道结合哪几项特征,以及每个特征的权重是多少。[35]

反对男女二分作为竞争优势划分的观点认为,参赛资格的性检测固化了男性作为更优秀的竞技者的社会形象,忽视了女性运动员同样值得具备优秀的竞技水平。只有具有男子气概才能称得上体育运动,善于体育的女性不可避免具有男子气概,是对女性的歧视。检测只是确保女性运动机能的上限不可以"过于男子化",男性却没有这种上限。[36] 性检测强化了女性不可以与男性一样强壮的模式,强化了一个较弱的性别的类型。[37] 通过检测,国际田联把性视为连续存在的事实,进一步牢固套上了一个男强女弱的结构。

性别界限的强制划分固然在生理上是复杂的,也在相当程度上是社会建构的,不具有绝对精确的界限。但是,这不是反对性检测的恰当理由。出于速度、力量等综合运动机能的对比考虑,大致按照男女来划分运动员是最自然和有效的方法,没有这种区分,就失去了现有的人类社会秩序。男女截然的划分作为

---

〔34〕 在相同的身体上,有可能呈现"XO\XXY\XYY\XXX"这些不同的染色体和其他体征的模式。比如,患有 AIS 疾病的人可以呈现为染色体的男性和激素上的女性;患有先天性肾上腺皮质增生症(CAH)的女性,具有正常的 XX 染色体,可以通过巴尔小体测试和 PCR 测试,但不能通过性别检测对身体的外部检查,因为胎儿阶段雄激素的集中,产生了外生殖器。

〔35〕 See Shapiro, *Julie*, *Check Only One*: *M/F/Other*, Cardozo Women's Law Jouranl, Vol. 11, No. 587, 2005, p. 587 – 588.

〔36〕 See Heggie, Vanessa, *Testing Sex and Gender in Sports*; *Reinventing*, *Reimagining and Reconstructing Histories*, Endeavour, Vol. 34, No. 4, 2010, p. 157 – 163.

〔37〕 See Jessica L. Adair, *In a League of Their Own*: *The Case for Intersex Athletes*, Sports Lawyers Journal, Vol. 18, No. 1 (Spring 2011), p. 121 – 152.

一种理想,就像戴在我们鼻梁上的眼镜,[38]只有通过这种理想的划分,我们才能看到我们所看的任何东西,我们不需要摘掉这个眼镜。社会普遍认同性别界限大致合理原则,即便有些女性的身体素质强过男性,也应当遵循男女二分的划分习惯。当然,男女二分是建立在男性拥有明显竞争优势的基础之上,在男性没有明显优势的体育项目中,就不需要男女二分,如飞碟射击项目。在性别划分的问题上,不需要区分得过细,考虑过多的因素。而且,在双性人参赛资格的争议中,各方都认同男女二分。作为社会普遍认同的方法,性别二分毋庸置疑。

(2)排除极端个例

在分类的过程中,我们不可避免地会遇到例外。国际田联科学实验的前提是把是否正常的判断全部还原为雄性激素是否达到某一量化的值。但是,生命系统未必可以完全还原。[39] 出于不同的实验目的,同样针对雄性激素的科学实验可以得出相反的结论,据另外的科学实验显示,16.5%的有竞争力的专业男性运动员的雄性激素水平低于8nmol/L,[40]即少数高水平的男性运动员的雄性激素水平较低,他们的运动机能不是归功于超高的雄性激素。

科学数据依赖的实证方法经常得出自相矛盾的结论,[41]出现这样的科学争议其实并不为怪。个别例外的天才原本就不在分类的考量之内,用个体作为反例无法对分类实现有效的冲击。分类无法考虑到所有个体的差异,只能聚焦大多数可预期的情况。男子越野滑雪选手埃罗·门蒂兰塔(Eero Mantyranta)的红细胞生成素受体基因的自然突变,使其增加了50%的携氧能力,是一个"天生兴奋剂"的例子,与其他运动员运动机能的差别无疑是巨大的,但他没有被剥夺奥运金牌。同样作为极端的个例,泳坛名将菲尔普斯的身高、臂展、体格和不可思议的柔韧性使他极具游泳的天分,却没有人将他视为不可忍受的异类。作

[38] See Wittgenstein L., Anscombe G. E. M. (trans.), *Philosophical Investigations* (3rded.), Basil Blackwell, 1967, s103.

[39] 参见吴国盛:《究竟什么是科学》(下),载《中国经济报告》2014年第11期。

[40] See Erin Buzuvis, *Caster Semenya and the Myth of a Lever Play Field*, The Modern American, 2011, p.36-42.

[41] See Michel Foucault, *The Birth of the Clinic: An Archaeology of Medical Perception*, Tavistock, 1973.

为例外的天才甚至是体育竞技中的巨大看点,绝非应予排斥的对象。

常识告诉我们,大部分人敏感于激素。在一定范围内激素水平越高,相应的竞技能力就越强。我们暂且后退一步,假设雄性规则可以满足分类的第一条原则,即明显优势原则,那么,激素规则能否通过第二条原则,即禁止无限区分原则?如果我们将激素超标的双性人单独区分为一类,让其作为一个独立的群体,内部之间进行竞技,是不可取的。激素超标的双性人的数量不多,在整个人类中属于个例。参与竞赛的群体太小,比赛将会失去意义。这一分类然明显违背了禁止无限区分原则。

当然,激素超标的双性人运动员单独作为一类进行比赛,在现实中本来就是不存在的,这里只是驳斥了一种假想的可能性。最需要讨论的是现行的激素规则,假如我们至此仍然认为激素规则是合乎公平的,我将证明,该规则依然不能满足竞技体育分类的第三个原则,即分量均等原则。

3. 分量均等原则

运动分类不能变成对优劣差别的彰显。在不同分类中,运动员所获得的荣誉的分量均等,以及各项比赛之内对运动员的分类的分量应当是均等的。当然,比赛有不同的级别,以及有举办范围的差异,但不同的级别和范围是公平的精英式竞争的结果,而不是分类本身导致的先天性“阶层”落差。以黑人运动员为例,大体来说,非洲的黑人运动员比欧洲与亚洲运动员享有更多运动基因方面的天赋。[42] 科学显示,黑人往往拥有更窄的骨盆带(pelvic girdle),使其在短跑项目上尤其具有明显的竞争优势。在短跑项目中单独划出一个黑人运动员组,可以满足明显优势的原则。同时,黑人运动员群体也足够大,足以保证比赛人数,满足禁止无限区分原则。但如此划分之后,黑人的短跑比赛就会变成人类的高级比赛,白人和其他人种比赛的含金量就会下降,变成劣等比赛。各个类别之间不再中立和平等,不同分类占有不同的分量,运动员也被随之分为三六九等。

男女二分、残疾等级和拳击、举重等项目中的体重标准都是中立而合理的,没有违背分量均等原则。人们基本上不会认为女性比赛毫无含金量,短跑女飞人也一样是很高的荣耀。残奥会由于其特殊性,我们并不会认为 10 级残障运

---

〔42〕 Bennett Foddy, Julian Savulescu, *Time to Re-evaluate Gender Segregation in Athletics*?, Br J. Sports Med, 2011, p. 1184 – 1188.

动员之间的比赛比9级残障运动员之间的比赛更低级。拳击等项目也一样,轻量级的拳击手只是出于先天的体格特征而被归为这一类,拳击手不会因为身处轻量级而感到屈辱,轻量级拳王金腰带的荣耀和重量级拳王是一样的。激素规则却显得并不中立,相当于将双性人"标识"出来,"标识"出的这部分人必须以服用药物或者做手术的方式牺牲自己,才能被勉强接纳为女性比赛的一员,带有浓重的歧视性,难以通过分量均等原则的检验。

上述讨论搭建了一个框架,试图有助于判断参赛规则是否违背竞技公平的标准。参赛规则需要满足体育的精英化特征,排除后天"外源性"干预,对运动员的先天禀赋的分类要符合明显优势原则、禁止无限区分原则以及分量均等原则。这些要求是递进式的,即参赛规则需要首先满足在先的要求,如果无法满足在先的要求,那么可以不考虑后面的要求。首先,参赛运动员能力必须达到比赛级别所要求的精英水平,参赛资格以运动成绩为标准,不应特殊照顾任何人,也不应当对精英施以特别的负担,而是应当允许他们发挥出最佳实力。其次,该运动员的运动能力不可以源于后天过分的人为改造,如服用兴奋剂以及基因改造,只允许后天训练以及一般科技手段的辅助。满足这些要求以后,最重要的是,该运动员所属群体的先天能力并不明显压倒其他参加比赛的运动员。并且,如果该运动员所属的群体需要区隔出来,分别比赛,那么这一群体不应过小。最后需要注意的是,对运动员所属群体的各种分类的分量应当是均等的,具有同等的价值。

经过对竞技公平在资格分类方面的全面考察,我们发现,虽然激素规则的出台是出于对竞技公平的考虑,但是竞技公平论证却没有支持激素规则。精英化的确是体育区别于其他社会活动的最显著的特征,但精英化本身不能排除运动员展现自我的潜能,不能排除双性人运动员精英对自我的展现。如果出于遵守"先天原则"的理由而禁止运动员后天服用违禁药物,那么,同样没有理由以改造论的思路,强迫双性人服用药物直接改变身体。就分类标准来说,双性人的竞技优势是否达到明显的程度是不清楚的,而且,激素规则有违分量均等原则,不合理。

分量均等原则虽然对激素规则不利,但"分量均等"的意涵仍是不够明确的,论证显得有些仓促。一旦已知条件有所改变,这一原则的效力可能会受到影响。假如科技水平发展到一定程度,使我们可以在免予伤害身体的情况下降低双性人运动员的激素(这在未来是可以期待的),激素规则就会立刻显得温和得多。进一步,假如竞技体育对“先天原则”的坚持有所松动,[43]逐渐接受改造论,分量均等原则就开始变得晦暗不明。于是,分量均等原则能否直接否定激素规则,似乎就不是不言自明的。或许只有双性人这个群体基于对自身的身份认同,才会坚定地认为激素规则违背了分量均等原则。下一步,本文将从双性人身份认同的角度,进一步充实分量均等原则的意涵。

四、身份认同论证

所谓身份认同论证,简单地说,就是普遍意义上的竞技公平以及竞技分类不能忽视双性人自己对女性身份的认同。如果参赛规则的制定尊重双性人自我认同的女性身份,承认她们与一般女性无异,就应当允许她们与一般女性一同参加女性比赛。身份认同论证的特点在于,从认同双性人自己女性身份这一单方面的声明出发,得出资格分类的结论,即站在双性人自己的立场,论证何种适用于她们的分类标准是适宜的。身份认同论证以个别群体为中心,没有考虑其他群体,判断对错的标准只在于是否符合自己的价值观。如果身份认同论证可以指出双性人运动员在尊严上的确受到了实际伤害,就能够证明激素规则违背了分量均等原则。在这个意义上,身份认同论证是竞技公平论证的补充。如果这一补充是可行的,那么,身份认同论证将实质性地扩展相关规则的证立基础,对竞技公平今后的讨论有所启发。

身份认同论证首先源自双性人运动员自身的认同,她们的女性身份是先天的。在许多他人眼里,所谓的身份认同只是所在少数群体的“偏见”,但这一“偏见”并不违背体育的“先天原则”,而且,在他人眼中的“偏见”其实是双性人乃至所有人极为重要的“依系”。尤其在竞技体育的象征性意义之下,失去这种依系,将是对双性人运动员基本尊严的严重伤害。

(一)不违背“先天原则”的女性身份认同

以塞门亚、桑蒂、钱德为代表的双性人运动员,会直觉地援引“认同”作为享有同等参赛资格的理由。女性身份不是她们选择之后的结果,而是先天的特征。她们认为自身具有一种信赖利益,即在长期的生活中她们一直以女性身份

[43] 身体的展现不是电子竞技中的重点。从国际奥委会对电子竞技加入奥运会项目的态度来看,未来的竞技体育确有淡化实在身体、容纳科技设备(包括虚拟设备)的倾向。

生活,在体育比赛中不认可这种认同是对其人格巨大的伤害。激素规则相当于将一些双性人运动员贴上“畸形的”标签,冒犯了她们对自己性别的认同。[44]塞门亚的姨妈基于她为塞门亚接生的事实,反复强调塞门亚从出生起就是一个不证自明的女孩。塞门亚夺冠之后更是被南非的国人视为“国家英雄”和民族骄傲。在知晓自身的生理结构之前,塞门亚自己更是从来没有认为自己与其他女性有什么不同,“不是女性”的质疑是对她极大的羞辱和歧视。实际上,大部分双性人视自己为女性,是单一性别中的某种变体(variation),而不会将自己划为单独的双性人类别,更不是医学科学中的紊乱(disorder)。激素规则在损害身体的同时,打击她们的自尊,等于向全世界宣称,她们就不应该“长成这个样子”,必须接受改造。

适用激素规则的后果,相当于无差别地对待双性人运动员和变性人运动员,[45]无视二者显著的区别。变性人运动员均为从男性变为女性,女性变为男性的变性过程很可能发生在运动员退役之后,在职业生涯时期,不会有女性选择变为男性,因为不具有任何竞争力。由男性变性为女性的变性人运动员,当然也具有对自身女性的身份认同,渴望社会视其为女性,但与双性人运动员的身份认同有显著区别。双性人对女性身份的认同自出生开始,无论是自身对女性身份认同,还是社会对其女性身份的承认,与其他一般女性是一致的。双性人运动员的身份认同是根深蒂固的。而变性运动员至少在变性之后,社会才有可能承认女性身份,变性人的身份认同经历了自我选择的变动。

笔者发现,身份认同虽然出自双性人运动员自身,但是就体育的“先天原

---

〔44〕 参见刘雪芹:《国际体育运动中跨性别运动员的人权保障》,载《人权研究》2018 年第 2 期。

〔45〕 关于变性人运动员参赛资格的典型案例,see Richards v. U. S. Tennis Ass'n, 400 N. Y. S. 2d 267. 美国网球协会(The United States Tennis Association)在 1976 年美国网球公开赛的时候采用染色体测试,拒绝蕾妮·理查兹(Renee Richards)参赛,理查兹上诉到美国联邦最高法院,法官认为,染色体测试对于理查兹的权利严重地不公平、具有歧视性,侵犯了她的权利。在比赛前,组织方允许理查兹参赛,但遭到 25 名女性运动员的反对,她们以退赛作为抗议,她们认为理查兹的参赛是不公平的,虽然理查兹做了变性手术,以至于具有了女性特征,但是她依然保留了男性的肌肉优势,并且在基因特征方面依然还是男性。

则”来说,并不算“出格”。双性人作为女性,其先天特征无疑更加符合体育的“先天原则”。即使双性人可能具有少许的竞争优势,也是先天偶然的自然禀赋之一。而变性人运动员刻意人为的变性行为,相当于从难度较高的比赛直接跳跃到难度降低的比赛,无论是否故意,客观上对身体的改造的确增加了自己的竞争力。但是,服用兴奋剂才会直接违背体育精神,而变性人的身体改造是不同的。如果社会已经认同了变性人的女性身份,那么出于保障基本参赛权利的考虑,应当允许变性人运动员参加女性比赛,但必须附加严格的条件,并定期进行激素或者其他综合性的医学控制。既然运动员自身通过人为的改变明显提高了竞争优势,那么人为的降低也是合理的。相比之下,同样人为降低双性人的激素水平,就显得为双性人运动员施加了过重负担,从一开始就对她们进行蛮横的干涉,哪怕她们从未违背过任何体育规则。部分双性人从出生开始就被激素规则排除在竞技体育之外。

(二)偏倚性的依系:身份认同的重要性

或许有人会认为,双性人先天的身体特征本身的确为理性的分类造成了极大困扰。分类是理性而客观的,一旦考虑双性人自身情感方面的认同,客观价值将不复存在。体育竞技,尤其是奥林匹克运动,面对全世界的多元文化,面对不同的伦理价值观点,必须形成一种稳定的理论作为分类的依据,这种依据在当代最可靠的标准是科学。分类最首要的依据——明显优势原则——就必须依据科学实验的结论。即便科学实验的结果无法被证实,科学手段也不会随着时间的推移而变得更加有效和准确,[46]但科学的方法相比其他判断标准来说,是客观中立的。

但是在科学之外,竞技分类同时还是一种价值问题,科学方法并不足以支撑整个体育分类的思考。如何判断是否构成歧视,就与科学无关。竞技分类作为价值问题,需要避免两种极端的观点,其中第一种极端是客体化的普遍理性观点。事实上,不存在一个价值观可以融贯于竞技公平,竞技公平不是一个先在的实体一样的东西,就好像我们可以拥有一个绝对永恒的体育公平,价值是

〔46〕 [美]托马斯·库恩:《科学革命的结构》,金吾伦、胡新和译,北京大学出版社 2004 年版,第 40~47 页。

建构性的;[47] 当然,另一方面,价值也不是人们随意的主观臆想,不等于个人喜好或者一时的偏见。拉兹认为,价值不是这两种极端之一,而是二者兼有,价值在形构个人意义而言,是历史铸就的。[48] 易言之,体育中的基本道德价值是由个人来承载的,价值虽然可以在抽象的层面是有效的,但价值的实现却需要历史的和社会的实践。

竞技体育的分类明显可以避免第二个极端,但容易走向第一个极端。试图以排除个人主观判断的方式找出分类标准,这是一种过分要求。规则所承载的价值既是普遍性的,又是个体性的,二者并不矛盾,对参赛资格的判断离不开个别群体对身份的认同。双性人的女性身份不是凭空而来的,日常社会对人的分辨不包含“双性人”这一项,大部分双性人只是在生理表征方面偏离女性的一般值,但依然属于女性。“双性人”只是一种医学上的称呼。双性人对女性身份的认同是自然而然的,没有这种认同,双性人简直无法定义“自己”,无法理解自己为何会立身于社会之中,无法理解自己为何有资格是一个“人”。否定人们的过去就意味着背叛人们自己,[49] 只有女性身份完全被接受和认同,女性身份才能在双性人的日常生活中成为必需的积极力量。女性身份是双性人必要的身份认同,是她们生活意义的来源,是人的完整性(integrity)的一部分,是规范性的。

有疑问的是,双性人群体认同女性身份的善好,虽然是维持自身生活的必需,但似乎明显带有评价性,颇为主观。事实上,不仅是双性人,我们所有人的社会实践对于善好均是带有评价性的,拉兹将我们对于事物评价性的“偏见”称为依系(attachment)。各种有意义的事物之所以能够实现自身的价值,恰恰凭借的就是我们独有而偏倚的(partial)依系。竞技体育是人们展现身体能力的平台,本身是一种善好,也是人们实现其他价值的途径。竞技体育的价值恰恰是通过运动员高度差异化的表现才能体现出来。运动员的训练方式、技术特点、

---

[47] 参见[美]汤姆·洛克摩尔:《认知建构主义、实在论与观念论》,赵英男译,载赵敦华主编:《外国哲学》第 36 辑,商务印书馆 2019 年版,第 159 ~ 197 页。

[48] See Joseph Raz, *Value, Respect, and Attachment*, Cambridge University Press, 2004, p. 40.

[49] See Joseph Raz, *Value, Respect, and Attachment*, Cambridge University Press, 2004, p. 34.

体格能力等因人而异,多种多样,取得胜利没有绝对统一的方式。运动员以自己具体的社会实践行动投身于体育竞技,从同伴和对手不同的优异表现中获得启发和激励。竞技体育中,我们认同的不是生活中的某种事实,即对方是男性还是女性,黑人、白人还是黄种人,身材高大还是矮小瘦弱,这些只是差异的最初表现,我们认同的对象实际上是源于人们对自己某种特定的评价性态度所形成的规范性实践,即我们认同的是差异化的个体对自己的依系。否认人们的依系,就是否认体育的价值。偏倚性的依系是我们实现所谓普遍价值的途径,而且是唯一的途径。

承认偏倚的依系的重要性,就需要允许事物扮演恰当的角色,保护价值得以可能的实现方式,这是尊重价值的内在要求。[50] 每个人都应当受到尊重,实际上就是认为每个人实现自我价值的偏倚性的方式都应当得到尊重。奥林匹克运动员为了确保体育价值无差别地在每个个体中实现,在奥林匹克宪章第四项基本原则[51]中明确规定,应当以团结友爱实现相互理解,反对一切形式的歧视,尤其是性别方面的歧视。参加女性比赛是双性人实现体育比赛价值再正常不过的方式,是双性人合理的依系。奥林匹克竞技宣称包容一切理性差异,唯独不允许双性人正常地参与,明显伤害了双性人运动员的尊严,因此是歧视性的,有违竞技公平。

一种看似有力的反驳是,即便双性人的依系应当得到尊重,但这种依系损害了其他一般女性运动员的利益,损害了其他人实现体育价值的途径,因此应该受到限制。这种观点看来,两类群体的依系发生了冲突,所以双性人群体应当予以让步。如果说,一般女性运动员是无辜的,那么,双性人群体做错了什么吗?显然没有。既然双方均是平等的个体,为何应当让步的是双性人群体?个人基本自由就包括免除心理压制以及维持个人完整性,[52] 如果认同双性人同样享有基本自由,就不应当在参赛规则的制定过程中总是对其表示质疑,以及

---

〔50〕 See Joseph Raz, *Value, Respect, and Attachment*, Cambridge University Press, 2004, p. 167.

〔51〕 英文原文的表述为:The practice of sport is a human right. Every individual must have the possibility of practising sport, without discrimination of any kind and in the Olympic spirit, which requires mutual understanding with a spirit of friendship, solidarity and fair play。

〔52〕 John Rawls, *A Theory of Justice*, Belknap Press, 1999, p. 53.

破坏其身体的完整。没有缘故地对其参赛施加负担,就是预先判断双性人的参赛资格是有瑕疵的。

让我们姑且沿着这种反驳的思路,探讨双性人对一般女性运动员的伤害。假设一种伤害的最大化形式:某位双性人运动员凭借激素方面微弱的竞争优势,总是持续获得某国际体育项目的冠军。此时我们会发现,双性人参赛对其他一般女性运动员的"伤害"至多就是降低了她们在竞技中的一个位次,影响了她们的职业表现,这与她们遇到一位"正常"优秀运动员的后果是一样的,并不影响她们成为"精英"。精英化的体育并不是只认同每个项目的冠军,其他成绩优异的选手也是体育中的精英。

一般女性运动员凭借普通基因的某些变异,甚至会具备男子化的超强竞技水平,但没有"伤害"到其他运动员。前德国女足的领军人物普林茨(Prinz Birgit)因为惊人的身体能力和球技,甚至受邀加入男子足球俱乐部,但其他女性运动员不会因为普林茨经常抢断她们的球而质疑她的职业资格。与普林茨同时代的韩国女足著名前锋朴恩善,即使在综合实力上并不如普林茨,却由于外界对其"双性人"的普遍猜测和质疑,而很快自愿退出,在体育界销声匿迹。国际足联虽然并未出台激素规则,但是单单流言蜚语就可以通过舆论的压力终止朴恩善的职业生涯,她甚至没有机会展示自己的职业表现。出于外貌或者激素水平而直接否定一个人的职业资格,与竞技排名的正常变动相比,无疑才算是一种伤害。

杞人忧天的担忧是,对其他运动员造成的伤害有可能延伸到职业资格层面。这种担忧认为,各个国家在选拔运动员的时候,会刻意挑选具有运动天赋的双性人运动员,一般女性运动员的运动机会就会受到压制。[53] 但是,这本身预设了双性人不应当同等地参加竞技,也就是说,双性人本来是没有资格参加比赛的,允许她们参赛会产生灾难性后果。双性人运动员的参赛资格并不是勉强的,而是具有理所应当的合理性,一般女性运动员原本就应当与同类的双性人运动员一起竞争。何况,运动机能受到很多复杂条件的影响,即使国家真的有意培养双性人运动员,效果也并不见得比培养一般女性运动员更好。

---

〔53〕 杨渐:《囧!女子800米"霸主"被认定为"生物学上的男性"争议再起——人权和公平竞技哪个更重要》,载《钱江晚报》2019年6月27日,A0018版。

(三)竞技体育的象征性意义

上述辩护是为了说明双性人的女性身份认同十分重要,应当在体育领域中被予以承认。严谨的追问是,为何这种承认需要达到如此充分的程度?身份认同的确需要在社会各领域中得到承认,但是不需要在任何社会领域中都充分地被承认。双性人的女性身份认同必须要在体育这个领域中有所展示和维系吗?为什么不可以单纯将双性人视为生理上有些异常的人?体育只是社会子系统之一,如果身份认同在体育系统中得不到双性人所希望的承认,双性人可以离开竞技体育,转入其他的社会系统寻求认同。竞技体育对身份认同的承认真的这么重要吗?

我们可以通过强调体育领域的重要性,将这个追问敷衍过去。健康、从奋力拼搏中获得的尊严、团队协作、从对手获得的激励、学会做一个失败者和一个成功者、提高技能的机会、学会接受批评,以及纯粹的娱乐,是体育带给所有参与者的基本利益,[54]这些利益对于人们追求各自的社会目标是基础性的。即便我们都承认可以将竞技体育这一善好提升到如此的高度,这个问题因此可以得到部分回答,仍然是不够的。教育领域同样至为重要,老师在课堂上却不必特意维系学生的性别认同,一视同仁对待男女学生恰恰是老师对待学生的恰当态度。为何运动员的身份认同就如此重要?问题还未得到彻底的解决。

问题的重点不仅仅在于体育价值的重要性,更取决于国际竞技体育极大的"象征性意义"。所谓象征性意义,是指事实"被理解为"的意义,而不是"现实的"后果。比如,没有政治投票权的事实,不仅仅意味着失去影响政府决策的机会,而且具有"二等公民"的象征性意义。[55] 作为国际竞技体育的代表,奥林匹克运动的象征性意义极为突出,不亚于政治权利。从起源来看,奥林匹克运动意在包容差异化的个体和民族,在承认各民族身份认同的基础上公平竞技。出于奥林匹克的包容精神,甚至由纳粹德国 1936 年举办的柏林奥运会也允许犹太人与黑人参赛。奥林匹克宪章的基本原则明确指出:"体育实践是一项人权,每个人都必须有体育实践的机会。"这是纯粹体育理想的昭告。在国际竞技的

[54] Jane English, *Sex Equality in Sports*, Philosophy and Public Affairs, Vol. 7, No. 3, Spring, p. 269 – 277(1978).

[55] See Joseph Raz, *Value*, *Respect and Attachment*, Cambridge University Press, 2004, p. 172.

舞台上,不承认双性人的女性身份,无异于认为双性人是无法被包容的异类,是“劣等的”人,象征了世界对双性人的不认可。即使双性人不从事职业的体育运动,也无法在国际社会与国内社会逃脱这种劣等的象征性意义的影响(上文历史介绍中提到,印度运动员桑蒂失业至今)。身份认同对双性人的重要性,已经跨越了体育领域。

其在教育领域同样具有象征性意义,但它的象征性并不体现在课堂上。课堂上的男女学生已经享有了同等的教育机会,教师所关注的是学生的领会能力以及接受知识的程度,与性别无关,因而无须刻意维系女性学生的身份认同。假如女性尚未获得同等的受教育权,即还没有权利坐在课堂中听课,那么,她们就会要求教育官员基于平等的理由认同自身的女性身份。没有受教育权的女性,受到教育的象征性意义的影响,社会地位注定是卑微的。因而这种承认身份认同的要求是合理的。同理,如果双性人已经获得了同等的参赛资格,也不会刻意强调女性身份的认同,因为此时的活动已经不具有象征性意义。在“参与资格”的层面才具有影响权利和尊严的象征性意义。所以,中立性的课堂教育作为反驳是不恰当的。

上述身份认同的论证指向了重要的阶段性结论,即双性人对女性身份的认同必须要在体育这个领域得到承认,而且是充分地承认。可能的忧虑是,身份认同的论证在体育领域会不会走得太远?只要不是恣意的,毕竟任何人都可以提出身份认同论证,残疾人运动员、变性人运动员以及其他生理性异常的运动员都有获得认同的需要。但是,身份认同论证不是决定参赛资格的唯一标准,只是对于是否违背分量均等原则的补充。运动员的生理异常还需要经过在先的“先天原则”的考察,科学方法对竞技能力差异程度的判断,以及其他标准的衡量。身份认同论证只是作为其中的一个环节,不会让参赛资格一下子包容进所有生理异常的运动员。

五、结　　论

至此,本文已经对双性人的参赛资格进行了充分的历史的与伦理的考察,伦理的考察不仅包括整体竞技公平的视角,也包括双性人自身认同的视角,这些考察均指向一个问题——双性人运动员,尤其是激素超标的双性人应当享有怎样的参赛资格?让我们列出全部 4 种可能的选项:

a. 双性人(或者激素超标的双性人)参加男子组比赛;

b. 为双性人(或者激素超标的双性人)单独设立“双性人组”,她们与女子、男子组平行比赛;

c. 双性人参加女子组比赛,但雄性激素必须符合一定水平,即激素规则;

d. 双性人参加女子组比赛,并且不附加任何条件。

经过上述论证列明的分析,我们可以顺利地作出选择。即使激素超标,双性人的竞争实力也与男性相距甚远,根据明显优势原则,排除 a。激素超标的双性人乃至其所属的更大的双性人群体,人数也没有达到足够多,根据禁止无限区分原则,排除 b。c 选项看似已经对双性人包容许多,但后天对激素的控制不符合竞技体育一贯的“先天原则”,而且忽视了重要的一点,即激素超标的双性人运动员,是否具有明显的竞争优势是不清楚的。

假如经过未来科学的发展,证明她们的竞争优势是极其明显,明显优势原则就不足以排除 c 选项。如此一来,对 c 选项的取舍就需要另行探讨。不过当下已知的理性观察告诉我们,即便是最出色的双性人运动员(如塞门亚),竞技水平也保持在女性选手的正常范围之内,更是与男性运动员相距甚远。这一点前文已述,但怎样强调都不为过。人们总是难免凭借直觉来想象双性人运动员“多么厉害”,尤其当她们具有男性化外观的时候。参赛资格的探讨需要排除直觉化的想象。再加上,c 选项不能满足身份认同论证所进一步强化的分量均等原则,排除 c。d 选项乍看之下似乎最不符合我们直觉化的想象,实则是经过论证之后最合理的做法,而且没有造成对其他一般女性的伤害。

本文的最终结论是,双性人应当参加女子组比赛,并且不附加任何条件。得出这一结论并且展示详尽的论证过程,或将有助于对竞技公平进一步的思考。

On The Qualification of Bisexual Athletes

Kong Yang

Abstract: “Abnormal” physical characteristics and physiological indicators have made the contestability of intersex athletes controversial. This controversy is of course a scientific issue to a considerable extent, but scientific judgments and distinctions of the sexes and abilities of bisexual athletes are not precise, nor can they be precise, and there are still room for ethical discussions on the qualifications for participation. Fairness is the core reason for judging whether the eligibility for the competition is reasonable. All the arguments are centered on fair competition. In order to achieve fairness in competition, not only must the of competitive sports shows distinctiveness on treating athletes in terms of innate and acquired factors, but also the specific principles of competition classification need to be specifically explored. Attempts can also be made to supplement what is fair with the argument of bisexual identity. Under the current scientific level, bisexual athletes are allowed to participate in women's competitions without any conditions, which fully meets the dual requirements of science and ethics.

Key words: Competitive fairness; Qualifications for participation; Intersex; Identity; Science

向谁忠诚："原繁困境"与现代宪法的伦理革命*

聂清雨**

内容摘要：

《左传》中以原繁为代表的士大夫在君权更迭时，常常面临忠诚的两难抉择，这是中国古代政治的伦理"魔咒"。所谓"原繁困境"，本质上就是古代君主制下忠诚伦理的标准问题，它可以拆解为"对谁忠诚"和"如何效忠"两个子问题。困境产生的根源是君主政体下主权代表的人格单一性，使忠诚的主体外在于其效忠对象，且构成了双方对峙的格局。现代社会将忠诚的对象从单一的君主人格转化为全体人民，使"臣民—君主"的忠诚结构转变为"臣民—人民"的自我治理模式，并通过代表制度让无组织、无定形的人民组织起来得以出场。这是现代政治的伦理革命，也是现代法治的核心要义。当代表将人民的意志以宪法的形式表达出来，作为忠诚对象的主权者便完成了由人民到宪法的法治转化。宪法宣誓的本质就是人民主权原则的法治表达，是权力行使者对主权者人民表示忠诚的公共道德仪式。

关键词：

忠诚伦理　《左传》　原繁　人民主权　宪法忠诚

一、引　　言

每个人的身份角色都是多元化的，我们既是家庭成员、社区成员，还是单位

---

* 本文是教育部人文社会科学重点研究基地重大项目"宪法视野下的代表理论研究"（项目编号：15JJ820002）的阶段性研究成果。

** 北京大学法学院博士研究生。

或国家的一员,这是人类生存方式的复杂多样与现代社会的精细分工造成的。但无论这些身份如何交叠,政治身份始终是现代人共同体生活的基础。“人类在本性上,也正是一个政治动物。”[1]脱离政治而存在的只能是野蛮人。那么,政治存在又是何种样态?在马基雅维利看来,政治就是玩弄权术夺取权力的方法;[2]韦伯认为,政治就是争取对权力分享或分配的影响力;[3]施米特则指出,政治就是划分敌友。[4]

政治的定义看似纷繁多样,其实可以提炼一个“统治—被统治”的共性结构。从权力分配的角度看,统治者是权力的所有者。“政治说到底取决于统治者和被统治者的关系。”[5]政治学者一般用“政治”一词指代“关于实际治理国家事务的职务或活动的智识”。[6] 从国家角度理解政治颇具代表性,国家概念的确是政治理论中不可或缺的单元,但治理国家的行为本质上亦是对国家构成要素(至少包括人口和领土)的统治。因此,从“统治—被统治”的结构关系理解政治,更能抓取政治行为和政治生活的本质特征。需要说明的是,这种“统治—被统治”的结构关系,不是马克思政治经济学理论中的阶级对立,而是政治哲学中的主权者与其臣民之间的正当支配与服从关系。

如果政治存在被化约为统治者和被统治者——主权者和臣民之间的关系,或者说,个体在公共生活中的身份抉择,那么首当其冲的责难就是:主权者统治的正当性从何而来?只有牢固确立了统治的合法性和正当性,主权者才能对其臣民行使公共权力,后者也才具备忠诚和服从的理由。因此,统治的正当性问

---

〔1〕 [古希腊]亚里士多德:《政治学》,颜一、秦典华译,中国人民大学出版社 2003 年版,第 4 页。

〔2〕 [意]马基雅维利:《君主论》,潘汉典译,商务印书馆 2009 年版,第 83 ~ 86 页。

〔3〕 [英]彼得·拉斯曼、[英]罗纳德·斯佩尔斯编:《韦伯政治著作选》,阎克文译,东方出版社 2009 年版,第 248 页。

〔4〕 [德]施米特:《政治的概念》,刘宗坤等译,上海人民出版社 2004 年版,第 106 ~ 107 页。

〔5〕 [美]萨托利:《民主新论》,冯克利、阎克文译,上海人民出版社 2008 年版,第 86 页。

〔6〕 参见[美]迦纳:《政治科学与政府 绪论 政府论》,孙寒冰译,东方出版社 2014 年版,第 7 页。

题是一切法哲学与政治哲学需要回答的根本问题。另外,当统治者被推翻时,被统治者又该如何抉择?是固守对原主权者的忠诚义务,还是放弃先前的忠诚责任转而服从于新的主权者?统治权力更迭之时,新的统治秩序如何寻找牢靠的合法性基础并证成新的忠诚伦理?尽管具体的统治总是在特定时间和特定区域中实现,但对主权者统治正当性的追问是一个超越古今中外、关涉人类生存的根本问题。

二、"原繁困境":古代政治的伦理魔咒

自人类实现群居生活以后,政治共同体的存在方式就是"主权者—臣民"的统治关系结构,主权者合法统治的支配权力和臣民服从统治的忠诚义务是一对不可分割的范畴。但传统经典文献更聚焦于统治的合法性与正当性问题,对被统治者的政治忠诚伦理则关注较少。近代以来的西方政治哲学深入思考了权力的正当性,霍布斯的《利维坦》、洛克的《政府论》和卢梭的《社会契约论》,都是对主权者统治正当性的证成;往前追溯,柏拉图在《理想国》中对正义城邦的论述,也是在回答这一问题。正是由于统治与服从是一体两面的关系,个体忠诚伦理被当作统治正当性的捆绑议题附带讨论,未能得到应有重视。在东方政治文化中,作为群体生活的根本问题,忠诚与正当性早在春秋战国时期就已被广泛讨论,中国古代经典作品《春秋左氏传》(以下简称《左传》)详细记录了士大夫在"变法时代"面临的忠诚伦理困境。《左传》中第一位出场直面此问题的人物是郑国大夫原繁。

(一)原繁的政治处境

鲁桓公十一年五月,春秋初期的小霸王郑庄公去世,郑国卿祭仲立太子忽为国君(郑昭公)。同年九月,祭仲和宋国雍氏勾结,立公子突为国君(郑厉公),郑昭公因此逃往卫国避难。鲁桓公十五年,祭仲专权,郑厉公欲除之而未成功,事情败露后逃亡,六月郑昭公回国复位。鲁桓公十七年,郑国大夫高渠弥杀害郑昭公,并与祭仲改立郑昭公的弟弟子亹为国君。鲁桓公十八年,子亹参加首止盟会,被齐襄公杀害,祭仲立郑昭公的弟弟子仪为国君。鲁庄公十四年,子仪被郑国大夫傅瑕杀害,郑厉公回国复位。从鲁桓公十一年到鲁庄公十四年共 21 年间,郑庄公的 4 个儿子先后继位(郑昭公—郑厉公—郑昭公—子亹—子仪—郑厉公),郑国六易其主。

鲁庄公十四年,郑厉公回国复位。派人对其伯父原繁说:“纳我而无二心者,吾皆许之上大夫之事,吾愿与伯父图之。且寡人出,伯父无里言。入,又不念寡人,寡人憾焉。”原繁对曰:“先君桓公命我先人典司宗祏。社稷有主,而外其心,其何贰如之?苟主社稷,国内之民其谁不为臣?臣无二心,天之制也。子仪在位十四年矣,而谋召君者,庸非二乎?庄公之子,犹有八人,若皆以官爵行赂劝贰而可以济事,君其若之何?臣闻命矣。”[7]面对郑厉公的责难,原繁回应之后便从容赴死。尽管原繁用自杀的方式承担了责任,但是其辩解绝非无力,从而留下了一个千古难题:郑厉公的问罪合理吗?原繁的反驳又是否成立?他是否应承担罪责?

同样的情形在鲁襄公二十六年重演。鲁襄公十四年,卫献公失信怠慢孙文子、宁惠子,被赶走逃往齐国,后二人拥立卫献公的弟弟公子秋为国君(卫殇公)。12年后,因卫殇公被晋国逮捕,卫献公回国复位。卫献公派人对大叔文子说:“寡人淹恤在外,二三子皆使寡人朝夕闻卫国之言,吾子独不在寡人。”大叔文子对曰:“臣知罪矣!臣不佞,不能负羁绁,以从扞牧圉,臣之罪一也。有出者,有居者。臣不能贰,通外内之言以事君,臣之罪二也。有二罪,敢忘其死?”[8]于是大叔文子离国出走,卫献公派人阻止了他。

从政治处境来看,原繁和大叔文子的遭遇是相同的。但出于3个理由,笔者将该政治伦理的难题命名为“原繁困境”:一是原繁的遭遇最先发生,原繁是《左传》中第一个出场面临此诘难的人物;二是原繁的辩解更严谨、充分;三是原繁没有得到郑厉公的谅解,最终以死谢罪,故事更具有冲突性和代表性。

(二)伦理两难的本质:政治忠诚的标准

在两起问罪事件中,郑厉公和卫献公的理由是一致的:未能主动传递消息助其复国。原繁和大叔文子虽然都接受问罪,但其辩解理由也是一样的:不能对在位者有二心。对于是否应该忠心这一问题,争执双方都无异议——臣子当然应对君主忠诚。“夫子之道,忠恕而已矣。”[9]忠诚伦理自周公制礼后便是不

---

〔7〕 李学勤主编:《十三经注疏·春秋左传正义》,北京大学出版社1999年版,第252页。

〔8〕 李学勤主编:《十三经注疏·春秋左传正义》,北京大学出版社1999年版,第1034~1035页。

〔9〕《论语·里仁》。

容置疑的法则。问题的关键在于:当时的处境下,面对谋求复位的旧主和实际在位的新主,怎样判断臣民是否尽忠?

此处引申出一种逻辑:无论新主还是旧主,谁继位具有合法性,谁就是真正的主权者。这种推论看起来非常恰当,且从根源处解决了统治者的地位之争。但细想之,却是一种掩盖问题的转移策略:将服从的伦理选择难题全部推至主权者对其统治正当性的自我证成上面。值得注意的是,主权者的统治是否具有合法性与臣民如何履行忠诚义务,是两个完全不同的范畴;即便前者是后者的前提与基础,也并不意味着合法性问题的解决可自动推导出忠诚伦理的实现。统治的合法性与政治忠诚是两个对立概念,二者存在逻辑关联,但不可能以前者完全涵括后者。况且,我们不该忽视一个大背景:春秋是传统规范瓦解、礼崩乐坏的时代,统治的合法性早已受到挑战。“臣弑其君,子弑其父,非一朝一夕之故,其所由来者,渐矣。”[10] 严格而言,郑厉公是在郑昭公被驱逐逃亡的情况下继位,其合法性也存疑。所以,仅仅将原繁和大叔文子的选择困境推至君主的合法性,并不能解决争议。

统治者的合法性问题固然重要,这是政治争论的源头和起点,但在原繁的对话中,对当权者的质疑被暂时掩藏遮蔽了,凸显出来的是“原繁该如何尽忠”这一表层的实践问题。换言之,所谓“原繁困境”其实由两个不同的问题构成:对谁忠诚和如何忠诚。对这两个问题关注焦点的不同,引发了双方的争论。郑厉公和卫献公站在自我立场上,认为其在外逃亡期间,臣子有主动助其复国(传递国内消息)的积极义务,至于忠诚的对象则毫无疑问是谋求复位的自己;而原繁和大叔文子则完全以相反的态度回应这两个问题,他们直言忠诚的对象是国君逃亡后继位的新君,而消极(不主动帮助旧主复国)的态度足以合乎忠诚伦理的要求,只要社稷有主,便不该再生二心,做好本职工作便是忠诚。郑厉公和原繁双方对于忠诚问题的立场差异,可以由表 1 清晰展现出来:

表 1　郑厉公与原繁对于忠诚问题的立场差异

主体	对谁忠诚	如何忠诚
郑厉公	失位的自己(默认)	积极作为(直言)
原　繁	继位的新君(直言)	消极无为(默认)

〔10〕《周易 · 坤 · 文言》。

如果用一句话概括双方的争论,就是郑厉公和原繁对于忠诚伦理的判断标准不一致。但如上文分析,这个争论实际上分为两个子问题。除非能探索一个涵括两者的周全答案,否则仅仅偏重其中任何一个方面,都无法给出令人信服的辩护理由。郑厉公和原繁的辩论之所以看似都有道理,就在于双方均只捡取了问题的一个维度,而原繁辩解的依据恰恰是郑厉公未能挑明的一面。郑厉公批评原繁在“如何忠诚”这一问题上应负罪责,忽视(默认)了尽忠对象的问题;原繁则直言自己的“忠诚对象”没有问题,在此前提下任何积极行动反而是不忠的表现,对于如何忠诚的问题只能采取“消极不作为”的方式。一言以蔽之,双方所默认的问题和摆在明面上的问题,正好是相对的。

既然争议双方的主张均非正面交锋的直接触点,可以推知,只要能将对方默认的一面驳倒,便可在说理上获得胜利。一方面,当郑厉公主张对其尽忠的义务时,原繁如果能证成作为忠诚对象的郑厉公不具备统治合法性,因此根本不具备要求原繁尽忠的资格,那么原繁的确可以免责。然而原繁未能证明这一点,他对郑厉公统治地位的合法性采取了悬置态度,仅仅主张继位的新君具有合法性以表明自己并未“不忠”,而回避了逃亡的郑厉公是否“同时具有合法性”的判断。但遗憾的是,我们已经无法确知而只能猜测原繁为何回避该问题了:也许是作为郑国大夫的原繁,没有勇气提出这样一个“看似不忠”的质疑;也许他内心已确认,只是不愿说破而已;抑或是当原繁主张继位新君的合法性之时,他用实际行动隐晦地否认了郑厉公的合法性。另一方面,当原繁主张自己应效忠于继位新君时,他尽管能合理反驳郑厉公(复位者)的指责,却无法摆脱已被复位者赶走的继位新君的同样诘难,根源就在于:原繁自始至终采取了“作壁上观”而非主动帮助复国的尽忠方式,而这种方式不被任何一个君主所认可。

在这场以己之长攻彼之短的语言交锋中,双方均言之有理,却也都存在严重的逻辑漏洞。在“对谁忠诚”这一问题上,郑厉公未能完成自我合法性的证明;但在“如何忠诚”这一问题上,原繁则着实犯下了“消极不作为”的错误,任由君主更替而无动于衷。因此,在“统治—被统治”的政治结构中,一个完整的忠诚伦理应当包括两方面要求:第一,统治者(主权者)具有合法性;第二,被统治者(臣民)以“积极作为”的方式主动履行忠诚义务,承担伦理责任。其中,前者是后者的先决条件;但前者不能完全吸收后者,不能想当然认为,只要解决了合法性问题,如何忠诚的问题就不再具有独立的讨论意义。

三、《左传》叙事的抉择与得失

原繁以自己的死亡承担了责任,而卫献公则以原谅大叔文子的方式化解了争议,但“原繁困境”在理论上并未破解。我们暂且按下不表,先看一下《左传》本身提供的各种解决方案。值得注意的是,《左传》是一部史书而非理论著作,作者借由主体性实践来诠释了理论争议。因此,在阅读过程中,我们不应仅仅将原繁的遭遇作为一个特殊的“历史故事”,相反,应将实践中的具体争议抽象化为普遍的理论问题。更不应该责备《左传》的作者没有给出争议的解决方案,因为作者的态度实则暗藏于行文之中。关于《春秋》的意旨,庄子曾一语中的:“《春秋》以道名分。”〔11〕作为注解《春秋》经的《左传》,亦绝非纯粹的历史故事,而是与《春秋》一起诠释着周礼中的“名分”。欧阳修曾言,圣人作《春秋》的目的是正名定分、求情责实、别是非、明善恶。〔12〕如果说,《春秋》以正名定分的方式辨明是非善恶,为个人以及国家的行为提供根本的规范性依据,《左传》则以叙事的方式诠释了春秋大义。

康有为提过一种大胆的说法,他认为中国古代封建王朝能够延续千年,主要在于始终拥有自己的宪法——经义。“宪法之义,即《春秋》名分之义也”,《春秋》就是中国古代的宪法。〔13〕尽管康有为的论述有托古改制、“移花接木”之嫌疑,却可以窥见《春秋》对于中国古代社会秩序之奠基意义和根本地位。然而,《春秋》的这种奠基地位,离不开《左传》的诠释和辅助。桓谭曾指出,经传是“衣之表里,相持而成”,〔14〕没有《左传》根本不可能理解春秋大义。二者相辅相成,共同为个体行为提供了完整的规范指引。如果说,《春秋》是中国古代的宪法,那么《左传》就是当之无愧的“宪法解释”,因此其对忠诚伦理的叙述,必然暗含着作者的价值主张。

---

〔11〕《庄子·天下》。

〔12〕《欧阳修全集》第 18 卷,李逸安校,中华书局 2001 年版,第 307 页。

〔13〕康有为:《海外亚美欧非澳五洲二百埠中华宪政会侨民公上请愿书》,载姜义华、张荣华编:《康有为全集》第 8 集,中国人民大学出版社 2007 年版,第 411 页。

〔14〕桓谭:《新辑本桓谭新论》,朱谦之校辑,中华书局 2009 年版,第 39 页。

(一)《左传》中的伦理抉择策略

第一,因信取义。以诚信作为忠诚的基础,依靠信守当初的诺言或誓言完成政治效忠的过程。鲁僖公九年,晋献公将幼子奚齐托付于荀息,荀息许诺:“臣竭其股肱之力,加之以忠贞。其济,君之灵也;不济,则以死继之。”晋献公问何谓忠贞,荀息对曰:“公家之利,知无不为,忠也;送往事居,耦俱无猜,贞也。”据此,荀息的诺言便是誓死以济事,忠诚于晋献公遗命。后来里克作乱杀害奚齐,并劝诫荀息不必枉死,荀息回答:“吾与先君言矣,不可以贰。”随后以死殉道,践行诺言。对此,《左传》作者不无惋惜地引诗评价:“白圭之玷,尚可磨也;斯言之玷,不可为也。”[15] 杜预解释:“言此言之缺,难治甚于白圭。”[16] 荀息当初的诺言是有缺憾的,他没必要或无义务誓死辅佐幼主;但既已承诺,必当践行,为此《左传》以“君子曰”的体例评价了荀息信守诺言的立场。面对里克先后杀害奚齐、公子卓而推举晋文公的事实,荀息并没有辩论统治者继位的合法性,而是因信取义,以践行诺言的方式诠释忠诚伦理。

第二,因民取义。不执着于个人的组织立场,选择百姓或国家利益作为衡量忠诚的标准。晋灵公无道,赵盾屡次劝谏而遭厌恶。鲁宣公二年,晋灵公派遣鉏麑刺杀赵盾。鉏麑早上见赵盾整理好着装准备入朝,因时间还早,赵盾坐着打瞌睡。鉏麑感叹:“不忘恭敬,民之主也。贼民之主,不忠;弃君之命,不信。有一于此,不如死也。”[17] 鉏麑敬佩赵盾品德修养与执政能力,相信其为百姓之主,并深信“贼民之主”才是真正的不忠;然而放弃刺杀,又违背了自己对国君的诺言,因此选择以死亡的方式回避“忠信”之争。

在此,荀息和鉏麑对“忠诚的标准”作出了完全相反的解释:荀息认为信守诺言即为忠诚,无关乎对谁效忠;鉏麑则认为忠诚的对象是“民之主”,而完成君命只是一个“信”的问题,并且宁愿一死也不做“不忠”的行为。从鉏麑和荀息的辩解理由来看,似乎均有道理、无可厚非,但细致分析不难发现,二人的辩驳又回到了上文所说的原繁与晋厉公之争,分别立足于“对谁忠诚”和“如何忠

---

〔15〕《诗经·大雅》。

〔16〕李学勤主编:《十三经注疏·春秋左传正义》,北京大学出版社 1999 年版,第 359 页。

〔17〕李学勤主编:《十三经注疏·春秋左传正义》,北京大学出版社 1999 年版,第 596 页。

诚”的单一面向解释了忠诚伦理的标准。无论如何,荀息选择为诺言而牺牲自我,鉏麑则选择了放弃诺言并以死谢罪。两人以完全相反的初衷成就了“大义”,但结果却只能是以死明志。与此不同,《左传》中提及的另一种尽忠方式则是听从天命的安排。

第三,听天由命。对君权更迭采取完全中立的立场,亦是《左传》详细记载的方案之一。鲁昭公二十七年,吴国公子光(阖庐)派刺客杀害了吴王僚并夺取王位。季子评论说:“苟先君无废祀,民人无废主,社稷有奉,国家无倾,乃吾君也,吾谁敢怨?哀死事生,以待天命。非我生乱,立者从之,先人之道也。”于是,“复命哭墓,复位而待”。〔18〕 历史记载,季子曾 3 次让国,品德高尚,富有远见,广交贤士,提倡礼乐,孔子曾亲自为之撰写碑铭,碑曰“呜呼有吴延陵季子之墓”。可见,季子在当时是贤人君子的代表,在各诸侯国中具有极高的声望,季子在忠诚问题上所采取的立场,具有重要的代表意义。从选择结果来看,季子的行为与原繁是一致的,皆主张顺从新君,认可其合法性。但季子比原繁更进一步,既对新君的合法性进行了证成,即达到维持先君宗祠、使民有主、奉养社稷、不倾国家的标准,又对旧主完成了哀悼仪式,采取了完全中立的判断标准。

(二)政治忠诚伦理化的得与失

通览《左传》,涉及忠诚伦理之难题的典型事件即上述 5 例,其中原繁和大叔文子分别遭到郑厉公和卫献公的政治问责而陷入困境。荀息、鉏麑和季子各自作出了不同的抉择和辩护,但如前文所述,荀息和鉏麑的辩护各执其一端,并未跳出郑厉公和原繁的逻辑陷阱。季子的辩护与原繁接近,但立场更为中立,以实际行动表达了对新君和旧主的双重拥护态度。但是,季子的中立策略看似跳出了选择的艰难,实际上根本无法破解原繁的困境,因为季子的行为是以旧主已亡、新君获胜的事实为前提;换言之,如果吴王僚未死,而与阖庐出现在同一时空,季子仍然面临何以尽忠的抉择。所以杜预评价:“吴自诸樊以下兄弟相传,而不立嫡,是乱由先人起也。季子自知力不能讨光,故云尔。”〔19〕 在杜预看

---

〔18〕 李学勤主编:《十三经注疏·春秋左传正义》,北京大学出版社 1999 年版,第 1484 页。

〔19〕 李学勤主编:《十三经注疏·春秋左传正义》,北京大学出版社 1999 年版,第 1484 页。

来,季子的选择只是无奈之举。

虽然杜预对季子的评价是否真实已不可考,但他却一语道破了原繁死前所未能挑明的话题:“乱由先人起也。”换言之,杜预认为,祸乱并非乍起,而是早已发生并遗留至今,这些非“嫡”之君皆不具有合法性。原繁未直接否定郑厉公的合法性,大叔文子默认了卫殇公的合法性,季子承认了阖闾的地位;荀息在此问题上虽占据了道德制高点,但未以此对叛乱者提出批评,而仅仅以自我的承诺责任开脱;相比之下,倒是唯有刺客鉏麑为自己抉择了一位真正的“民之主”并以死效忠。当然,如前文作者所猜测的,原繁等人未作判断并不必然是愚昧昏聩,相反他们可能洞若观火:在一个礼崩乐坏的时代,“乱由先人起”,讨论该问题已毫无意义,合法性传承早已中断。

这就是中国古代政治的伦理“魔咒”——由“先人起”的祸乱成为既定事实以后,统治的合法性便彻底中断,以致博学的士大夫群体只能回避对该问题的判断。要解释这个难题,需要分为两步:第一,探究中国古代政治中合法性权威的来源;第二,探讨这种合法性是如何维护的。这是一个宏大的论题,在此笔者只能提纲挈领,抓取要点。

关于统治合法性的来源,君权神授成为传统政治的根本教条。董仲舒认为:“天子受命于天,诸侯受命于天子,子受命于父,臣妾受命于君,妻受命于夫。诸所受命者,其尊皆天也,虽谓受命于天亦可。”[20]天子之所以称为天子,就是因为“皇天右而子之”,“天子者,继天理物,改一统,各得其宜,父天母地,以养万民,至尊之号也”。[21] 这种天授的神圣权力,同时也意味着治理子民的责任和担当,作为权力的执掌者和承载者,君主承担着沟通天人的中枢功能。

通过皇权天授的政治神学逻辑,君主实现了统治权力的合法垄断。但权力的稳固运行需要完整的秩序保障,于是一套以宗法制为核心的“礼”秩序应运而生。《说文》阐释:“礼,履也。所以事神致福也。从示。从丰。”段玉裁注解:“履,足所依也。引伸之凡所依皆曰履……礼有五经,莫重于祭。故礼字从示。丰者行礼之器。”[22]礼的本义即是用来“事神”,是维护权力垄断的祭祀仪式。

---

〔20〕 董仲舒:《春秋繁露》,凌曙注,中华书局1991年版,第241页。

〔21〕 董仲舒:《春秋繁露》,凌曙注,中华书局1991年版,第240页。

〔22〕 段玉裁:《说文解字注》,上海古籍出版社1988年版,第2页。

“夫礼,天之经也,地之义也,民之行也。”[23]在这个意义上,礼是沟通天地人三者的法则,是维护权威正当性的规范秩序。

礼之所以能成为天地与民行的秩序法则,就在于它实现了政治忠诚的伦理化转变,即把对君权的忠诚与社会各等级之间的差异秩序贯通起来。《周易·系辞》开篇明义:“天尊地卑,乾坤定矣,卑高以陈,贵贱位矣。”[24]古人借助于朴素的唯物观,观天象首先察明的是秩序的自然法则,而礼恰恰就是对这种尊卑秩序的阐释。“乐者为同,礼者为异。同则相亲,异则相敬。”[25]礼揭示的是一种差别关系,而这种人际差别把“敬”作为规矩,于是周礼以“尊尊”为核心的特征一目了然。有学者指出,礼的本质就是为社会不同等级的行为划定界线,“贵与贱、尊与卑、长与幼、亲与疏的各色人等之间,必须遵守各自的行为规范,用来显示贵贱、尊卑、长幼、亲疏之间的差异,绝对不可混淆。”[26]这种社会关系的分级建构,连同“受命于天”的权威合法性来源,共同构成了“君臣上下,父子兄弟,非礼不定”[27]的秩序格局。

《孝经》对这种政治忠诚伦理化的总结至为清晰:“君子之事亲孝,故忠可移于君。”[28]对君主的政治忠诚与对孝道伦理绑定在一起,二者共同构成礼秩序的完整图景。孝原则成为政治秩序建构的地基,它既包括纵向的代际传递,又包括横向的推己及人,将这种特殊原则普遍化,就可以为政治忠诚奠定牢靠的根基。[29] 齐景公问政,孔子回答:“君君臣臣父父子子。”[30]钱穆先生曾对中国古代“化家为国”的政治构造详细阐明。[31] 这种制度设计的结果就是,将政治

---

[23] 李学勤主编:《十三经注疏·春秋左传正义》,北京大学出版社1999年版,第1447页。

[24] 《周易·系辞》。

[25] 《礼记·乐记》。

[26] 樊树志:《国史十六讲》,中华书局2009年版,第26页。

[27] 《礼记·曲礼》。

[28] 《孝经·广扬名》。

[29] 郚蕾:《论孝的原则与政治忠诚》,载陈明、朱汉民主编:《原道》第24辑,东方出版社2014年版,第133~150页。

[30] 《论语·颜渊》。

[31] 钱穆:《中国历代政治得失》,生活·读书·新知三联书店2001年版,第5~10页。

忠诚伦理化,将忠诚的对象自下而上推衍至君主这唯一的至高顶点,而其权力来源则是超社会的天授观念。于是,君主成为忠诚的终极对象,成为社会秩序的唯一代表。有学者认为,只有经过富有超凡魅力的政治领袖的人格化加工,一种政治伦理才会被社会大众广为接受,因此儒家的忠诚伦理也需要寻找政治代理人——一个足以长久地影响社会运转的领袖角色。[32] 无疑,在中国传统政治中,经过家国同构的伦理化改造,君主最适合担当国家代言人的角色。

政治忠诚伦理化的方案,构建了“家国一体”的格局,将整个社会秩序统合起来。其优点是君主成为主权的唯一代表,忠诚的对象清晰可见。这套层次分明、等级有序的“统治—被统治”的秩序,包括了自上而下的统治秩序和自下而上的效忠秩序。

这种政治构造也存在巨大的风险。第一,作为主权代表的君主具有唯一性,任何与其相关的有损唯一性的行为都容易构成对礼秩序的冲击,成为祸乱之源。“并后(妾如后)、匹嫡(庶如嫡)、两政(臣擅命)、耦国(都如国),乱之本也。”[33] 作为共同体的政治代表与社会秩序的最高源头,君主必须始终维护其身份的独特性。第二,统治合法性的重建非常繁难,必须依靠复杂严谨的“天命”说理。当第一任君主从时间源头上获得正当性,确认一个“立宪时刻”之后,继任者可以自然传承,无须重复说理;然而,一旦有人打破了这种正统秩序,首要难题就是完成合法性的重新论证。“汤武革命,顺乎天而应乎人。”[34] 王朝更迭的正当性,既要诉诸天意,又要合乎民心,这要求一套完整的伦理证明。第三,一旦正当性的重建未能完成,权威被质疑,忠诚的标准问题就成为政治的魔咒。当礼法秩序被破坏,统治者(主权者)和被统治者(臣民)之间的规范关系被打破时,臣民该何以抉择,效忠于谁?所谓“原繁困境”的根源即在于此,这也是君主主权的政治构造无法摆脱的逻辑陷阱。

---

〔32〕 任建涛:《在伦理与政治之间——儒家忠诚伦理的分析》,载《齐鲁学刊》1996 年第 2 期。

〔33〕 李学勤主编:《十三经注疏·春秋左传正义》,北京大学出版社 1999 年版,第 214 页。

〔34〕 《周易·革·彖辞》。

四、人民主权的伦理革命与法治转化

如果说,“原繁困境”是古代君主制的魔咒,那么在君主制已逐渐消亡的现代社会,人类的政治智慧是否超越了“原繁困境”?现代社会又将以怎样的原理破解忠诚难题?笔者基于《左传》文本中的相类故事,提炼了“原繁困境”的命题。值得注意的是,这并非一场探究故事细节与事实真相的历史叙事,而是围绕忠诚伦理展开的关于君主制政体结构的法学叙事。政治文明演进过程中的典型政体形式,不外乎君主制和民主制,因此,在借由《左传》文本剖析了君主制的政治忠诚伦理后,笔者不可避免要转入对现代民主政体的讨论。这种看似突兀的时空转移,实际上是法学规范叙事中从君主制到民主制的论题转变,其中一以贯之的问题意识则是忠诚伦理的标准。

(一)现代政治的伦理革命:从君主主权到人民主权

古代君主制的玄机就在于将君权神化,以垄断公共权力,其中关键的节点是将君主的自然人格公共化为集体代表。借助 20 世纪著名史学家康托洛维茨的说法,国王具有“两个身体”,二体的拟制使英格兰国王查理·斯图亚特的自然之体以叛国罪被处决时,国王的政治之体并未受到严重影响或不可弥补的伤害。[35] 但是,君主的政治之体与自然之体相互制约,“由于法律上的主权者人格必须依附于君主的自然人格,在君主政治实践中,二者纠缠不清。”[36]

现代政治如何化解此种难题?宪法以看似宏大抽象却又真实不虚的言语回答了“权力的归属”这一根本问题:国家的一切权力属于人民。无论我国宪法第二条的直接规定——“中华人民共和国的一切权力属于人民”,还是美国宪法序言开宗明义的表述——“我们合众国人民……”,都是对“人民主权”的宣言。尽管在阶级区分的社会,资本主义宪法与社会主义宪法中“人民”的内涵并不相同,但其集体人格的属性决定了这个“公我”与传统的君主有本质差异。因此,现代政治的奥妙就是将君主主权转变为人民主权,将忠诚的对象化零为整,从

〔35〕 参见[德]康托洛维茨:《国王的两个身体》,徐震宇译,华东师范大学出版社 2018 年版,第 95 页。

〔36〕 陈端洪:《人民必得出场——卢梭官民矛盾论的哲学图式与人民制宪权理论》,载《北大法律评论》2010 年第 1 期,北京大学出版社 2010 年版,第 117 ~ 145 页。

单一的君主人格转变为集体的道德人格——人民。

那么现代政治又是如何完成这一政治伦理转变的？卢梭的作品揭示了人民主权的原理。在此之前，西方的自然法学家霍布斯、洛克等人均已实现了对政治国家的契约论建构。然而，霍布斯的“利维坦”并未摆脱君主制的影子，洛克证成了“有限政府”的合理性，却消解了主权意志。唯有卢梭，实现了个体自由与公共意志的辩证统一。卢梭继承了前辈的观点，从自然状态出发，论证国家的合法性。一方面，他将政治主权奠基于个体的道德自由，证成了“公意”的可能；另一方面，又力图实现主权之下的自由，让个体直接出场表达意志，而非活在“利维坦”的阴影之下。简言之，卢梭的贡献在于，既保留了主权和公意，又不至于取消个体的道德自由。

在近代启蒙的洪流中，卢梭继承了“自由是人的本质”这一根本预设，将社会契约的达成与公共意志的实现视为个体的自由选择，于是“人民主权”的逻辑在现代社会具有了可靠的道德根基。随后，卢梭对主权的观念进行了创造性建构，证成了人民、公意和公共利益的“三位一体”关系：现代社会的唯一主权者由君主变为抽象的人民，人民的意志即为公意，公意以公共利益的方式表现出来。这种论证超越了传统主权概念的主权者外在于政治体并凌驾于其上的固有内涵，同化了主权者、政治体、人民。[37] 在卢梭的理论中，主权者是独立的人格，是政治忠诚的对象，但它并未如君主般与政治忠诚的载体——臣民相分离；相反，主权者就是对个体进行道德整合后的人民集体，是源于个体意志的而又超越个体的公共意志，是全体人民的共同利益。作为主权者的人民的是道德的“公我”，是“大写”的人。通过这种化零为整的策略，现代政治的统治结构转变为“个体臣民—主权者人民”的模式，传统社会中“个人—君主”的忠诚伦理在现代社会变成了公民对其道德意志的自我忠诚。

所谓原繁困境，就是忠诚伦理的标准不一，或者说，标准被频繁打破，致使权力的合法性失去了基础。困境产生的原因是“统治者—被统治者”的异化分离，主权者君主与臣民的二元对峙使得君主必须时刻保持独立性。从理论上讲，君主是国家的唯一代表，是无可替代的主权者，臣民对君主的忠诚就是对国家的忠诚。但困难在于，君主具有双重人格，既是政治代表，又是自然之

〔37〕 陈端洪：《人民主权的观念结构——重读卢梭〈社会契约论〉》，载《中外法学》2007年第3期。

体,因此作为主权代表的君主要尽力用政治人格吸收或涵盖其自然人格,并完成政治代表的正当性论证。所以,臣民对国家的忠诚是无条件的,但对君主的忠诚是有条件的,君主必须具备良好的德行,且对臣民的统治合乎礼制,否则忠诚义务就面临挑战。[38] 要破解这个难题,就必须克服主权者与其臣民对峙的二元结构,让忠诚的主体和忠诚的对象实现辩证统一。只有让公民自我效忠,忠诚于一个集体的"公我"而非某个外在的人格,才会免于忠诚伦理的逻辑陷阱。

理论的建构设想与具体的制度实施是两码事,现代社会在理论价值上已经普遍承认了人民主权的道德原理,但人民主权如何实现则是实践操作层面的问题。上文所描述的"臣民—人民"的统治与忠诚结构,是一种直接民主的理论模型。直接民主要求人民跨越中间环节(如政党和议会等)直接管理国家事务,"不间断地直接参与行使权力"。[39] 卢梭亦是怀着对古希腊民主的热情向往,参照日内瓦的政治实践,[40]论证了直接民主的原理。正因为卢梭将主权视为公意的运用,而意志是不可代表的,所以作为主权者的人民只能"由他自己来代表自己"。[41] 用康德的话说,当一个国家的首脑在人格上可以被代表,"联合起来的人民就不是仅仅代表着统治者,他就是统治者本身"。[42] 但事实上,人民始终是不定型的存在,作为集合的"人民"概念即便不是纯粹的理论假设,也不可能真正实现全体的出场。因此,人民的意志如何表达,是人民主权的理论设想中最困难的一环。

卢梭怀着对雅典民主的热忱拒绝了间接民主,但现代社会却无法将政治建立在直接民主的基础上,代表制成为人民主权的实现路径。有学者认为,为保证人民主权的真实不虚,人民必得出场,但并没有亲自行使制宪权,而是通过委托代表完成制宪。在理论上可以假设"人民最后一次集会":这次集会除了宣示一切权力属于人民之外,人民还将指派代表组成代表机构,进而选举对人民负

---

[38] 左高山:《政治忠诚与国家认同》,载《马克思主义与现实》2021年第2期。

[39] [美]萨托利:《民主新论》,冯克利、阎克文译,东方出版社1998年版,第315页。

[40] [意]萨尔沃·马斯泰罗内:《欧洲民主史》,黄华光译,社会科学文献出版社1998年版,第9页。

[41] [法]卢梭:《社会契约论》,何兆武译,商务印书馆1982年版,第35页。

[42] 李秋零主编:《康德著作全集》第6卷,中国人民大学出版社2007年版,第353页。

责的政府;最后,人民会制定一部宪法将其意志固定表达出来。经过这种理论设想,人民主权的政治结构可以描述为“主权者—宪法—普通代表—政府”,[43]从而超越直接民主的现实困境。施米特将现代国家奠基于同一性和代表制两项对立的构成原则之上,[44]此概括非常准确。同一性原则就是社会个体成员化零为整,结合为共同体的过程,施米特以敌我之分划定群体的界限;代表原则是共同体的统治与意志表达。

(二)忠诚伦理的法治转化:宪法宣誓

通过主权者的根本革命,现代社会破解了忠诚伦理的“原繁困境”。人民主权的原理宣告了现代宪法的根本原则,使得人民成为忠诚的对象,而政府仅仅是人民选择的一种治理机构或方式。人民每次出场都将围绕两个议题展开:一是主权者是否愿意保留现在的政府形式;二是是否同意那些行政人员继续当政。[45] 此举将主权者与政府予以分离,忠诚的对象不是政府或特定个人,而是出场的主权者人民及其意志代表。公民与政府之间仅仅存在委托代理的关系,政府不是公民忠诚的对象,人民自身才是权力的“所有者”,相反,官员应该是人民的公仆,政府应该为人民服务。[46]

值得注意的是,现代宪法用公民自我治理的政治智慧化解了君主和臣民的对峙,但并不意味着消解了政治本身。一切政治秩序的内核都是“主权者统治—臣民服从”,从主体的意义上说都存在一个“官—民”的结构,用现代政治学的语言来说,即“政府—人民”的结构。[47] 现代政治将道德化的人民奉为主权者,揭示权力的终极来源,同时通过代表制度实现人民的组织化,表达公共意志;但权力的具体行使始终需要委托于具体的政府,因此政府和个体之间的潜在冲突始终存在。从形式上看,现代宪法的这种处理方案与《左传》中季子的观

[43] 陈端洪:《人民既不出场也不缺席——西耶斯的民族制宪权理论解读》,载《中外法学》2010 年第 1 期。

[44] [德]施米特:《宪法学说》,刘锋译,上海人民出版社 2016 年版,第 285 页。

[45] [法]卢梭:《社会契约论》,何兆武译,商务印书馆 1982 年版,第 134 页。

[46] 刘灵、李磊:《论民主制度下政治忠诚缺失及其对策》,载《伦理学研究》2013 年第 3 期。

[47] 陈端洪:《人民必得出场——卢梭官民矛盾论的哲学图式与人民制宪权理论》,载《北大法律评论》编辑委员会编:《北大法律评论》第 11 卷 · 第 1 辑(2010),北京大学出版社 2010 年版,第 117 ~ 145 页。

点倒颇有几分相似。季子将“无废祀”作为忠诚的根本标准,具体的执政者则被置于宗庙祭祀之下。那么在现代社会,政府作为公共权力行使的被委托人,与公民个体之间的潜在冲突该如何消解?答案就是宪法忠诚。

对人民主权原则和代表制的信奉,就是对宪法的忠诚。宪法不是文本上的众多个别条文规范,从绝对意义上讲,宪法就是政治统一体的存在方式,是制宪权主体作出的根本政治决断。[48] 因此,宪法是一个构成性概念,人民主权原则与代表制本身就是宪法的实现形式。假如“人民最后一次出场”的设想成立,宪法就是这个理论想象迈向现实化的第一步,是人民意志的实定表达。当人民主权原理实现了忠诚主体和对象的辩证统一之后,人民便悄然退隐;此时,为了确保人民的代表机构能真正代表人民的意志,不背叛人民,就必须将人民的意志以宪法的形式固定下来。由此,现代社会中的公民个体对人民的忠诚,就转化为对宪法的忠诚,这是一个法治转化的过程。

宪法忠诚不只是对宪法文本的忠诚。忠诚是对某项事业、信念或某个特定对象的认同。文本自身并不具备吸收情感的力量,只有将宪法作为政体结构所内含的民主价值之载体,它才会唤起人们忠诚与信赖的热情。只有依靠宪法忠诚,才会确保代表机构准确表达人民的意志,才能始终让接受权力委托的机构——政府始终服从于主权者人民及其代表机构。一旦宪法失去了对公权力的监督和控制权威,一旦代表机构不能准确表达人民的意志,一旦个体成员无法整合于作出政治决断的民族统一体,所有关于人民主权与自我治理的政治伦理,都会在实践中失去规范效力。因此,宪法忠诚必须具备实际的力量。今天,这种力量以誓言的形式得以表达。

誓言不是无关痛痒的表达。誓言首先是语言的圣礼,因而成为权力的圣礼,[49] 它意味着宣誓者谦卑地服从。我国宪法没有宗教信仰的底色,但这并不意味着我们的宪法宣誓仅仅是一种形式,相反,它是让权力服从于人民意志的真实象征。宣誓制度实质上是我国宪法精神和宪法文化的创新,意味着忠诚伦理的民主化和法治化转型,“从下对上的单向忠诚转向公民相互忠诚并突出国家公职人员的忠诚义务,从个人崇拜转向宪法信仰,从意识形态化的政治伦理

---

[48] [德]施米特:《宪法学说》,刘锋译,上海人民出版社 2016 年版,第 47~50 页。

[49] [意]阿甘本:《语言的圣礼——誓言考古学》,蓝江译,重庆大学出版社 2016 年版,第 147 页。

转向规范忠诚——忠诚与法治的统一”。〔50〕 有批评意见认为,宣誓仅仅是个体内心的道德自律,这种软约束没有太多实际效果。笔者并不想就道德的约束力与之争论,而只想说:宪法宣誓本就是一个公共道德层面的庄严仪式,是公权力机构整体对“人民主权”原则的信仰和坚守,是权力受托者的集体宣言。

宪法忠诚的基础是国家认同,这种认同不仅仅是对法律制度的遵守,而是镌刻在内心深处的情感归属,是对一个民族的历史文化和精神价值的信仰。宣誓是对某种主义、事业、信仰的诺言和声明,倡导一种共同的政治责任,非出于内心的真诚意向的誓言是虚假的、无效的。〔51〕 宪法宣誓的道德基础在每个宣誓者的内心深处,这是毋庸置疑的;但在社会主义国家,宪法宣誓的真义并非用誓言约束宣誓者的行为,而在于公权力受托者对主权者人民的集体承诺。“宣誓的独特本质在于,宣誓者以自己的人格作担保;对宪法的宣誓意味着对政治存在形式承担义务。”〔52〕所以,官员个体的道德败坏与违法行为并不意味着宣誓仪式的整体失效,而宣誓制度也并不保证所有个体对誓言的遵守,以庄严的公共仪式保证对宪法中人民主权的根本政治决断之信仰,才是宪法宣誓的价值所在。

当启蒙曙光亮起,政治构造中“臣民—君主”的两极对峙随之瓦解,原繁所面临的君主制下“城头变幻大王旗”的忠诚困境不复存在。取而代之的是现代政治中“公民—人民”的自我治理的伦理革命。但作为个体整合之结果的“人民”无法直接出场,奉人民之命以治民的代表制成为民主的唯一方式;为确保代表的真实可靠,当人民退场,“代为常在的是民主神经——宪法”。〔53〕 于是,宪法成为人民意志实证的表达,对主权者人民的忠诚,借由代表制——制宪机关的转化,变为对宪法的忠诚。借用当代学者的语言表述,这是一种建立在宪法基础上的独特的爱国主义。〔54〕 宪法忠诚的典型表达方式就是宪法宣誓,“谈宪

---

〔50〕 陈端洪:《权力的圣礼:宪法宣誓的意义》,载《中外法学》2018 年第 6 期。

〔51〕 左高山:《政治忠诚与国家认同》,载《马克思主义与现实》2021 年第 2 期。

〔52〕 [德]施米特:《宪法学说》,刘锋译,上海人民出版社 2016 年版,第 56 页。

〔53〕 陈端洪:《人民既不出场也不缺席——西耶斯的民族制宪权理论解读》,载《中外法学》2010 年第 1 期。

〔54〕 [德]斯登贝格:《宪法爱国主义》,陈克勋、赖骏楠译,载《清华法治论衡》第 12 辑,清华大学出版社 2009 年版,第 492 页。

法宣誓就是谈宪法忠诚,谈宪法忠诚就离不开宪法信仰,而宪法信仰归根结底乃是对人民主权和人的价值与尊严的信仰”。[55] 宪法宣誓是权力的圣礼,是权力行使者对主权者人民表示忠诚的公共道德仪式,正是在这种现代社会的最高等级的道德仪式中,我们看到了宪法真正的力量。

五、未竟难题:在忠诚与“不服从”之间

现代宪法的“人民主权”原则克服了忠诚伦理的“原繁困境”。这是对“统治者—被统治者”的政治结构所作的转换,即把主权者与其臣民的两极对峙,转化为现代社会中道德个体对集体人格的忠诚——一种真正意义上的自我忠诚与相互忠诚。人民是不定型的存在,无法出场,通过代表制得以组织化,将其“最后一次集会”的意志表达在宪法之中,于是对主权者人民的忠诚转化为对宪法的忠诚。总结而言,从效忠君主到公民的自我效忠是一场政治的伦理革命,而从公民的自我效忠到宪法忠诚则是一场政治的法治转型。

然而我们不应忘记,如前文所述,“原繁困境”包括两个子问题:对谁忠诚与如何忠诚?假设原繁生活在现代社会,借助于这种伦理革命和法治转型,他可以釜底抽薪,从根本上否定郑厉公的统治合法性,但他却依然无法逃脱郑厉公的责难:你当如何忠诚?换言之,当忠诚的对象不再有争议,“原繁困境”的当代表述变化为:当宪法权威与人民整体面临威胁,即国家安全面临挑战,公民是否应承担积极主动的忠诚义务,还是仅仅消极地不违背宪法即可?须知当主权者面临威胁之时,原繁做的与季子一样,是“复位而待”——守在本职工作岗位上,而郑厉公的责难却是“无里言”——未能主动传递消息助其复国。这里存在行动的积极与消极之差别。我们发现,在现代宪法中,只有在服兵役的义务时刻,公民积极拥护宪法和消极遵守宪法之间的差别得以消除,而在其他时刻这种差别始终存在。

宪法忠诚内涵了公民的道德义务,“这种义务意味着公民对国家强烈效忠的责任感与无私奉献的精神和行动。这种公民对国家的爱国主义义务,甚至要求公民在危急关头为国家做出重大牺牲乃至献出自己的生命”。[56] 但如果宪

---

〔55〕 陈端洪:《权力的圣礼:宪法宣誓的意义》,载《中外法学》2018 年第 6 期。

〔56〕 王泽应、杨笑沛:《论作为公民义务的爱国主义》,载《伦理学研究》2020 年第 2 期。

法将这种道德义务成文化,设定为强制性的行动规范,结果便取消了公民面对恶法时“消极不服从”的宽容空间。故而,这是一个值得继续探索的法哲学问题。

Yuan Fan's Dilemma and the Ethical
Revolution of Modern Constitutions

Nie Qingyu

Abstract: The scholar bureaucrats represented by Yuanfan in Zuo Zhuan often faced the dilemma of loyalty when the regime changed, which was the ethical "Curse" of ancient Chinese politics. The so-called "Yuan Fan's dilemma" is essentially the standard of loyalty ethics under the ancient monarchy. It can be divided into two sub problems: "to whom" and "how to be loyal". The root of the dilemma is the unitary personality of the sovereign representative under the monarchy, which makes the subject of loyalty independent of its object and constitutes a pattern of confrontation between the two sides. The modern society transforms the object of loyalty from a single personality of monarch to the whole people, transforms the loyalty structure of "subject—monarch" into a self-government model of "subject—people", and organizes the unorganized and amorphous people through the representative system. This is not only the ethical revolution of modern politics, but also the core meaning of rule of law. When the representative express people's will in the form of constitution, the sovereign as the loyal object has completed the legal transformation from people to constitution. The essence of constitutional oath is the legal expression of the principle of popular sovereignty and the public moral ceremony for power executors to express their loyal to people.

Key words: Ethics of loyalty; Zuo Zhuan; Yuan Fan; Popular sovereignty; Constitutional loyalty

论　　文

公共财产规范变迁的制度逻辑*

王海洋**

内容摘要：

1954 年《宪法》、1975 年《宪法》、1978 年《宪法》和 1982 年《宪法》都对公共财产作出了规定，但无论是在表述上，还是在体系安排上，这 4 部宪法对公共财产的规定都不相同。尽管如此，学界仍然认为公共财产的规范内涵没有随着条文的变化而改变，或者认为公共财产是公有制的法律形式，包括国家所有的财产和集体所有的财产，或者认为公共财产是国家所有财产和集体所有财产中服务于公共利益的财产。但是，如果考察这四部宪法中公共财产的规范环境、文字表述、体系结构，可以发现公共财产的规范内涵是发生了变化的，其背后的制度逻辑是"公共财产—公有制—公共用途"，也就是说，公共财产的规范内涵经历了从公有制到财产的公共用途的转变，公共财产的重心从财产的所有转移到了对财产的平等使用和利用。

关键词：

公共财产　公有制　公共功能　市场经济

由于公共财产规范文字表述和体系结构的频繁变动，公共财产规范变迁史的梳理及其背后制度逻辑的探明，对释明宪法上公共财产的规范内涵有关键的作用。1954 年《宪法》正式把公共财产纳入宪法，但此后 1975 年《宪法》、1978 年《宪法》和 1982 年《宪法》都对公共财产规范作出了修改，不仅改变了公共财产的文字表述，而且还改变了公共财产的体系结构。对公共财产规范的修改表明修宪者对公共财产认识上的变化以及所欲实现规范目的的不同。但学界忽

---

* 广东省哲学社会科学基金青年项目"国家公共卫生应急管理体系下国家给付义务研究"（项目编号：GD20YFX04）阶段性成果。

** 广东财经大学法学院讲师。

视了公共财产条文规范环境、条文结构以及规范目的的变化,没有探明制宪者和修宪者的原初意图,导致未能恰当解释宪法上的公共财产条款,认为公共财产的规范内涵没有因此发生变化,这进一步造成了公共财产制度在理论上和实践上的问题,比如,如何处理公共财产理论与部门法上的公物理论的关系,住在河边的人从河里取水是否侵犯了国家的所有权,[1]私人所有的寺庙是否可以成为公共财产,[2]河流属于国家所有的自然资源,如果洪水泛滥,造成了损害,作为所有权人的国家是否要承担责任[3]等。鉴于此,为正确认识围绕公共财产形成的规范性命题,确定公共财产的规范内涵,解决公共财产法律实践中的问题,有必要对公共财产规范及其相关规范变迁的历史脉络进行梳理。

一、1954 年《宪法》:以公有制解释公共财产理论的确立

以公有制来解释宪法上的公共财产规范,是指把公共财产与公有制等同,认为公共财产是公有制的法律形式,包括国家所有的财产和集体所有的财产。作为新中国的第一部正式宪法,1954 年《宪法》确认了这一理论,并将其予以规范化。

1954 年《宪法》中共有两个条文规定了公共财产:

> 第 58 条　地方各级人民代表大会在本行政区域内,保证法律、法令的遵守和执行,规划地方的经济建设、文化建设和公共事业,审查和批准地方的预算和决算,保护公共财产,维护公共秩序,保障公民权利,保障少数民族的平等权利。
>
> 第 101 条　中华人民共和国的公共财产神圣不可侵犯。爱护和保卫公共财产是每一个公民的义务。

从上述规定来看,1954 年《宪法》使用了"公共财产"的表述,"公共财产"前

---

〔1〕参见柳经纬:《我家住在小河边》,载张士宝:《法学家茶座》第 19 辑,山东人民出版社 2008 年版,第 55 ~ 58 页。

〔2〕参见"宽某诉九江市城乡建设局遗赠抚养协议纠纷案",江西省九江市中级人民法院民事判决书,(1992)九法民经字第 201 号。

〔3〕参见林来梵:《文人法学》(增订版),清华大学出版社 2017 年版,第 74 页。

没有“社会主义”的限定，同时，在体系安排上，“公共财产”分置于“国家机构”和“公民的基本权利和义务”两章。围绕上述规范，关于公共财产的规范内涵是什么形成了两种观点：一种观点认为，公共财产是服务于公共利益的财产；〔4〕另一种观点认为，此处的公共财产是指国家所有的财产和集体所有的财产。〔5〕

第一种观点的论证理由如下：首先，1954年《宪法》是在参照苏联宪法的基础上制定的。与苏联宪法使用“公有财产”的表述不同，1954年《宪法》使用的是“公共财产”的表述，这一改造说明1954年《宪法》更加注重公共财产的公共性，而不是公有性。其次，从公共财产的功能上看，公共财产是逐步提高人民生活水平的可靠保障，也是建设社会主义、消灭剥削、消灭贫困和落后现象的可靠保障。“公共财产就是国家和人民的根本利益的体现。”〔6〕尽管这种观点考虑到了苏联宪法对我国宪法的影响以及公共财产的目的，但是由于其不适当地解释了苏联宪法的作用以及忽视了1954年《宪法》中公共财产的特殊结构，导致其没有对公共财产规范作出恰当的解释。事实上，如果仔细考察1954年《宪法》中公共财产的制度环境和规范目的，可以发现第二种观点是对公共财产条款的准确解释。理由如下：

首先，1954年《宪法》的制定深受苏联宪法的直接影响。毛泽东同志论述道：“是的，我们所走的道路就是苏联走过的道路，这在我们是一点疑问也没有的。苏联的道路是按照历史发展规律而为人类社会必然要走的道路。要想避开这条路不走是不可能的。”〔7〕斯大林认为，苏联的社会主义原则是社会主义所有制。〔8〕 苏联1936年《宪法》对此进行了规定。根据苏联1936年《宪法》第

---

〔4〕 参见汪庆红：《新中国公共财产概念的历史考察——以宪法为中心》，载《理论导刊》2014年第10期。

〔5〕 参见韩大元：《1954年宪法制定过程》，法律出版社2014年版，第417页。

〔6〕 汪庆红：《新中国公共财产概念的历史考察——以宪法为中心》，载《理论导刊》2014年第10期。

〔7〕 参见《建国以来毛泽东文稿》（第4册），中共中央文献出版社1990年版，第548页。

〔8〕 参见斯大林：《论苏联宪法草案（一九三六年十一月二十五日在非常第八次全苏联苏维埃代表大会上的报告）》，载中南政法学院编：《苏联宪法学习文件选编》（一），中南政法学院出版社1986年版，第11～12页。

5 条的规定,社会主义所有制就是国家所有制和合作社——集体农庄所有制。[9] 这里的所有制是指公有制,包括国家所有制和劳动群众集体所有制。公有制与社会主义之间的本质联系,决定了公共财产与公有制之间是等同关系。

其次,1954 年《宪法》中的相关条款也说明应当从公有制的角度解释公共财产。1954 年《宪法》第 15 条规定:"国家用经济计划指导国民经济的发展和改造,使生产力不断提高,以改进人民的物质生活和文化生活,巩固国家的独立和安全。"以此来看,1954 年《宪法》确立的经济体制是计划经济,即通过经济计划指导社会资源的配置。国家若要完成这一任务,就需要掌控全部的资源,并在此基础上,按照需要予以配给。公有制保证了国家对资源的占有、使用、收益和处分,是保障计划经济体制实现的根本措施。

最后,刑法草案内容的变化也证明了公共财产是国家所有的财产和集体所有的财产,即公有财产。1954 年刑法指导原则草案(初稿)第 37 条规定了公共财产包括"国家所有的财产、合作社所有的财产(劳动群众集体所有或者部分集体所有的财产)、公私合营企业的财产、人民团体所有的财产"。在 1956 年刑法草案(第 13 稿)中,公共财产的范围变成了"国家所有的财产、合作社所有的财产、社会团体的财产"。1957 年刑法草案第 21 稿和第 22 稿与此规定相同。1962 年刑法草案第 27 稿规定的公共财产包括"国家所有的财产、集体所有的财产"。在 1975 年《宪法》以前,刑法草案第 30 稿、第 33 稿与第 27 稿规定的内容相同。[10] 刑法草案中关于公共财产的规定,是对 1954 年《宪法》上公共财产规范的具体化,其反映了立法者对宪法上公共财产规范内涵的认识。

1954 年《宪法》制定时的指导理念以及相关规范表明,1954 年《宪法》对社会主义社会的想象是以公有制作为唯一所有制的社会。由于公有制是整个社会唯一的所有制,公共财产实际上被等同于了公有制。公共财产与公有制之间的这种等同关系,决定了判断公共财产的标准是财产是否属于公有。

---

〔9〕 参见戴学正等编:《中外宪法选编》(上册),华夏出版社 1994 年版,第 258 页。

〔10〕 参见高铭暄、赵秉志:《新中国刑法立法文献资料总览》(第 2 版),中国人民公安大学出版社 2015 年版,第 91、101、114、125、136、141、157 页。

二、1975 年《宪法》和 1978 年《宪法》:以公有制解释公共财产理论的延续和发展

如果说,制宪者在确定 1954 年《宪法》上的公共财产是否是公有制的法律形式这一问题上有些许犹豫,需要根据公共财产条款的规范目的予以确定的话,那么 1975 年《宪法》和 1978 年《宪法》则明确了这一立场,修宪者不仅在文字表述上明确了以公有制解释公共财产的观点,而且进一步规定了国家的保护义务,使公共财产的规范体系更趋完整。但 1975 年《宪法》和 1978 年《宪法》中关于公共财产的规定存在差别,需要分别予以解释和说明,以厘清公共财产的逻辑结构。

(一)1975 年《宪法》中公共财产规范的内涵

1975 年《宪法》中有一个条文对公共财产作出了规定:

> 第 8 条　社会主义的公共财产不可侵犯。国家保证社会主义经济的巩固和发展,禁止任何人利用任何手段,破坏社会主义经济和公共利益。

相较 1954 年《宪法》,1975 年《宪法》对公共财产的规定发生了很大的变化。首先,条文由两条变为了一条。同时,在表述上,"公共财产"前有了"社会主义"的限定,增加了"社会主义经济""公共利益"这些表述,对国家保护公共财产的义务进行了细化规定,删除了"神圣"2 字;其次,在体系上,把公共财产条款提到了"总纲"中进行规定。

尽管 1975 年《宪法》上公共财产规范发生了如此大的变动,不仅改变了公共财产的文字,而且还改变了公共财产的体系位置,但是 1975 年《宪法》并没有改变 1954 年《宪法》对公共财产的理解,社会主义公共财产的规范内涵仍然指的是公有制,包括国家所有制和劳动群众集体所有制。原因如下:

首先,从当时修改宪法的背景来看,1975 年《宪法》的目的是在宪法上确认社会主义制度已经建立。社会主义建立的标志就是完成了社会主义改造,建立了社会主义公有制,即建立了国家所有制和集体所有制。社会主义改造的任务早在 1956 年已经完成,1975 年《宪法》的任务就是对此予以规范上的承认。在

"公共财产"前有"社会主义"的限定表明公共财产的内涵应当按照社会主义的目的进行解释,具体到 1975 年《宪法》,就是把公共财产的规范内涵与公有制作同样的解释。

其次,从表述上看,社会主义公共财产也应当解释为社会主义公有制。1975 年《宪法》第 8 条使用了"社会主义的公共财产""社会主义经济"的表述。社会主义经济的实质是社会主义公有制,即国家所有制和集体所有制。据此,社会主义的公共财产和社会主义经济在内容上应当是相同的。这种判断,也可以从文字结构上佐证。从文字结构上看,第 8 条前段规定了"社会主义的公共财产不可侵犯",后段规定了国家负有保护社会主义经济的义务。在这一意义上,只有将"社会主义经济"解释为与"社会主义公共财产"同义,才能实现规范内部的一致。

最后,从体系解释的角度看,将社会主义公共财产解释为社会主义公有制也是有说服力的。1975 年《宪法》第 5 条规定的是社会主义的公有制;第 6 条规定的是全民所有制;第 7 条规定的是劳动群集体所有制;第 8 条规定的是社会主义公共财产的保护。根据体系解释的方法,在第 5 条、第 6 条、第 7 条规定了社会主义公有制的情况下,第 8 条的规定应当看作对上述规定的内容的保护。

(二)1978 年《宪法》中公共财产的内涵

1978 年《宪法》中有 3 个条文对社会主义公共财产进行了规定:

> 第 8 条　社会主义的公共财产不可侵犯。国家保障社会主义全民所有制经济和社会主义劳动群众集体所有制经济的巩固和发展。国家禁止任何人利用任何手段,扰乱社会经济秩序,破坏国家经济计划,侵吞、挥霍国家和集体的财产,危害公共利益。
>
> 第 36 条第 1 款　地方各级人民代表大会在本行政区域内,保证宪法、法律、法令的遵守和执行,保证国家计划的执行,规划地方的经济建设、文化建设和公共事业,审查和批准地方的经济计划和预算、决算,保护公共财产,维护社会秩序,保障公民权利,保障少数民族的平等权利,促进社会主义革命和社会主义建设的发展。
>
> 第 57 条　公民必须爱护和保卫公共财产,遵守劳动纪律,遵守公共秩序,尊重社会公德,保守国家机密。

相较前两部宪法,1978 年《宪法》对社会主义公共财产的规定是比较详细、具体的,不仅在条文数量上有所扩充,达到了 3 个条文,而且在具体的表述上,也是更加明确的,在表述和内容上,沿用了 1975 年《宪法》中“社会主义公共财产”的表述,增加了“社会主义全民所有制经济和社会主义劳动群众集体所有制经济”、“国家和集体的财产”、地方各级人民代表大会保护本行政区域内公共财产、公民爱护公共财产的义务的规定。此外,在体系上,1978 年《宪法》把社会主义公共财产规范置于“总纲”“国家机构”“公民的基本权利和义务”三章,这种安排也不同于 1954 年《宪法》和 1975 年《宪法》的体系安排。

鉴于 1978 年《宪法》如此明确的规定,单从文字表述上,也可以得出社会主义公共财产的规范内涵是公有制。1978 年《宪法》在第一款前段规定社会主义公共财产不可侵犯后,后段直接规定国家要保护“社会主义全民所有制经济”和“社会主义劳动群众集体所有制经济”,这种表述方式事实上表明社会主义公共财产与社会主义公有制是同义的。此外,考察修宪者的意图,也可以得出这种结论。从修宪者的原意看,设计社会主义公共财产条款是为了保护社会主义公有制。随着社会主义改造的完成,社会主义公有制在我国已经全面地建立起来,并规定在了宪法中。为了更好地保护社会主义公有制,就需要在宪法上明确对社会主义公有制的保护。因此,无论是从修宪者的原意,还是从社会主义公共财产的规范来看,1978 年《宪法》上社会主义公共财产的内涵都应当是指国家所有的财产和集体所有的财产。

三、1982 年《宪法》:从公有制到财产的公共用途

1982 年《宪法》“继承和发展了 1954 年《宪法》的基本原则”,[11]“废除了 1975 年《宪法》和 1978 年《宪法》中不合时宜的内容”。[12] 就社会主义公共财产条款而言,1982 年《宪法》是在 1954 年《宪法》和 1978 年《宪法》的基础上修

---

〔11〕 参见彭真:《关于中华人民共和国宪法修改草案的报告》,载《彭真文选(1941—1990)》,人民出版社 1991 年版,第 439 页。

〔12〕 参见王汉斌:《王汉斌访谈录——亲历新时期社会主义民主法制建设》,中国民主法制出版社 2012 年版,第 65 页。

正形成的,[13]共有两个条文:

第 12 条 社会主义的公共财产神圣不可侵犯。国家保护社会主义的公共财产。禁止任何组织或者个人用任何手段侵占或者破坏国家的和集体的财产。

第 53 条 中华人民共和国公民必须遵守宪法和法律,保守国家秘密,爱护公共财产,遵守劳动纪律,遵守公共秩序,尊重社会公德。

1982 年《宪法》与 1954 年《宪法》和 1978 年《宪法》的继承关系,是否说明 1982 年《宪法》上的社会主义公共财产的规范内涵与上述宪法中的规范内涵一致呢?对此问题,学界大体认为社会主义公共财产的规范内涵是没有变化的,指的是国家所有的财产和集体所有的财产。但是,如果考察 1982 年《宪法》修改时的制度环境以及修宪者的原意、规范结构和规范目的,那么就可以得出 1982 年《宪法》上社会主义公共财产的规范内涵事实上发生了根本性变化的结论,即不再重点关注静态意义上的所有权归属,而是转向了关注如何利用和使用财产。进一步讲,社会主义公共财产的规范内涵关注的是财产是否承担特定的公共用途(公共功能)。

(一)1982 年《宪法》修正时的制度环境

1982 年《宪法》修改的背景与 1954 年《宪法》、1975 年《宪法》和 1978 年《宪法》不同。1978 年年底,召开了党的十一届三中全会,决定把党和国家的工作重点从以阶级斗争为纲转移到社会主义的现代化建设上来,“并着重提出必须发展社会主义民主,健全社会主义法制”。[14] 为了贯彻党的十一届三中全会的路线、方针和政策,在 1982 年《宪法》全面修改以前,先后两次对 1978 年《宪法》进行了部分修改。第一次是 1979 年,这次修改针对的是国家机构的设置问题,如“规定县级以上地方各级人大设立常委会,并根据全国人大常委会组成人员和全国人大代表的意见,将革命委员会改为人民政府等”。第二次是 1980 年,这次修改取消了 1978 年《宪法》中“四大”(大鸣、大放、大字报、大辩论)的

[13] 参见许崇德:《中华人民共和国宪法史》,福建人民出版社 2005 年版,第 605 页。

[14] 王汉斌:《王汉斌访谈录——亲历新时期社会主义民主法制建设》,中国民主法制出版社 2012 年版,第 3 ~4 页。

规定。[15] 尽管如此，这两次宪法修正并没有对1978年《宪法》作出全面修正，既没有改变1978年《宪法》的指导理念，也没有改变1978年《宪法》的体系结构。为了适应新的情况，就需要对1978年《宪法》作一次全面修正。

当时确立的1982年《宪法》的总的指导思想，是坚持社会主义道路，坚持人民民主专政，坚持中国共产党的领导，坚持马克思列宁主义、毛泽东思想。[16] 邓小平在1982年《宪法》修改过程中，又提出了4点要求：(1)要把四个坚持(四项基本原则)写进宪法；(2)规定工人阶级领导的、以工农联盟为基础的人民民主专政；(3)规定民主集中制；(4)规定民族区域自治。[17] 按照这些思想和原则，1982年《宪法》对人民民主专政制度、社会主义经济制度、国家机构、公民的基本权利和义务等方面进行了全面修正。

从整体上看，1982年《宪法》修正确立了宪法是法律，并且是最高法律的原则，由此确立了宪法的规范品格。宪法序言第十三自然段规定："本宪法以法律的形式确认了中国各族人民奋斗的成果，规定了国家的根本制度和根本任务，是国家的根本法，具有最高的法律效力。"作为法律的宪法，一方面，具有最高的法律效力，形成国家的客观法秩序，决定法律的基本含义；一国内的法律秩序，是以宪法为基础的统一的法律体系。另一方面，对宪法条文规范内涵的解释应当遵循宪法解释学的方法，根据制宪者或者修宪者的原意以及宪法条文的客观表述予以确定，要排除政治、经济、社会等因素的直接影响，尤其要避免以政治决定代替宪法的法律决定。

1982年《宪法》确立的上述原则，是解释1982年《宪法》条款的逻辑前提，也是解释社会主义公共财产规范的基本立场。在上述3部宪法中，公共财产与公有制之间存在直接关联，公共财产也因此与社会主义国家性质具有了实质上的关系。也就是说，这3部宪法对公共财产的理解是从特定的政治学角度理解的，受到具体政治政策的决定。由此，公共财产与政治之间存在过度的纠葛，公

〔15〕 王汉斌：《王汉斌访谈录——亲历新时期社会主义民主法制建设》，中国民主法制出版社2012年版，第48~49页。

〔16〕 彭真：《关于中华人民共和国宪法修改草案的报告》，载《彭真文选(1941—1990)》，人民出版社1991年版，第437页。

〔17〕 王汉斌：《王汉斌访谈录——亲历新时期社会主义民主法制建设》，中国民主法制出版社2012年版，第54~55页。

共财产的意义在于彰显特定的政治决断，其法规范性的品格没有得到应有的重视。这是上述宪法中公共财产制度的固有缺陷，也是公共财产制度未能发挥作用的症结所在。公共财产的此种制度现状，构成了反思现行宪法(1982 年《宪法》)上公共财产制度的历史条件。

(二)修宪者对社会主义公共财产的理解

在 1982 年《宪法》修正过程中，针对社会主义公共财产条文的讨论意见只有 3 条，尽管如此，却明确了社会主义公共财产的重心是公众的使用和利用权利。第 1 条讨论意见针对的是社会主义公共财产条款应当以哪部宪法为参照的问题。关于公民必须拥护党的领导、拥护社会主义制度以及公民必须爱护和保卫公共财产等，分别根据 1954 年《宪法》第 100 条、第 101 条和 1978 年《宪法》第 56 条、第 57 条的规定，拟了两个方案；第 2 条讨论意见与社会主义公共财产条款直接相关。《〈中华人民共和国宪法修改草案(讨论稿)〉的说明》中指出，关于"社会主义公共财产不可侵犯"的第 13 条对 1978 年《宪法》中的相应条文作了些必要的修改。如"保障土地和其他自然资源合理利用"就是新增加的规定；第 3 条讨论意见针对的是社会主义公共财产的保护问题。讨论到第 13 条"社会主义的公共财产神圣不可侵犯"时，彭真说，这一条很重要。贪污、盗窃、损害公共财产。1 亩地要 30 万元，敲国家的竹杠，这是侵占国家利益。[18] 由此可以看出，修宪者的态度是很明确的，社会主义公共财产关系到国家利益，公众对土地等自然资源类型的合理利用是社会主义公共财产的重要内容，这也就部分解释了社会主义公共财产"神圣不可侵犯"的原因。

结合修宪者对宪法是法律的观点和增加对社会主义公共财产合理利用的意见，可以看出，在 1982 年《宪法》中，修宪者对社会主义公共财产的想象是公共财产有独特的规范内涵。作为一种规范，社会主义公共财产意味着特定的法律关系结构，即关于如何建构公共财产的使用和利用权利以及国家为此所应当承担的义务。这是一种权利和义务的法律建构，是以权利为基础的建构，公众对社会主义公共财产的使用和利用是宪法上的权利，没有正当理由，国家不得克减。这种建构很明显区别于前面 3 部宪法单纯关注国家如何支配财产的政治性建构，作为政治性的建构，虽然公众可以使用和利用社会主义公共财产，但

〔18〕 参见许崇德：《中华人民共和国宪法史》，福建人民出版社 2005 年版，第 605、619、682 页。

是这种使用和利用并不是公众的权利，而是政府的恩赐，政府享有决定如何使用和利用公共财产的不受限制的裁量权。对社会主义公共财产规范内涵的探寻，不能忽视修宪者认识上的变化，需要在尊重修宪者原意的基础上，以公民的使用和利用权利为核心进行规范上的建构。

（三）宪法文本上社会主义公共财产的文字结构

1982年《宪法》上社会主义公共财产的规定，是以1954年《宪法》和1978年《宪法》为基础形成的。前文已经作出了说明。通过对比这3部宪法上社会主义公共财产的规定，可以发现1982年《宪法》上的规定有如下特征：首先，社会主义公共财产规范共有两个条款，第12条规定在"总纲"中，是社会主义公共财产的基础规范，第53条规定了公民有爱护公共财产的义务。从社会主义公共财产的基础规范来看，社会主义公共财产共有两款，第1款一般性地规定了社会主义公共财产神圣不可侵犯的宪法地位。保留"社会主义"的限定语是对1978年《宪法》的继承，而"神圣"不可侵犯的规定则来自1954年《宪法》。第2款则使用了"国家的和集体的财产"。从这两个条款的关系来看，"国家的和集体的财产"的表述可以看作解释社会主义公共财产的提示性规定；在具体表述上，相较1954年《宪法》和1978年《宪法》，1982年《宪法》的变动是比较大的。对1954年《宪法》来讲，主要是扩充了公共财产的规定，增加了部分内容；对1978年《宪法》来讲，则是删除了大量的政治经济学的用语，删除了"社会主义全民所有制经济和社会主义劳动群众集体所有制经济""社会经济秩序""国家经济计划""公共利益"的表述，但保留了"国家的和集体的财产"的表述；在体系安排上，社会主义公共财产的规定安排在了"总纲"和"公民的基本权利和义务"两章，并且"总纲"中的规定也不再紧接着公有制条款。这一安排不同于1954年《宪法》把公共财产安排在"公民的基本权利和义务"和"国家机构"两章，也不同于1978年《宪法》把社会主义公共财产安排在"总纲""国家机构""公民的基本权利和义务"三章（上述变化见表1）。

表 1　宪法文本上社会主义公共财产的关键表述与体系结构

版本	关键表述	体系结构
1954 年《宪法》	公共财产 神圣不可侵犯	国家机构 公民的基本权利和义务
1975 年《宪法》	社会主义的公共财产 社会主义经济 公共利益	总纲
1978 年《宪法》	社会主义的公共财产 社会主义全民所有制经济 社会主义劳动群众集体所有制经济 国家和集体的财产	总纲 国家机构 公民的基本权利和义务
1982 年《宪法》	社会主义的公共财产 神圣不可侵犯 国家的和集体的财产	总纲 公民的基本权利和义务

从社会主义公共财产的文字结构和体系安排来看,1982 年《宪法》上社会主义公共财产的规定有其独特的内涵,是上述修宪者意志的体现。1982 年《宪法》使用了"社会主义的公共财产"的表述,以"社会主义"限定"公共财产",表明社会主义公共财产是服务于"社会主义"的目的的。如果单纯按照 1954 年《宪法》、1975 年《宪法》和 1978 年《宪法》上的"社会主义"来解释公共财产条款,那么很容易得出 1982 年《宪法》上的社会主义公共财产的规范内涵应当从公有制的角度解释,包括国家所有的财产和集体所有的财产。但是,修宪者删除了社会主义公共财产条款中政治经济学上的术语,这实际上可以看作修宪者对 1978 年《宪法》上社会主义公共财产规范内涵的拒斥,即社会主义公共财产不应当单纯从公有制的角度界定。也就是说,公共财产与公有制之间并不存在直接的内容与形式的关系,两者关系是间接的,公有制对公共财产的影响是通过规范化国家所有和集体所有中体现公共利益的财产实现的。

同时,从文字结构来看,社会主义公共财产基础规范第二款使用"国家的和集体的财产"的表述也表明了社会主义公共财产应当从财产的公共用途解释。按照马克思主义的观点,国家和集体是自由人的联合并在这种联合中实现真正的自由。[19] 真正自由的实现意味着这种联合是个人自主决定自己的发展并控制运动条件的设置的联合。[20] 因此，"国家和集体的财产"的目的是保障每个人都能够控制或者支配特定的财产，摆脱"物化奴役"，实现每个人的自由与全面发展。也就是说，"国家和集体的财产"意味着实现社会公正的财产安排，以保障每个人能够获得有尊严的生活条件。进一步讲，"国家和集体"并不具有特定的含义，仅仅是一种象征，其象征着超越于个人利益的社会正义。在这一意义上，"国家的和集体的财产"的规范含义在于国家和集体支配、控制的财产，其支配和控制的目的是保障每个人都可以接近、使用财产。

(四)社会主义公共财产的体系安排

社会主义公共财产的体系安排关注的是社会主义公共财产规范与相关规范之间的逻辑关联。社会主义公共财产的体系安排可以从两个方面说明：一是社会主义公共财产规范内部的体系，也就是社会主义公共财产规范的文字结构。这一部分上文已经作出了说明，此处不再赘述。二是社会主义公共财产规范与其他规范的关系。社会主义公共财产相关规范部分揭示了社会主义公共财产的规范内涵，这些规范与社会主义公共财产规范共同组成了公共财产的规范群。通过考察社会主义公共财产规范与这些规范的关系，可以得出如下结论：社会主义公共财产需要与所有制条款保持一定程度的独立性，关注的是财产的公共使用功能。具体展开来讲：

1. 社会主义公共财产规范的位置安排表明公共财产有独立的规范内涵

社会主义公共财产规范与相关规范的位置安排指的是社会主义公共财产规范与前后条文的关系。从1982年《宪法》的规定来看，社会主义公共财产规范与前后条文之间的安排与1954年《宪法》、1975年《宪法》和1978年《宪法》不同，这种体系安排上的差异反映了制宪者和修宪者观念的转变。

1954年《宪法》中，公共财产规范规定在"国家机构"和"公民的基本权利和

〔19〕 张严：《马克思恩格斯国家观中的"实然国家"与"应然国家"》，载《中共中央党校学报》2013年第4期。在这篇文章中，张严提出，马克思主义的国家观应当是真正的共同体，而不是虚假的共同体，这种真正的共同体意味着自由人在联合中实现自由。马克思主义的集体观是自由人的联合，是一个个体相互"反对"的集体(肖顺武：《公共利益研究——一种范式及其在土地征收中的运用》，法律出版社2010年版，第25页)。

〔20〕 《马克思恩格斯选集》(第1卷)，人民出版社1972年版，第83页。

义务”两章,并且在“公民的基本权利和义务”一章中,前后条文是关于公民基本义务的规定。由此可以看出,1954 年《宪法》对公共财产规定的重心在于“保护”。1975 年《宪法》规定在“总纲”一章中,并且紧接着“国营经济”和“农村人民公社”的规定,结合上文所述,1975 年《宪法》对公共财产的安排关注的是公共财产的“公有”。尽管 1978 年《宪法》把公共财产规定在“总纲”“国家机构”“公民的基本权利和义务”三章,但是从社会主义公共财产规范与前后条文的关系来看,1978 年《宪法》对社会主义公共财产规定的重心也在公共财产的“公有”。

1982 年《宪法》把社会主义公共财产规定在“总纲”和“公民的基本权利和义务”两章。从公共财产规范在“公民的基本权利和义务”一章中的体系安排来看,1982 年《宪法》与 1954 年《宪法》并无不同,强调的是对公共财产的保护。但是公共财产规范在“总纲”中的体系安排却与 1975 年《宪法》和 1978 年《宪法》不同,在 1982 年《宪法》的文本结构中,社会主义公共财产不再紧接着公有制条款进行规定,而是中间间隔着个体经济条款。彭真在解释这一体系安排时指出,不再认为社会主义公有制是社会主义社会的唯一的经济形式,个体经济也是社会主义经济的组成部分。〔21〕

彭真的解释事实上暗含着需要重新理解社会主义公共财产与公有制的关系。如果说之前社会主义公共财产可以与公有制等同,那么现在由于存在个体经济,其所有权属于私人所有,社会主义公共财产是否可以与公有制等同就是一个可以再思考的问题。进一步来看,由于多种所有制的存在,社会主义公共财产与公有制之间或许存在交叉,但不能由此认为社会主义公共财产与公有制等同。尤其是 1993 年宪法修正案第 7 条明确规定“国家实行社会主义市场经济”。市场经济条款入宪在宪法文本上进一步明确了这一观点。〔22〕 随后 1999 年宪法修正案确立了“公有制为主体、多种所有制经济共同发展”的基本经济制度,2004 年宪法修正案把个体经济、私营经济等非公有制经济规定为社会主义市场经济的重要组成部分,国家要予以引导、监督和管理。

---

〔21〕 彭真:《关于中华人民共和国宪法修改草案的报告》,载《彭真文选(1941—1990)》,人民出版社 1991 年版,第 446 页。

〔22〕 参见熊德平:《社会主义市场经济与所有制关系探索》,载《扬州大学学报(人文社会科学版)》2002 年第 2 期。

宪法的上述规定表明需要按照宪法是最高法律的法理，独立地解释社会主义公共财产规范，探究公共财产的规范内涵，而不是简单化地认为社会主义公共财产就是公有制，就是国家所有和集体所有的财产。

2. 社会主义公共财产的相关规范表明社会主义公共财产的公用目的

宪法中与社会主义公共财产规范有关的规范是比较多的，大体上包括基本经济制度规范（第 6 条、第 7 条、第 8 条、第 16 条、第 17 条）、[23]自然资源规范（第 9 条）、土地制度（第 10 条）、文物（第 22 条）、环境（第 26 条）、社会保障（第 14 条第 4 款、第 45 条）、[24]财政（第 56 条、第 62 条第 10 项，第 67 条第 5 项，第 99 条第 2 款）。[25] 这些规范或直接或间接地表明了社会主义公共财产的公用目的。

关于土地等自然资源合理使用和利用的规定是直接表明社会主义公共财产公用目的的规范。如前文所述，在 1982 年《宪法》修改时，修宪者已经认识到要保障土地等自然资源的合理利用。修宪者的这一认识也最终入宪，即《宪法》第 9 条第 2 款前段“国家保障自然资源的合理利用”和《宪法》第 10 条第 5 款“一切使用土地的组织和个人必须合理地利用土地”。关于“合理利用”的规定，在 1954 年《宪法》、1975 年《宪法》和 1978 年《宪法》中均未出现，可以说是 1982 年《宪法》的特有规定。根据李忠夏教授的考察，“合理利用”的入宪，根本上改变了社会主义公共财产的规范结构，“合理利用”不能仅仅理解为是针对土地等自然资源的规定，而且也应当理解为是对整个社会主义公共财产的要求，在此意义上，“合理利用”改变了社会主义公共财产的义务主体，也就是从“一切

[23] 《宪法》第 6 条是社会主义经济制度的基础和分配制度的规定，第 7 条规定了国有经济，第 8 条规定了集体所有制经济，第 16 条规定的是国有企业，第 17 条规定的是集体经济组织。

[24] 《宪法》第 14 条第 4 款规定，国家有建立健全同经济发展水平相适应的社会保障制度义务；第 45 条规定了公民在年老、疾病、丧失劳动能力时有获得物质帮助的权利。

[25] 《宪法》第 56 条规定了公民有纳税的义务，这可以看作关于财政来源的规定；第 62 条第 11 项规定，全国人大审查和批准预算案和预算执行情况的报告；第 67 条第 5 项规定，在全国人大闭会期间，全国人大常委会可以对预算案做出部分调整；第 99 条第 2 款规定，县级以上地方各级人民代表大会有权决定本行政区域内的预算案和预算执行情况的报告。

组织和个人”转变成了“国家”,由此社会主义公共财产的利用主体或者说权利主体也就相应地由国家变成了个人,社会主义公共财产的重心也从服务公有制、社会主义的理念和赶超战略转变到了服务于生产力发展和实现社会公正。[26]

除上述“合理利用”所暗含社会主义公共财产规范目的发生了变化外,有关社会主义公共财产的其他规范事实上也间接表明了这种变化。比如,第 6 条第 2 款规定公有制“消灭人剥削人的制度”,这实际上表明归属于公有制的社会主义公共财产必须保证财产的公正分配,为人营造有尊严的生活提供物质基础;第 14 条第 4 款社会保障制度的规定和第 45 条关于物质帮助权的规定也指向维持人的有尊严的生活这一目的;第 26 条关于环境保护的规定则更进一步,环境作为全人类的共同财产,不仅要实现现时的社会公正,而且要实现代际公正,也就是不仅要保障现时的权利,而且要保障未来的权利,为人类的生存和生活提供良好的空间。

总之,社会主义公共财产相关条文的内容表明社会主义公共财产的规范目的是社会公正,也就是保障人对财产的合理使用和利用权利,进而为人的自由与全面发展提供物质保障。

(五)社会主义公共财产的规范目的

从规范目的上来看,1982 年《宪法》也与 1954 年《宪法》、1975 年《宪法》和 1978 年《宪法》不同。1954 年《宪法》、1975 年《宪法》和 1978 年《宪法》侧重于社会主义公共财产的政治功能,也就是侧重公有制的保护,把社会主义公共财产与社会主义公有制等同。因此,社会主义公共财产的义务主体是公民,不可能蕴含防范国家权力这一“基本权利”的宪法意蕴。[27] 与这一规范目的相适应,1954 年《宪法》、1975 年《宪法》和 1978 年《宪法》关于社会主义公共财产的规范功能是确认社会主义公共财产与公有制具有同样的含义。但是,从 1982 年《宪法》上社会主义公共财产的规范来看,1982 年《宪法》改变了上述宪法中公共财产的规范目的,1982 年《宪法》中社会主义公共财产的规范目的是保障

〔26〕 参见李忠夏:《“社会主义公共财产”的宪法定位:“合理利用”的规范内涵》,载《中国法学》2020 年第 1 期。

〔27〕 参见李忠夏:《“社会主义公共财产”的宪法定位:“合理利用”的规范内涵》,载《中国法学》2020 年第 1 期。

公共财产的公共用途,公共财产的义务主体是国家而不是公民。

通过研究1982年《宪法》上社会主义公共财产的文字结构,可以发现“公共财产”前有“社会主义”的限定。这一文字结构表明公共财产是服务于社会主义的目的的。因此,如何理解以及解释社会主义的规范内涵是阐明社会主义公共财产规范目的的关键。

正如上文所述,宪法是法律,对宪法上用语的释明,需要严格按照法解释学的方法。鉴于社会主义与公有制之间的历史纠葛,社会主义规范内涵的释明首要的是厘清社会主义经济制度对社会主义规范内涵的影响。这一问题的回答,又与市场经济条款入宪有关。

1993年宪法修正案第7条明确把社会主义市场经济规定在宪法中,社会主义市场经济条款入宪,为社会主义的解释注入了新的价值内涵。根据张文显教授的考察,市场经济所要求的法律精神是以人文主义为哲学基础的,要求以人为中心,把人的尊严、幸福和全面发展作为政府的终极关怀,在此基础上,与市场经济相适应的现代法的精神包括如下内容:以权利作为整个法律体系的核心,以契约自由作为法律的精神内核,以宏观调控保证公平、自由竞争,以效率优先作为法的精神价值取向。[28] 市场经济的本质在于“承认和维护‘产权’‘平等’‘自由’,以保护‘私有’‘契约’‘独立’的市场制度”。[29]

因此,如果说在市场经济条款入宪以前,只能通过社会主义公共财产与公有制之间的条文结构间接引申出社会主义的规范内涵发生了变化,那么在市场经济条款入宪以后,可以更加明确应当从规范的角度解释社会主义的规范内涵,从公有制视角解释社会主义只是揭示了社会主义的部分内容,因而也只是对社会主义公共财产的部分解释。进一步讲,市场经济条款入宪把“社会主义”从政治经济学的泥淖中解脱出来,使在规范上解释“社会主义”成为可能,也为解释社会主义注入了人文主义的价值。

事实上,从法解释学的角度来看,社会主义无非是要求实现社会公正,扶助社会上的弱者,平衡经济强者和经济弱者之间的利益,[30] 以保障每个人尊严和

〔28〕 参见张文显:《市场经济与现代法的精神略论》,载《中国法学》1994年第6期。

〔29〕 参见熊德平:《社会主义市场经济与所有制关系探索》,载《扬州大学学报(人文社会科学版)》2002年第2期。

〔30〕 参见张翔:《财产权的社会义务》,载《中国社会科学》2012年第9期。

价值的实现。关于社会主义的这一规范目的,习近平总书记的系列讲话也多次强调了这一内容。“公平正义是我们党追求的一个非常崇高的价值,全心全意为人民服务的宗旨决定了我们必须追求公平正义,保护人民权益、伸张正义”。[31] “改革既要有利于增添发展新动力方向前进,也要往有利于维护社会公平正义方向前进……”通过改革给人民群众带来更多获得感。[32] “让广大人民群众共享改革发展成果,是社会主义的本质要求……”[33]也就是说要坚持和贯彻共享的发展理念,实现共同富裕。

如果据此理解宪法上的“社会主义”,那么社会主义公共财产条款的内涵也就清晰了,社会主义公共财产的制度目的是实现社会正义,是指承担公共利益或者公共功能的财产,其规则建构应当保障每个人都能够使用或者利用公共财产,为公民基本的生存和生活奠定物质基础,进而为每个人的自由与全面发展提供保障。

四、结　语

通过研究公共财产规范的变迁,可以发现公共财产背后的制度逻辑是“公共财产—公有制—公共用途”,也就是公共财产的重心从公有制转变到了财产的公共用途。公共财产制度重心的转变,需要重新审视既有的公共财产理论。一方面,需要正确处理公有制与公共财产的关系。公有制是我国的基本经济制度,必然会影响公共财产制度的建构。但这种影响仅限于公有制规则(所有权规则)和公共财产的使用和利用规则发生交叉的场合,在此种情况下,需要遵循“实践调和”的原则决定适用何种规则。在一般情况下,公有制和公共财产遵循不同的制度逻辑,两者分别适用各自的规则,并不会发生规则冲突的情况。另一方面,公共财产制度的重心是公众的使用和利用权利。从 1954 年《宪法》、1975 年《宪法》、1978 年《宪法》到 1982 年《宪法》,社会主义公共财产实现了从注重财产的经济价值到注重财产的社会价值的转变。前面 3 部宪法的重心在财产的经济价值,是从生产资料的角度对社会主义公共财产进行规定的。与此

---

[31] 《习近平谈治国理政》(第 2 卷),外文出版社 2017 年版,第 129 页。

[32] 《习近平谈治国理政》(第 2 卷),外文出版社 2017 年版,第 103 页。

[33] 《习近平谈治国理政》(第 2 卷),外文出版社 2017 年版,第 200 页。

不同,1982 年《宪法》不仅从生产资料的角度规定社会主义公共财产制度,而且还规定了公众对财产的使用和利用权利(《宪法》第 9 条和第 10 条)、公民分享社会发展成果的权利(《宪法》第 14 条第 4 款)。也就是说,公共财产是服务于公共用途这一目的的,公共财产规则的建构应当保证每个公民都有权利平等接近或者使用和利用公共财产。

The System Logic of the Changes in Public Property Norms

Wang Haiyang

Abstract: The 1954 Constitution, the 1975 Constitution, the 1978 Constitution and the 1982 Constitution all made provisions on public property, but both in terms of expression and system arrangement, the four constitutions have different provisions on public property. Nevertheless, the academic circles still believe that the normative connotation of public property has not changed with the changes in the provisions, or that public property is a legal form of public ownership, including state-owned property and collectively-owned property, or that public property is state-owned property and Collectively owned property that serves the public interest. However, if you examine the normative environment, textual expressions, and system structure of public property in these four constitutions, you can find that the normative connotation of public property has changed, and the system logic behind it is "public property-public ownership-public use" In other words, the normative connotation of public property has undergone a transition from public ownership to the public use of property, and the focus of public property has shifted from the ownership of property to the equal use and utilization of property.

Key words: Public property; Public ownership; Public function; Market economy

反思经济政策"泛法律化"问题

孙瑜晨*

内容摘要：

在对"政策繁多而法律稀少"的法源分布格局的反思中，去政策化、泛法律化问题在经济法学界出现并影响学理与实践。此种问题表现出过分纠缠规范结构的纯粹性、崇尚立法者的建构理性、盲目排斥自由裁量、为形式而形式的规范论思维。中美部门经济立法的实证分析揭示：政策进入法律系统须满足一定的"转译"条件，否则应给予政策一定的存续空间，发挥其对市场过程的调节、对自发性秩序的试验、对实定法的补强等功能。经济政策的法治化既要重视"政策入法"的外部视角，建构一般与特色双层转化标准；更要强调"政策合法"的内部视角，从程序性和实质性要素两方面赋予政策以法的内在德性。

关键词：

经济政策　政策法律化　改革开放　规范论　自发性秩序

> 法律制定者如果对那些促进非正式合作的社会条件缺乏眼力，他们就可能造就一个法律更多但秩序更少的世界。
>
> ——罗伯特·埃里克森

一、引言：改革开放以来经济立法的评介

（一）经济政策的高速供给与经济法律的相对稀少

1978 年党的十一届三中全会决定把全党和国家的工作重心转移到经济建设上面来。经济体制改革和对外开放对经济法律供给提出了较高要求，经济立

---

* 中国政法大学民商经济法学院讲师。

法的数量、规模抑或速度不断攀升。截至1992年年底,全国人民代表大会(以下简称全国人大)及全国人民代表大会常务委员会(以下简称全国人大常委会)审议通过了200余件法律和有关法律问题的决定,其中经济方面的立法占很大比重。[1] 1993年“国家加强经济立法”被写入宪法,经济领域的立法继续跃进,国家在财税、金融、竞争等多个领域进行集中立法,中国经济法遂步入了繁荣的“宏法期”。有研究指出,20世纪90年代中期伊始,全国人大及其常委会平均每13天就制定一部法律,国务院平均每6天就订立一部行政法规。[2] 尽管经济立法的高速供给为建立社会主义市场经济体制提供了制度保障,满足日趋复杂化的经济社会调整需要;但在大批量生产的经济立法“产品”中,绝大部分以规章、政令、计划、条例、决定、细则、办法、指示、通知等政策形式存在,只有少部分为代议机关制定并通过的法律。上述这种“政策繁多而法律稀少”的经济立法格局失衡引发了诸多学者的隐忧。[3]

(二)矫枉过正:经济法中“泛法律化”趋向的形成

相比法律的恒常性、安定性和可预期性,政策具有相机性和易变性,其公开透明度和民主基础也显逊色。2008年次贷危机爆发,中国政府通过大量经济政策来应对这场浩劫,但是后危机时代这些政策带来的负效应引发了经济法学者对“政策之治”的反思,不断拷问政策的正当性理据,一股去政策化、政策法律化的思潮在学界蔓延。例如,在产业法领域,有论者主张我国产业政策层次低、效力不足、强制力欠缺,应当提升法律化的程度。[4] 在金融法领域,有论者指出金融立法存在行政主导的现象,规章过多过滥,呼吁借鉴美国《金融服务现代化法》和英国《金融服务和市场法》建立中国版的综合性法典。[5] 在财税法领域,有论者呼吁:“加快财政立法,哪怕是先出台不完善、不成熟的财政立法,也胜于

---

〔1〕 参见邢会强:《经济立法的供需分析》,载《南都学坛》2004年第5期。

〔2〕 参见肖江平:《对“加强经济立法”命题的质疑》,载《法学》1998年第5期。

〔3〕 经济法学者界定的政策或经济政策并不是指经济学意义上的信贷、货币、投资等政策工具,而是与“狭义法律”(全国人大及其常委会制定的法律)相对应的概念。

〔4〕 参见王立君:《后危机时代的中国产业政策法律化思考——以日韩经验为借鉴》,载《法学》2011年第6期。

〔5〕 参见黄欣、黄皓:《关于我国金融法治重构的思考》,载《中国法学》2002年第4期。

财政立法的缺失。"[6]在市场法领域,有论者建议应当"立法先行",加速推进市场监管法的法律化。[7] 这种"法律化"的思潮也深刻影响立法实践,在财税立法领域表现得极为突出。"十三五"期间,我国试图推进一项迅猛的"法律化"改革:要在 2020 年前将现有的 18 个税种全部上升为法律,这些税种绝大部分以"暂行条例""条例"等政策的形式存在[如《烟叶税暂行条例》(已废止)等]。

(三)研究对象的限定及研究意义的阐明

本文将上述这种加快推动经济政策向经济法律转化的学术潮流、观点主张和立法实践倾向。称为经济法中的"泛法律化"问题,其需进行 3 个方面的限定:(1)经济法学者对于"法律化"有两种意义的理解:一是指将经济政策上升为由民主代议机关通过的法律(狭义的法律化);二是不局限于追求其"形",而是把正义、秩序等法治理念贯穿整个经济治理,追求"形神兼备"(广义的法律化或称法治化)。[8] 本文所指的"泛法律化"限于第一种追求形式理性的法律化,并不指涉第二种追求实质价值理性的广义用法;前者是本文反思的对象,后者却是本文追求的目标。(2)本文研究对象为"泛法律化问题",所谓"问题"是一种总体性判断,并不能指涉经济法的方方面面。经济法体系庞杂,一些子部门法反而存在逆法律化、法律化不足或滞后的问题,但财税法、产业法、金融法等重要部门法已经出现"泛法律化"现象。当下,对这股"泛法律化"热潮提出冷思考具有重要意义。(3)本文并不笼统地反思一切"法律化",政策法律化是经济法最主要的产生机制,彻底封堵"法律化"通道,经济法就沦为无本之木、无源之水。本文反思的是超过立法者负荷能力的快速法律化、不具备立法必要性或迫切性的法律化以及不具备转化条件的法律化。

卡尔 · 施米特将法学思维范式分为决断论、规范论和具体秩序论。决断论下,法的终极意义在于决断,规范只是由权威主体的决断所生成的工具性产品。规范论则主张国家制定法至上,相信理性系统产生的实定法能够涵摄万象,对

---

[6] 参见邢会强:《财政政策与财政法》,载《法律科学(西北政法大学学报)》2011 年第 2 期。

[7] 参见苗延波:《论我国市场监管法律体系的构建与完善》,载《河南师范大学学报(哲学社会科学版)》2006 年第 5 期。

[8] 参见张守文:《税制变迁与税收法治现代化》,载《中国社会科学》2015 年第 2 期;金善明:《经济法治:政府与市场的规范逻辑》,载《江海学刊》2013 年第 5 期。

自由裁量权怀有深深的敌意。[9] 如果说,计划经济年代的经济立法受到了权威决断论的荼毒,那么当前削减政策的"泛法律化"趋向则陷入了规范论的窠臼。德国学者20世纪70年代以来围绕过分法化(*Verrechtlichung*)、法律泛滥的问题展开争论,提出了去法化(*Entrechtlichung*)、反法化(*Gegenvertechtlichung*)等概念,[10] 有别于其他领域法,经济法天然地与经济政策具有亲缘关系,有学者直言经济法的本质为经济政策法。[11] "政策泛法律化"的法实证进路对于经济法学科发展福兮祸兮?带着对该问题的慎思,本文分析了追求"泛法律化"存在的弊端并根据部门经济立法的实证观察提出矫正建议。

二、经济法"泛法律化"问题与中国社会发展的张力

(一)立法能力与规制国对政府治理的高要求

改革开放以来,中国创造了举世瞩目的发展奇迹,一个重要的方法论经验就是不断加强国家治理能力的建设,主要的直观表现为中国共产党领导下政府的治理能力不断提高。政府治理是"国家治理的具体实施和行政实现",[12] 中国政府在景气经济周期、调整产业结构、抵御金融危机、矫正信息偏在、加强国际竞争等方面都取得良效,蹄疾步稳地推动经济改革和对外开放,经济法学也在这个过程中勃然而兴。

主张经济政策尽可能"法律化"的论点往往潜含一种预设——我们的代议机关是全知全能者而非橡皮图章,能够通过科学严谨、体系自洽、面面俱到的制定法对经济社会发展进行安排和设计,限制行政权力的恣意,捍卫守法者的理性预期。然而,冰冷的现实是我国代议机关的立法能力薄弱,与繁重的立法任

[9] 参见[德]卡尔·施米特:《论法学思维的三种模式》,苏慧婕译,中国法制出版社2012年版,导读。

[10] 参见张世明、王济东:《企业并购法贯通论》,中国政法大学出版社2018年版,第15~29页。

[11] 参见史际春、邓峰:《经济法总论》,法律出版社1998年版,第60页;郑少华:《经济法与社会政策论纲》,载《华东政法大学学报》2008年第3期。

[12] 参见王浦劬:《国家治理、政府治理和社会治理的含义及其相互关系》,载《国家行政学院学报》2014年第3期。

务之间存在张力。全国人大常委会的会期制度是每年 6 次集会，每次会期约 5～7 天，每年总会期天数约 30～42 天，会期相较其他国家过短。[13] 世界议会联盟认为，立法机关每年会期天数在 75～125 天为宜。[14] 帮助提高立法能力的专职常委、立法助理、立法智库等配套制度尚有待成熟化。

仓促的"法律化"不仅影响立法质量，还会影响立法资源配置，干扰核心的立法议程设置。例如，立法机关将有限资源主要用于短时间内将尚能正常发挥功用(尽管形式并不完美)的"税收条例"转化为"法律"，而更为重要的财政转移支付法、政府债务法等立法空白得不到填补。此外，资源和时间有限的立法者容易受到政治和游说压力、不同价值观、外部舆论的"撕扯"进而出现偏离立法目的、影响立法质量、溢出立法合理边界的情况，中外立法者概莫能外。

(二)立法精细化主张与风险社会对自由裁量权的需要

法实证论者眼中，政策是变幻莫测的"利维坦"，唯有诉诸法律化，通过高度精细的立法语言避免法律空洞化，减少授权性条款，以切断政策增长的源头。有学者对我国 32 部法律进行统计分析，指出经济法中授权条文的占比为 19.75%，而民商法中仅为 4.93%。[15] 然而，无论是对立法文本高度精细化的追求，还是对授权条款的排斥都会导致政府的自由裁量权被不断挤压，被"繁于秋荼，而网密于凝脂"的法律条文所束缚。

相对传统私法，现代经济法在经济全球化、社会高度分层化、风险聚集化的环境中运行，经济规制者不仅需要应对工商化时代的现代性问题，还需要面对网络化时代的后现代性问题，这要求经济实定法应保留一定的授权条款并通过这些"通道"条款向政府转移部分立法职能，让政府进行卡尔 · 波普尔所谓的"试错法"，灵活应对社会复杂性、妥善处置各类风险。回应型法的特征反映在经济法上就表现为代议机关通过的经济实定法提供框架性秩序，但在该秩序之下存在广阔的开放领域，政府可以创制经济政策来填补法律空缺或形成新的规

〔13〕 参见李林:《全面深化改革应当加强立法能力建设》，载《探索与争鸣》2017 年第 8 期。

〔14〕 参见吴大英、任允正、李林:《比较立法制度》，群言出版社 1992 年版，第 356～358 页。

〔15〕 参见邢会强:《政策增长与法律空洞化——以经济法为例的观察》，载《法制与社会发展》2012 年第 3 期。

则,不断塑造、培育、引导良性经济秩序的形成。张守文指出:“现实的法律实施,只是提供了一个基本的规范框架。在这些法律调整基础上真正发挥作用的,往往是政策。”[16]这即是经济法生态系统的真实写照。试图用欧几里得式公理体系严控自由裁量不仅使经济法系统无法正常运转,经济法也会因此失去实质内核而形骸化。

2017年特朗普政府推出了堪称是美国近30年来最大的减税案,对全球经济产生重大的外溢影响。各个主权国家如果不及时采取措施,那么很可能在这场以减税为特征的新一轮国家竞争力重塑中落败。[17] 由此可见,在风险社会中政府不能只是“立法的传送带”,须承担广泛的经济政策创制职能,讲求能动法治而非形式法治;如果其没有委任立法权和自由裁量权,一切行动都被形式“法网”所控制,那么很可能在经济民族主义盛行的国际竞争中落败。“有许多事情非法律所能规定,这些事情必须交由握有执行权的人自由裁量,由他根据公众福利和利益的要求来处理。”[18]

(三)崇尚立法理性建构与市场经济秩序的自发扩展性

规范论者往往会步入一个思维误区:立法者拥有完美的理性系统,能够设计出反映经济规律、生成经济秩序的法律。然而,市场经济秩序是典型的自发性秩序,它只能在无数次的市场交换和交往中渐进性形成。[19] 试图通过预先设计的法律文本来建构市场经济无疑是马克思眼中忽视法律与物质基础关联性的“法学家的幻想”。[20] 早在20世纪末,肖江平就对“加强经济立法”的命题提出质疑,他认为该命题背后隐含“法律建构经济”的错误假设,在市场尚未形成就预先设计出全套的市场经济法律,或者拟出立法规划,那么这种经济只能是一种设计的经济、意志或权力的经济,他进而对经济立法过快的现象提出

〔16〕 张守文:《经济法理论的重构》,人民出版社2004年版,第132~133页。

〔17〕 参见孙瑜晨:《美国历次减税的启示与中国减税权问题研究》,载《经济体制改革》2018年第6期。

〔18〕 参见[英]洛克:《政府论》(下篇),叶启芳等译,商务印书馆1964年版,第99页。

〔19〕 参见[英]弗里德利希·奥古斯特·冯·哈耶克:《自由宪章》,杨玉生等译,中国社会科学出版社1999年版,第81~107页。

〔20〕 参见《马克思恩格斯全集》(第6卷),人民出版社1961年版,第292页。

担忧。[21]

历史上东欧国家曾采取了“休克式”或“清算式”疗法,妄图通过预先的整体设计彻底重构经济秩序,但以失败而告终。而中国的改革开放并没有人为设计的“改革蓝图”,而是根据改革中出现的具体问题,摸着石头过河,通过灵活的政策渐进地推动经济和社会转型。[22] 在这种进化论改革路径中,尽管无法通过制定法设计出详尽无遗的“一揽子”改革方案,但是政府可以通过政策用“柳叶刀”式的精心剪裁,引导乃至加速自发性秩序的生长,发挥后发优势。“在一个飞速发展的时代,生活的变化总是快过自发秩序形成所需要的周期。”[23] 无法被建构的经济秩序可以依靠政府调节而克服其演化惰性,加速其生长。因此,在我国经济立法格局中,旨在提供框架性秩序的制定法风格简约,授权条文占有一定比例;旨在用“有形之手”进行干预和介入的经济政策比重较大,这些法源分布特征与改革开放对经济法的要求是匹配的。

被丹宗昭信和正田彬誉为“经济法核心”的反垄断法就极为简约抽象,《谢尔曼法》只有寥寥数条。倘若离开了反垄断执法机构制定的指南、办法、意见等政策,反垄断法将无法施行。这是因为,市场竞争不是理性设计之物,反垄断法只能用模糊化立法提供框架性指引,执法者和法官需要在该框架内依靠制定法外规范引导和培育自发性的竞争秩序。[24]

三、部门经济法“泛法律化”问题的实践观察

(一)中国部门经济立法的观察

当前,中国多个部门经济法领域都呈现“法律化”的倾向,已有一些论者进行反思。例如,中国人民银行原行长周小川指出,金融监管与法律化存在潜在

---

〔21〕 肖江平:《对“加强经济立法”命题的质疑》,载《法学》1995 年第 5 期。

〔22〕 参见孙同鹏:《经济立法问题研究:制度变迁与公共选择的视角》,中国人民大学出版社 2004 年版,第 95 ~ 97 页。

〔23〕 参见毛玮:《论行政法的建构性与规范性》,载《现代法学》2010 年第 3 期。

〔24〕 萨缪尔森等经济学家指出:“反托拉斯法像一个大森林那样,是由几粒种子发展起来的。”[美]萨缪尔森、诺德豪斯:《经济学》(下册)(第 12 版),高鸿业等译,中国发展出版社 1992 年版,第 902 页。

冲突,0/1 式的、非黑即白的法律条文尽管比较容易描述,但缺乏连续性;函数式、连续性的虽然不容易描述,但是更适宜金融的调控和系统稳定,应作为政策制定和政策响应的方法。[25] 刘桂清批判学界关于产业政策“法律化”的主张:“产业政策内容法律化强调将政策上升为法律,却有可能疏于对政策本身的合规律性的检讨与反思,这样势必使一些与市场要求相悖的不科学、不合理的政策也披上法律的外衣。”[26]但是,相比金融法、产业法等,财税法中的“法律化”趋向更是彰明较著。党的十八届三中全会提出“落实税收法定原则”,该原则蕴含限制国家征税权和保障公民财产权的重大法治价值。但是,如果无法排除规范论思维的滋扰,“税收法定原则”存在异化为“税收法律原则”的风险。根据《贯彻落实税收法定原则的实施意见》规定的时间表,我国推动了一场将政策形式存在的单体税全部上升为法律的立法改革。“十三五”期间,全国人大常委会已按上述时间表审议通过环境保护税法、烟叶税法、船舶吨税法、车辆购置税法、耕地占用税法等,堪称法律工程奇迹。然而,立法能力及资源短缺的代议机关能否保障立法质量,不免引人忧虑。下面试举几例予以证明:

其一,烟叶税采用了最简单的“法律化”方式,即按照税制平移的思路,保持现行税制框架和税负水平基本不变,将暂行条例平移上升为法律,内容方面的实质性改动微乎其微。[27] 烟叶税中存在的——关于立法目的在于寓禁于征、控制烟草消费还是单纯为了增加财政收入?主要集中在云、贵、川三省的烟叶税是否有必要设为全国性税种等——诸多争议悬而未决。[28] 其二,在新通过的耕地占用税法中,耕地、占用、非农建设、视为耕地等核心概念依然模糊不明。例如,新法沿袭旧规将耕地规定为种植农作物的土地,但是否包括有种植潜力

---

〔25〕 周小川:《金融监管用法律思维管理会缺乏连贯性》,载财新网 2018 年 5 月 28 日,http://video.caixin.com/2018-05-28/101252834.html。

〔26〕 刘桂清:《产业政策失效法律治理的优先路径——“产业政策内容法律化”路径的反思》,载《法商研究》2015 年第 2 期。

〔27〕 参见肖捷:《关于〈中华人民共和国烟叶税法(草案)〉的说明》,载中国人大网 2017 年 11 月 1 日,http://www.npc.gov.cn/zgrdw/npc/xinwen/2017-12/27/content_2035734.htm。

〔28〕 参见张守文:《税制改革与税收立法的完善——以烟叶税为例》,载《法学杂志》2018 年第 2 期。

的休闲地、荒草地、未利用地、各级储备土地等并不明确。学界关于打破“法定耕地”和“视同耕地”二元分立的呼吁也未得到回应。[29] 其三,环境保护税法是第十二届全国人大常委会审议通过的第一部税收法律,但其实质也仅仅是“按照‘税负平移’的原则进行环境保护费改税”,[30]在征收范围、征收标准、负担主体等诸方面与排污费制度大同小异。在生态文明建设和政治文明建设任务“竞合”且时间紧迫的情况下,不得已而为之的“平移路径”导致环境税法偏离了庇古税原理,也失去与整体税制“生态化”相统筹的机会。[31] 其四,同样具有环保功能的资源税也实现了“入法”,且完成从量向从价计征的变革,但是依然没有摆脱“税制平移”的路径依赖。而且,对于矿区分散、管控困难、价格依据难以确定的少数非金属矿产品采用从价计征存在困难,相反从量计征更易操作。对五大类上百余种税目来说,“一刀切”的法律化可能会给基层部门带来巨大的稽征压力,更妥当的做法恐怕是对一些矿产品继续进行政策试验以确定最经济可行的稽征方式。

一些学者主张为实现法治赶超,可以先立法后完善或边立法边完善。但是,一旦政策形态下的争议被带入法律系统之中,再想纠正和弥补将存在巨大困难。相比政策变动,法律变动面临更复杂的利益博弈,要付出更高昂的程序成本及其他社会成本。为了维持权威和安定性,法律系统本身就具有守成和反变革取向,会产生自我强化的锁定效应,一旦某些事项以制定法的形式呈现,就

[29] 参见叶金育:《耕地占用税的语词内涵与教义进阶》,载《南京工业大学学报(社会科学版)》2018年第4期。

[30] 参见楼继伟:《关于〈中华人民共和国环境保护税法(草案)〉的说明》,载中国人大网2016年8月29日,http://www.npc.gov.cn/wxzl/gongbao/2017-03/29/content_2019467.htm。

[31] 参见何锦前:《生态文明视域下的环境税收法治省思——从平移路径到并行路径》,载《法学杂志》2020年第3期。此外,史际春指出,这种“把内行的工作交给外行”的模式会带来巨大的成本浪费,包括税务机关对技术性知识的学习成本、环境数据的转移成本等。参见史际春:《税收授权立法辨正——兼论财税法的性质和地位》,载史际春主编:《经济法学评论》第18卷,中国法制出版社2019年版,第223页。

应当尽可能地避免对该制度进行不断地修改和破坏。[32] 立法者既要杜绝不必要的频繁变动，维护法律稳定性，又要具有预测法律发展的能力，允许正当合理的少数变革并抓住开启的“变革之窗”尽可能解决遗漏问题。源于罗马法的物权法定原则是物权法构造的重要支柱，但是该原则的僵固倾向使新型物权无法被确认，因此近年来杨立新等学者呼吁确定物权法定缓和原则，[33] 这对于经济立法学无疑有启示意义。我国《立法法》第 65 条规定，国务院根据全国人大及其常委会的授权制定的行政法规，经过实践检验，制定法律的条件成熟时，应当及时提请全国人大及其常委会制定法律。从文义可推知：当条件尚不成熟时，涉税行政法规的功能性存续具有正当性（见表 1）。

表 1　部分单体税的“法律化”方式及问题

法律化对象	法律化方式①	遗漏问题
原《烟叶税暂行条例》转化为《烟叶税法》	税制平移，保持现行税制框架和税负水平基本不变，将暂行条例上升为法律	立法目的在于寓禁于征、控制烟草消费还是单纯为了增加财政收入？诸多问题，悬而未决
《耕地占用税暂行条例》转化为《耕地占用税法》	税制平移，保持现行税制框架和税负水平总体不变，将暂行条例上升为法律	耕地（是否包括未利用地、储备地）、占用（是否需要改变耕地权属或耕地用途）、非农建设、“视为耕地”等核心概念依然模糊不明
原《资源税暂行条例》转化为《资源税法》	税制平移，保持现行税制框架和税负水平总体不变，将暂行条例上升为法律	对于矿区分散、管控困难、价格依据不全的少数非金属矿产品采用从价计征存在重重困难

〔32〕 参见［美］E. 博登海默：《法理学：法律哲学与法律方法》，邓正来译，中国政法大学出版社 1999 年版，第 402 页。

〔33〕 参见杨立新：《民法分则物权编应当规定物权法定缓和原则》，载《清华法学》2017 年第 2 期；张志坡：《物权法定缓和的可能性及其边界》，载《比较法研究》2017 年第 1 期。

续表

法律化对象	法律化方式	遗漏问题
《船舶吨税暂行条例》转化为《船舶吨税法》	税制平移,保持现行税制框架和税负水平不变,将暂行条例上升为法律	采取吨位模式还是所得模式、经营国际业务中国籍船舶的车船税和船舶吨税的冲突问题等还存争议
《车辆购置税暂行条例》转化为《车辆购置税法》	税制平移,保持现行税制框架和税负水平总体不变,将暂行条例上升为法律	新法一刀切,未根据不同排量、污染程度设置差别税率,以致多用车多缴税、少污染保环境的汽车消费调节功能被虚置
排污费相关政策转化为《环境保护税法》	税负平移,根据现行排污费项目设置税目,将排污费的缴纳人作为环境保护税的纳税人,将应税污染物排放量作为计税依据,将现行排污费收费标准作为环境保护税的税额下限	排污费制度中负担主体覆盖不全、征收范围过窄、征收费率过低等问题被原样带到新法之中,偏离了庇古税原理。征收主体由环保部门改为税务部门,产生税务机关对技术知识的学习成本、数据转移成本等

①资料来自全国人大官网发布的“关于各个税法草案的说明”。

(二)美国部门经济立法的教训

作为典型宏观调控法的税法和作为典型市场监管法的反垄断法是经济法体系的重要支柱,而美国这两个部门经济法的立法进路却呈现巨大反差,背后原理值得深究。

美国反垄断法在施行之初就出现了对竞争干预过度的问题,保护了商业企业而非消费者。但是,该法所采用的开放性条文结构给了法官宽泛的授权,允许其根据芝加哥学派、后芝加哥学派、新布兰代斯学派等产业经济理论创设、调适保护静态和动态竞争的技术性规范,完成了“自我救赎”。反垄断法最著名的特征不在于它规定了什么,而是它没有规定什么。“……极其简洁的语言等于是在邀请联邦最高法院创设一套有关反竞争行为的‘普通法’。”[34] 在制定法确立的框架秩序下,法官充分自由裁量、反复试验,纠正对竞争的过度管制而走向

〔34〕 参见[美]克里斯蒂娜·博翰楠、赫伯特·霍温坎普:《创造无羁限:促进创新中的自由与竞争》,兰磊译,法律出版社 2016 年版,第 6 页。

放松管制的方向。

与反垄断法的抽象简约迥然不同，美国税法典（《美国国内收入法典》）却极为精细复杂，被一些规范论者视为法典化的圭臬。但是，这部堪称“世界上最庞大、最复杂、最难懂的法律”在美国饱受争议。该法典的条文都是由国会通过，这也是严格税收法定主义的体现。但是，由于纳税主体千差万别、各种组织形式层出不穷、税源和税基变化流动、避税和反避税复杂纠缠，立法者又缺乏完备的知识和高超的起草技巧，导致该法典的条文数量自1939年制定伊始就快速增长。国会为应对复杂情势、填补漏洞、解决歧义不断通过修法“打补丁”，一般规则有例外，例外之外还有例外，复杂性滋生进一步的复杂性，法典陷入不断扩张的棘轮效应。高度技术化和精细化的法典导致其难以被公众理解，即使是专业律师和会计师也需要长期练习。[35] 法官在解释税收规范时常常表现出挫败感，[36]税务部门自身也常常动摇，从总统、议员、官员到普通公众都在呼吁简化税制。[37] 过去几十年，美国也一直在努力简化法典，但大多数尝试都失败了，最主要的原因是立法过程中的政治因素。[38] 修法过程缓慢而烦琐，充满了利益集团的博弈和各种游说组织带来的压力。随着每一轮修法更多的利益妥协或新的利益机会被确定在法典之中，简化税制的初心最终导致法典进一步复杂化。斯坦利·萨利指出，制定详尽无遗的税法并只交由立法机关来保证其确定性须付出沉重代价，每个详细规则都会产生不确定性，需要添加更多的细节信息来解决较早的缺陷，最终导致信息的激增；详细的法典还需要高超的起草技巧，但是立法技术人员通常没有足够的时间。[39] 他提出，应当实现税法由细节化成文法（Detailed Statute）向一般化成文法（Generalized Statute）转变，授予

---

〔35〕 See Stanley S. Surrey, *Complexity and the Internal Revenue Code: The Problem of the Management of Tax Detail*, 34 Law and Contemporary Problems 673 (1969).

〔36〕 See Learned Hand, *Thomas Walter Swan*, 57 Yale Law Journal 167 (1947).

〔37〕 See Kenneth H. Ryesky, *Tax Simplification: So Necessary and So Elusive*, 2 Pierce law review 93 (2004).

〔38〕 See Steven A. Dean, *Attractive Complexity: Tax Deregulation, the Check-the-Box Election and the Future of Tax Simplification*, 34 Hofstra Law Review 405 (2005).

〔39〕 Stanley S. Surrey, *Complexity and the Internal Revenue Code: The Problem of the Management of Tax Detail*, 34 Law and Contemporary Problems 673 (1969).

财政部门更大范围的税收细节管理权限,通过同样具有权威性的规章保证税法的确定性。[40]

美国税法过度“法律化”,由此引发了一系列适用问题,值得警惕。[41] 与之形成鲜明对比的是,其简约抽象的反垄断法在工业经济向数字经济跃迁的时代依然能保持较强的生命力,能从容应对范围经济、多边市场、数据垄断、创新竞争等问题。这是因为反垄断法包容性的结构允许执法和司法者根据新问题、新技术、新理论进行“普通法改革”,尽管大数据时代反垄断法也将面临一系列的挑战,但大多涉及法解释学问题,并未推翻作为反垄断法基石的卡特尔禁止、滥用控制、经营者集中控制这三大支柱。“法治之法是什么”与“法律是什么”是不同命题,[42] 纠缠法规范结构的纯粹性,高速“法律化”容易陷入“法令滋彰”的怪圈,而失去对实质法治的追问。

税收法定原则在我国的正式落位无疑具有重大的法治意涵,但法治的真正实现从来都不是一步到位、一蹴而就的。张守文指出,如果所有的税种都采取简单的“平移”做法,那就既没有推进税制改革,也没有优化税收立法,由此带来的所谓的“税收法定”仅具形式意义,而并无实质价值。[43] 刘佐指出,应当从宪法、立法法的角度理解落实税收法定原则的内涵,不应当认为落实税收法定原则就是所有税收事项都由全国人民代表大会制定法律,更不应当认为落实税收法定原则就是把目前尚未制定法律的几种税收的行政法规全部“升格”为

---

〔40〕 Stanley S. Surrey, *Complexity and the Internal Revenue Code: The Problem of the Management of Tax Detail*, 34 Law and Contemporary Problems 673 (1969).

〔41〕 在税收法定原则起源地英国,大部分的税收法案是由政府通过每年提交的预算法案和财政法案来实现立改废的,议会法案仅仅规定税收立法的若干基本原则。在法国,除税基、税率和征收方式由议会决定外,其他税收事项都由行政部门通过条例来确定,以至税收条例占税收法律制度的90%以上。参见张天犁:《关于税收法定原则的一般考察及相关问题研究》,载《财政研究》2017年第6期。

〔42〕 参见彭中礼:《法律渊源论》,方志出版社2014年版,第346页。

〔43〕 张守文:《税制改革与税收立法的完善——以烟叶税为例》,载《法学杂志》2018年第2期。

法律。[44]

四、经济政策"法治化"的二元进路

(一)经济政策在法治系统中的独立功能分析

现代法治系统中产生的政策,其内涵和外延已决然不同于人治社会的政策,现代规制国已然无法离开政策,其是满足公民福利增长需求的必然选择。[45] 泛法律化倾向容易形成一种国家实定法垄断一切的法源观,遮蔽政策等国家其他社会规范的秩序塑造功能。黑勒指出,国家执政者及其权力机关不可能凭一己之力维持整个法律秩序,更重要的目标是建立社会常规性。[46] 社会常规性的形成不仅需要依靠制定法的强制力,还需要依靠其他规范。

私法学者一般主张政策应以转介或隐性的方式遁入司法裁判来发挥间接调整作用,此种附属定位导致政策的民事法源地位在原《民法总则》中被褫夺。但在经济法中,政策发挥独立且重要的功能;如果没有政策对经济法律的具体化,法律的模糊性和原则性将导致经济失序乃至无序。其一,经济政策具有独立的实施功能。以代议机关实定法为基础的刚性体系始终受囿文本疆界的限制,无法满足因时而变、因势而新的调整需求。熨平经济波动、平衡社会发展、实现再分配及第三次分配正义等复杂和技术化调节目标须通过政策来实施。经济政策已然是实现经济法调控经济生活的一种独立方式或一种独立思维。[47] 其二,经济政策具有对制定法的拾遗补阙功能。市场经济是不可知经济,这需要经济制定法具备一定的抽象性。唯其如此,哈耶克指出,为了实现自

---

〔44〕 刘佐:《中国税收立法"十三五"回顾和"十四五"展望》,载《21 世纪经济报道》2021 年 1 月 27 日,第 004 版。

〔45〕 参见史际春、胡丽文:《政策作为法的渊源及其法治价值》,载《兰州大学学报(社会科学版)》2018 年第 4 期。

〔46〕 Mariano Croce & Andrea Salvatore, *The Legal Theory of Carl Schmitt*, Routledge, 2013, p. 38.

〔47〕 参见甘强:《论经济法中的经济政策——以银行法领域的政策运用为例》,载《江西财经大学学报》2019 年第 6 期。

发竞争秩序,要有调整市场运行的抽象规则系统(而非具象规则系统)。[48] 法律文本抽象性所造成的"开放结构"(哈特语)需要政策进行补充、明确、细化和落实。其三,经济政策具有试验功能。理性有限、知识不完备的立法者所精细设计的"阅读秩序"仍然会与实际的"自发秩序"对立,这也是哈耶克所谓的"国家法的危险性"。判例法国家依靠法官主导的"普通法"进行试验以规避这种危险性,成文法国家一定程度上由政府政策实现这种试验功能。其四,经济政策具有立法负担疏解功能。面对不断增长的福利需求,"稀缺的立法资源和有限的起草时间"迫使立法者必须慎重对待立法优先顺序。[49] 政策的存续可以让立法者把资源分配给更紧迫的立法项目,科学安排立法序位和赋值。其五,经济政策具有立法素材供给功能,政策的持续变革为经济立法提供驱动力。

应当承认,经济政策也有诸多弊端,特别是政府对经济政策的持续性调整与法的安定性诉求存在张力。但是,"法律化"并不是万能良方,草率为缺陷或瑕疵政策披上法律外衣会造成更大的危害。

(二)法治化二元进路:政策入法与政策合法

经济法治追求的不是生成更多的经济法律,而是形成带来善治的经济制度。制度,是指在长期交往中产生的被大多数成员内心认可和遵从的稳定机制或常规性状态,既包括实定法一类的"明确法律",也包括德沃金所说的依赖原则、政策、政治道德等的"隐含法律"。纸上的实定法不等于制度,其须经过往复实践才能结构化,建立能提供行为指引的框架性秩序,进而才能称为制度。[50] 同时,制度也不排斥政策,经实践检验的稳定政策同样能"推动着经济制度的形成和变迁",[51] 从而法律与政策能够在"制度"这一基础上实现结盟。对于"政策之治"存在的易变、恣意、寻租、不透明等弊端,制定法整合政策只是矫正路径

---

〔48〕 参见韦森:《从哈耶克"自发——扩展秩序"理论看经济增长的"斯密动力"与"布罗代尔钟罩"》,载《东岳论丛》2006 年第 4 期。

〔49〕 参见[美]安 · 赛德曼、罗伯特 · 鲍勃 · 赛德曼、那林 · 阿比斯卡:《立法学理论与实践》,刘国福等译,中国经济出版社 2008 年版,第 64 页。

〔50〕 参见张世明:《大道贵中:制度思维与竞争法学建构》,载《财经法学》2019 年第 6 期。

〔51〕 参见邓峰:《经济政策、经济制度和经济法的协同变迁与经济改革演进》,载《中国人民大学学报》1998 年第 2 期。

之一，实现政策内容的合法化更为重要。

1. 政策入法：一般和特色双层转化标准的建构

尽管经济法律与政策共生共济、相辅相成，但二者始终产于彼此独立的两个系统。根据卢曼社会系统论的观点，政治系统产生的政策只有符合法律系统的标志或者对法律系统产生有效激扰时，才能进入法律系统。换言之，只有满足一定限度条件、符合法律系统运行符码的部分政策才能被“转译”为法律。[52]立法平移做法就忽略了这种转译要求进而可能引发系统风险。

(1)一般转化标准

一般而言，只有全局、稳定、成熟、必要的政策才能成为有“入法”资格的法源性政策。德国学界就何种事项属于议会法律保留、何者在法律保留之外的划界问题提出了“重要性理论”，即对于基本权利之实现具有“重要性”的事项属于法律保留范围。[53] 全局、稳定、成熟、必要性标准与重要性理论异曲同工，不过更具象和更具可操作性。首先，在社会规范体系中处于最高位阶的法律所调整的是影响社会生活全局的重要社会关系，因此那些“对社会生活、社会未来发展具有重要影响力的政策”才应法律化。[54] 全局性也意味着应当以整体公共利益为价值取向，渗入局部及部门利益、体现地方保护主义的政策应当被“过滤”。其次，“法律化”为社会过程引入了行为导向的安定性和稳定性，[55]是实现政策稳定的理想方式，但这须以政策本身稳定为前提。政策稳定、成熟也意味着其已被大多数成员认可、接受和遵行，将“成规”上升为“经制”更有利于法治。最后，政治系统与法律系统之间的沟通和转化存在成本，应强调政策转化的必要性，在立法资源稀缺的时代更是如此。一些政策内容虽然合法，但技术上不宜或不必以立法形式表现出来，则不具有立法之必要性。[56] 从反方向上看，法律保留原则也构成了一道标准。奥托·迈耶认为，法律保留原则要求法

[52] 参见杜健荣：《法律与社会的共同演化——基于卢曼的社会系统理论反思转型时期法律与社会的关系》，载《法制与社会发展》2009 年第 2 期。

[53] 参见杨登峰：《行政法定原则及其法定范围》，载《中国法学》2014 年第 3 期。

[54] 参见陈潭：《公共政策学》，湖南师范大学出版社 2003 年版，第 167 页。

[55] 参见[德]莱因荷德·齐佩利乌斯：《法哲学》(第 6 版)，金振豹译，北京大学出版社 2013 年版，第 79 页。

[56] 参见陈铭祥：《法政策学》，台北，元照出版有限公司 2011 年版，第 139 页。

律在“特定范围”内排除行政的自行作用。[57] 通说认为,该“特定范围”为个人自由、财产等基本权利,非依法律国家不得入侵。因此,如果某政策涉及对该“特定范围”的侵害,则必须转化为法律才具有正当性,留置于政治系统中即是对,法治国原则的悖反,法律系统对此类政策应收尽收。

全局、稳定、成熟、必要等正向限定和法律保留的反向约束对于非经济政策也具有通约性,因而构成一般性标准。但是,经济秩序虽“嵌含”于社会秩序中,但却因其自身特性展现出“脱嵌”能力。不同于社会、文化、政治等秩序,经济秩序通过价格和竞争实现知识和信息的分散化传导,能够入法的经济政策相比行政政策或社会政策,更注重对价格机制和市场秩序的维护、关注成本收益比和经济效益的分配、尊重经济秩序的自发性和进化性。这意味着对于经济政策的法律化,在一般标准之上还应当引入契合经济系统的特色标准。

(2)特色转化标准

弗赖堡学派的代表人物欧肯将经济政策区分为秩序政策和过程政策。秩序政策,是指国家确定的经济主体必须遵从的法律和社会总体条件,旨在建立一个有运作能力和合乎人的尊严的经济秩序,其包括立约自由、货币稳定、私人产权、开放市场、责任制、经济政策的恒定性等内容。过程政策是指在给定的秩序框架下,针对经济运行过程本身所采取的能影响价格—数量关系变化的国家干预调节措施手段的总和。[58] 欧肯认为,国家应当建立和维持一个辖制市场运行的法律规则框架,秩序政策应当被赋予经济宪法的地位;同时他也反对米塞斯的自由主义,认为经济秩序也需要国家运用过程政策进行合理调节。

笔者认为,这种类型化主要功能在于调节经济过程的经济规范以“政策”形式存在更科学合理,政策的灵活、因变、相机等性质允许治理精英摸着石头过河,应对各种难以预测的经济问题;主要功能在于保障一个基于价格和竞争规律的框架性秩序的规范则应以制定法的形式存在,借助法律威权形成恒定的“经济宪制”。依据“过程和秩序”的二分思想可推知,财税法中“框定”国民分配秩序和财产关系的稳定性、框架性、基础性财税规范应当“法定”[如央地财政

---

〔57〕 [德]奥托 · 迈耶:《德国行政法》,刘飞译,商务印书馆 2002 年版,第 70 页。

〔58〕 参见[德]瓦尔特 · 欧肯:《经济政策的原则》,李道斌等译,中国社会科学出版社 2014 年版,“译校序”;[德]何梦笔:《秩序自由主义》,董靖等译,中国社会科学出版社 2002 年版,第 4 ~9 页。

关系,财权、事权及支出责任的配置,预算制度,税种的设立、税率的确定和税收征收管理等税收基本制度(《立法法》第 8 条),财政转移支付制度等];而调节性、相机性、灵活性、技术性、执行性财税规范(如财政补偿政策、财政汲水政策、倾斜性税收优惠政策、对税收事实认定的规定[59]、税务调查、类型化观察等)则倚重政策系统。在竞争法领域,反垄断实定法极其简约,一般包括维持竞争秩序的规范(如卡特尔禁止、滥用禁止及并购控制,反垄断调查,法律责任规范等),而技术性、具体性、情境性的竞争过程调节则诉诸大量政策(如相关市场界定规定,汽车、电信、医药、知识产权、平台经济领域反垄断指南等)。在金融法领域,旨在维持金融市场秩序的规则框架属于应以法律确定的秩序政策(如金融监管机关及其监管范围、信息披露、金融商品的发行与交易、金融消费者权利及其保障、处罚及救济等),但为了实现币值稳定、对金融市场过程进行灵活调节,要保证中央银行在货币政策上的独立性,赋予其较大的具体政策创制权。在产业法领域,成熟性中长期产业政策的形成意味着稳定的产业秩序已经建立,符合转化条件则应入法,形成稳定的产业竞争法和产业秩序法(如 2007 年发布的《煤炭产业政策》的一些内容就被《煤炭法》吸收);但为解决产业压迫而形成的过渡性、短期性、倾斜性产业政策宜以政策形式存在,形成灵活的产业素质法和产业培育法。

此外,以政策产生的利益效果为基准,经济政策还可以进行侵害性政策和授益性政策的二分。征税、反垄断规制、经济罚则等侵害性事项因涉及对某种个体权利的限制或某种义务的增加而应进入法律系统,这也是法律保留原则的体现;照顾性/扶持性减免税、财政补贴、公共投资、政府褒奖、各种对价或非对价的给付等授益性事项则在法律和预算授权框架下以政策的形式存在,有助于特定正义目的之实现,实现经济法的调节功能。未来应当对特色转化标准投入更多的智慧,快速、全面法律化并无益于经济法中法与政策关系的协调。

2. 政策合法:从政策产生到终结的全周期治理

需要注意的是,"政策入法"的治理效果终归有限,因为能"转译"进入法律系统的政策历历可数,法网密布也不等于法治昌明。更可取的做法是,从内部视角强调政策的合法性研究,赋予政策以法的品格,夯实政策的正当性根基。

---

[59] 参见黄卫、郭维真:《税法法律保留原则的实践分析与确立路径——以我国台湾地区"司法院"解释为参照样本》,载《税务研究》2019 年第 10 期。

从政治学和法学的角度看,合法性意味着民众愿意把政府所颁布的政令作为合法的和有权威的政令加以接受。政策获得合法性一般通过制定规则的行政过程得到体现,但是如果它不能被公众认可,那么也不具有实践价值,因此合法性既具有程序性要素,也具有实质性要素。[60]

(1)程序性要素合法

政策法治化应当体现程序正义,保障公民的稳定预期和信赖利益。就我国政策制定程序而言,一方面,通过《立法法》对委任立法权进行限定;另一方面,在 2017 年年末陆续修订《行政法规制定程序条例》《规章制定程序条例》等(对经济性法规规章当然适用),基本形成了一套严密的程序法防控体系。但是,仍有需要完善之处。例如,《立法法》规定应明确授权目的、事项、范围、期限及应遵循的原则,比之"空白授权"时代体现了法治进步。但是,授权理由说明、被授权机关应遵循的标准或程序、评估及监督等内容仍需细化。安·赛德曼等指出,立法者可将自由裁量权减至事情性质所能允许的最窄范围;在决策输入过程中,限制政府官员只能决定特定的问题;限制决策的方式,如必须通过充分辩论、论证、为决策提供详细的书面理由。[61] 又如,《规章制定程序条例》,一方面,在强化公众参与和实现信息公开方面做出努力;另一方面,对于公开征集规章制定项目建议、起草过程的论证咨询、向社会公布及征求意见、听证会等程序,要么允许规章制定机构自主决定是否启用,要么施加了模糊的限定条件变相让规章制定机构决定。如《规章制定程序条例》对于听证程序的启动引入一个前置性限制——需要进行听证的,应当举行。

程序正义不仅体现在政策的订立环节,还应涵摄政策的退出,让政策从出生到死亡、全周期全图景置于阳光下。"法律化"不是政策终结的唯一形式,还可通过政策废止、政策替代(新政策代替旧政策)、政策合并(整合重复或功能相近的政策)、政策分解、政策淡化(减少资源投入、设置过渡期、逐步缩小实施范围等)、加入"落日条款"等方式。既有研究对政策的退出程序缺乏关注,已完成任务目标或丧失正当性的"僵尸政策"大量存在,有始无终。一些政策的退出往

[60] 参见[美]B. 盖依·彼得斯:《美国的公共政策——承诺与执行》,顾丽梅等译,复旦大学出版社 2008 年版,第 95 页。

[61] 参见[美]安·赛德曼、罗伯特·鲍勃·赛德曼、那林·阿比斯卡:《立法学理论与实践》,刘国福等译,中国经济出版社 2008 年版,第 469 ~477 页。

往由偶然性焦点事件推动、采取自上而下的权威主导路径，具有压力性、突击性、无序性特征；未来应加强对政策退出机制的研究，形成由公众推动的、自下而上的程序组织路径（如建构公民政策修改、废止请愿程序[62]），体现正式性、经常性、有序性特征。

（2）实质性要素合法

在实质性要素方面，应当追求政策内容法治化，建立政策审查机制，确保其实质内容符合法治精神。我国建立的公平竞争审查制度就是这方面的实践体现，其囊括市场准入和退出、商品和要素自由流动等 4 类 18 项审查标准。但是，并不是所有干扰市场的经济政策都可以妥当适用这些竞争审查标准。以普通化妆品消费税为例：从竞争法维度分析，普通化妆品和奢侈化妆品不具有需求替代性从而构成两个独立的相关市场，对前者征税并未对该市场的竞争造成干扰，因为相关市场中的在位竞争者都须承担此税负，符合公平竞争原则。但从财税法角度看，对消费奢侈品行为征税具有引导理性消费的正义目的，普通化妆品消费税政策不具备此种正当性。是故，该政策于 2016 年被取消。同理，对金融、财政、产业、贸易、消费、就业等异质政策一体适用竞争审查标准可能不敷使用，引起假阴性或假阳性问题。

鉴于不同经济政策差异显著，未来可形成针对所有经济政策的"政策制定机构内部审查 + 专门政策审查机构外部审查"的双轨型大审查制度。内部审查阶段，政策制定机关除依据公平竞争审查标准外，还可依据税收中性、量能课税、财政中性、金融效率等其更擅长的专业标准展开审查，这些标准本身就内嵌亲市场理念。例如，税收中性要求征税应避免干扰市场，不能使税收取缔或超越竞争成为资源配置的决定因素；量能课税要求税收负担之分配不应伤及税本和损害个体竞争能力；财政中性要求非依公益目的国家不能通过财政扶持给非公共性企业不正当竞争优势；金融效率原则要求应当按照成本效益考虑而非国企、民企等企业所有制性质提供融资等服务。在外部审查阶段，美国信息与规制事务办公室为核心的审查模式可资参考。该办公室直接隶属总统办公室，审查职权由《文书削减法》及总统行政令直接规定，具有超脱和独立的科层地位；其主要审查"经济上重要"的规章（涉及经济、生产力、竞争、就业等），依据规章

[62] 美国法中存在一种比公众意见征求程序更具刚性的公民规则制定请愿程序（Petitions for Rulemaking），可资考察。See 5 U. S. Code § 553(e), 555(b), 555(e).

的综合影响、潜在风险、是否为最具成本效益方式、对弱势群体及小微企业的特殊影响、同行评议等标准，可作出不改变归档、改变归档或不予归档的决定。仅2015年被改变归档的政策高达89.63%，审核力度之大可见一斑。[63]

五、结语：走向包容的经济法治

理性系统产生的制定法不是自足的，不可能凭一己之力克服非理性产生的一切不利，而是须与政策等其他规范共同做功，才能形成一种符合社会常规性且被社会成员内心遵从的稳定制度。史际春教授指出，我们应当追求的是政策法治化而非政策法律化，确保政策在宪法法律和合法授权的框架内运行，接受问责制等社会性约束，以此克服政策的恣意。[64] 认可政策的独立功能并不会损伤法律的威严，法律优位原则允许法律可以废止所有与其相冲突的意志表达，[65] 政策本身也受到实质性和程序性的双重限定。尽管在经济立法中，将政策转化为法律是经济法非常重要的一种生产机制，但是这种转化必须与立法机关的能力相匹配，必须满足一定的转化标准或程式(尤其是契合经济法性质的特色标准或程式)。如果转化时机尚未成熟或不满足转化条件，经济立法应当保持包容性。一些经济政策即使没有被国家制定法吸纳或整合，但若具备“法”的品格，那么同样也能型构经济法治的实践图景。我们应当强调的是经济政策与经济法律的融合互补性而非竞斥性，让二者共同在经济法治建设议题下实现通功易事。

---

〔63〕 参见金成波：《信息与规制事务办公室：美国行政立法的看门人》，载《国家行政学院学报》2016年第5期。

〔64〕 史际春：《法的政策化与政策法治化》，载陈云良主编：《经济法论丛》第31卷，社会科学文献出版社2018年版，第54页。

〔65〕 参见王贵松：《依法律行政原理的移植与嬗变》，载《法学研究》2015年第2期。

Realistic Reflection and Correction on the Trend of Generalized Legitimization in Economic Law

Sun Yuchen

Abstract: After rethinking the distribution of legal sources with fewer laws and more policies, an ideological trend about advocating de-policy or policy legitimization is spreading in economic law academia, and profoundly influencing the theory and practice. Many points in this trend are manifestations of normative theory, such as entangling the purity of normative structures, advocating the legislators' constructive rationality, distrusting the discretion and formalizing for Norm. The empirical analysis of legalization in the Chinese and American sectoral economic laws reveals that policies entering the legal system must satisfy certain transformative conditions, otherwise policies should be given a certain survival space in order to exert their functions of regulating the economic process, testing for spontaneous order, and strengthening statutory laws. To achieve the rule of law in economic policies, we should attach importance to the external perspective of "policy into law", and establish general and special double-layer transformative standards; we should also emphasize the internal perspective of "per se legal policy", and endow the policy with inherent virtue from both procedural and substantive aspects.

Key words: Economic policy; Policy legitimization; Reform and open policy; Normative theory; Spontaneous order

多元规范秩序的隐性竞争与合作生成*

——以老旧小区新能源车充电设施安装为例

陈洪杰**

内容摘要：

对于老旧小区因为停车位供需矛盾而在新能源汽车充电设施安装等诸多层面诱发的一系列不规范现象，如果一味用规制主义的思路去处理问题，要么可能会引发更为隐蔽的机会主义替代性方案生成，要么在物理或者心理层面形成社会抵制。更合适的做法应该是基于一体建设和多元共治的基本思路，在不同的规范逻辑和秩序空间之间进行综合评估，两害相权取其轻，将机会主义的社会秩序生成引导、对接到国家法秩序的规范框架内。

关键词：

相邻关系　权利冲突　法律规避　规范折叠　法制主义

我国社会的快速发展使得很多老旧小区的公共设施规划，已经滞后于社区居民日新月异的生活需求。新能源车充电桩安装就是突出的问题之一。很多老旧小区在设计之初，未曾充分考虑到社区居民随着社会发展会有如此庞大的私家车保有量。为了缓解停车位供不应求的矛盾，这些小区往往通过后期整改来尽可能增加小区停车位数量，见缝插针设计停车位的情况比比皆是。这种在汽油车时代形成的相邻关系，随着时间的推移已经成为相关各方默认的既成事实，大体上倒也相安无事。

然而，随着很多私家车主换购新能源汽车，自然就需要在停车位上加装充

---

* 本文系教育部人文社会科学研究一般项目“全面依法治国视野下人民司法的当代历史使命研究”（项目编号：21YJA820005）的前期研究成果。

** 上海政法学院司法研究所教授。

电桩设施。对于车主这种单方面改变停车位使用状态的行为,受到影响的相关业主经常会出于对新技术安全问题的警惕和担忧而表示反对,由此引发相邻关系纠纷的不在少数。而与新能源汽车保有量蓬勃发展的市场现象形成鲜明反差的是,国家对于由此引发的一系列社会连锁反应加以规范性调整的制度体系却处于严重滞后状态。这就使得相关主体之间的利益博弈经常处于一种规范投射的“空缺结构”中,对于很多可操作性层面的具体事实问题,利益相关方却经常面临规范依据指向性不足的难题。

在这个“事实/规范”无法有效对接的“空缺结构”中,规范之光的投射就像从浓密的热带雨林顶部洒下来的阳光那样游移不定。权利和权利以及权利和权力之间的博弈,就像底层丛林世界里各自野蛮生长争夺生存空间的植物群落一样,出现很多看似光怪陆离,实际上却自有其内在生成逻辑的“权利/权力”图景。

本文的写作契机就源自笔者本人亲身经历的一次相邻关系纠纷。通过这起事件笔者对新能源车充电桩安装过程中所涉及的权利冲突、规范投射和社会秩序生成等现象有很多意外的发现。这些发现与传统法律中心论的法治观念之间有颇多龃龉之处,希望能够借此作一个初步的检讨和反思。

一、问题视角与分析框架

一般认为,我国的法治建设是按照“法的供给”这一国家建构主义进路自上而下层层推进的,[1]这首先体现在党的十一届三中全会确立的社会主义法制建设的十六字方针中:“有法可依、有法必依、执法必严、违法必究。”这样一种崭新的法制建设进路主要诉诸理性主义的规范体系建构为国家法秩序奠基。

为了实现有效的制度供给,以立法作为效力原点的国家法秩序必须在法律适用的时空维度上谋求一种像空气和阳光那样普遍弥散,并且足以对所有法律适用对象都产生均质化效果的支配张力。用苏力教授的话来说,就是要努力实现“国家制定法(对社会)的影响和渗透”以及“建立大致统一的现代法制”。[2]

---

〔1〕 参见徐媛媛:《中国法治进程中的国家角色》,载《人大法律评论》编辑委员会组编:《人大法律评论》2020年第1辑·总第31辑,法律出版社2020年版,第139页。

〔2〕 参见苏力:《法治及其本土资源》(第3版),北京大学出版社2015年版,第62页。

这在实践进路上主要是凭借国家强大的组织和动员能力，通过各种“普法”“联合执法”“送法下乡”等自上而下的法治进路“将国家的力量延伸到共和国每一寸土地”。[3]

从顶层设计的角度来看，国家法治所设想的是一种以法律为中心的社会秩序生成机制。但现代法治理论已经在不同程度上意识到，国家制度供给与有效秩序之间并不必然是正相关的。苏力教授借“秋菊的困惑”这一知识隐喻所试图表达的正是内在于国家正式制度与社会生活秩序之间潜在的紧张关系。[4] 冯晶博士认为，“法的供给”作为一种顶层设计采取的是自上而下的“俯视”视角，对自下而上的社会需求和秩序生成逻辑存在观察盲点，有必要进行视角转换。[5] 也正是在这个问题视角下，刘作翔教授认为，在当代中国社会中，现实存在的秩序结构仍然是一个以法治秩序、礼治秩序、德治秩序、人治秩序、习惯秩序、宗法秩序等组合而成的“多元混合社会秩序结构”。面对这样一种客观现状，我们应该致力“构建法治主导下多元规范和多元秩序共存共治的社会秩序结构”。[6]

这就产生了一系列非常现实的问题，在具体的经验领域，法律所试图引导建构的规范秩序与其他构成潜在竞争甚至替代关系的秩序结构之间究竟应该如何划分其逻辑边界？自上而下的制度供给与自下而上的秩序生成又是如何形成相互作用的？当社会秩序演化自发形成一种对法律秩序的替代性方案时，又该如何实现在法治主导下多元规范和多元秩序的共存共治？

而作为进入问题的前提，下文将从一个具体的个案出发，探讨法律是如何作为一个影响因素介入社会底层运作的秩序生成逻辑中的。

---

[3] 苏力：《崇山峻岭中的中国法治——从电影〈马背上的法庭〉透视》，载《清华法学》2008 年第 3 期。

[4] 参见陈洪杰：《法律国家主义的困境——一个关于“秋菊/李雪莲”的知识隐喻》，载《中国政法大学学报》2019 年第 2 期。

[5] 参见冯晶：《支持理论下民事诉讼当事人法律意识的实证研究》，载《法学研究》2020 年第 1 期。

[6] 参见刘作翔：《构建法治主导下的中国社会秩序结构：多元规范和多元秩序的共存共治》，载《学术月刊》2020 年第 5 期。

二、个案：相邻权人知情同意权的实践生成

作为本文讨论对象的相邻关系纠纷发生在 S 市 P 区 P 街道一个在中国社会颇为常见的商品房小区(J 小区)。J 小区像大多数 S 市的老旧小区一样存在停车位供需矛盾问题，为了解决现实问题，小区在开发商原有设计规划之外又增设了诸多相对固定的临时车位，相对固定的意思是指业主可以长期承租某个临时车位，从而形成一定意义上的固定车位。在我家(位于楼栋 102 室)北卧室与厨房一侧窗外就设置有一个此种性质的临时停车位，该车位与楼栋建筑物呈平行设置，中间间隔大约 1.5 米宽的灌木绿化带。说得通俗一点，这台车几乎就相当于挨着我家窗台停放。由于我们当时买入的是二手房，这个车位的存在对我们来说是一个既成事实，因此，虽然这个车位的日常使用不时给我们的起居生活带来一些干扰(比如，早晨睡觉正酣的时候，突然就可能会被遥控钥匙开启车门时“滴”的一声所惊醒)，但这些琐碎问题并不值得大费周章，所以我们与车主方一直相安无事。

直到有一天，车主主动与我们交涉，提出要在停车位上安装新能源汽车充电桩。考虑充电桩的电磁辐射问题，以及电气设施的消防安全隐患，我们对此表示明确反对，同时我们也向物业反馈了情况。而与物业的交涉则让我们产生一种错觉，认为我们作为相邻权人具有一种足以对抗车主的知情同意权，未经我们的同意，车主不能擅自安装。

但事实上，车主根本没有在意我们的反对，而是在一个下午单方面地进行了施工安装，等我们得到消息赶到现场时，安装工作已经接近尾声。我们试图加以制止，而车主则向我出示了有物业盖章的书面文件(这份文件的正式名称是“电动汽车充电设施安装登记证明”，由物业公司负责盖章证明“已按充电设施建设管理要求为申请人完成充电设施安装”)。这让我们感到意外，因为物业向我们传递的信息使我们一直认为，如果我们没有点头同意，物业是不会给车主盖章证明的。面对这种相持不下的僵局，我们拨打了“110”。出警的警官在了解事情经过之后给出了他们的立场：其一，在相邻关系当事人没有取得一致意见之前，任何一方不应该单方面改变现状，因此，车主应当先行拆除充电桩，恢复原状；其二，如果双方当事人确实无法协商解决问题，可以走司法途径，以法院裁判为准。也许是出于某些原因，车主倒是没有和警方“硬扛”，于是问题

得到了暂时的解决。

但是,等到"110"撤离现场之后,车主却又重新强硬起来,他认为自己已经合法、合规地完成了全部报批程序,政府的政策文件并有规定其在安装之前一定要取得其他业主的同意。最后,车主还撂下一句"狠话":他早晚还会把充电桩再装回去的,如果我们有意见,可以打官司,法院判决他拆,他才拆。

这样一来,继续交涉没有实际意义,我转而跑去向物业经理要说法。而这个时候,物业经理的说法却与车主如出一辙:根据政府文件的精神,车主在自家固定车位上安装充电设施的,物业公司要予以配合协助,不得设置障碍。在这个过程中,我接到了小区所在街道居委干部Z的电话,她根据"110"联动反馈,向我了解报警事由。我把事件过程简单地介绍了一遍,等我讲到物业未经我同意就给车主盖章证明这一段时,她下意识地"啊"了一声,说"为什么你还没同意,物业就会给他盖章了呢"?我又把物业的解释复述了一遍,并希望向她进一步了解,根据所谓的相关文件精神,车主安装充电设施到底是否需要经过相关业主的同意?Z说,这个问题不在居委会职能范围内,因此并不是十分了解,她只是觉得既然涉及邻里关系,从预防矛盾的角度来看,事先取得同意的做法较稳妥。

至此,我已经逐渐意识到这场权利冲突的相关问题症结:

其一,我作为相邻权人到底有没有那个既真实又虚幻的知情同意权?说它"真实",是因为在事件演进过程中,几乎所有的中立第三方都在不同程度上认为车主有必要与我取得协商一致("110"在这个问题上的立场显得尤为突出和关键);而说它"虚幻",是因为如果车主和物业经理没有撒谎,这个所谓的知情同意权似乎又缺乏有效的规范依据。这就产生了另一个耐人寻味的问题,如果没有规范基础,这个所谓的知情同意权又究竟是如何成为一种几乎是不约而同的多方共识的?

其二,如果确实不存在一个法定的知情同意权,一旦车主继续强行安装充电桩,并造成既成事实,我就只能诉诸排除妨碍或者消除危险的权利逻辑来提出自己的请求权主张,那么这根引发冲突的充电桩究竟是否构成法定意义上需要加以排除的危险和障碍?

三、规范依据和司法类案:貌似无害的充电桩

经过检索发现,与安装充电设施最直接相关的规范文件就是《S市电动汽

车充电设施建设管理暂行规定》(以下简称《S 市暂行规定》),该规定的政策导向是配合国家推广新能源汽车的产业战略,其第 6 条规定:“鼓励已建住宅小区、交通枢纽、超市卖场、商务楼宇,党政机关、事业单位办公场所,园区、学校,公共停车场、道路停车位等建设充电设施,可以结合旧区改造、停车位改建、道路改建等实施。”与“鼓励”的政府指导精神相适应的是,《S 市暂行规定》在“建设方法”上亦要求相关责任主体予以支持和配合,其第 19 条规定:“电动汽车用户在住宅小区有自有产权车位或经车位产权人同意,在租赁期一年以上的固定车位上安装充电设施的,物业服务企业应当予以支持和配合。”

看来车主和物业经理确实没说错,在涉及充电设施安装的地方规范层面,相邻权人的因素从未在任何意义上纳入规范制定者的视野中,在“鼓励、支持和配合”的政策基调下,《S 市暂行规定》通篇没有任何涉及相邻关系的处理准则,更不存在任何所谓相邻权人的“知情同意权”。从相关案例来看,司法机关也持上述判断。

比如,在“王某 1、杨某与王某 2、茆某相邻关系纠纷案”中,原告及第三人对安装充电桩的位置提出异议,主要是基于被告未提前征得原告及第三人同意,以及存在漏电、影响通行等方面的因素。而法院则认为,目前暂无法律法规规定安装充电桩之前需经相邻方之许可,仅要求按规定办理相关审批手续。在规范安装、正确使用的情况下,原告及第三人并无证据证明上述装置对其人身、财产安全构成威胁,故对原告的主张本院不予采信。[7]

如此一来,我们就只能寄希望于充电设施安装的技术安全标准,看能不能找到有关安全距离之类的规定。

然而,根据《电动汽车充电基础设施建设技术规范(S 市工程建设规范)》(DG/TJ08 -2093 -2012)(以下简称《汽车充电设施建设规范》),我们能够找到最具相关性的条款是“充换电站的设计和建设 4.1.1”中关于选址问题第 3 款、第 4 款的规定:“不应设在厕所、浴室或其他经常积水场所的正下方,且不宜与上述场所相贴邻;应与有爆炸或火灾危险环境的建筑物保持不小于 10m 的间距。”按照这一规定,最有可能进行“事实/规范”涵摄适用的就是我家厨房与引发争议的充电桩之间只有 1 米左右间距。但是,厨房固然是既涉及用水,也涉及用火,但在法教义学层面有待更进一步厘清的是:厨房是否属于“经常积水场

〔7〕 上海市嘉定区人民法院民事判决书,(2019)沪 0114 民初 20021 号。

所”？1米间距是否属于“相贴邻”？厨房是否因为涉及用火就可以算作是“有爆炸或火灾危险环境的建筑物”？这些问题实际上都有很大的弹性解释空间，在相当程度上取决于解释者的“前理解”。

而就在同属S市的一个类似个案中，法官的“前理解”对我们也是明显不利的。在“陆某敏等诉唐某等消除危险纠纷案”，原告主张充电桩的安装位置距离原告窗外燃气管道很近，严重威胁到原告及其家人的人身和财产安全。而法院则认为：“油电混合动力汽车以电能替代燃油作为主要动力来源，因其节能、环保的特性获得国家的鼓励和支持……被告唐忠依照规定的流程办理了用电申请等手续，充电桩专用电表已安装完成，连接电源与充电桩的电线已经布设完毕，在规范安装、正确使用的情况下，上述设施的安装位置和方式对原告并不构成妨碍，原告并无证据证明上述装置对其人身、财产安全构成威胁，故对原告的主张本院不予采信。”〔8〕

由是观之，无论是基于规范、类案，还是证明责任逻辑，即便真的诉诸司法渠道，我们在方方面面似乎都处于明显的不利地位。但这个事实反而更是增加了我的疑惑，如果在本次事件中，车主安装充电桩的权利诉求无论在政策导向、规范依据还是技术标准层面都挑不出毛病，那么为什么我们作为相邻权人那个缺乏规范依据的知情同意权反而会构成其顺利实现自身权利的障碍，并且至少在事件发展到“110”行政处理这个环节时甚至还导致其处在一种不利地位？其中肯定有我们未曾考虑到的因素，只是我们对此尚不得要领。

四、柳暗花明：被规避的停车场防火规范

由于充电桩是引发权利冲突的争议焦点，所以我们全部的注意力和思路都聚焦在充电桩的“安全性/合法性”问题上，但恰恰在这个问题方向上我们陷入了一筹莫展的僵局，在现有的规范逻辑层面，显然是车主的权利主张更占优势。

直到我们转换思路，尝试从与停车场有关的技术安全规范中寻找依据，这才从一部名为《汽车库、修车库、停车场设计防火规范(GB50067－2014)》(以下简称《停车场防火规范》)的部门规章中找到了突破口，其中最直接相关的就是涉及防火间距的4.2.1条款。据此，停车场与民用建筑物的防火间距应视建筑

〔8〕 参见上海市虹口区人民法院民事判决书，(2016)沪0109民初22239号。

物本身防火等级进行合理设置,即便与停车场毗邻的建筑物属于最高防火等级,从停车场靠近建筑物的最近停车位置的边缘到相邻建筑物的外墙也要保持6米的间距,如果建筑物防火等级较低的话,在停车位与建筑物之间最远需要保持10米的防火间距。从立法目的解释来看,这一规定主要是为了避免机动车或建筑物在发生火灾时产生互相影响。根据住房和城乡建设部公告(第595号),《停车场防火规范》为国家标准,4.2.1条为强制性条文,必须严格执行。[9]

如此一来,我们大致就能理解那个被“生造”出来的知情同意权的内在生产逻辑了:物业经理曾对我们作过解释,物业在一开始接到车主申请时就尝试与其沟通,希望车主能够把车位调整到不影响居民楼的路边停车位,并且物业方面愿意为其提供相应的协助,可惜车主却因为嫌麻烦而并不领情。物业经理告诉我,如果车主一开始愿意调整到路边车位,那么在这类车位上安装充电桩就不会涉及其他业主的同意问题。而车主却执意要在其原有车位上安装,物业经理对此虽然也有点恼火,但在《S市暂行规定》鼓励已建小区建设新能源车充电设施的政策背景下,其在物业公司的立场上认为自己也不好违背政策精神给车主设置障碍,所以只好在配合车主的同时又叮嘱车主要取得受影响业主的同意。这番说辞当然是物业经理撇清己方责任的一种话语策略,未必全都是真话。但我们依然可以从中推断出,作为专业服务机构,物业方面对这个车位在消防规范层面的安全隐患应该是有一定认识的,但由于一些我们不得而知的因素(也许是因为车主家是楼道组长和业主代表,甚至还可能是业主委员会成员),物业仍然愿意替车主“打掩护”,所以才有了要征得受影响业主同意的替代性方案。而从“110”方面的现场处置来看,出警的警官对于如此临近居民住宅楼的停车位所可能涉及的安全隐患问题也应该是有一定直观认识的,所以也同样产生了这样一个不谋而合的判断:在未取得相邻权人同意的情况下,车主不应当单方面改变现状。

但这其实也意味着,如果我们作为相邻权人缺乏必要的“维权”意识,或者碍于邻里面子予以同意,那么在无人反对的情况下,这一招“瞒天过海”就可以不动声色地绕过《停车场防火规范》,造成新的既成事实。

---

〔9〕 参见《住房和城乡建设部公告第595号——关于发布国家标准〈汽车库、修车库、停车场设计防火规范〉的公告》。

五、光影交织的规范投射与剩余权力的行使

在调整社会关系时能够做到“有法可依”是一回事,既定规范能否按照预设的规范逻辑去实现秩序生成却又是另一回事,尤其是在现代社会已经迈入高度功能分化的时代背景下,不同的社会功能子系统往往预设高度差异化的运行逻辑,使用相互区分的沟通代码,这就使相应的规范体系在分别对接这些差异化的功能需求时就容易出现规范逻辑之间的隐性冲突和相互遮蔽。

在本文讨论的相邻关系纠纷所涉及的诸多规范中,旨在对接国家推广新能源汽车产业政策的《S 市暂行规定》与旨在维护建筑物消防安全的《停车场防火规范》在各自的规范逻辑层面就存在功能取向的差异。尽管从表面上看,这两部规范之间未必一定存在显性的冲突,《S 市暂行规定》其实也同样考虑到了消防安全问题,其第 27 条第 9 款亦已明确规定,“市消防局……部门按照各自职责,做好相关工作,支持充电设施规范有序建设”。但特定的功能取向显然会影响职能部门所采取的规范视野,基于“支持充电设施规范有序建设”的功能预设,消防部门的规范视野当然也就有理由只限定在充电设施本身,而根据 S 市电力部门主导制定的《汽车充电设施建设规范》,在新能源汽车充电设施作为常规电力设施进行建设安装的安全规范逻辑中,本身也并不存在与建筑物保持必要安全间距的问题,这样我们就能理解为什么本次权利冲突事件中的车主方能够合法地在所有政府职能部门完成报批审核流程。

这也意味着,规范投射的社会实效可能并不一定与规范本身的效力逻辑成正相关,而是在相当程度上受制于规范实践的参与者在事实上形成的注意力分配逻辑,这在本文的权利冲突例子中就表现为一种典型的政策裹挟现象:在国家大力推广新能源汽车的政策导向下,“事实/规范”之间的相互对接,以及规范实践参与者的注意力分配会更加优先地导向那个更显在的《S 市暂行规定》,这就在客观上导致了缺乏关注的《停车场防火规范》处于一种“效力折叠”的状态,无法有效实现符合制度预期的规范投射效果。

一个更能说明问题的情节是,我们曾经因为物业公司“擅自”同意车主在有消防安全隐患的车位上安装充电设施向 S 市“12345”市民热线投诉物业公司履职不当。对此,来自物业方面的说法是他们曾经向主管部门 P 街道房管办作过

“请示”,[10]房管办给他们的答复是只要符合《S市暂行规定》第19条并且经业主委员会的同意授权,物业公司应对新能源车主安装充电设施的请求予以配合。[11] 后来在“12345”平台机制下负责对接问题处理的也正是这个P街道房管办,面对我们的质疑,相关工作人员反复强调他可以“严肃负责”地“知会”我们,在这个问题上他们是经过专门业务培训的,其工作主旨就是为了配合国家推广新能源汽车的产业发展政策,在落地实施的环节就《S市暂行规定》第19条向各方面提供政策咨询,为支持充电基础设施建设改造提供政策引导。[12] 但他们只负责一般抽象性的政策解读,并不提供个案指导意见,更不会进行现场勘验,同时他们也没有行政执法权去干预充电设施的安装与拆除。至于我们提出的停车位防火间距问题,该工作人员也反复强调,这不是房管部门的职能范围,他们不能对我们的诉求作出行政响应,我们可以另行投诉消防部门,或者通过街道居委会以多方协商的方式加以解决。

我们可以看到,在“鼓励、支持”的政策基调之下,政策执行与规范实施的变形、走样在所难免,甚至生产出一种超出既有规范逻辑的剩余权力,而这同样涉及《S市暂行规定》第19条的政策解读问题:在事件发展陷入僵局的时候,我们也注意到另外一个事实,那就是在我们实际居住的另外一个H小区虽然同样也新增了很多各大品牌的新能源汽车,但从未有任何一个车位上有过安装充电设施。部分原因可能是因为这个小区的车位设置情况与J小区有所不同,J小区的车位设置绝大多数都是固定车位,而H小区的停车位供需矛盾更紧张,所以绝大多数的车位设置都是非固定的临时车位,业主们每天下班进小区的头等大事就是给爱车抢占一个空车位。非固定的临时车位当然是不符合充电设施安装条件的,不过这个解释并不完全成立,因为在H小区至少也还有五六十个停

[10] 根据《S市暂行规定》第27条第4款的规定,市住房保障房屋管理局负责电动汽车充电设施建设涉及的住宅和办公楼宇物业服务企业的监督管理工作。

[11] 这里面的政策依据是《关于加快居民区电动汽车充电基础设施建设的通知》(发改能源〔2016〕1611号),其第4条规定,对于占用固定车位产权人或长期承租方(租期一年及以上)建设充电基础设施的行为或要求,业主委员会(或业主大会授权的管理单位)原则上应同意并提供必要的协助。

[12] 物业经理曾向我“吐槽”,早期物业方对于车主安装充电桩的要求是不予同意的,结果是被车主投诉到“房管办”,“房管办”的“意见”是“当装则装”。

车位是属于固定车位设置的,但这些车位上也同样没有安装充电设施的先例,这恐怕就涉及政策文件的理解适用问题了。H 小区物业公司对此的答复很具代表性:根据 S 市政策文件,只有在"自有产权车位",或者"经车位产权人同意"在租赁期一年以上的固定车位上才符合安装充电设施的条件,H 小区所谓的固定车位在性质上其实并非私人产权车位,而是属于公共区域停车位,其产权人是全体业主,没有经过业主大会同意授权,不符合建设改造充电设施的条件,所以在 H 小区从未有车主安装充电设施的先例。

而 J 小区的例子中,所有这些复杂的要件最终化约为一个简单事实,即只要停车位的实际使用人能够拿到一份为期一年的固定车位租赁合同,就被视为符合《S 市暂行规定》的政策要件。这里面毫无疑问就涉及小区自治权力机构和物业管理公司这样的社会中介机构对相关法律规定的剪裁适用了(《停车场防火规范》的国家强制性规定就是这样被选择性无视了),而政府职能部门为了体现"鼓励、支持"充电基础设施建设改造的政策导向,对此也就采取了默许,甚至是"宽纵"的态度。

由是观之,在从国家规范秩序想象到社会现实秩序生成的逻辑转换过程中,规范之光并不总是畅通无阻地照耀万物,"而是在具体场景的权力关系网络的复杂运作中,在种种冲突和妥协中,以迂回曲折的方式触及我们的社会生活"。〔13〕在这样一幅光影交织的规范投射图景中,社会保留相当的自治空间。〔14〕

六、国家法秩序如何"规范"机会主义的社会秩序生成

如果按照"有法可依、有法必依、执法必严、违法必究"的国家法制主义视角,在老旧小区解决停车难以及相关衍生问题的现实秩序生成逻辑中,可以说随处可见机会主义的痕迹。H 小区有两个非常典型的实例值得一提:

例 1,尽管在执行《S 市暂行规定》关于停车位改造建设充电设施的方面,H

〔13〕 强世功:《法制与治理——国家转型中的法律》,中国政法大学出版社 2003 年版,第 245 页。

〔14〕 参见夏正林:《论乡镇法治政府建设路径的法治化》,载《苏州大学学报(法学版)》2021 年第 2 期。

小区表现得非常“规范”，但不可回避的问题是，小区新增新能源汽车需要充电却又是非常现实的“刚需”，其结果是，有的车主就使用家用电源线从自家窗户外“飞线”对电动汽车进行充电，有的电线甚至是从高层楼房中拉出来的。这种情况在各个老旧小区其实颇为普遍，据统计，在S市，有近三成电动汽车的车主因为无法安装充电设施而选择“飞线充电”。[15] 显而易见，这种现象在用电安全和消防安全层面都是存在严重隐患的。

例2，截至2016年年初之前，H小区因晚归而找不到停车位的业主会把车停到小区外侧的一条街道上，这条路属于城市道路交通网的一条支道（双向四车道），并且其沿着小区外侧绿化带延伸到街区的尽头就被另一个街区的建筑群挡住了去路，形成一个T型的交通走向（俗称“断头路”），因此到了晚上车流量稀少，虽然被小区车辆违规停放占用了一条行车道，但并不影响正常交通。只要车主在第二天早晨8时之前把车辆驶离，交警一般并不对之进行处罚干预。但S市自2016年3月25日起强力开展道路交通违法行为大整治，警方提出“零容忍”“全覆盖”目标，每天投入1000余辆警用摩托开展动态巡查执法，同时大量辅助使用“电子警察”监控设备，打造全天候非现场执法网络。[16] 这就有效遏制了夜晚违章占用城市道路停车的现象。于是，H小区到了晚上找不到车位的车主就开始把车“加塞”到住宅楼道下的岔路上，不少楼道岔路到了晚上就会一辆接着一辆首尾相连地“塞”满了私家车。与此同时，“加塞”的车主一般都会在前挡风玻璃下压上一张电话号码，这样，被堵在里面的车主如果要出车，就可以给“塞”在后面的车主打电话挪车。而到了早晨上班的时候，就可以看到当有车主打过几通电话之后，其他车主就会纷纷赶来，陆续发动汽车后一辆接一辆地徐徐倒车退出，除偶尔也会有“粗心”或者“不地道”的“加塞”车主没有留下联系方式而造成一些小麻烦外，这样的情景日复一日，倒也秩序井然。但这当然只是表面现象，真正的问题在于，这些楼道下的岔路在紧急情况下其实都是消防安全通道，一旦发生楼道火灾，如果因为车辆堵塞通道导致消防车不能及时驶入灭火，其后果可能是不堪设想的。

通过上述两起实例可以看到，受制于规范参与者注意力分配逻辑的不同，

---

〔15〕 黄友健：《住宅小区安装电动汽车充电设施引发纠纷的思考》，载《上海房地》2017年第3期。

〔16〕 凡军：《S市：交通大整治》，载《新华每日电讯》2017年4月5日，第8版。

在功能取向各有不同的规范逻辑“挤压”下,本来应该最具优先级的消防安全规范在H小区反而处于极其边缘的地位。据笔者与一位消防部门工作人员的私下交流,S市曾经发生过因为消防通道堵塞而导致的恶性火灾事件,有关部门也痛下决心提出一定要把生命通道打通。但落实在H小区,唯一的变化就是在各个楼道的岔路口印上了一行黄字——“消防通道,请勿占用”,其他则一切照旧。对于这个事实,几乎所有的规范参与者似乎都有一种熟视无睹的漠然。

也正是在这样的事实背景下,我们对前文所述的相邻关系纠纷处理也深深地打上了机会主义的烙印——尽管按照《停车场防火规范》,争议停车位并不符合消防安全规范看起来是一个不争的事实,但我们并没有按照“房管办”工作人员的建议直接把问题“捅”到消防职能主管部门。这主要有以下两方面的考虑:其一,老旧小区停车位设置不符合消防安全间距要求在S市是一个极其普遍并且长期存在的历史遗留问题,这种“事实/规范”两分的现象让我们并不十分确定S市相关职能主管部门在处理这类问题上是不是有一些我们并不掌握的“地方性知识”,把窗户纸捅破对我们来说未必一定就是最有利的。其二,从谈判策略上来说,“引而不发的弓”才是最有震慑力的,直接把问题“捅”到消防主管部门就意味着我们把所有的牌都摊到了桌面上,这会把纠纷双方都逼到无路可退的墙角,其结果也许是“两败俱伤”,无论是从长期邻里关系的角度,还是从投入时间、精力的角度,我们都不愿意把这个事情“闹大”到需要司法解决的地步。鉴于此,我们采取了务实的立场,只要车主方不单方面改变既成事实,我们也不拿停车位的消防安全问题说事。于是,问题得到了解决,车主最终联系其他业主调换了车位。就这样,在综合考虑了成本、收益和风险之后,纠纷双方当事人以一种机会主义的“共谋”又一次把《停车场防火规范》搁置到了一边。

颇具悖论意味的是,在国家法秩序视角下,上述规范困境其实也在一定程度上折射出我国经过长期法治建设的艰难探索和自我反思而逐渐生成的观念进步:基于“和谐社会”的执政方略,国家/政府不再借法律之名毫无节制地将代表国家意志的规范主义逻辑强行输入、渗透到每一个社会细胞的每一次微观运作中,而只是尽可能构筑一个让社会可以平稳顺滑运行的制度监视框架和宏观体制环境,在这个结构性背景下,国家和社会互为环境,互相观察,以规范作为交往媒介进行相互磨合。国家尽可能避免以一种自上而下强制贯彻的权力支配逻辑去“规范”社会,而是在给社会现实需求提供一定缓释出口和磨合空间的前提下进行规范对接,理性化社会秩序的缔造离不开习惯、习俗、人情、经验等社会规范的参与。[17]

S 市在处理老旧小区违法搭建违章建筑问题上的做法堪称典范，政府改变了早前极易激化社会矛盾的“强拆整改”做法，而是把这个问题对接到二手房交易规范体系中加以解决。具体来说，政府允许存量“违建”继续存在，但对之进行普查登记，一旦业主需要把涉及“违建”的房产投入二手房交易市场，就必须按照政府规范进行自行整改，否则政府不予办理过户手续。在这里，国家法制主义的规范目标不再以那种充斥着暴力象征的强制手段来加以自我贯彻，而是诉诸规范秩序之间的相互衔接和效力整合来达成整体目标。尽管这个过程不可避免会导致规范效力阴影的出现，但对于国家法秩序的合法性再生产无疑是有巨大正向意义的。

更合适的做法应该是基于一体建设和多元共治的基本思路，在不同的规范逻辑和秩序空间之间进行综合评估，两害相权取其轻，将机会主义的社会秩序生成引导、对接到国家法秩序的规范框架内。比如，随着私家车全面新能源化的趋势逐渐推进，无论 J 小区还是 H 小区目前的权宜之计注定将不能有效回应业主们对新能源车的停车充电需求，政府能不能对夜晚通行压力不高的城市非主干道路进行公共充电设施改造，限时段有偿充当夜间临时车位。既不实际影响公共交通，又切实解决社会现实需求。当然，这样一种秩序引导和对接必须以公共资源提供公共服务的合法性逻辑作为规范性前提，以社会动议和政府规划作为双向驱动机制，实现政府与社会的合作治理。

Implicit Competition and Cooperative Generation of Normative Order
—Taking the Installation of New Energy Vehicle Charging Facilities in Old Residential Areas as an Example

Chen Hongjie

Abstract: For a series of non-standard phenomena induced by the contradiction between parking space supply and demand in the old community at many levels, such as the installation of charging facilities for new energy vehicles, if we blindly use the idea of regulation to deal with problems, it may either lead to the

〔17〕 程政举：《法治社会司法理性的多维度分析》，载《司法智库》2020 年第 2 期。

generation of more hidden opportunistic alternatives, or form a social resistance to the logic of national legalization at the physical or psychological level. A more appropriate approach should be to conduct a comprehensive evaluation between different normative logic and order space based on integrated construction and pluralistic co governance, take the lesser of the two evils, and guide and connect the generation of opportunistic social order into the normative framework of national legal order.

Key words: Adjacency relationship; Conflict of rights; Legal evasion; Standard folding; Legalism

迈向合作性司法对话：欧洲人权法院对共识性司法教义的适用*

范继增**

内容摘要：

共识性司法教义是欧洲人权法院进行演化性解释《欧洲人权公约》权利的司法方法。部分学者指出，演化性解释公约文本超越了人权法院的职权范围。但是，《维也纳条约法公约》为人权法院适用共识性司法教义提供了规范性基础。人权公约"促进人权保障的进一步发展"的目标，以及人权法院将其视为"维护整个欧洲公共秩序的宪法文件"为适用演化性解释提供了基础。人权法院通过比较法途径识别人权保障领域中是否呈现共识性发展的结果或趋势。但是，人权法院适用共识性司法教义呈现与法治要求相冲突的情景。甚至少数者也惧怕共识性司法教义为限制其权利提供合法性基础。因此，需要从完善司法对话的视角解决共识性司法教义与法治间的冲突：从宏观合作性司法对话的视角，寻找是否存在欧洲保障具体权利内容的确定性共识和立法发展的趋势；从微观合作性司法对话视角，寻找缔约国法院是否在公约解释的方法或者标准中存在法理性的共识。

关键词：

共识性司法教义　司法对话　演化性解释　边际裁量　法治原则

---

* 本文系国家社会科学基金一般项目"宪法与国际法关系研究"（项目编号：18BFX034）的阶段性成果。作者谨以本文纪念逝世的保罗·卡罗扎（Paolo Carrozza）教授。

** 山东工商学院法学院副教授。

一、前　言

共识性司法教义(doctrine of consensus)是欧洲人权法院(以下简称人权法院)进行演化性和动态性解释《欧洲人权公约》(以下简称人权公约或者公约)的重要方法。在司法实践中,人权法院依据共识性司法教义界定缔约国在人权公约框架下享有解释和适用公约权利边际裁量(margin of appreciation)空间范围。缔约方享有的边际裁量范围与公约缔约方的共识性程度成反比:当欧洲理事会成员方在相关权利的重要性和最佳保障方式中并未达成共识时,缔约方就享有更大的边际裁量空间;反之,边际裁量空间就会缩小。共识性司法教义的基础,可以回溯到 20 世纪 70 年代学者提出的"人权公约是一部活法典"的理论。此后,自"泰瑞尔诉英国案"(Tyrer vs. UK)判决后,人权法院就将其作为动态性解释人权公约权利的工具。

共识性司法教义不是源自《欧洲人权公约》文本规定的解释公约权利的方法,而是司法实践中检验缔约国限制基本权利的程度是否在人权公约允许的范围之内。但是,部分法官与学者认为适用共识性司法教义与法治原则相冲突,从而否定判决结果的正当性。[1] 部分学者认为人权应具有"反多数"的性质,[2]担心共识性标准导致少数人的公约权利变成多数人暴政的牺牲品。[3]本万尼斯蒂认为,人权法院既不应该寻找共识,也不应该给予缔约方自由裁量

〔1〕 Jeffrey A. Brauch, *The Dangerous Search for an Elusive Consensus: What the Supreme Court Should Learn from the European Court of Human Rights*, Howard Law Journal, Vol. 52:2, p. 290 (2009).

〔2〕 George Letsas, *Strasbourg Interpretative Ethic: Lessons for International Lawyer*, European Journal of International Law, Vol. 21:3, p. 511(2010).

〔3〕 Dimitrios Kagiaros, *When to Use European Consensus: Assessing the Differential Treatment of Minority Groups by the European Court of Human Rights*, in P. Kapotas & V. Tzevelekos eds., Building Consensus on European Consensus: Judicial Interpretation of Human Rights in Europe and Beyond, Cambridge University Press, 2019, p. 285.

空间。[4] 雷根认为，人权法院应该放弃适用共识性司法教义，转而效仿欧盟法院"自治性解释"方法阐释公约权利的内容。[5]

人权法院依据比较法确定欧洲共识是否存在。但是，适用比较法的方式缺乏科学性和说服力。人权法院通常主观地筛选可以支持其观点的法源，抑或是在承认不存在既有共识的情况下，主观性创造"持续不断的发展趋势"和"新兴共识"等新的概念作为演化性的理由。布劳奇认为，不断改变寻找共识的方式将导致缔约国和上诉人无法预测"何为共识"以及"是否存在共识"。[6] 甚至通过违反法治方式得出的欧洲共识会破坏人权法院和缔约方的纵向分权，褫夺缔约方立法机构的权威。

已有的研究忽略了人权法院兼具宪法性法院和国际性法院双重属性。人权法院需要按照《维也纳条约法公约》(以下简称《条约法公约》)第 31 条的规定解释《欧洲人权公约》。并且，在辅助性原则的框架下划分人权法院审查权和缔约国履约自由裁量权的范围[7]；但是《欧洲人权公约》前言表明公约的目的是"促进全欧洲共同了解和推进实施人权保障"。人权法院在"罗伊齐度诉土耳其案"(Loizidou vs. Turkey)中将人权公约描述为"欧洲公共秩序的宪法性文件"。[8]

适用共识性司法教义是维护人权法院作为宪法性国际司法机构的必然结果。但是，传统的法治概念与能动性的人权保障存在矛盾，其本质是缔约方和欧洲人权法院纵向权力分配的冲突。因此，笔者欲从细化合作型司法对话的途

---

〔4〕 Eyal Benvenisti, *Margin of Appreciation*, *Consensus*, *and Universal Standard*, Journal of International Law and Politics, Vol. 31:4, p. 852(1999).

〔5〕 Daniel Reagan, *European Consensus: A Worthy Endeavour for the European Court of Human Rights*, Trinity College Law Review, Vol. 51, p. 69 – 74 (2011).

〔6〕 Jeffrey A. Brauch, *The Dangerous Search for an Elusive Consensus: What the Supreme Court Should Learn from the European Court of Human Rights*, Howard Law Journal Vol. 52:2, p. 287 (2009).

〔7〕 Alastair Mowbray, *Subsidiarity and European Convention on Human Rights*, Human Rights Law Review, Vol. 15:2, p. 321(2015); Belgian Linguistic Case, appl No. 1474/62, judgment 13 July 1968, para. 10.

〔8〕 Loizidou vs. Turkey, appl No. 15318/89, judgment 23 March 1995, para. 75.

径,优化人权法院在寻找欧洲共识性标准的方法。

首先,为了分析共识性司法教义的正当性和合法性,笔者需要依据《维也纳条约法公约》和《欧洲人权公约》与国内法关系的视角探讨适用共识性教义的规范基础。其次,笔者将从本体论的视角揭示"共识性司法教义"的本质。再次,笔者将分析共识性司法教义适用的问题。最后,笔者将探讨如何从宏观与微观合作型司法对话视角提出解决共识性司法教义适用过程中的固有问题。

二、适用共识性司法教义的法理基础

司法教义或解释方法的规范正当性,源于实证法对法院释法方法的支持或授权。从社会学视角分析,合法性源于受其管辖的民众或者缔约方政府普遍接受人权法院对该司法教义的适用。由于《欧洲人权公约》是区域性国际法文件,所以欧洲人权法院必须依据《条约法公约》的规定解释《欧洲人权公约》。《条约法公约》第 31 条为将"(条约词汇)的上下文"(the terms of the treaty in their context)和"符合条约的目的与宗旨"(in the light of its object and purpose)作为解释的基础。

(一)缔约方的"嗣后实践"作为寻找共识的法理基础

《条约法公约》第 31 条第 3(b)款为人权法院以公约缔约方法律共识演化性解释公约提供基础。缔约方在履行国际法的嗣后实践可以推定为在原有国际法框架下达成的新协议。倘若《欧洲人权公约》缔约方将抽象的公约标准转化为具体的国内法达成一致或者多数国家达成共识时,人权法院可以依据《条约法公约》第 31 条第 3(b)款的要求统一公约保障标准。

人权法院依据各缔约方"嗣后实践"进行动态性解释国际法规则的权威是否可以忽略主权国家"同意"的意思表示?菲兹莫里斯认为,"演化性解释违反了神圣的国际法原则"。[9] 然而,由于各公约缔约方带有不同的政治目的,难以判断各缔约方"同意"受约束的范围。

但是,各缔约方落实人权公约的具体实践可以构成"默示的"与"发展性"共识。当缔约方在转化公约的国内立法条文和释法上达成共识后,人权法院可

[9] Malgosia Fitzmaurice, *Dynamic (Evolutive) Interpretation of Treaties (Part I)*, in J. Lammers ed., Hague Yearbook of International Law, 2008, p. 151.

以认定欧洲共识的存在。例如,在“法布里诉法国案”(Fabris vs. France)的判决中,人权法院在42个缔约方中发现40个缔约方都已经取消了儿童继承权取决于出生时父母间关系的法律规定。[10] 然而,第31条第3(b)条款没有强制性要求法院必须遵照各国的“嗣后实践”寻找欧洲共识。人权法院在部分案件中虽然确认欧洲共识的存在,但是没有将其作为判决和解释的唯一依据。[11] 结合人权法院动态性解释公约的需要,依据各缔约方“嗣后实践”寻找共识性标准的司法途径会增强公约解释的正当性。通过比较法的方式向当事国展现多数公约缔约方采用更高的人权保障标准可以更好地说服缔约方接受人权法院在新领域或者新环境下的判决。[12]

(二)国际法条约对欧洲共识性人权标准的塑造

人权法院通过援引其他国际条约的方式论证全球或者欧洲是否在特定的人权保障领域达成共识。在“玛古斯诉克罗地亚案”(Margus vs. Croatia)的判决中,人权法院指出,“不能凭空解释公约权利条文,必须以符合构成其权利的国际法一般原则的途径解释之”。[13] 即便相关的国际法规范出现冲突,人权法院会尽力“用国际法判例和相关的学说来调和它们的冲突”。[14] 因此,图尔肯法官认为,捏合国际法普遍原则和全球性条约是建构欧洲人权保障标准的关键。[15] 人权法院的判例法不断地扩展和细化《条约法公约》第31条第3(c)款的规定,将其作为适用国际法和解释人权公约的依据。援引国际条约和一般国际法原则成为权威性地解释人权公约的方法。

布雷默曾提议人权法院可以将缔约国批准或者加入的其他国际条约中的

---

〔10〕 Fabris vs. France, appl No. 16574/08, judgment 7 February 2013, para. 34.

〔11〕 Kanstantsin Dzehtsiarou, *European Consensus and the Legitimacy of the European Court of Human Rights*, Cambridge University Press, 2016, p. 152 - 153.

〔12〕 Kanstantsin Dzehtsiarou, *European Consensus and the Legitimacy of the European Court of Human Rights*, Cambridge University Press, 2016, p. 185 - 188.

〔13〕 Margus vs. Croatia, appl No. 4455/10, judgment 27 May 2014, para. 129.

〔14〕 Nada vs. Switzerland, appl No. 10593/08, judgment 12 September 2012, para. 170.

〔15〕 Françoise Tulken, *Introduction*, *Fifty Years of European Court of Human Rights Viewed by International Fellow Courts*, *Strasbourg*, 30 January 2009, Accessed June 24, 2019, https://www.echr.coe.int/Documents/Dialogue_2009_ENG.pdf.

具体性义务规范作为解释公约权利的导向。[16] 在“马克斯诉比利时案”(Marckx vs. Belgium)中,人权法院首次援引了仅有少数国家批准的欧洲理事会制定的两个保障非婚生子女身份和权利的国际公约。人权法院不仅依照该国际公约的内容解释人权公约第 8 条,而且公开表明国际法规定为公约缔约方提供立法导向。[17] 而在“德米尔与巴卡拉诉土耳其案”(Demir & Baykara vs. Turkey)中,人权法院援引了国际劳工组织第 87 号与第 98 号公约以及《欧洲社会宪章》第 5 条,证明公务员依旧有权组织工会和举办罢工游行。面对土耳其政府的反对理由,人权法院指出“人权法院从未孤立性解释公约权利条款……在界定人权公约文本和条款含义时,人权法院必须要思考《欧洲人权公约》之外的国际条约以及相关机构对其解释的结果……”。[18]

除援引全球性或者欧洲理事会制定的区域性国际条约外,欧盟法是人权法院寻找欧洲共识的特别来源。《欧盟基本权利宪章》(以下简称基本权利宪章或宪章)移植了《欧洲人权公约》的所有权利内容,并且宪章第 53 条规定移植于人权公约的宪章权利不得低于人权公约机构的保障标准。加之所有欧盟成员国皆为人权公约的缔约方,且在占据公约缔约方的半数以上。这促使人权法院的法官关注欧盟法和欧盟法院的判决对整个欧洲人权法秩序的影响。欧洲人权法院前任法官克里斯托斯·罗扎基斯(Christos Rozakis)指出,“由于欧盟成员国在公约缔约国超过半数,因此欧盟成员国同意更高的保障标准证明了欧洲共识的存在”。[19]

欧盟立法或者欧盟法院判例为人权法院处理以欧盟成员国为被告的案件提供了合法性,也为推进人权公约保障标准提供了基础。在“维比希恩与维比希斯诉立陶宛案”(Urbsiene & Urbsys vs. Lithuania)中,人权法院援引了欧盟法

---

〔16〕 Eva Brem, *Human Rights: Universality and Diversity*, Springer, 2001, p. 421.

〔17〕 Marckx vs. Belgium, appl No. 6833/74, judgment 13 June 1979, para. 41.

〔18〕 Demir & Baykara vs. Turkey, appl No. 34503/97, judgment 12 November 2008, paras. 67 & 85.

〔19〕 Christos Rozakis, *The Accession of the EU to the ECHR and the Charter of Fundamental Rights: Enlarging the Field of Protection of Human Rights*, in V. Kosta, N. Skoutaris & V. Tzevelekos eds., The EU Accession to the ECHR, Hart Publishing, 2014, p. 331.

院在 DEB 案中[20]确立的“考虑经济重要性”[21]和“公司的财政状况标准”作为推进人权公约公平审判权的依据，认为立陶宛的《政府保障法律服务法案》第 11 条限制政府为法人在一切商业案件中提供资助违反比例原则。[22] 在“格兰德诉意大利案”(Grand vs. Italy)的判决中，人权法院援引欧盟法院“弗兰森案”(Fransson)[23]和“斯佩克特影像集团案”(Spector Photo Group)[24]的判决，确认的“一事不两罚”的刑罚原则，从而认定意大利国内行政立法针对违法者的处罚力度已经达到了刑罚程度，判决该国违反了人权公约第 6 条。[25]

欧盟法也成为人权法院处理非欧盟成员国案件的依据。在“巴亚特扬诉亚美尼亚案”(Bayatyan vs. Armenia)中，已有的人权法院判决和相关文献记录不能支持将公约第 9 条作为免除兵役义务的法理依据，但是人权法院却依据基本权利宪章第 10 条作为存在欧洲共识的基础。[26] 鉴于“联合国人权事务委员会也作出过相同的解释”，[27]进而欧盟法和联合国文件共同成为确立欧洲共识的基础。即便人权法院在部分案件中没有提及“共识”，但是援引和适用欧盟基本权利的定义展现出欧盟法认定欧洲共识存在的关键。在“托马索维奇诉克罗地亚案”(Tomasovic vs. Croatia)和“米兰科维奇诉塞尔维亚案”(Milenkovic vs. Serbia)中，人权法院直接依据《欧盟基本权利宪章》第 50 条的文本确定缔约方违反了人权公约规定的“禁止双重处罚”原则。[28]

(三)欧洲人权法院具有准宪法法院的色彩

《欧洲人权公约》前言规定，该公约致力维护和提升欧洲人权保障标准。人

---

[20] Case C－279/09 [2010] ECR I－13849.

[21] Case C－279/09 [2010] ECR I－13849, para. 53.

[22] Urbsiene & Urbsys vs. Lithuania, appl No. 16580/09, judgment 8 November 2016, para. 52.

[23] Case C－617/10, judgment 26 February 2013, para. 34.

[24] Case C－45/08, judgment 23 December 2009, para. 77.

[25] Stevens Grande vs. Italy, appl No. 18640/10, judgment 4 May 2014.

[26] Bayatyan vs., Armenia, appl No. 23459/03, judgment 7 July 2011, para. 74.

[27] Bayatyan vs., Armenia, appl No. 23459/03, judgment 7 July 2011, para. 74.

[28] Tomasovic vs., Croatia, appl No. 53785/09, judgment 18 October 2011; Milenkovic vs. Serbia, appl No. 50124/13, judgment 1 March 2016.

权法院在罗伊齐度案中将人权公约定义为“欧洲公共秩序的宪法性文件”,为人权公约增添了宪法性色彩。尽管在辅助性原则下,人权法院无法成为各主权国家的“四审法院”〔29〕,但是《欧洲人权公约第十五号议定书》没有采用极端方式剥夺人权法院对缔约方行为进行合约性审查。加之《欧洲人权公约第十六号议定书》建立了“咨询性意见”机制,给予缔约方法院在适用和解释公约权利时与人权法院开展对话交流的机会。咨询性意见构成对公约权利的“事实性权威”解释。〔30〕 第十六号议定书规定的申请“咨询性意见”程序中刨除了缔约方需提交案件事实的部分,这就为人权法院统一解释公约权利留下了司法空间,也导致人权法院可以一般性地限定缔约方的自由裁量空间。〔31〕 “咨询性意见”能动性地“促进权利内容和定义在发展和延伸方面,影响缔约国国内法院判决结果和先例的塑造”。〔32〕 评判缔约国是否在特定领域内达成共识是人权法院作出“咨询性意见”的重要内容。

人权法院的部分审查标准源于缔约国宪法法院建立的司法教义的启发,弥补了缔约方宪法法院不便触及的欧盟法事务。在“马修斯诉英国案”(Matthews vs. UK)中,人权法院声明“其对权利的保障不是理论性的或者抽象性的,而应该具有现实性和有效性”。〔33〕 尽管欧盟尚未加入《欧洲人权公约》,但是人权法院要求加入其他国际组织的公约缔约方不得以履行国际义务为由拒绝遵守人权公约的规定。〔34〕 在“博斯普鲁斯诉爱尔兰案”(Bosphorus vs. Ireland)中,人权法院效仿德国宪法法院判决中确立的审查欧盟法合宪性的司法技术,建立了

---

〔29〕 Schenk vs. Switzerland, appl No. 10862/84, judgment 12 July 1988, para. 45; Pelipenko vs. Russia, appl No. 69037/10, judgment 1 October 2012, para. 65.

〔30〕 [意]娜娅拉 · 波塞那多:《〈欧洲人权公约〉第 16 号议定书对欧洲人权法体系的影响》,范继增译,载《人权》2016 年第 3 期。

〔31〕 Roberto Conte, La richiesta di “parere consultivo” alla Corte europa delle Alte Corti introdotti alla protocollo n. 16 annesso alla CEDU e il rinvio pregiudizionale alla Corte di Giustizia UE. Prove d'orchestra per una nomofilachia europa. Consulta online, nel sito http://www.giurcost.org/studi/conti2.pdf, p. 8 – 9.

〔32〕 Taruffo Michele, Le funzione delle corti supreme, Cenni Generali, 2011, p. 14.

〔33〕 Matthews vs. UK, appl No. 24833/94, judgment 18 February 1999, para. 34.

〔34〕 Matthews vs. UK, appl No. 24833/94, judgment 18 February 1999, para. 32.

"推定同等"司法教义,保留了依据公约标准审查缔约国实施欧盟法的权威。[35] 人权法院在"塔拉克海尔诉瑞士案"(Tarakhel vs. Switzerland)中,依据人权公约标准,要求所有的公约缔约方拒绝实施欧盟法院在 N. S 案判决中确立引渡难民的司法标准。[36] 即便欧盟法院在欧盟第 2/13 号意见批评欧洲人权法院的判决破坏了欧盟法规定的"互信原则",[37] 但是成员方法院普遍质疑欧盟法维护人权保障标准的能力。[38] 人权法院成了冲突的赢家,也为其奠定了保障全欧洲基本权利的权威性地位。欧盟法院在此后"阿扬约西案"(Aranyosi)的判决中明确放弃了原有判例结果,转而支持人权法院确立的保障标准。[39]

人权法院对重要的缔约方立法规定和宪法法院判决的合约性审查,成为竞争全欧洲人权保障最高权威的另一途径。多数缔约方仅将《欧洲人权公约》置于高于法律,但是低于宪法的地位。仅有少部分的宪法法院明确规定宪法效力高于人权公约,多数国家宪法审判机构依旧保留了对人权公约以及人权法院判决进行违宪审查的权力。然而,人权法院与国内宪法法院在欧洲多层级基本权利保障框架下无法孤立地解释和适用基本权利。在权利规范重合的背景下,不同层级法院只能通过司法对话的方式减少矛盾。德国宪法法院在"摩纳哥公主案"中认为尽管报社未经本案上诉人的同意对其私人生活进行拍摄,但是该行为发生在公共场所范围内,上诉人作为摩纳哥公主应该容忍公共报道。[40] 但是,人权法院认为摩纳哥公主没有履行公共权力的职责,对个人私生活的拍摄与保障公共利益无关。[41] 此后,德国宪法法院接纳了人权法院对公共利益概念的解释,区分了公众人物和普通人隐私权的范围,并反思了私人照片与公共利益之间的关系。[42]

---

〔35〕 Bosphorus vs. Ireland, appl No. 45036/98, judgment 30 June 2005, para. 155.

〔36〕 Tarakhel vs. Switzerland, appl No. 29217/12, Judgment 4 November 2014, para. 67.

〔37〕 Opinion 2/13, para. 194.

〔38〕 See R vs. Secretary of state for the home department [2014] UKSC 12, paras. 48 & 58.

〔39〕 Case C - 404/15 PPU, judgment 5 April 2016, para. 98.

〔40〕 BVerfGE 101, 361, para. 72.

〔41〕 Von Hannover vs. Germany, appl No. 59320/00, judgment 24 June 2004, paras. 63 - 64.

〔42〕 BVerfG, 1 BvR 1602/07, BVerfGE 120, 180, paras. 99 - 101.

在审查预防性羁押合宪性的案件中,德国宪法法院修正了"戈尔格鲁鲁案"(Görglülü)建立的封闭性等级秩序,转向支持了开放性宪法秩序。宪法法院在2004 年认定德国《刑法典》第 67 条(d)款规定的预防性监禁具有合宪性。[43] 但是,人权法院认为预防性羁押违反人权公约第 5 条与第 7 条的内容。[44] 尽管德国部分民众和时任宪法法院院长批评人权法院的判决,但其他的政府部门却支持人权法院的结论。这个现实迫使宪法法院在 2011 年改变原有的合宪性决定,依据人权法院的判决宣布预防性羁押违宪。[45]

人权法院坚持适用共识性司法教义为增强人权法院的宪法性色彩提供保障。在"S 与马尔博诉英国案"(S & Marper vs. UK)中,人权法院适用共识性司法教义得出英国议会保护个人信息立法落后于其他欧洲国家的人权保障的通行标准。[46] 寻找共识性标准"避免了与缔约国普遍维护的宪法特征和国家价值的冲突",[47] 促进各公约缔约方渐进性地形成人权保障的共同体,而且有效地创造了运用于整个欧洲的法律原则。

三、适用共识性司法教义的适用情景与逻辑

布劳奇批评人权法院经常改变既有寻找共识的标准和结论。[48] 以国家数量为标准决定缔约方行为是否违反人权公约与人权的"反多数"道德观相违背,

〔43〕 BVerfGE 109, 133.

〔44〕 M vs. Germany, appl No. 15359/04, judgment 17 December 2009.

〔45〕 BVerfGE 128, 326. 宪法法院指出,"尽管德国基本法具有高于《欧洲人权公约》的效力,但是我们需要以向国际法开放的方式解释德国基本法规定的权利"。

〔46〕 S & Marper vs. UK, appl nos. 30562/ 04 & 30564/04, Judgment 4 December 2008, para. 112.

〔47〕 Kristin Henrard, *How the European Court of Human Rights' Concern Regarding European Consensus Tempers the Effective Protection of Freedom of Religion*, Oxford Journal of Law and Religion, Vol. 4:3, p. 414(2015).

〔48〕 Jeffrey A. Brauch, *The Dangerous Search for an Elusive Consensus: What the Supreme Court Should Learn from the European Court of Human Rights*, Howard Law Journal, Vol. 52:2, p. 291(2009).

威胁人权公约前言部分确立的"有效保障基本权利"的承诺无法得到落实。人权法院不断适用共识性标准会否定既有的判例法，导致法律体系的不确定性。因此，需要从司法实践中寻找人权法院适用共识性司法教义的情景、功能和逻辑。

（一）人权法院适用共识性司法教义的案件情境

由于人权公约含有部分绝对性权利，人权法院只能通过公约解释的方法确定绝对权利的保障范围。共识性司法教义成为界定绝对权利范围的司法技术。在"沃诉法国案"（Vo vs. France）和"埃文斯诉英国案"（Evens vs. UK）的判决中，人权法院通过比较法的方式界定生命开始的时间；[49] 而在"普莱迪诉英国案"（Pretty vs. UK）中，人权法院需要确定对自杀和安乐死的限制是否已在缔约方内达成共识。[50] 在"塞莫里诉法国案"（Selmouri vs. France）与"V 诉英国案"（V vs. UK）中，人权法院需要借助比较法的方式向当事人证实国际社会已经对"酷刑"的定义和标准达成了共识。[51] 在公约第 2 条至第 4 条范围内，人权法院通常适用共识性司法教义审查缔约国是否有效地履行积极义务。[52]

在涉及敏感性的宗教、道德和文化相关的案件时，人权法院会在特定事项中先确定是否存在共识，再决定合约性审查的力度。早期，人权法院在确定边际裁量空间的判决中皆会提及缔约方不存在统一的道德规范的共识。[53] 现今，人权法院处理个人自由与国家安全，私人媒体与公共性政治利益的案件逐渐增多。具有同质化宪法性的人权法院逐渐寻求统一的人权保障标准。在"泰瑞尔案和德臻诉英国案"（Dudgeon vs. UK）的判决中，人权法院成功地利用动

---

〔49〕 Vo vs. France, appl No. 2346/02, judgment 8 July 2004, para. 82; Evans vs. UK, appl No. 6339/05, judgment 10 April 2007, para. 54.

〔50〕 Pretty vs. UK, appl No. 2346/02, judgment 29 April 2002, para. 48.

〔51〕 Selmouri vs. France, appl No. 25803/94, judgment 28 July 1999, paras. 96 – 100; V. vs. UK, appl No. 24888/94, judgment 16 December 1999, para. 73.

〔52〕 Opuz vs. Turkey, appl No. 33401/02, judgment 9 June 2009, para. 138; M. C vs. Bulgaria, appl No. 39272/98, judgment 4 December 2003; Siliadin vs. France, appl No. 73316/01, judgment 26 July 2005, paras. 111 – 112.

〔53〕 Handyside vs. UK, appl No. 5493/72, judgment 7 December 1976, para. 48.

态的共识性标准限制了缔约方自由裁量的空间。[54]

从上述案件的判决可知,一方面,人权法院在比较重大或者缺乏先例的疑难案件中青睐适用共识性司法教义,提高判决的正当性。另一方面,具有最高权威性的人权法院大审判庭适用共识性司法教义的频率远高于普通审判庭。除非当事人、第三方参与人或者研究机构向大审判庭提供有力的可以推翻先例的共识性标准,人权法院立案庭和审判庭通常会依据先例不予受理或作出判决。倘若人权法院认为特定国家的历史或政治特征不适宜与其他国家作比较,则不会适用共识性教义。在"坦纳斯诉摩尔多瓦案"(Tanase vs. Maldova)的判决中,尽管人权法院知道绝大多数公约缔约方已经允许给予双重国籍公民参选国会议员的资格,但是人权法院认为摩尔多瓦特殊的历史和政治情况可以作为限制双重国籍公民参选议员的合理性。[55]

寻找共识性标准的本质是对公约权利的动态解释,不是创设新权利的任意性职权。[56] 所以,当欧洲理事会通过议定书的方式解释增加新的公约权利或者赋予已有公约权利更加清晰或者广泛的定义时,人权法院就必须"防止以过分的创造性方式解释公约权利,超出文本设定的范围"。[57] 早期,法官个人的研究爱好和学术背景也是影响适用共识性司法教义的关键因素。随着人权法院研究部门的建立,通过比较法寻找欧洲共识成为主要工作任务。[58]

(二)共识性司法教义在人权法院审查程序中的功能

比较法在人权法院的判决中具有信息性资源和说服性法理的角色。前者是作为事实性证据,对判决结果不具有直接影响性。后者是将共识性标准作为

---

[54] Dudgeon vs. UK, appl No. 7525/76, judgment 22 October 1981, para. 60; Tyrer vs. UK, appl No. 5856/72, judgment 25 April 1978, para. 31.

[55] Tanase vs. Moldova, appl No. 7/08, judgment 27 April 2010, para. 172.

[56] Paul Mahoney, *Judicial Activism and Judicial Self-restraint in the European Court of Human Rights: Two Sides of the Same Coin*, Human Rights Law Journal, Vol. 11, p. 68 (1990).

[57] Alastair Mowbray, *The Creativity of the European Court of Human Rights*, Human Rights Law Review, Vol. 5:1, p. 69(2005).

[58] European Court of Human Rights, *Annual Report* 2012, *Registry of European Court of Human Rights*, 2013, para. 3.2.

演化解释的基础和审查缔约国行为合约性出发点。当认定存在共识性人权保障标准时,人权法院必须确定缔约国立法是否符合欧洲共识标准。人权法院仅在少数的判决中宣布缔约国立法符合欧洲共识标准。但是,肯定性的结果不会免除人权法院依据比例原则对缔约方行为合约性的审查。在"B &L 案"中,人权法院并未在发现英国立法符合缔约国共识后直接承认其国内规定具有合约性,而是进一步审查允许结婚的例外规定能否与立法所追求的公共政策相符合。[59] 另外,比例原则成为人权法院认定不存在欧洲共识标准的情况下,审查缔约方行为合约性的依据。[60] 人权法院在"赫斯特诉英国案"(Hirst vs. UK)中,确定人权公约缔约方尚未对剥夺罪犯投票权达成共识后,运用比例原则的审查方式认定英国立法不加区别地剥夺一切罪犯投票权的规范违反公约义务。[61]

在部分案件中,人权法院运用比较法的目的是证明人权法院无法确认共识性标准是否存在。在"X 诉奥地利案"(X vs. Austria)中,人权法院仅发现了 10 个公约缔约方有相关的立法,且在数量上两种截然相反的决定几乎持平,所以无法得出缔约方是否已经达成共识的结论。[62]

(三)人权法院适用共识性司法教义的逻辑

卡罗泽认为共识大小与边际裁量空间成反比。[63] 但是,两位人权法院的法官将两者的关系概括为"两个原则与两个例外":在人权法院发现存在共识的情况下,判决缔约方违反公约义务为原则,以不违反为例外;在确定不存在共识

---

〔59〕 B. and L. vs. UK, appl No. 36536/02, judgment 13 September 2005, para. 36.

〔60〕 Andreas Follesdal, *A Better Signpost, Not a Better Walking Stick: How to Evaluate the European Consensus Doctrine*, in P. Kapotas & V. Tzevelekos eds., Building Consensus on European Consensus: Judicial Interpretation of Human Rights in European and Beyond, Cambridge University Press, 2019, p. 198.

〔61〕 Hirst vs. UK, appl No. 74025/01, judgment 6 October 2005, para. 83.

〔62〕 X and Others vs. Austria, appl No. 19010/07, judgment 19 February 2013, para. 149.

〔63〕 Paolo Carozza, *Uses and Misuses of Comparative Law in International Human Rights: Some Reflections on the Jurisprudence of European Court of Human Rights*, Notre Dame Law Review, Vol. 73:5, p. 1225 - 1226 (1999).

的条件下,判决缔约方不违反公约义务为原则,以违反为例外。[64] 这个简单的结论忽视了人权法院适用共识性司法教义背后的逻辑。

公约权利属性的不同决定了人权法院适用共识标准的逻辑具有差异性。依据权利属性不同,可以将生命权等绝对性权利列为适用"强权利优先"保障范畴,而其他权利的保障则适用"弱权利优先"理论。[65] 前者意味着任何公共利益都不能成为限制基本权利的理由。所以,当缔约方国内立法或国际条约扩大其保障范围时,人权法院会直接依据共识性标准审查缔约方行为的合约性。当立法或者相应的科学研究未能对绝对权利达成共识时,人权法院会给予缔约方自由裁量空间。[66] 相反,共识性标准在保障相对性权利的案件中不具有决定性的影响,缔约方有权提出拒绝实施欧洲共识性标准的理由。因此,泽特西亚乌将共识性标准解释为"可撤销的预设":当缔约方特定的历史和政治发展或者道德的敏感性迫使其无法接受共识性标准的情况下,人权法院依旧会给予缔约方自由裁量的空间。[67] 因此,人权法院转而需审查缔约方的举证内容能否达到免于适用欧洲共识的标准。在"德臻案"中,人权法院确认多数缔约方已经对同性性行为去刑化,依然允许北爱尔兰政府能以特定理由享有不履行欧洲共识性标准的自由裁量空间。[68]

此外,人权法院在部分案件中宣布存在较抽象的原则性共识。在"贝里沙诉瑞士案"(Berisha vs. Switzerland)中,人权法院指出,维护"儿童最大利益"是

---

〔64〕 See Paul Mahoney & Rachael Kondak, *Common Ground: A Starting Point or the Destination for Comparative-Law Analysis by the European Court of Human Rights*, in M. Andenas & D. Fairgrieve eds., Courts and Comparative Law, Oxford University Press, 2015, p. 127 – 136.

〔65〕 Steven Greer, *What Wrong with European Convention on Human Rights*, Human Rights Quarterly, Vol. 30:3, p. 698 – 701(2008).

〔66〕 A, B & C vs. Ireland, appl No. 25579/05, judgment 16 December 2010, paras. 236 – 237.

〔67〕 Kanstantsin Dzehtsiarou, *European Consensus and the Legitimacy of the European Court of Human Rights*, Cambridge University Press, 2016, p. 5.

〔68〕 Dudgeon vs. UK, appl No. 7525/76, judgment 22 October 1981, para. 57.

欧洲人权保障的共识[69]。由于原则性共识缺乏规范的确定性,所以人权法院会继续遵照先例判决,也可以效仿欧盟法院的"自治性解释"主动创设通行于整个欧洲的新的具体规则。然而,过分地效仿欧盟法院的解释方法会破坏人权公约的纵向分权结构。保障个人的公约权利免受国家行为的侵害是人权法院的主要任务。因此,人权法院需要在尊重缔约国主权事项和缔约方固有文化领域冲突中保持谨慎。麦克卢登认为,这是人权法院无法成为纯粹宪法法院的主要原因。[70]

四、人权法院寻找共识性标准的途径与法治的冲突

"法治"是《欧洲人权公约》明确保障的"欧洲国家传统"。对法治观念的普遍性认识源于戴雪对普通法的阐释[71],核心是限制公权力的任意性。但是,20世纪的法学家认为,法治控制的对象也应该拓展到法律规范的本身。富勒(Lon Fuller)将法治的八要素视为法律(立法)"内在的道德"。[72] 罗顿巴赫认为,富勒八要素缺少司法程序性的规定,应该将"针对政府行为的司法审查"与"允许个人获得法庭的救济"列为新的法治基本要素。[73] 倘若限制一切公权力的滥用是法治的真谛,那么限制司法权的任意扩张和追求判例法体系的连贯性、可预测性和确定性也是法治的必要要求。第二次世界大战后,法院不再是解释法律字面含义的"法律之口",动态性释法成为法院扩大自身权威和积极保障人权

[69] Berisha vs. Switzerland, appl No. 948/12, judgment 30 July 2013, para. 51.

[70] Christopher McCrudden, *Using Comparative Reasoning in Human Rights Adjudication: The Court of Justice of European Union and the European Court of Human Rights Compared*, Cambridge Yearbook of European Legal Studies, Vol. 15, p. 406 (2015).

[71] Albert V. Dicey, *Introduction to the Study of the Law of the Constitutional*, 10th edition, Palgrave MacMillan, 1985, p. 188 – 195.

[72] Lon L. Fuller, *The Morality of Law*, New Heaven: Yale University Press, 1969, p. 46 – 91. 8 项要求是:法律具有普适性(generality);实施的法律必须是公布的、无溯及力的、有明确语言的;一致性、可实现性、稳定性;政府行为合法性。

[73] Geranne Lautenbach, *The Concept of the Rule of Law and the European Court of Human Rights*, Oxford University Press, 2013, p. 44.

的有效工具。因此,人权法院需要以符合法治原则的方法寻找欧洲共识。

适用比较法是人权法院寻找欧洲共识和演化性推进人权保障标准最佳途径。有的法官认为依据比较法寻找共识是“实践性渐进化法理发展的一部分……有助于提供人权公约机构在欧洲法体系中的正当性”。[74] 适用比较法既可以预防过度的司法能动主义,也可以证明人权法院的判决符合多数国家的意志。即便部分缔约方与人权法院形成对立的认识,依据比较法形成的共识性标准也会限制缔约方对人权法院判决的抵制。但是,滥用比较法对法律体系稳定性和确定性构成威胁。[75] 一方面,依据比较法寻找欧洲共识的实践与法治原则间存在严重冲突,缺乏明确性和连贯性;另一方面,人权法院在公约第 14 条平等原则的框架下寻找共识也对其履行人权保障的功能形成挑战。

(一)在寻找共识性标准的过程中滥用比较法

首先,人权法院依据比较法寻找欧洲共识缺乏数量上的明确性。一位受访的人权法院法官承认“在学者眼中,人权法院适用的方法比较柔软、缺乏刚性”。[76] 尽管海弗尔发现了寻找欧洲共识的规范性来源,[77]但是未能从定量和定性的视角展示人权法院处理比较法材料的具体方法。人权法院在“泰瑞尔案”中指出“必须依照现实的发展情况解释公约权利文本”,[78]但是并未明确展示多数公约缔约方的具体数量。

目前,人权法院仅在极少的案件中参考了所有缔约方的立法,在部分案件中,人权法院仅考察半数以上缔约方的立法。甚至,在“星期日时报诉英国案”(Sunday Times vs. UK)的判决书中,人权法院在未列明任何国别和法律来源后

---

[74] Ronald St. J. MacDonald, *The Margin of Appreciation*, in R. St. J. MacDonald, F. Matscher & H. Petzold eds., The European System for the Protection of Human Rights, Dordrecht: Martinus Nijhoff, 1993, p. 123.

[75] Ganesh Sitaraman, *The Use and Abuse of Foreign Law in Constitutional Interpretation*, Harvard Journal of Law & Public Policy, Vol. 32:2, p. 672 – 681 (2009).

[76] Kanstantsin Dzehtsiarou, *European Consensus and the Legitimacy of the European Court of Human Rights*, Cambridge University Press, 2016, p. 199.

[77] Laurence R. Helfer, *Consensus, Coherence and European Convention on Human Rights*, Cornell International Law Journal, Vol. 26, p. 139 (1993).

[78] Tyere vs. UK, appl No. 5856/72, judgment 25 April 1978, para. 38.

得出公约缔约方的法律与实践显示出在实质性保障基本权利的方式中具有共同的基础。[79]

罗扎基斯法官认为,"共识性"的定义不等于"所有欧洲理事会成员国法律实践具有一致性(unanimity)"。[80] 曾任人权法院院长的维尔德哈勃等人发现"当人权法院发现有6~10个国家与多数国家不一致的时候,就不会宣布欧洲共识的存在"。[81] 在适用共识性司法教义的一半以上的案件中,人权法院审查了60%~70%的缔约方国内法状况。[82] 但是,这个发现通常不适用于宗教等敏感领域的司法审查。在"S. A. S诉法国案"中,在发现仅有比利时和法国在公共场所限制穆斯林妇女戴面纱时,人权法院就认定欧洲在此领域尚未达成共识。[83]

其次,人权法院在定性领域中缺乏对缔约方国内法和全球性国际条约的实质性分析。比较对象的差异会导致结果的差异。当"A,B&C诉爱尔兰案"中,爱尔兰政府批评了人权法院仅用抽象的立法文本寻找共识,忽略了从宪法法院解释的途径判断是否存在共识。[84] 另外,经验事实告诉我们,当不同法律体系和法律概念比较程度越精确,差异性将越加明显。人权法院在"索夫曼诉俄罗斯案"(Shofman vs. Russia)中发现虽然诉讼时效和寻求救济的方法存在相似性,但是运用了细致的比较方法后发现各国立法对诉讼起始时间点的规定有较

[79] Sunday Times vs. UK, appl No. 6538/74, judgment 26 April 1979, para. 32.

[80] Christos Rozakis, *The Accession of the EU to the ECHR and the Charter of Fundamental Rights: Enlarging the Field of Protection of Human Rights*, in V. Kosta, N. Skoutaris & V. Tzevelekos eds., The EU Accession to the ECHR, Hart Publishing, 2014, p. 331.

[81] Luzius Wildhaber, Arnaldur Hjartarson & Stephen Donnelly, *No Consensus on Consensus?: The Practice of the European Court of Human Rights*, Human Rights Law Journal, Vol. 33, p. 258(2013).

[82] Luzius Wildhaber, Arnaldur Hjartarson & Stephen Donnelly, *No Consensus on Consensus?: The Practice of the European Court of Human Rights*, Human Rights Law Journal, Vol. 33, p. 258(2013).

[83] S. A. S vs. France, appl No. 43835/11, judgment 1 July 2014, para. 156.

[84] A, B & C vs. Ireland, appl No. 25579/05, judgment 16 December 2010, para. 186.

大的差异性。[85] 但是,人权法院在寻找欧洲共识的过程中通常会忽略探索该国立法形成原因,而多是关注立法表达的抽象性文字。[86] 尽管人权法院专门为收集比较法成立了研究部门,但是审判法官通常不会特别注意具体的细节,仅是凭借研究部门报告的内容确认缔约国的国内法是否具有共同的发展方向[87],缺乏对法律体系形成背后原因的分析。

最后,人权法院在选择和解释比较法的过程中存在强烈的合目的性倾向,缺乏对立法或者判决的原因分析与研究。人权法院在适用比较法的过程中缺乏"科学的方法"[88],甚至仅青睐那些符合自身判决结果的比较法规范。由于人权法院会公开附和性判决和不同意见,学者会发觉不同法官在运用相同的比较法资料后呈现不同认知和判决结论。马斯切尔在"厄兹图尔克诉德国案"(Öztürk vs. Germany)的少数意见判决中就提醒"人权法院目前对比较法的适用远未能达到适用比较法方法的要求"。[89] 错误援引和理解比较法或者对援引的案件不加以细致的分析可能会导致民众和缔约方政府失去对判决结果预测性和正当性的信心。在"玛古斯案"的判决中,多数法官援引美洲人权法院的判决和相关的国际法后认为已经有越来越多的例子表明国际法院、区域性国际法院和国内法院推翻政府作出的赦免战犯的决定和立法,因此认定世界范围内存在针对犯有严重的战争罪人员赦免的"共同趋势"。[90] 但是,少数法官在更细致的比较法研究后,发现美洲立法仅适合解决美洲本土的政治遗留问题。[91]

---

〔85〕 Shofman vs. Russia, appl No. 74826/01, judgment 24 November 2005, para. 38.

〔86〕 Kanstantsin Dzehtsiarou, *What is Law for European Court of Human Rights*, Georgetown Journal of International Law, Vol. 49;2, p. 122(2018).

〔87〕 Kanstantsin Dzehtsiarou, *European Consensus and the Legitimacy of the European Court of Human Rights*, Cambridge University Press, 2016, p. 199.

〔88〕 Esin Örücü, *Whither Comparativism in Human Rights Career?*, in E. Örücü ed., Judicial Comparativism in Human Rights Cases, UKNCCL, 2003, p. 231.

〔89〕 Öztürk vs. Germany, appl No. 8544/79, judgment 21 February 1984, Dissenting Opinion of Judge Matscher, p. 27.

〔90〕 Margus vs. Croatia, appl No. 4455/10, judgment 27 May 2014, para. 139.

〔91〕 Margus vs. Croatia, Joint Concurring Opinion of Judge Sikuta, Wojtyczek and Vehabovic, p. 72.

因此,部分学者建议人权法院需要“真正参与到比较法的研究,而不是简单援引立法文本和司法判决”。[92]

（二）寻找共识性标准的方式缺乏连续性和稳定性

人权法院寻找和确定欧洲共识的方法和途径缺乏连续性和确定性。从“泰瑞尔案”起,共识性司法教义从缔约方立法与实践的具体共识发展到确认缔约方立法是否存在“共同基础”和“共同价值”,是否符合“国际趋势”或者“正在形成的共识”。[93] 这些新概念破坏了判例法体系的连续性和稳定性。莱特萨斯认为,从旧有的“共识”过渡到新的“共同价值”意味着人权法院可以在认定存在“民主社会共同价值”后对公约条款进行演化性解释。[94] 但是,这个观点未能揭示人权法院寻找“民主社会共同价值”的途径和“价值”对最终判决的影响,也没有阐述人权法院转变司法审查标准的原因。

尤洛在早期的研究中指出“人权法院适用共识性分析的轮廓非常模糊。人权法院既可以将其作为扩大权利范围的工具,也可以将其作为支持缔约国限制公约权利的理由”。[95] 人权法院至今未能解决寻找共识性标准过程中连续性和明确性的缺陷。在“谢菲尔德与霍世曼诉英国案”(Sheffield & Horshman vs. UK)中,尽管参与法庭调查的第三方向人权法院证明了 27 个公约缔约方中有 23 个国内立法已经确认变性人与自然性别的人享有同等权利,但是人权法院认为共识性标准必须建立在具体证明缔约方在“变性人婚姻、隐私和个人信息问

[92] Michael Hamilton & Antoine Buyse, *Human Rights Courts as Norm-Brokers*, Human Rights Law Review, Vol. 18:2, p. 231(2018).

[93] Jeffrey A. Brauch, *The Dangerous Search for an Elusive Consensus: What the Supreme Court Should Learn from the European Court of Human Rights*, Howard Law Journal, Vol. 52:2, p. 287(2009).

[94] George Letsas, *The ECHR as a Living Instrument: Its Meaning and Legitimacy*, in A. Follesdal, B. Peters & G. Ulfstein eds., Constituting Europe: The European Court of Human Rights in National, European and Global Context, Cambridge University Press, 2013, p. 115 – 119.

[95] Howard C. Yourow, *The Margin of Appreciation Doctrine in the Dynamic of European Human Rights Jurisprudence*, Connecticut Journal of International Law, Vol. 3:1, p. 152(1987).

题的解决措施形成了共同解决途径”。[96] 相反,人权法院在高度相似的“古德文诉英国案”(Goodwin vs. UK)中却改变已有的司法审查标准,转而依赖抽象的“不断发展的国际趋势”作为新的演化性解释的参照物。[97] 但是,人权法院在“埃文斯案”中又回到了“谢菲尔德与霍世曼诉英国案”的判决中将“共识性标准”的确立界定在具体规则之内。[98]

人权法院在判决中不再提及“不断发展的国际趋势”标准,不意味着其将界定“欧洲共识”标准归为严格性审查各国立法或者政策规则是否达成共识。在“赫斯特案”的判决中,持少数意见的法官提出了新概念——“正在形成的共识”。[99] 多桑将其界定为“至少一半以上的缔约国对所发现的最低人权标准的尊重”。[100] 但是,人权法院从未将数量作为定义“正在形成的共识”的必要条件。在“沙尔克与科普夫诉奥地利案”(Schalk & Kopf vs. Austria)判决中,人权法院发现“针对同性婚姻的承认是正在形成的欧洲共识……尽管多数国家尚未立法承认同性婚姻”。[101] 在“奥利亚里诉意大利案”(Oliari vs. Italy)中,尽管人权法院发现近些年微弱多数的公约缔约方立法已经承认同性伴侣的“合法家庭关系”,但未将该现象认定为“正在形成的欧洲共识”。即便承认在特定领域中存在“正在形成的共识”,人权法院依旧会将其解释为特定领域中的发展状态,不是缔约方法律已经形成的,或者长期形成的原则,因此不能成为限制缔约方边际裁量范围的因素。[102]。在“格劳尔诉瑞士案”(Glor vs. Switzerland)的判决中,人权法院仅将其与“与缔约方正在发生改变的条件”和“各缔约方间具有

[96] Sheffield & Horsham vs. UK, appl nos. 22985/93 and 23390/94, judgment 30 July 1998, para. 57.

[97] Goodwin vs. UK, appl No. 28957/95, judgment 11 July 2002, para. 85.

[98] Evans vs. UK, appl No. 6339/05, judgment 10 April 2007, para. 59.

[99] Hirst vs. UK, appl No. 74025/01, judgment 6 October 2005, Joint Dissenting Opinion of Judges Wildhaber, Costa, Lorenzen, Kovler and Jebens, p. 6.

[100] Shai Dothan, *Judicial Deference Allows European Consensus to Emerge*, Chicago Journal of International Law, Vol. 18:2, p. 197(2018).

[101] Schalk & Kopf vs. Austria, appl No. 30141/04, judgment 22 November 2010, para. 105.

[102] S. H & Others vs. Austria, appl No. 57813/00, judgment 27 April 2010, para. 96.

共同的基础"作为关联因素。[103] 外界无法从改变程度、共同基础的具体内容和参考数量等定性和定量视角作出判断。

人权法院如何在寻找共识性标准过程中调节缔约方法律与实践和国际法之间的矛盾?人权法院能否依据与缔约方毫无关联的域外法作为确认"欧洲共识"或者"正在形成的共识"存在的依据?人权法院的判决呈现了矛盾性。在"欧蒂艾维诉法国案"(Odièvre vs. France)的判决中,多数法官认为无法从其他缔约方立法中看到与法国相似的立法规定,因此人权法院认定不存在欧洲共识。[104] 然而,少数法官认为多数法官的结论忽视了《儿童权利公约》规定的"儿童有权知道自己的父母"和法国议会已经签署的《保护儿童和促进跨国收养合作的海牙公约》规定的政府应向儿童披露其亲生父母身份信息的义务。[105] 相反,人权法院在"德米尔与巴卡拉诉土耳其案"中依赖最新的国际公约作为解释《欧洲人权公约》第 11 条的依据,改变先前"欧蒂艾维案"判决思路。人权法院认为,"源于特定的国际条约设立的人权标准可以作为人权法院解释《欧洲人权公约》条款的参考"。[106] 扎格雷贝斯基法官在附和性判决中指出,公约缔约国立法和实践的变化很难成为演化性解释的基础,因此人权法院仅能依据国际条约的发展动态解释欧洲人权公约。[107] 在部分判决中,人权法院考察范围拓展公约缔约方之外的国家立法。尽管人权法院的目的是寻找"国际共识",但并未在判决中论证为何要依据特定国别域外法寻找欧洲共识。在"埃皮尔博诉英国案"(Appelby vs. UK)中,人权法院从美国和加拿大的判决中寻找是否存在示威者有权将他人私有的商业场地用于表达政治诉求的国际共识。[108]

---

[103] Glor vs. Switzerland, appl No. 3444/04, judgment 30 April 2009, para. 75.

[104] Odièvre vs. France, appl No. 42326 – 03, judgment 13 February 2003, para. 47.

[105] Odièvre vs. France, appl No. 42326 – 03, judgment 13 February 2003, Joint Dissenting Opinion of Judge Wildhaber and other five Judges, paras. 15 – 16.

[106] Demir & Baykara vs. Turkey, appl No. 34503/97, judgment 12 November 2008, para. 85.

[107] Odièvre vs. France, appl No. 42326 – 03, judgment 13 February 2003, Joint Dissenting Opinion of Judge Wildhaber and other five Judges, paras. 15 – 16.

[108] Appleby vs. UK, appl No. 44306/98, judgment 6 May 2003, para. 46.

(三)适用共识性教义导致司法裁判立法化

首先,沙巴斯认为,"动态性和演化性解释根本不是法律解释,而是司法造法"。[109] 贺辅明认为,即便缔约方国内法已经普遍接受了变更的法律概念,但是人权法院无权依据时代的发展改变国际人权公约已确定的权利保障范围。显然,沙巴斯和贺辅明担忧人权法院的动态性解释对缔约方民主立法的影响。倘若民主性质的立法机构拒绝人权法院依据多数国家法律实践或者尚未签订的国际法限制其本国的行为,这将意味着人权法院失去了辅助性的功能,而转为不断创设权利的最高立法机构。犹卢米安法官在"巴亚特扬案"的少数意见曾警告多数法官"公约的目的在于保障公约规定的权利,而不是创造权利"。[110]

其次,人权法院适用演化性解释公约权利违背了"国家同意"是国际法正当性的基础。演化性解释公约权利不仅超出了文本的规定,也违背了当初缔约方达成的政治共识。超越职权的司法解释使人权法院成为不受民主程序控制的超国家性立法机构。不加甄别地积极建立共识性标准将导致人权法院在具体的判决中失去适用演化性解释的正当性,从而演变成违背法治要求的专断性立法机构。

最后,人权法院与缔约国法院应存在明确的层级分权。在人权公约框架下,人权法院尊重缔约方法院依据本国特殊性平衡利益的冲突和适用比例原则的方式。《欧洲人权公约第十五号议定书》所建立的辅助性原则并没有赋予人权法院协调不同国家的立法,所以福雷斯达尔怀疑运用共识性人权标准缩小缔约国边际裁量空间违背人权公约的初衷。[111]

(四)适用共识性司法教义能否发挥人权保障的功能

部分学者担忧共识性司法教义不利于少数者的权利。本万尼斯蒂认为,

---

[109] William Schabas, *The European Convention on Human Rights: A Commentary*, Oxford University Press, 2015, p. 48.

[110] Bayatyan vs. Armenia, appl No. 23459/03, judgment 7 July 2011, Dissenting Opinion of Judge Gyulumyan, p. 38.

[111] Andreas Follesdal, *A Better Signpost, Not a Better Walking Stick: How to Evaluate the European Consensus Doctrine*, in P. Kapotas & V. Tzevelekos eds., Building Consensus on European Consensus: Judicial Interpretation of Human Rights in Europe and Beyond, Cambridge University Press, 2019, p. 207.

"当涉及到少数人的权利和利益的时候……任何未能承担全部保障责任的做法都无异于违反国际人权机构的义务"。[112] 韦伯认为,适用共识性司法教义也可以限制演化性解释的幅度,从而在保障少数人权利的案件中抑制人权法院适用能动性司法解释。[113]

泽特西亚乌认为学者的担忧实属多余。从"D. H 案"开始,人权法院在保障特殊少数群体的案件中不再在缔约方立法和法律实践中寻找确定的共识性标准,而是依据国际公约确认存在原则性共识之后,审查缔约方限制少数群体权利是否具有正当性和合比例性。[114] 在"奥利亚里案"的判决中不再将是否具有共识作为保障同性伴侣权利的唯一因素,而将特定国家内部对保障特定少数群体有利的政治因素作为增强权利保障该群体的重要理由。

但是,泽特西亚乌忽视了政治性因素对人权法院适用共识性教义的影响。在"S. A. S 案"中,人权法院以不存在欧洲共识为由认定法国立法限制穆斯林妇女在公共场合佩戴面纱符合公约的规定。人权法院仅列举法国和比利时具有立法禁令的情况下得出不存在保障穆斯林妇女在公共场合佩戴头巾的欧洲共识。人权法院赞同维护法国宪法确立的世俗原则和"共同的生活"是限制个人公约权利的正当理由,但是并未对法国刑法是否符合比例原则进行更严格的审查。2018 年联合国人权事务委员会拒绝在高度相似的"亚科尔诉法国案"(Yaker vs France)[115] 与"贺巴蒂诉法国案"(Hebbadj vs. France)[116] 遵照人权法院判决进路认定"维护共同生活"和"促进交流"作为限制个人自由的正当理

---

〔112〕 Eyal Benvenisti, *Margin of Appreciation, Consensus and Universal Value*, NYU Journal of International Law and Politics, Vol. 31:4, p. 851(1999).

〔113〕 Thomas Webber, *The European Convention on the Human Rights and the Living Instruments Doctrine: An Investigation into the Convention's Constitutional Nature and Evolutive Interpretation*, Ph. D Thesis in Law, University of Southampton, 2016, p. 219.

〔114〕 Kanstantsin Dzehtsiarou, *European Consensus and the Legitimacy of the European Court of Human Rights*, Cambridge University Press, 2016, p. 125.

〔115〕 Sonia Yaker vs. France, CCPR/C/123/D/2747/2016, Distr. General, 7 December 2018.

〔116〕 Miriana Hebbadj vs. France, CCPR/C/123/D/2087/2016, Distr. Restricted, 17 October 2018.

由。人权事务委员会指出即便“维护共同生活”可以成为有效理由,法国政府也未能证明刑罚制裁是最小限制个人基本权利的方式。[117]

五、合作性司法对话框架下的欧洲共识

适用共识性司法教义的法治困境,体现在人权法院恪守辅助性职能和积极推进保障人权标准的矛盾。保守的辅助性原则要求明确地分割国际法和国内法间的权威。人权法院需在尊重文化和道德多样性基础上,允许缔约方享有更宽泛的边际裁量空间。后者的能动性则倡导自治的国际法权威,支持人权法院独立的动态性解释公约内容,建立超国家主义法的权威秩序。两种法秩序理念的矛盾未能脱离凯尔森的形式结构主义的法律秩序。

然而,国际人权公约的本质已不再是主权国家间的契约,而是国际社会单方面向主权国家施加的保障人权的宪法性义务。因此,在缔约方民众可以直接诉求欧洲人权法院和各国普遍建立了开放性宪法秩序的条件下,无法完全用传统的等级性秩序阐释国际人权条约与国内宪法的关系。克里希认为,“无法通过国际法和国内法之上的实体性规则调和两个法律层级的冲突,只能通过政治性对话解决不同法律层级间的问题”。[118] 建立在现代主权基础上的国际法治概念在后民族国家法(post-national law)秩序时代无法调整国际法权威与国内法权威的矛盾。尽管本森将辅助性职权作为限制人权法院专断性解释公约的基础,[119] 但是这不意味着人权法院降低合约性审查力度。人权法院前院长斯皮尔曼认为,辅助性功能是监督缔约方法院解释和适用公约是否达到人权法院

〔117〕 Sonia Yaker vs. France, CCPR/C/123/D/2747/2016, Distr. General, 7 December 2018, paras. 8.10 – 8.11.

〔118〕 Nico Krisch, *Beyond Constitutionalism: The Pluralist Structure of Postnational Law*, Oxford University Press, 2010, p. 127.

〔119〕 Samantha Besson, *The "Erga Omnes" Effect of European Court of Human Rights*, in A. Besson (ed.), *La Cour Européenne des droits de l'homme après le Protocole* 14: *premier et perspective*, Schuthess, 2011, p. 152.

满意的标准。[120]

解决法治困境的前提,是不能忽略人权法院适用共识性司法教义的背景是在欧洲多层级的基本权利框架之中。不仅跨国性的司法机构需要考虑缔约国的国内法,同时"主权国家的宪法性治理也逐渐脱去了国家色彩的外衣,增添了许多超国家的色彩"。[121] 当不同层级的法院从冲突和漠视走向彼此尊重和对话时,具体权利的保障就成为整个欧洲多层级宪法秩序核心。德玛斯－马蒂指出,任何层级的法官在多元法律秩序下都"不能以完全隔绝的方法"[122]解释法律。不同层级的法院应该彼此考虑和尊重对方的立场和观点,且都不具有绝对的解释权威是良好司法对话的必要条件。[123]

跨法域间的灵活性司法对话可以为欧洲人权法院的判决增加正当性的砝码。在理论假设的层面上,通过与缔约方机构对话建立的共识性标准增强了人权法院判决的权威性与正当性。人民对于特定制度正当性的认知与该制度或者法律规则满足规范的正当性的情况成正比关系。尽管《欧洲人权公约》第32条规定,"人权法院是解释公约权利和自由的最高权威机构",但是增强人权法院释约的正当性需要排斥人权法院运用独断的方式解释公约权利,应选择与缔约方机构对话的方式优化公约权利的演化性解释。

(一)欧洲多层级基本权利保障体系下的司法对话正当性

欧洲多层级宪法秩序将各层级法院塑造为"法律解释的共同体",不同层级的法官"享着相同的价值、信念和针对其共同处理法律与社会问题的自我

---

[120] Dean Spielmann, *Allowing the Rights Margin: The European Court of Human Rights and The National Margin of Appreciation Doctrine: Waiver or Subsidiarity of European Review?*, Cambridge Yearbook of European Legal Studies, Vol. 14, p. 417(2012).

[121] Paolo Carrozza, *Constitutionalism's Post-Modern Opening*, in M. Loughlin & N. Walker eds., *The Paradox of Constitutionalism: Constituent Power and Constitutional Form*, Oxford University Press, 2007, p. 183.

[122] M. Delmas-Marty, *Le Pluralisme Ordonné. Les force imaginante du droit*, Seuil, 2006, p. 39.

[123] Aida Torres Pérez, *Conflict of Rights in the European Union: A Theory of Supranational Adjudication*, Oxford University Press, p. 114－116, 125－126.

认知”。[124] 欧盟法、宪法和欧洲人权公约以及不同层级法院作出的司法判决达成维护基本权利的原则性共同目标。然而,多层级宪法秩序无法建立一个调整不同层级规范冲突的最高司法机构。现实制度的局限性迫使各层级法院在适用和解释相同基本权利过程中全面分析和比较其他法院的判决。从而,不同层级的法院援引其他层级的法律规范既可以表露其对域外法的见解,也可以说明该法院认真对待域外法律体系的内容。其他层级的法院可以在相关的判决中针对基本权利的解释作出回应。因此,佩雷斯将平等参与、不同层级的法院不存在等级性的绝对权威、彼此视为法律解释共同体的成员作为良好司法对话的部分前提条件。[125]

援引和单独解释域外法只能构成法官“独白”或者特定法院单方面对多层级法律秩序的“共时性的影响”。[126] 但是,由于司法对话的目的是追求正当性的判决结果,所以援引和解释域外法活动本身就经常被视为对话行为,无须等待其他法院的回应。由于多数的对话具有跨越时空性,一侧的法官只能从解释与分析域外法启动对话,而另一侧的法官在得知后通过判决书给予必要的回应。在欧洲多层级基本权利保障秩序下,当不同层级的最高权威法院达成共识后,真正的欧洲人权“共同法”才能获得普遍性的权威。

(二)宏观合作性司法对话寻找欧洲共识标准

宏观性司法对话的主要目的是从宏观层面检验是否存在全球性或者区域性的共同立法趋势。共同的立法趋势意味着公约缔约方已经普遍接受了特定的立法价值导向,这需要人权法院在更广的空间范围内确定“新兴趋势”和“国际趋势”的存在。即便所有缔约方无法在具体的问题上达成一致,但是人权法院可依据整体的立法趋势将其作为演化性公约解释或者合约性审查的出发点。

笔者认为,可以从优化国际法与比较法方法论的视角,更加正当性和确定性地识别是否存在保障特定权利的“新兴趋势”和“国际趋势”。首先,全球性

---

[124] Monica Claes & Maartje de Visser, *Are You Networked Yet? On Dialogues in European Judicial Networks*, Utrecht Law Review, Vol. 8:2, p. 100(2012).

[125] Aida Torres Pérez, *Conflict of Rights in the European Union: A Theory of Supranational Adjudication*, Oxford University Press, 2009, p. 118.

[126] Aida Torres Pérez, *Conflict of Rights in the European Union: A Theory of Supranational Adjudication*, Oxford University Press, 2009, p. 111.

人权公约的一般性规定是证明"趋势"存在的重要证据。当可以证明欧洲之外的区域性人权公约和具有相同政治价值观的域外国家法律规范的形成受到了国际人权公约的影响，人权法院应当确认"国际趋势"的存在。但是，需要区分全球性公约和区域性公约的影响力。前者确立了全球人权保障的发展方向，后者属于单纯的域外法。只有人权法院可以证明区域性标准和非缔约国的国内法制定受到全球性人权公约的实质性影响前提下，才能承认"国际趋势"的存在。相反，即便域外法呈现不受全球性公约影响的人权保障趋势，人权法院无权单方面将其视为"欧洲共识"的基础，只能将此发展趋势作为信息提供给各缔约国。

当全球性人权公约制定了比较明确的规则时，人权法院有权缩减缔约国自由裁量空间。但是，这不意味着缔约方直接败诉，而是需要审查缔约方的抗辩理由是否符合《条约法公约》规定的"国内法必须具有重要之事项下方可不履行公约义务"。人权法院在审查过程中享有决定权。倘若人权法院认定该"重要事项"含义宽泛，缺乏确定性和说服性，人权法院需要在"权利优先"的理念下依据全球性人权公约确立的明确性标准审查缔约方行为的合约性。另外，当全球性国际公约仅提供了抽象的立法导向和价值，国际公约的条款不具有直接效力。人权法院只能审查缔约国将抽象的国际标准转化为国内法的现实状况。具体而言，人权法院需要审查国际人权公约是否影响缔约国立法机构改变或者补充其立法内容。

即便所有国内立法承诺保障人权，但是实施法律的主要基础是考量国内情况，并非落实国际法。[127] 但是，议会有义务在立法过程中考虑国际公约的规定。批准条约需要协调国内保障标准与国际保障标准。议会明确拒绝批准公约后的国内立法部分修改也可能是国内法对国际法的妥协。

其次，欧盟法在人权公约体系中具有特殊地位。人权法院有权依据基本权利宪章和欧盟立法要求同为欧盟成员国的公约缔约方承担公约责任。针对非欧盟成员国而言欧盟法是域外法。更高的欧盟法保障标准为人权法院演化性

---

〔127〕 Soledad Bertelsen, *Consensus and Intensity of Judicial Review in the European Court of Human Rights*, in R. Arnold & J. Martínez-Estay eds., Rule of Law, Human Rights and Judicial Control of Power: Some Reflection from National and International Law, Springer, 2017, p. 305.

解释公约提供了指导方向。但是,考虑到欧盟法针对非成员国不具有直接的效力,因此“欧洲共识”对于特定缔约国的约束力处于待定状态。人权法院需要在其他非欧盟成员国立法行为中审查欧盟立法标准是否已被普遍接受或者多个非欧盟国家立法机构正在考虑移植欧盟立法标准。倘若得到肯定性回答,人权法院可以缩减缔约方自由裁量空间和依据严格的比例原则进行合约性审查。倘若得到否定性回答,人权法院需要告知非欧盟成员国欧盟法的发展趋势以及非欧盟国家接纳其标准的现实情况。这会鼓励非欧盟国家议会重新思考已有的立法标准,也向非欧盟缔约国预告了人权法院会在特定条件下依据欧盟标准作为司法审查出发点的可能性。

最后,在缺乏全球性条约或者欧盟法的情况下,缔约方之外的国家立法和实践只能作为信息性证据告知缔约国现实之状况,不具有比较法的权威性。人权法院也无权主动要求缔约方必须接受域外国家的立法标准。虽然人权法院很难在所有案件中审查所有48个公约缔约方的立法状况,但是这不能成为任意适用比较法寻找“欧洲共识”的借口。

寻找欧洲共识需要对在比较国家的数量、缔约方人权保障的质量、不同地域和法系属性以及时间等不同维度进行优化。较理想的模式是人权法院需要考察至少半数以上缔约国的立法状况。而这些国家应该包括以下的指标性国家:重要的公约缔约方,具有高违约风险的土耳其和俄罗斯,在中东欧、北欧及部分处于南欧的国家,并按照实际情况进行比较指标的分配。与被告国处于相同的地域或者具有类似法律传统的缔约国应该在比较对象中占据多数。在具体比较对象的选择上,人权法院应该优先选择在近期制定或者修改相关立法或者宪法法院作出相关的标志性裁决的国家为样本。

当选择的对象呈现多数重要的缔约国具体法律规则或者立法趋势具有共识性,北欧和中东欧的多数国家立法发展具有趋同性,土耳其和俄罗斯的立法也与新趋势不冲突的情况下,人权法院可以确定存在“欧洲共识”或者“共同的立法趋势”。当土耳其与俄罗斯的立法与其他欧洲地域立法产生矛盾时,不会影响认定结果;当两国的立法符合欧洲整体趋势时,则加强共识性标准存在的正当性基础。同时,将土耳其和俄罗斯的立法纳入合约性审查也是人权法院与两国立法机构的对话。尽管两国不是被告国,但是当确认两国立法与欧洲共识产生冲突时,其立法机构须谨慎对待拒绝接受共同立法趋势的风险后果。

当多数公约缔约方在人权立法保障领域未能形成一致,依然需要考察与其地域相近或者传统相似的国家立法。如果后者的立法趋势或者标准具有较高趋同性,那么重要公约缔约方赋有推进人权标准的表率义务,因此人权法院在此种情况下可以认定“欧洲共识”或者“新兴共识”的存在。当后者依旧不存在共识性标准时,人权法院需要以时间为轴审查上述制定或者修改立法的时间和公约缔约方在最近时间段修改立法的频率。当人权法院通过自由裁量的方式承认最近的时间段内制定和修改立法的缔约方数量较多,并且在修改内容上体现某种共同的价值或者趋势时,可以认定“新兴共识”或者“欧洲共同的立法趋势”的存在。

诚然,这种理想的模型无法为司法实践带来完全的确定性。一方面,人权法院在寻找“新兴共识”和“欧洲共同的立法趋势”过程中享有具体的裁量权,扩大或缩小时间段的范围可导致结论的差异性。另一方面,人权法院仅是从抽象的立法方面审查共识存在与否,忽略了对具体司法适用情况的审查。因此,人权法院需要在具体的个案中从司法技术和缔约方整体立法状况的视角阐述原因。后者依旧是缔约方法院与人权法院在司法对话中需要解决的问题。缔约国法院可以在具体的判决中阐释人权法院对于国内法的错误理解和不接受人权法院判决的理由。在公约框架下,人权法院可以启动大审判庭的再审程序或者后续案件的审判中纠正先前的错误。总之,宏观性对话确立的共识性标准不具有固定性。它代表着人权法院希望通过对话的途径提升判决的正当性,也希望缔约国机构可以积极地回应和思考人权法院的决定。

(三)微观合作性司法对话寻找欧洲共识标准

微观司法对话的目的,是审查缔约方是否在权衡权利冲突或者审查对基本权利具体限制领域中存在法理性共识。微观合作性司法对话主要发生在人权法院与缔约方宪法法院或者最高法院在人权公约第16号议定书下的机制性对话程序中。人权法院与缔约方法院也存在非机制性对话程序,主要存在于人权法院需审查给予缔约方边际裁量的特定范围。人权法院的审查对象不仅限于缔约方法院判决的结果,也要分析缔约方法院在司法权衡的方法上是否形成趋同性。显然,这种途径会引起人权法院是否尊重缔约方依据其本国文化和道德的特殊性的质疑。但是,从缔约方适用人权公约的方法和司法权衡过程中抽象出一般性法理为演化性解释提供了正当性基础。

除被告国家法院的判决或者相关的欧盟法院判决外,人权法院极少提及其他的缔约方法院在相似案件中的判决。人权法院通常仅是审查缔约国权衡相冲突权利方式的可接受性。在涉及宗教、文化和道德或者弱性公约权利(如财产权)的案件中,人权法院通常认为缔约方法院比人权法院有更好的地位权衡利益的冲突。即便不赞同缔约方法院对事实的认定或者权衡的方法,人权法院多是主动按照严格的比例原则审查[128]或者自行分析和解释事实[129]的途径进行合约性审查。

微观合作性司法对话的显著特征就是审查特定权衡利益领域是否存在欧洲共识。这需要人权法院下设的研究机构在重要缔约方的最高法院或者宪法法院判决中寻找案件事实相同或者高度相似的判决。研究机构的人员需要在分析过程中比较案件的背景、法院权衡的具体路径以及不同法院的倾向性,作为确定是否存在权衡方法和结果共识性的证据。在法庭诉讼过程中,人权法院邀请学者个人、其他国家政府或者社会性和学术性的组织提供欧洲其他地区最高司法机构的判决作为人权法院思考的相关资料。但是,人权法院依旧要对其审查的国家进行分类,优先观察与其具有相似政治和司法传统背景国家法院的权衡方法和结果是否达成共识。在通常情况下,未能达成共识意味着人权法院只能依据"弱司法审查"模式审查缔约方行为的合约性。除非人权法院具有强烈理由相信缔约方行为违反公约,否则应该赞同缔约方法院的决定。但是,重要缔约方的共识可以弥补相同或者相近地域或者法律传统的国家缺少共识的缺陷。在这种情况下,人权法院应该审查缔约国政府不遵守司法共识的理由。

法理性对话更容易引起人权法院与缔约方法院的合作。一旦人权法院确定某种共识的形成,缔约方法院会思考人权法院的裁决过程和判决质量,回应本国法律体系是否与司法共识相符合,或者人权法院对共识存在的判断是否正确,以便人权法院可以重新思考判决结果。另外,运用司法对话寻找欧洲法理共识会激发缔约方法院间彼此关注。缔约方的最高司法权威机构会更关注与自己国家具有相同或者相似背景的法域在类似案件中的权衡利益的结果和方法。这种模式使司法权威变得更加具有可控性和说理性。在理想状态下,缔约方法院不仅可以在适用比较法的过程中得出是否存在共识,而且可以表明缔约方拒绝接受欧洲共识的理由。

[128] Edition Plon vs. France, appl No. 58148/00, judgment 18 August 2004.

[129] Socié de Conception de Presse et d'Edition et Ponson vs. France, appl No. 26935/05, judgment 5 March 2009.

六、结　　论

尽管欧洲人权法院适用共识性司法教义面临着众多的批评,《条约法公约》依然支持人权法院依据欧洲共识的方式演化性解释人权公约。《欧洲人权公约》前言赋予了人权法院推动全欧洲人权保障标准,公约第 11 号议定书赋予民众直接向人权法院寻求救济的权利。因此,具有宪法性色彩的欧洲人权法院需要在尊重缔约方主权和有效保障公约权利间作出平衡,通过寻找欧洲共识动态发展人权保障标准符合人权法院特殊性质。笔者认为,应该从宏观司法对话和微观司法对话两个层面判定欧洲共识是否存在。宏观司法对话的功能在于确认相关立法的发展趋势。人权法院应该对人权公约缔约方按照法系特征、历史文化特征、地理相近和执行人权公约等参考因素进行分类。在司法审查过程中,人权法院应该着重参考重要缔约方和与被审查国家具有相似法系或者地理的缔约方的状况,尤其要重视相似国家是否存在相同趋势的立法变革。微观性司法对话的功能是研究缔约方是否在司法平衡权利的冲突或者判定公共利益对权利限制的程度达成法理性的共识。重要的公约缔约方共识程度对人权法院最后的结果有关键影响。但是,考虑到不同国家因历史文化的差异,公共利益的内容不尽相同,人权法院在比较过程中需要谨慎和适当参照具有相似政治和宗教传统国家的宪法法院或最高法院的典型判决。缔约国法院可以在后续的判决中回复和纠正人权法院不适当的认识,形成连续性对话。因此,司法对话在确认欧洲共识标准的过程中具有提醒缔约方人权公约的发展现状和促使缔约方反馈人权法院判决的功能。

Towards the Cooperative Judicial Dialogue: The Problem and the Relevant Solutions on the Application of Consensus Doctrine by the European Court of Human Rights

Fan Jizeng

Abstract: The doctrine of European consensus as an approach to dynamic interpretation of Convention rights implies the Court finds consensus decision or continuing trends. Some European legal scholars make critics on the consensus doctrine as exercising the judicial power ultra vires, imposing more extra-obligation beyond the text of Convention. However, the normative ground of the dynamic interpretation could base on the Art. 31 of Vienne Convention on the Law of Treaty, the preamble of European Convention on Human Rights aiming "to realization of human rights and fundamental principle" as well as the Court judgment in which defines the Convention "as the constitutional document of the European public order". Thus, the Court can determine the scope of consensus in accordance with legislative trends or other established factors. However, regarding the fact that the judicial application of consensus doctrine appears to be incompatible with some basic elements of rule of law, some scholars suggest the Court should have abandoned it, but turns to autonomous interpretation following the European Court of Justice. Unfortunately, the consensus doctrine would be the most appropriate way of dynamic interpretation under the multilevel framework of human rights law. In this circumstance, the author suggests a solution to the harmonize the conflicts from perspectives of modifying macro and micro cooperative judicial dialogue.

Key words: European consensus doctrine; Dynamic interpretation; Judicial dialogue; Margin of appreciation; Rule of law

地方人民法院设置的合宪性问题

聂友伦*

内容摘要：

地方人民法院是否设置、如何设置，本质是一个关于国家机构的宪法学问题。从宪法文本出发，可以推导出包括设立规则、产生规则、共通规则在内的3项地方人民法院的具体设置规则。基于前述规则，地方各级人民法院的设置一般呈现为高级、中级、基层的3级样态，分别对应省级、市级、县级行政区划。辖县地级市的宪法定位就是“较大的市”，在该行政区划设置地方中级人民法院并无问题。无对应行政区划地方中级人民法院的设立存在法律依据，符合设立规则的要求，但其院长由省级人大常委会任命，则违反了产生规则。无对应行政区划地方基层人民法院既无法定的设立依据，也不符合产生规则的要求，个别法院的设置还违反了共通规则。在未来，应当围绕地方人民法院设置中的合宪性问题，对法院组织法进行针对性调整，以实现我国法院组织体系的法治化。

关键词：

地方人民法院　法解释学　较大的市　合宪性

地方人民法院是司法系统中的基本运作单元，担负着纠纷解决这一“审判制度的首要任务”。[1] 对于国家治理来说，地方人民法院的存在是不可或缺的。由于司法权的主权性以及司法治理需求的普遍性，一国必须在其领土范围内广泛设置审判机关，以实现司法管辖在地域与级别上的全覆盖。在推进国家治理体系与治理能力现代化的进程中，无论是推进全面依法治国还是深化司法

---

* 华东师范大学法学院副教授。

〔1〕 参见[日]棚濑孝雄：《纠纷的解决与审判制度》，王亚新译，中国政法大学出版社2004年版，第1页。

体制改革,在审判领域其实都面临一项基础性、前提性的问题:地方人民法院何以设置? 在我国,地方人民法院一般“以行政区划为基础设立”,“一级行政区划必须有相应的国家政权机关,代表国家行使各项权力,人民法院就是重要的国家政权机关”。[2] 概言之,地方各级法院通常与县级以上行政区划相伴而生,它们的先在性使得其设置很少被认为存在法律上的问题。

党的十九届四中全会通过的《中共中央关于坚持和完善中国特色社会主义制度 推进国家治理体系和治理能力现代化若干重大问题的决定》指出:“依法治国首先要坚持依宪治国,依法执政首先要坚持依宪执政。”从宪法文本出发,不难发现地方人民法院设置的现况存在某些存疑之处。[3] 比如,在辖县地级市设置中级人民法院依托于“市辖县”的事实,但其在规范上却似乎超越了我国《宪法》第 30 条明定的行政区划规则。再如,直辖市内部、地区以及某些非建制区域设置的中级人民法院,“直筒子市”、开发区、新区、园区等设置的基层人民法院,既无对应行政区划亦无相应政权存在,何以实现我国《宪法》第 101 条、第 104 条关于地方人民代表大会选举“本级”法院院长、监督“本级”人民法院的规范要求? 上述问题无外乎宪法的国家机构教义学问题,[4] 应当回归宪法文本,通过宪法解释厘清地方人民法院设置的规范表达与规则体系予以回应。本文首先从宪法条文切入,推导地方人民法院设置应当遵循的具体规则,其次剖析不同类型地方行政区划下地方人民法院的设置实践,最后针对相关合宪性问题进行调控,以期完善作为司法治理体制基础的地方人民法院体系。

---

[2] 参见许安标、刘松山:《中华人民共和国宪法通释》,中国法制出版社 2003 年版,第 318 ~ 319 页。

[3] 本文所述的地方法院,仅指专门法院以外的普通地方法院。概言之,专门法院包括军事法院、铁路运输法院、海事法院、林区法院(神农架林区除外)、油田法院、兵团法院、农垦法院、知识产权法院以及本轮司法改革中设置的专门管辖某些案件的跨行政区划法院。其中,较特殊的是林区法院、兵团法院与农垦法院,它们受理的案件范围与地方法院并无差异,但因其固有的与地方政权脱钩的“事业性质”,难以被完全归入地方法院。参见陈卫东:《跨行政区划人民法院改革研究》,载《财经法学》2016 年第 6 期。

[4] 参见张翔:《中国国家机构教义学的展开》,载《中国法律评论》2018 年第 1 期。

一、我国《宪法》框架下地方人民法院的设置规则

"法学之终极目的,固在穷究法之目的,惟终不能离开法文字句。"[5]"以宪法文本为中心是宪法学研究在宪法实务和宪法理论两个方面的基本共识。"[6]就宪法文本而言,关于地方人民法院的组织性规定主要涉及我国《宪法》第3条第3款、第101条第2款、第129条、第133条。通过推敲条款的文辞使用与相互关系,可以推导出包括设立规则、产生规则、共通规则在内的3个有关地方人民法院的具体设置规则。

(一)设立规则:法院的设立应当由组织性法律预先规定

地方人民法院何以设置的问题,似乎仅将我国《宪法》第3条第3款"审判机关都由人民代表大会产生"之规定稍加推广便得回答,即地方人民法院都由人民代表大会产生。然而,该款用语却是"产生",其表意与"设置"不免存在区别。有学者认为,该款规定"强调的是司法机关由人民代表大会产生,而并非司法人员由人民代表大会产生;司法机关对人民代表大会负责而并非司法人员对人民代表大会负责"。[7] 这种解释的问题在于,若不从产生审判人员的角度加以理解,本款就只能解读为人民代表大会可以"从无到有"地生成地方人民法院建制——有权在其特定的行政区域内决定是否设置法院、设置多少法院——这显然已经偏离了条文原意。作为整体建制的法院是否设置、如何设置,本身是一个关于国家机构的体制性问题,应当由组织性法律预先设定,[8]否则,不同地方的各级人民代表大会在其辖区随意设置法院,既将导致地方性的司法秩序产生混乱,更会动摇国家法治系统的组织基础。

从语用学角度看,"建制的生成"允宜使用"设立"一词加以表述。我国《宪

---

〔5〕 参见杨仁寿:《法学方法论》,中国政法大学出版社1999年版,第92页。

〔6〕 参见张翔:《宪法学为什么要以宪法文本为中心》,载《浙江学刊》2006年第3期。

〔7〕 参见张震:《跨行政区划设置法院、检察院的合宪性分析》,载《黑龙江社会科学》2017年第2期。

〔8〕 本文所称的"组织性法律"不仅包括专门的《人民法院组织法》,还包括《宪法》提供的组织性条款。参见黄明涛:《法律监督机关——宪法上人民检察院性质条款的规范意义》,载《清华法学》2020年第4期。

法》第129条第1款规定,“中华人民共和国设立最高人民法院、地方各级人民法院和军事法院等专门人民法院”;第129条第3款规定,“人民法院的组织由法律规定”。前款规定的主语乃“中华人民共和国”而非“人民代表大会”。在法治语境下,此处“中华人民共和国”指称的只能是宪法与法律,而非某一具体的国家机关。后款“组织由法律规定”则进一步确证了前款法律保留的意涵。结合两款规定,可以得出的结论是,地方人民法院设立的问题须由组织性法律先予明确。

随之而来的问题是,我国《宪法》第129条第1款的“设立”与第3条第3款的“产生”是什么关系?有学者提出,“在广义上,构建相关的法律制度是一种初始性的‘产生’”。[9] 据此,法律也未尝不能说是由人民代表大会“产生”的,继而法院由人民代表大会“产生”的法律所“设立”,似乎也可囊括在“审判机关都由人民代表大会产生”的意涵之内。不过,这种将“设立”包摄于“产生”的说法却存在无法回避的理论障碍。最高人民法院设立于1949年10月22日,其设立依据乃中国人民政治协商会议第一届全体会议通过的《中央人民政府组织法》,彼时第一届全国人民代表大会尚未召开。同样地,根据1951年《人民法院暂行组织条例》,全国绝大多数省级法院与县级法院在本级首届地方人民代表大会召开前就已经设立了。[10] 若将“产生”扩大解释至“设立”,那么我国《宪法》第3条第3款“审判机关都由人民代表大会产生”便会落入不成立的历史性陷阱。对此,似乎只能认为,“设立”是一个相对静态的概念,包括地方人民法院在内所有法院的设立都应由当时有效的组织性法律予以预先规定,它与动态的“产生”不在同一层次,“设立”毋宁是“产生”的前提。

(二)产生规则:地方人民法院仅得由地方人民代表大会产生

即便组织性法律已经明确某法院应予设立,但若止步于此,该法院也仅为“纸面上的法院”,其设置远未完成。法院一般须有办公人员、办公经费、办公场所与设备,只有在“人、财、物”齐备的状况下,审判的相关业务活动才能有序开展。其中,“人”尤其法官是法院设置的关键——审判机关可以缺乏办公经费甚

---

〔9〕 参见翟国强:《跨行政区划人民法院如何设立?——一个宪法解释学的视角》,载《法商研究》2016年第5期。

〔10〕 参见何勤华主编:《法治建设与法学》,上海人民出版社2009年版,第178~180页。

至办公场所,[11]但绝不能没有审判人员。法院的审判权只能由法官实际行使,若无作为权力行使基本单元的法官,法院便无法履行任何司法职能,也不能被称为审判机关。要完成法院设置,必须为组织性法律预先设立的法院配备院长(首席法官)以及其他法官,而这便是前述"产生"条款的实质意涵。

出于规范与事实(包括历史事实)两方面的原因,"审判机关都由人民代表大会产生"不可能指建制意义上的法院由人民代表大会设立,其含义毋宁是法院院长及其他法官由人民代表大会产生。简言之,国家权力机关以选举或任命的方式产生司法人员,由司法人员组成人民法院,继而实现我国《宪法》第3条第3款前半句的规范目的。将"产生"定位于司法人员的正确性,可从该款后半句之"对它负责,受它监督"中得到肯认。在宪法语境下,作为依法设立的审判机关,法院不能以诸如整体解散或撤销建制的方式对人民代表大会负责,责任的载体终须落归具体的人员。人民代表大会需要法院负责并施以监督的事项大体分为司法活动与司法行政活动,[12]前者由作出司法行为的司法人员负责,后者则由统管司法行政的法院院长负责,而承担责任的宪定方式即免职或罢免。"全国人大的任免权就是组织行政机关、审判机关、检察机关和其他国家机关之权",[13]推而论之,地方人民代表大会产生地方人民法院也应是基于审判人员之选任而言的。

然而,将"产生"与司法人员相联结,得出"审判人员都由人民代表大会产生"的结论,难免超出我国《宪法》第3条第3款的表意范围。因为,在审判机关设置完毕的时点,审判人员未必配备齐全,而法院也显然不以法官的满编满员为其产生要件。理论上,法院仅需配备一名司法人员便可产生。此时,法院既存在行权的基本单元,能够履行法定的司法职权与司法行政职权,也存在负担司法责任与司法行政责任的主体,使其具备了最基本的形态。就宪法而言,这名司法人员被特定化为法院院长。我国《宪法》第62条第8项规定,全国人民代表大会选举最高人民法院院长;第101条第2款规定,县级以上的地方各级

---

〔11〕 在陕甘宁边区时期,这种资源缺乏的情况甚为普遍。参见刘忠:《"从华北走向全国"——当代司法制度传承的重新书写》,载《北大法律评论》编辑委员会编:《北大法律评论》第11卷·第1辑,北京大学出版社2010年版,第15页。

〔12〕 参见江国华主编:《司法行政学》,武汉大学出版社2017年版,第3页。

〔13〕 参见许崇德主编:《中国宪法》,中国人民大学出版社2010年版,第113页。

人民代表大会选举本级人民法院院长。在体系上,这两项规定可被视为总纲条款“审判机关都由人民代表大会产生”的具体化,即最高法院院长与地方人民法院院长的选举是该审判机关产生的标志。同时,人民代表大会选举法院院长后,法院宣告产生,其他司法人员便不再受“由人民代表大会产生”的拘束,由人民代表大会常务委员会任命即可。

问题在于,当法律要求设立的法院无对应人民代表大会时,是否仍须遵循“法院院长都由人民代表大会选举产生”的规则?此处须区分专门法院与无对应行政区划地方人民法院这两类情形。就前者而言,其一,宪法条文未明确专门法院院长的产生机制,应按我国《宪法》第 129 条第 3 款的规定通过立法予以明确;其二,我国《宪法》第 67 条第 12 项规定,军事法院院长由全国人民代表大会常务委员会任命,侧面表明其他专门法院院长也可以不由人民代表大会选举产生。由于宪法文本留下了足够的立法空间,这里的“产生”未必不能解释为“间接产生”。〔14〕 对于后者,情况则完全不同。我国《宪法》第 133 条规定,“地方各级人民法院对产生它的国家权力机关负责”,由此可反推,任何地方人民法院都必须存在一个产生它的国家权力机关,即人民代表大会。〔15〕 而且,一方面,产生地方人民法院院长显然不是全国人民代表大会负责的全国性事务,这里的国家权力机关仅是指地方人民代表大会;另一方面,人民代表大会的工作方式是举行会议,〔16〕这使地方人民法院院长的产生方式只能是选举而非任命。因此,地方人民法院仅得由地方人民代表大会产生,即地方人民法院院长应当由地方国家权力机关选举产生。

(三)共通规则:县级以上的行政区划必须设置地方人民法院

法院设置分为“设立”与“产生”两个步骤,前者回答的是抽象层面“是否需

---

〔14〕 但是,在 1954 年《中华人民共和国宪法草案(初稿)》的讨论中,刘少奇曾对“产生”作出了与此相反的解释,他认为“产生”只能是“直接产生”。参见韩大元:《1954 年宪法制定过程》,法律出版社 2014 年版,第 277 页。

〔15〕 根据《宪法》第 57 条、第 96 条的规定,国家权力机关专指人民代表大会。至于人民代表大会常务委员会,其性质至多是“本级国家权力机关的组成部分”,本身不得被称为“国家权力机关”。参见陈斯喜:《人民代表大会制度概论》,中国民主法制出版社 2016 年版,第 71 页。

〔16〕 参见许崇德主编:《中国宪法》,中国人民大学出版社 2010 年版,第 156 页。

要某个法院”的问题,而后者意在解决“这个法院由谁组成”的具体化问题。事实上,根据我国《宪法》,任何国家机构的设置都应经由设立、产生这两个步骤完成。以宪法文本中较明确的地方人民政府为例,首先,我国《宪法》第95条第1款规定,“省、直辖市、县、市、市辖区、乡、民族乡、镇设立人民代表大会和人民政府”,该款明确了地方人民政府的设立规则;其次,我国《宪法》第101条第1款规定,“地方各级人民代表大会分别选举并且有权罢免本级人民政府的省长和副省长、市长和副市长、县长和副县长、区长和副区长、乡长和副乡长、镇长和副镇长”,该款明确了地方人民政府的产生规则。当地方人民代表大会选举产生了上述行政长官后,地方人民政府即设置完毕。与地方人民政府较明确的设置规则不同,我国《宪法》并未明确“地方各级人民法院”之“地方”所指为何,这使得地方人民法院与行政区划之间的关系仍待厘清。

通过宪法条文的体系解释,可以得出的一项前提性地作用于地方人民法院设立与产生的共通规则是,县级以上的行政区划必须设置地方人民法院。共通规则的证立由下列3个子命题构成:第一,地方各级人民代表大会按行政区划设立并产生;第二,县级以上地方各级人民代表大会必须产生对应的地方人民法院;第三,在设立县级以上地方各级人民代表大会的区域必须设立地方人民法院。根据我国《宪法》第95条、第97条的规定,命题一的成立没有疑义。共通规则成立的关键在于命题二与命题三的证成。

其一,县级以上地方各级人民代表大会必须产生对应的地方人民法院。命题二的证成与我国《宪法》第101条第2款“地方各级人民代表大会选举并且有权罢免本级人民法院院长”之“选举”的解释有关。有学者提出,“此处的‘选举’其实也可以被理解为与‘有权罢免’具有并列属性的‘有权选举’,而并不一定非得要被理解为‘应当选举’”。[17] 在1954年《中华人民共和国宪法草案(初稿)》的讨论中,有观点则认为,类似表述可改为“选举并且罢免”。[18] 上述认识或多或少改变了该款文义。在规范语句中,“有权”一词修饰的行为大多处于或然状态,如“被告人有权获得辩护”非指被告人对辩护的获得必将发生,“有权改变或者撤销……不适当的决定”也不是说不适当的决定就一定会被改变或撤

〔17〕 参见吴志刚:《行政区划型法院撤设机制的形态、机理与改革》,载《甘肃政法学院学报》2019年第1期。

〔18〕 参见韩大元:《1954年宪法制定过程》,法律出版社2014年版,第240页。

销。与之相较,不含情态动词的宪法语句往往指称某种应然状态,如“全国人民代表大会举行会议的时候,选举主席团主持会议”之“选举主席团”便是这种状态的表达。因此,在规范上无论添附或删除“有权”,都会使本款文义产生变化。质言之,“选举并且有权罢免”最显白的意思,无外乎“选举”是“规定动作”,“罢免”是“自选动作”而已。即只要县级以上地方人民代表大会存在,就应当选举本级法院院长以产生本级人民法院。[19]

其二,设立县级以上地方各级人民代表大会的区域必须设立地方人民法院。法院的设立应由组织性法律加以明确,倘若法律未规定在某类行政区划上设立法院,则后续的“产生”自不出现,命题二亦将失其前提。但是,宪法文本虽未明确地方人民法院之“地方”的确切意涵,但依然表达了某些组织性规则,考虑到宪法条文之间的体系性与融贯性,地方人民法院的设立仍受其限制。制约地方人民法院设立的关键因素在于同级人民代表大会的平等性。我国《宪法》第 95 条至第 104 条规定了地方各级人民代表大会的设置、组织、职权等内容。横向来看,由于宪法条文的类型化规范方式,在非民族自治地方,同级国家权力机关之间并无职权上的差异,任何地方人民代表大会行使的宪法权力与承担的宪法责任应与其他同级机关完全一致。为使同一级别、不同地区的国家权力机关平等地行使权力与承担义务,先在地提供制度性保障应是宪法默示的前提,也是我国《宪法》第 5 条第 2 款之法制统一条款的应然意涵。具体到地方人民法院的设立问题上,我国《宪法》第 101 条第 2 款、第 104 条分别明确了县级以上地方各级人民代表大会选举本级法院院长、县级以上地方各级人民代表大会常务委员会监督本级法院的职权,而为使以上职权得到无差别地执行,国家就应当在所有县级以上行政区划预先设立法院,否则同级地方国家权力机关的平

---

〔19〕 将“选举”理解为“有权选举”也不符合实质法治的要求。“有权”必然含有放弃行权的意思,若在已经设立地方法院的行政区划内,地方人民代表大会拒绝选举法院院长,则地方法院未完成设置。此时,作为执行“管理国家事务,管理经济和文化事业,管理社会事务”重要主体的司法机关悬置,该地方国家权力机关事实上便未能实现我国《宪法》第 3 条第 2 款规定的“对人民负责”的基本要求。

等性便无法实现，这是宪法精神所不容许的。[20]

二、三级地方行政区划下的法院设置问题：地级市中级人民法院的合宪性

根据从宪法文本推导出的地方人民法院设置规则，地方人民法院须对应县级以上行政区划设立并由该行政区划的人民代表大会产生。基于此，地方各级法院的设置将呈现如下样态：省、自治区、直辖市设置高级人民法院，设区的市、自治州设置中级人民法院，县、不设区的市、市辖区、自治县设置基层人民法院。一种最常见的情形是，地方人民法院的设置与省、市、县的三级区划保持一致。然而，这种情形却涉及一个老生常谈的宪法问题，即辖县地级市的合宪性。[21]要言之，依照我国《宪法》第30条行政区域的划分规则，除较大的市与自治州外，省与县之间并无一级所谓地级市的行政区划。[22] 众所周知，我国的中级人民法院通常设置于辖县地级市，若作为行政区划的辖县地级市本身缺乏宪法依据，则该级别法院的设置也必然存在合宪性问题。[23] 辖县地级市的合宪性，实

---

〔20〕 从实质法治的角度考虑，地方法院的设置与行政区划保持一致也颇为必要。根据《宪法》第27条第2款的规定，国家机关应当“努力为人民服务”，这在司法领域体现为“诉讼便民”的要求。一般而言，“每一个公民对其所处的行政区划都是明确的，但是在不按行政区划设置法院的情况下，其居住地属于哪一个法院的管辖区域却不是普通公民都能够弄清楚的，尤其是当案件涉及到管辖地的选择时，这一问题可能更加突出”。姚莉：《反思与重构——中国法制现代化进程中的审判组织改革研究》，中国政法大学出版社2005年版，第33～34页。

〔21〕 参见宫桂芝：《我国行政区划体制现状及改革构想》，载《政治学研究》2000年第2期；薛刚凌：《论府际关系的法律调整》，载《中国法学》2005年第5期；田芳：《行政区划宪法条款的解读——从“省管县”体制的推行说起》，载《现代法学》2008年第4期；马怀德：《行政区划变更的法治问题》，载《行政法学研究》2016年第1期。

〔22〕 参见秦前红、李雷：《法治视野下宪法第三十条理论与实践的冲突及消解》，载《湖南科技大学学报（社会科学版）》2017年第5期。

〔23〕 参见吴志刚：《我国司法区划调整问题研究——以跨行政区划设置法院为视角的分析》，载《北方法学》2014年第3期。

为一个关于“较大的市”的解释学问题。当辖县地级市可被解释为“较大的市”时,自不生“无宪法依据”之疑问,在该行政区划设置中级人民法院亦无违宪之虞。

(一)“较大的市”的宪法文义分析

“较大的市”载于宪法的行政区域划分条款,其本质是一个行政区划概念。[24] 仅从客观表意来看,较大的市可能指“辖地面积大的市”,也可能指“人口规模大的市”,还可能指“经济总量大的市”,因宪法条文并未明确,直接界定并不可行。在规范上,我国《宪法》第 30 条第 2 款规定:“直辖市和较大的市分为区、县。”其中,直辖市在第 30 条第 1 款第 1 项已经出现,是与省、自治区同级的行政区划,较大的市则与第 30 条第 1 款第 2 项“市”之规定相联结。这两款规定将市分为了两类:一类是较大的市,它分为区县;另一类是除较大的市以外的其他市,它不分区县。[25] 作为类型化的结果,前者成为设区的市,后者成为不设区的市。因而,在规范效力的意义上,“设区的市”就是“较大的市”。[26]

“较大的市”在宪法文本中仅出现一次,但“分为区、县”之规范造就的“设区的市”的概念却为我国《宪法》第 97 条、第 100 条、第 102 条 3 次使用。将市分为设区的市与不设区的市,既标明了人大代表选举与监督的机制差异,也划分了地方人民代表大会及其常委会的立法权限,有丰富的宪法意义。但是,较大的市本身却没有成为任何宪法制度的基础概念,其规范价值似乎仅在于引出市的两类区分。申言之,即便宪法文本不使用较大的市,而是直接规定“市分为设区、县的市与不设区、县的市”,也不会影响宪法整体的规范内涵。但考虑到立法技术方面的原因,类似规定明显啰唆,不宜入宪。是故,引入一个缺乏实质含义的描述性语词来界分设区的市与不设区的市,可能是更优的选择。实际上,任何设区的市,无论其面积、人口规模、经济总量或大或小,只要其下辖区

---

〔24〕 参见郑毅:《对我国〈立法法〉修改后若干疑难问题的诠释与回应》,载《政治与法律》2016 年第 1 期。

〔25〕 参见许安标、刘松山:《中华人民共和国宪法通释》,中国法制出版社 2003 年版,第 90 页。

〔26〕 参见郑磊、贾圣真:《从“较大的市”到“设区的市”:地方立法主体的扩容与宪法发展》,载《华东政法大学学报》2016 年第 4 期。

县，将之称为较大的市，都不直接与宪法规范相悖。[27]

（二）"较大的市"的制宪原旨梳理

"较大的市"在1954年《宪法》中就已经出现，因其所处的行政区划条款并未发生实质变化，[28]概念在宪法文本中的含义亦维持不变。基于宪法起草时的历史背景梳理较大的市的制宪原旨，能够充分展示概念之于制宪者的主观含义，亦可从侧面补强文义分析的结论。

1954年6月发布的中央人民政府《关于撤销大区一级行政机构和合并若干省、市建制的决定》在撤销大区的同时，归并了数个省份，并将11个直辖市降格为省辖市。到了1954年《宪法》通过时，地方行政区划已重回省、县（市）两级制。至于彼时已划归省属的原直辖市，其下却仍然存在区一级行政区划。这类城市本为省级建制，面积、人口规模、经济总量皆"较大"，由市一体管理较不现实，在地方人民法院设置方面尤其如此，[29]保留区级实属必要。因此，1954年《宪法》第53条在明确省、县（市）两级体制的同时，专门规定了"较大的市分为区"。[30]

较大的市下辖区、县，既是制宪之时为维持原直辖市职能运转所作的安排，也在一定程度上为其他城市的发展留下了空间。一方面，原直辖市人口众多，若按县级标准仅设一级政权，不利于人民"管理国家事务，管理经济和文化事业，管理社会事务"；另一方面，原直辖市的工商业发达，经济体量较大，仅由市一级管理，难以兼顾经济计划的各个方面。其实，便于人民参与国家管理、有利

[27] 参见于文豪：《县辖市问题的宪法评价与政区优化》，载《法学评论》2019年第2期。

[28] 1954年《宪法》第53条第2款规定："直辖市和较大的市分为区。"与现行《宪法》行政区划条款的不同之处在于，直辖市和较大的市不能辖县。但是，1959年全国人民代表大会常务委员会《关于直辖市和较大的市可以领导县自治县的决定》已实质变更了该款内容（可视为宪法解释），使其与现行条款趋于一致。

[29] 参见刘忠：《四级两审制的发生和演化》，载《法学研究》2015年第4期。

[30] 1954年6月，田家英在宪法草案座谈会上曾谈到了省县两级制以及市下设区的特殊情况。参见韩大元：《1954年宪法制定过程》，法律出版社2014年版，第102页。

于经济发展,本身即为行政区域的划分原则,[31]将直辖市与原直辖市分为区县也正是出于这种考虑。从原旨主义角度看,较大的市也无外乎一个对设区的市的描述性概念。为便利治理,一些市需维持下辖区县的体制,而为表明设区的市与其他市的不同,宪法便采用了"较大的市"这一称谓。另须注意,市的"大小"并非一成不变,随着城市人口增长、经济体量扩大、行政区划调整,新中国成立初期一些城市逐渐成为事实上的较大的市,依行政区域的划分原则析出或合并区县自是顺理成章。[32]

(三)"较大的市"的法律体系解读

业界对"较大的市"的通常理解并非基于宪法文本,而是源自其他法律。1982 年《地方各级人民代表大会和地方各级人民政府组织法》(以下简称《地方组织法》)第 27 条第 2 款、第 35 条第 1 项赋予了"省、自治区的人民政府所在地的市和经国务院批准的较大的市"的人民代表大会常务委员会、人民政府部分地方立法权。2000 年《立法法》进一步确认了"较大的市"之地方立法权的主体地位,其第 63 条第 4 款更是明确规定,"本法所称较大的市是指省、自治区的人民政府所在地的市,经济特区所在地的市和经国务院批准的较大的市"。有学者认为,根据对我国《宪法》《地方组织法》《立法法》的体系解释,较大的市并不包括地级市,市辖县在宪法上没有依据。[33] 也有学者认为,前述法律条款表明"较大的市"应由国务院批准,这可视为法律对宪法规范的解释,故"较大的市"不再只是描述性概念。[34]

---

[31] 参见许安标、刘松山:《中华人民共和国宪法通释》,中国法制出版社 2003 年版,第 89 页。

[32] 以杭州市为例,1957 年杭县划归杭州,1958 年萧山、富阳县划属杭州,1960 年桐庐、临安县划属杭州,1963 年建德、淳安县划属杭州。参见沈者寿主编:《杭州辞典》,浙江人民出版社 1993 年版,第 201 页。实际上,20 世纪 60 年代初期下辖区县的非原直辖市已有很多,如太原、大同、邯郸、石家庄、保定、唐山、秦皇岛、佳木斯、鹤岗、牡丹江、鸡西、伊春、安达等。参见张晖:《县级市由谁管——市管县体制合宪性分析与省管县体制改革建议》,载《理论月刊》2016 年第 2 期。

[33] 参见马怀德:《行政区划变更的法治问题》,载《行政法学研究》2016 年第 1 期。

[34] 参见于文豪:《县辖市问题的宪法评价与政区优化》,载《法学评论》2019 年第 2 期。

姑且不论以下位法诠释宪法概念的合理性,[35]即便从过往《地方组织法》《立法法》的文本出发,能否得出上述结论亦存疑问。首先,1982年《地方组织法》在规定地方立法权时,对行政区划作出的是区分性表述:一是"省、自治区的人民政府所在地的市";二是"经国务院批准的较大的市"。对于前者,无法据此确定省会与较大的市的关联。就后者而言,较大的市被"经国务院批准的"所修饰,此处有两种解释方案:其一,国务院批准的是行政区划,即从非较大的市升格至较大的市须经国务院批准,但依据我国《宪法》第89条第15项的规定,自治州、县、自治县、市的建制和区域划分均须国务院批准,如此解释将使限定词丧失规制意义;[36]其二,国务院批准的是立法权限,即并非所有较大的市都有立法权限,只有经国务院批准的部分较大的市方可制定地方性法规、规章,依此解释,便得将较大的市理解为包括辖县地级市在内的设区的市。

其次,2000年《立法法》看似为较大的市下了清晰定义,学者亦直接由此反推宪法概念,认为较大的市只有3类,其他的辖县市缺乏宪法依据。[37] 但是,论者似乎并未注意,该法在界定较大的市时使用了一个前置定语,即"本法所称"。"本法所称较大的市是指……"之表述限缩了概念的有效范围,即该定义仅适用于本法,不应推及其他法律。类似情况如《公职人员政务处分法》第2条第3款"本法所称公职人员,是指《中华人民共和国监察法》第十五条规定的人员"的规定,该定义就与我国《刑法》中"公职人员"指称的对象范围存在明显差异。同理,2000年《立法法》定义的较大的市,其有效的定义域亦仅限于本法及其相关法之中,用以解释其他部门法中的相同表述尚且需要审慎为之,拿来界定宪法概念更是应当慎之又慎。笔者认为,学者对较大的市的解释过于草率,使业

〔35〕 参见韩大元:《认真对待我国宪法文本》,载《清华法学》2012年第6期。

〔36〕 在实践中,国务院分别于1984年、1988年、1992年、1993年4次批准17个辖县地级市升格为较大的市。若以此为确定较大的市的标准,那么在国务院首次批准13个辖县地级市为较大的市之前,较大的市在我国并不存在。类似理解扭曲了词与物、定义与存在的关系,否则,1954年、1982年《宪法》有关较大的市的规定所为何来?

〔37〕 参见焦洪昌:《关于"省直管县"的法律制度思考》,载《法制日报》2007年9月2日,第2版。

界普遍产生了辖县地级市违宪的错觉,严重违背了宪法解释的合宪性推定原则。[38] 实际上,2000 年《立法法》中的较大的市是一个地方立法权意义上的概念,[39]而我国《宪法》所指较大的市则是一个行政区划概念——前者不包括辖县地级市,后者却未必不包括辖县地级市——它们完全不在同一层面。

综合文义、历史与体系解释的论证,辖县地级市存在宪法依据,它就是可以下辖区、县的较大的市。[40] 继而,在本级行政区划设立中级人民法院作为下辖区县基层人民法院的上级法院并由本级人民代表大会选举产生,不存在任何合宪性问题。

三、二级地方行政区划下的法院设置问题:无对应行政区划地方人民法院的合宪性

在绝大多数地区,地方人民法院都按我国《宪法》框架下的地方人民法院设置规则进行了“省(高级)、市(中级)、县(基层)”的设置。基于中央与地方的四级法院体制,三大诉讼法皆对案件的级别管辖作出了安排,[41]使第一审案件得以进入不同级别的法院。如此一来,全国任何地点都必须同时对应着三级地方人民法院的管辖,这构成了诉讼制度运行的基础。然而,在县级以上实行二级

〔38〕 参见韩大元:《论宪法解释程序中的合宪性推定原则》,载《政法论坛》2003 年第 2 期。

〔39〕 应当注意,党的十八届四中全会提出“依法赋予设区的市地方立法权”后,2015 年《立法法》将地方立法权扩张至了所有设区的市。立法权意义上较大的市的概念已逐渐淡化。

〔40〕 应予注意,我国《宪法》未规定“较大的市分为市”,因此,在实践中存在的“市辖市”缺乏依据。但是,政治话语将此类情形修饰为“省直辖的代管市”,形式上缓解了事实与规范的冲突。关于代管市的宪法问题需另文探讨。

〔41〕 参见《刑事诉讼法》第 20 条至第 23 条、《民事诉讼法》第 17 条至第 20 条、《行政诉讼法》第 14 条至第 17 条。

地方行政区划如“省、市(县)”[42]与“直辖市、区(县)”的区域,由于只存在两级人民代表大会,似乎仅得设置两级地方人民法院。为维持地方人民法院的三级体制,实践中此类区域往往设置了无对应行政区划的地方人民法院,如上海市第一中级人民法院、湖北省汉江中级人民法院[43]、大兴安岭地区中级人民法院、东莞市第一人民法院等。此外,有些地方出于各种考虑,在非行政区划、无对应国家权力机关的开发区、新区、园区甚至风景区设置了基层人民法院。[44]前述地方人民法院的设置是否合乎宪法,仍需进一步探讨。

(一)无对应行政区划地方人民法院须按组织性法律的规定设立

根据地方人民法院设置的设立规则,地方人民法院的设立应有明确的组织法依据。就无对应行政区划地方人民法院而言,其按层级划分为中级与基层两级,须分而论之。

我国《法院组织法》第22条规定:“中级人民法院包括:(一)省、自治区辖市的中级人民法院;(二)在直辖市内设立的中级人民法院;(三)自治州中级人民法院;(四)在省、自治区内按地区设立的中级人民法院。”由此,在直辖市内设立的中级人民法院与在地区设立的中级人民法院存在明确的法律依据。然而,那些不在直辖市内,又无对应地区建制的地方中级人民法院,如汉江中级人民法院、济源中级人民法院[45]、海南第一中级人民法院[46]、海南第

[42] 这里的“市(县)”既包括4个“直筒子市”,即嘉峪关市、儋州市、东莞市、中山市,也包括“省直管市”,如天门市、潜江市、仙桃市、济源市等,还包括“地区”这一非行政区划下辖的市县,如大兴安岭地区的加格达奇区、漠河市、塔河县等。

[43] 汉江中级人民法院作为天门市人民法院、潜江市人民法院、仙桃市人民法院的上级法院,其本身无对应地级市或地区建制(既无“汉江市”也无“汉江地区”)。

[44] 如连云港经济技术开发区人民法院、兰州新区人民法院、苏州工业园区人民法院、九华山风景区人民法院等。

[45] 济源中级人民法院下辖济源市人民法院,其无对应地级市或地区建制(济源市仅为省直管市)。

[46] 海南省第一中级人民法院下辖琼海市人民法院、万宁市人民法院、五指山市人民法院、文昌市人民法院、定安县人民法院、屯昌县人民法院、澄迈县人民法院、陵水黎族自治县人民法院、保亭黎族苗族自治县人民法院、琼中黎族苗族自治县人民法院10个基层人民法院,无对应地级市或地区建制。

二中级人民法院[47],能否依本条规定设立?此处的关键是对"在省、自治区内按地区设立的中级人民法院"中"按地区设立"进行解释。该条的"地区"易被理解为现存一类事实上的"地级行政区划",[48]但是,宪法与法院组织法的文本却未将"地区"概念限定于此。例如,我国《宪法》第 89 条第 16 项"依照法律规定决定省、自治区、直辖市的范围内部分地区进入紧急状态"与我国《法院组织法》第 26 条第 1 款"基层人民法院根据地区、人口和案件情况,可以设立若干人民法庭"对"地区"一词的使用,都是指物理层面的"区域",而非建制意义上的"地区"。依此用法,将我国《法院组织法》第 22 条的"地区"理解为"区域",则前述无对应地区建制的中级人民法院之设立便有法可依,皆属于"在省、自治区内按地区设立的中级人民法院"。

我国《法院组织法》第 24 条规定:"基层人民法院包括:(一)县、自治县人民法院;(二)不设区的市人民法院;(三)市辖区人民法院。"据此,地方基层人民法院的设立应完全与行政区划相对应。而且,该条采穷尽式列举的立法技术,缺乏扩大解释的空间,故无对应行政区划地方基层人民法院,皆无设立依据。例如,东莞市与中山市下设的第一人民法院、第二人民法院,便不属于以上任一类别。[49] 再如,遍地开花的开发区法院、新区法院、园区法院等地方基层人民法院,显然也都是违法设立的。[50] 但是,若未来《法院组织法》能够对无对

---

[47] 海南省第二中级人民法院下辖儋州市人民法院、洋浦经济开发区人民法院、临高县人民法院、乐东黎族自治县人民法院、东方市人民法院、昌江黎族自治县人民法院和白沙黎族自治县人民法院 7 个基层人民法院,无对应地级市或地区建制。

[48] 1975 年《宪法》曾将"地区"作为一级正式的行政区划予以明确,其第 21 条第 2 款规定,"地区、市、县的人民代表大会每届任期三年"。虽然 1982 年《宪法》的行政区划条款未规定地区,但一些既存地区的建制却一直延续至今。地区的行政管理机构为地区行政公署,是省、自治区人民政府的派出机关。同时,地区一般还设有省级人民代表大会的派出机构。参见许崇德主编:《中国宪法》,中国人民大学出版社 2010 年版,第 204 页。

[49] 另外,两个"直筒子市"的法院设立则符合《法院组织法》的要求。其一,嘉峪关市设嘉峪关市中级人民法院与嘉峪关市城区人民法院,前者是"省辖市的中级人民法院",后者是"不设区的市人民法院";其二,儋州市设儋州市人民法院,其上级法院为海南省第二中级人民法院,前者是"不设区的市人民法院",后者是"在省内按地区设立的中级人民法院"。

[50] 参见刘松山:《开发区法院是违宪违法设立的审判机关》,载《法学》2005 年第 5 期。

应行政区划地方基层人民法院予以明确,则其设立便不生宪法层面的问题。

此外,在实践中还存在某些县级行政区划不设立对应基层人民法院,而是由数个区县共享一个基层人民法院的情况。例如,海南省三亚市下辖海棠、吉阳、天涯、崖州4个区,仅设立了一个无对应行政区划的基层人民法院(三亚市城郊人民法院),以之负责审理全市范围内属于基层人民法院管辖的案件。再如,海南省三沙市下辖西沙、南沙两个区,亦仅设立了一个基层人民法院(三沙群岛人民法院)。[51] 此类情况违反了"县级以上的行政区划必须设置对应的地方人民法院"的共通规则。在区一级行政区划未依法设立法院的情况下,区的人民代表大会及其常委会无法行使产生法院、监督法院的宪法职权,这显然不符合宪法精神,相关实践亦无法经由组织法修改获得合宪性。

(二)无对应行政区划地方人民法院应由所辖行政区划的上一级人民代表大会产生

厘清无对应行政区划地方人民法院的设立问题后,随之而来的问题是,由谁产生这类法院?根据地方人民法院的产生规则,地方人民法院院长仅得由地方人民代表大会选举产生。但是,无对应行政区划地方人民法院却未遵循产生规则的要求。我国《法院组织法》第43条第2款规定:"在省、自治区内按地区设立的和在直辖市内设立的中级人民法院院长,由省、自治区、直辖市人民代表大会常务委员会根据主任会议的提名决定任免。"申言之,无对应行政区划地方中级人民法院,实际便是由地方国家权力机关的常设机关产生的。[52] 由于人民代表大会常务委员会(以下简称人大常委会)本身不是国家权力机关,故本款规定无法与我国《宪法》第133条"地方各级人民法院对产生它的国家权力机关

---

〔51〕 三亚市与三沙市之所以形成几个区只设一个基层人民法院的体制,皆因"直筒子市"转为"设区的市"所致。如2014年国务院批准三亚市"撤镇设区",之后各区产生党委、人大、政府、政协,但基层人民法院却一直维持着原有体制。

〔52〕 1954年、1979年与1983年的《法院组织法》皆规定,"在省内按地区设立的和直辖市内设立的中级人民法院院长,由省、直辖市人民代表大会选举"。直到1986年,无对应行政区划地方中级人民法院的产生方式才由"人民代表大会选举"变更为"人民代表大会常务委员会任免"。当时立法者所持的修法理由仅是"为简化上述人员的任免手续"。参见王汉斌:《关于修改选举法和地方组织法的说明》(1986年11月15日),载《中国法律年鉴》编辑部编:《中国法律年鉴1987》,法律出版社1987年版,第104页。

负责”相容,[53]应被视为存在合宪性问题。而广泛存在的无对应行政区划地方基层人民法院,实践中其法院院长也基本由(地级市)人大常委会任命产生,这也是不符合宪法规定的。

那么,应由哪一级的人民代表大会产生无对应行政区划地方人民法院?从规范上看,1954年至今的《法院组织法》都延续着由省一级人民代表大会(1986年后由其常设机关)产生无对应行政区划地方中级人民法院的规定。至于无对应行政区划地方基层人民法院,虽于法无据,事实上则往往由(地级)市一级产生。以上规范与实践是否符合我国《宪法》第101条第2款“县级以上的地方各级人民代表大会选举本级人民法院院长”的规定?该问题取决于对“本级”的解释。

一种解释方案是,将“本级”理解为对地方人民代表大会产生的地方人民法院之级别与个数的限制。持该观点的学者认为,“‘本级’是我国人大制度的语境词汇,其根源在于人大按行政区划设置原理,即人大与一府两院的一一对应关系”。[54] 笔者认为,这一解释不当限缩了规范的表意范围,将导出现行司法体制甚至行政体制大规模违宪的错误结论。若仅在有一级地方国家权力机关的情况下才能产生一级行政机关与司法机关,则不但设置无对应行政区划的地方人民法院、检察院违反宪法,连作为政府派出机关的行政公署、区公所乃至生产建设兵团、农垦、林区的行政建制都将出现合宪性问题。从宪法文本出发,“选举本级人民法院院长”仅可解释为县级以上行政区划的人民代表大会必须产生地方人民法院,无法进一步得出县级以上行政区划的国家权力机关能且只能产生一级且一个地方人民法院的意思。

另一种解释方案是,将“本级”与地方人民代表大会所辖的行政区域相联结。有学者认为,单以文义解释无法阐明“本级”的含义,应当诉诸体系解释。论者指出,从我国《宪法》第104条“县级以上的地方各级人民代表大会常务委员会讨论、决定本行政区域内各方面工作的重大事项”可以推知,“监督本级人民法院的工作”只是表示“监督本行政区域内人民法院的工作”,继而,“选举本

---

〔53〕 参见张梁:《省统管及跨行政区划法院、检察院设置改革之宪法视角》,载《中南大学学报(社会科学版)》2017年第1期。

〔54〕 底高扬:《目标、限度与进路:跨行政区划司法管辖制度的宪法学思考》,载《法商研究》2017年第1期。

级人民法院院长”便得进一步解释为“产生本行政区域内的地方人民法院”。[55]笔者认为,该方案错误使用了解释规准,导致结论已经偏离了文本可能的表意范围。虽然解释规准的排序并无定论,[56]但将文义作为解释的基础却是通说观点:“语义解释具有优越性,不得基于其他解释目的的考量来修正清晰的字义。”[57]就文义而言,“本级”自然含有“级别”的意思,任何解释方案都不得将其消除,而将“本级”解释为“本行政区域”显已抹消了“级别”的内涵,属于“修正字义”的错误解释。更严重的是,若按上述解释方案操作,则不同级别地方国家权力机关的职权必将产生竞合之混乱,这反而与体系解释的初衷相悖。

其实,“本级”的指向并不模糊,它就是一个关于“级别”的概念。但是,这里的“级别”并非通常意义上的“行政级别”,而是我国《宪法》第30条规定的“行政区划级别”。地方国家权力机关按行政区划设置,一般情况下,县级以上人民代表大会产生的法院自应是对应本行政区划的一级法院。但是,当组织法设立的地方人民法院无对应行政区划时,则该法院属于哪一“行政区划级别”?从逻辑上看,此类法院的行政区划级别应当“就上不就下”,归属于所辖行政区划的上一级。例如,汉江中级人民法院的设立在湖北省和天门、潜江、仙桃3个省直管市之间,它对应的“本级”就是省级。这是因为,一方面,任何一个市级人民代表大会都无法代表另外两个市的人民,故该法院不可能仅由市一级的人民代表大会产生;另一方面,湖北省人民代表大会代表着包括3个省直管市在内全省人民的意志,故该法院可以由其产生,且对它负责,受它监督。更清楚的例证是在地区设立的中级人民法院。地区设有省级政府的派出机关,而派出机关本身乃省级政府的组成部分,故与行政公署相伴设立的中级人民法院,其对应的“本级”自然也是省级。同理,在“直筒子市”内、开发区等设立的基层人民法院对应的“本级”则是(地)市级,应由(地级)市一级人民代表大会产生。

---

〔55〕 参见吴志刚:《我国司法区划调整问题研究——以跨行政区划设置法院为视角的分析》,载《北方法学》2014年第3期。

〔56〕 参见[德]罗伯特·阿列克西:《法律论证理论》,舒国滢译,商务印书馆2019年版,第300页。

〔57〕 参见[德]卡尔·拉伦茨:《法学方法论》,陈爱娥译,商务印书馆2003年版,第37页。

四、结语:地方人民法院设置的合宪性调控

地方各级人民法院是承载法定的司法制度、实现国家治理现代化的重要基础,更是依法治国基本方略得以实施的关键纽带。通过对宪法文本的解释学分析,本文厘清了"设立"与"产生"的概念内涵与相互关系,并推导出了"法院的设立应当由组织性法律预先规定""地方人民法院仅得由地方人民代表大会产生""县级以上的行政区划必须设置地方人民法院"这 3 项地方人民法院的设置规则。基于前述规则,本文分别对三级地方行政区划与二级地方行政区划下地方人民法院设置的合宪性问题进行了检视,得出了如下结论:第一,辖县地级市作为一类行政区划存在宪法依据,其在我国《宪法》中的定位就是较大的市,在辖县地级市设置中级人民法院的规定及实践无合宪性问题;第二,无对应行政区划地方中级人民法院的设立存在法律依据,其"本级"对应的是省级,应由省一级人民代表大会选举产生,但此类法院的产生主体被规定为省一级人民代表大会常务委员会,则不符合宪法要求;第三,无对应行政区划基层人民法院的设立无法律依据,相关实践存在合宪性问题。

针对地方人民法院设置的合宪性问题,应当通过修改我国《法院组织法》进行调控。首先,可修改我国《法院组织法》第 43 条第 2 款前半句"在省、自治区内按地区设立的和在直辖市内设立的中级人民法院院长,由省、自治区、直辖市人民代表大会常务委员会根据主任会议的提名决定任免"的规定,改为"在省、自治区内按地区设立的和在直辖市内设立的中级人民法院院长,由省、自治区、直辖市人民代表大会选举",[58] 以契合我国《宪法》第 3 条第 3 款、第 133 条"地方人民法院由人民代表大会产生"的实质内涵。其次,可在我国《法院组织法》第 24 条新增其他类型的基层人民法院,如"在省、自治区辖市内按地区设立的基层人民法院""在自治州内按地区设立的基层人民法院",并配套在该法第 43 条规定此类法院的产生办法,如"在省、自治区辖市内按地区设立的和在自治州内按地区设立的基层人民法院院长,由省、自治区辖市和自治州人民代表大会

---

〔58〕 同时须一并修正我国《地方组织法》第 44 条第 11 项"省、自治区、直辖市的人民代表大会常务委员会根据主任会议的提名,决定在省、自治区内按地区设立的和在直辖市内设立的中级人民法院院长的任免"的规定。

选举”，从而将东莞第×人民法院、佛山第×人民法院以及大量存在的开发区、新区、园区法院纳入法定的地方人民法院体系。至于三亚市城郊人民法院、三沙市三沙群岛人民法院这类法院，则因违反了“县级以上的行政区划必须设置地方人民法院”之共通规则，无法经由法律修改获得合宪性，应及时依法在下辖各区分别设置基层人民法院。

On the Constitutionality in Setup of Local Courts

Nie Youlun

Abstract: It is an essential constitutional issue about the structure of the state to whether and how to set up local courts. From the text of the constitution, we can deduce three specific rules about the setup of local courts, including the rule of the establishment, rule of creation, and common rule. Based on the rules, the setup of local courts at all levels generally presents a three-level pattern of higher, intermediate, and basic level, which respectively corresponding to the administrative division of province, prefecture, and county. The constitutional position of the prefecture-level city is "larger city", so there is no danger of violating the constitution to set up intermediate court in these administrative districts. There is legal basis for the establishment of the local intermediate court without corresponding administrative division, which meets the requirements of the rule of the establishment, but its president is appointed by the standing committee of the provincial people's congress, which violates the rule of creation. There is neither legal basis for the establishment of the local basic court without corresponding administrative division, nor meets the requirement of the rule of creation, and there are also some basic courts that violate common rule. In the future, the legislature should make pointed adjustment to the "Organic Law of the People's Courts" according to the constitutionality in the establishment of local courts.

Key words: Local court; Legal Hermeneutics; Larger city; Constitutionality

论社会主义核心价值观融入守法的协同主义进路*

赵毅宇**

内容摘要：

社会主义核心价值观融入守法的效果存在双重失意：社会主义核心价值观对民众守法的引领不足，守法社会的制度建设对民众践行社会主义核心价值观的保障不力。压制型法下规范主义的融入进路与自治型法下工具主义的融入进路均有其局限性。在回应型法视野中，应迈向协同主义的融入进路：在“虚相”层面形成意识塑造体系，在“实相”层面形成制度规训体系。意识塑造体系是通过社会主义核心价值观塑造守法意识，形成包含思想根基、价值取向、主体范畴与核心要素在内的体系结构。制度规训体系是建构社会核心价值观融入守法的保障机制，包括意识形态领导机制、法治宣传教育机制、模范守法培育机制、守法诚信褒奖和违法失信惩戒机制等。意识塑造体系与制度规训体系的协同运动符合“二相”对偶原理，呈现出对立性、统一性、稳定性和互涨性的规律。

关键词：

社会主义核心价值观　守法　协同主义　融入进路

一、问题的提出：融入效果的双重失意

从 2016 年中共中央办公厅、国务院办公厅印发《关于进一步把社会主义核

---

* 本文为国家社会科学基金重大项目“深化司法体制综合配套改革研究”（项目编号：20ZDA033）的阶段性研究成果。

** 中国人民大学法学院讲师、博士后。

心价值观融入法治建设的指导意见》(以下简称《指导意见》)算起,我国明确提出社会主义核心价值观融入守法这一目标已有6年,而理想与现实的距离是近在咫尺还是长路漫漫,值得总结与检验。在互联网时代与泛娱乐时代叠加的背景下,发生于"饭圈"与明星上的一起看似微小的违法失德事件,都有可能掀起一场影响公众价值观与守法意识的龙卷风。因此,通过"饭圈"乱象与劣迹明星事件分析社会主义核心价值观融入守法的成效,具有见微知著的效果。

以两起引发社会广泛关注的事件为例:事件一,粉丝打榜投票倒奶事件。2021年4月,一段倒奶视频在网上快速流传。一群人坐在沟渠边,熟练地撕掉牛奶包装后将牛奶全都倒进沟渠里,只留下瓶盖,据知情人士透露被倒掉的牛奶高达27万瓶。究其原因是,偶像成团真人秀与牛奶赞助商签订协议,粉丝可以通过购买牛奶并扫描瓶盖内二维码的方式为偶像投票。为了让自己喜欢的偶像出道,粉丝就大量购买牛奶并雇人帮他们倒掉,专门收集瓶盖用于打榜投票。[1] 事件二,张某事件。2021年8月,有网友爆料艺人张某于2019年在日本乃木神社参加婚礼,并与曾经发表反华言论的黛薇夫人合影。该事件持续发酵,张某随即以自己对历史文化知识不了解为理由发表道歉声明。中国演出行业协会发布公告,对张某的不当行为进行道德申斥。[2]

从理论层面看,上述事件折射出了社会主义核心价值观融入守法效果的双重失意。一方面,社会主义核心价值观对民众守法的引领不足。如事件一中,虽然节目组与赞助商的消费诱导规则应饱受诟病,但更无法忽视的是粉丝自身未受"文明""和谐"等社会主义核心价值观的有效指引,导致其食品浪费行为违反《反食品浪费法》的规定。另一方面,守法社会的制度建设对民众践行社会主义核心价值观的保障不力。如事件二中,明星的行径与"爱国"等社会主义核心价值观相悖,但无论是靠公共舆论的"吃瓜"式抵制,还是仅靠"友情提示"般的行业自律倡议,均难以保障社会主义核心价值观有效践行。在现有理论资源

[1] 参见马付才:《追星倒奶事件舆情观察:恶性逐利引发公愤》,载民主与法制网2021年8月31日,http://www.mzyfz.com/index.php/cms/item-view-id-1513396。

[2] 参见阮佳琪:《在靖国神社拍照,张哲瀚致歉:为无知而羞愧》,载观察者网2021年8月13日,https://www.guancha.cn/politics/2021_08_13_602831.shtml。

中,我国学者有从提升理论认知、价值认同等方面探讨社会主义核心价值观培育,[3]也有从完善守法机制、守法环境等方面探究守法社会建设,[4]但这些成果大多遵循的是单一视角或内部视角,在解决融入效果双重失意的问题上具有局限性。因此,本文将以一种重在解释与解决法律和外部环境之间关系的系统论视角展开研究。那么,法律与社会主义核心价值观的关系在法理上如何阐释,何种社会主义核心价值观融入守法的进路是与其契合的?这种融入进路又将如何运作或实现?这些问题都需要给出理论上的恰当解释。

二、协同主义融入进路生成的法理逻辑

社会主义核心价值观融入守法议题的法理分析模型可以概括为两类:一是宏观框架,针对的是价值观与法律的总体关系;二是微观进路,针对的是价值观是否对守法产生影响,以及如何产生影响。社会主义核心价值观集意识形态、道德、政策等于一体,[5]因此宏观框架以关注法与政治、道德等一系列变项关系的法律模式理论为基础。诺内特与塞尔兹尼克把社会中的法律区分为3种模式:压制型法,作为压制性权力工具的法律;自治型法,作为能够控制压制并维护自身完整性的法律;回应型法,作为一种回应各种社会需要和愿望的法律。[6] 在微观进路上,具有代表性的学说主要有以下几种:暴力威慑论把公民守法归结为国家强制力的威慑和惩戒作用,功利主义论认为法律能带来更多的

---

[3] 参见冯留建:《社会主义核心价值观培育的路径探析》,载《北京师范大学学报(社会科学版)》2013年第2期;陈金钊:《"社会主义核心价值观融入法治建设"的方法论诠释》,载《当代世界与社会主义》2017年第4期;刘旺洪:《社会主义核心价值观是中国特色社会主义法治的灵魂》,载《红旗文稿》2017年第3期。

[4] 参见李娜:《守法社会的建设:内涵、机理与路径探讨》,载《法学家》2018年第5期;李林:《建设法治社会应推进全民守法》,载《法学杂志》2017年第8期;单颖华:《当代中国全民守法的困境与出路》,载《中州学刊》2015年第7期。

[5] 参见张义清、付梦婷:《社会主义核心价值观融入法治建设的文化结构分析》,载《法治现代化研究》2019年第4期。

[6] 参见[美]诺内特、[美]塞尔兹尼克:《转变中的法律与社会》,张志铭译,中国政法大学出版社1994年版,第16～17页。

利益或更好地防范风险是公民守法的理由,社会契约论将守法视为公民对社会契约的遵守,法律正当论认为公民守法是因为法律满足形式合法与内容合法的要件。[7] 借鉴泰勒关于守法原因研究的分类,可以将暴力威慑论与功利主义论归属工具主义进路,将社会契约论与法律正当论纳入规范主义进路。[8] 微观进路以宏观框架为理论基础,微观进路的生成与宏观框架的嬗变紧密相连。

(一)压制型法框架下的规范主义进路

每种法律秩序都有一种压制的可能性,它使权力因披上权威的外衣而更加有效。压制型法有鲜明的"道德主义"和"政治化"特征,其最典型的主张者是自然法学派。"道德主义",是指法律反映社会支配性道德观念,通过道德的法律强制实施以维系公共价值与秩序。"政治化",是指法律从属于权力政治,作为政治工具存在的法律机构直接受到政治的影响。在压制型法中,法律与道德、政治的混同或依赖性较强,法律运作向道德、政治充分开放,法律系统并无不可逾越的理性与逻辑,法律运作的每一环节都可能受到意识形态上的价值介入和影响。[9] 因此,作为道德与政策综合体的价值观可以长驱直入并深刻影响守法意识,价值观与守法呈现频繁交流的状态。

压制型法框架下的微观进路属于规范主义,即探讨价值观对人们守法意识产生影响的问题,认为"对自己应当如何行事,人们都有自己的观念,如果他们基于自己的行为观念而认为遵守法律是理所当然的,人们就会自觉地遵守法律"。[10] 对此,自然法学派以法律的正当性来自道德的观点予以解释与论证。霍布斯提出了自然法第二条派生法则,"信守你的协议,或遵守诺言"。[11] 洛克发展了默示同意理论,认为只要一个人占有任何土地或享用任何政府的领地的

---

〔7〕 参见丁以升、李清春:《公民为什么遵守法律?(上)——评析西方学者关于公民守法理由的理论》,载《法学评论》2003 年第 6 期。

〔8〕 参见[美]汤姆·R. 泰勒:《人们为什么遵守法律》,黄永译,中国法制出版社 2015 年版,第 3~11 页。

〔9〕 参见张昌辉:《司法与意识形态关系的分析模式之演变》,载《北京理工大学学报》2021 年第 5 期。

〔10〕 [美]汤姆·R. 泰勒:《人们为什么遵守法律》,黄永译,中国法制出版社 2015 年版,第 4 页。

〔11〕 [英]霍布斯:《论公民》,应星、冯克利译,贵州人民出版社 2003 年版,第 26 页。

任何部分,就表示他默示同意服从那个政府的法律。[12] 卢梭提出,社会契约所要解决的根本问题是,寻找出一种能以全部共同的力量来维护和保障每个结合者人生和财富的结合形式,由此使每一个与全体相联合的个人只不过是在服从自己,并且仍然像以前一样地自由。[13] 虽然根源于古希腊的自然法思想,由于其具有难以证实的虚构性与认知的模糊性,至19世纪中叶的哲学观念"除魅"后开始让位于法律实证主义,但之后又鉴于第二次世界大战时期法西斯推行的暴政与恶法,人们开始反思"恶法亦法"命题与法律实证主义的弊病,自然法理论因此走向复兴。

(二)自治型法框架下的工具主义进路

随着自治型法的出现,法律成了控制压制的方法,持自治型法理论的代表是分析实证主义法学派。自治型法的主要特征可概括为:一是法律与政治分离;二是法律秩序采纳"规则模型";三是以程序为法律的中心;四是"忠于法律"被理解为严格服从实在法的规则。[14] 在自治型法下,法律与政治、道德相分离,少有互相遭遇的机会。尽管法律会接收来自外部世界的内容输入,但法律的性质与结构只能通过自身的概念和范畴来理解,外部价值必须按照法律本身的机制和程序来处理。

自治型法框架下的微观进路属于工具主义,基本观点是道德观念对守法的影响甚微,主张人们在行动之前,会对遵守法律是否会受到激励或者触犯法律是否会受到惩罚作出估计,再据此决定如何行为。[15] 分析实证主义法学派的各种观点都在不同程度上主张法律的正当性不在于它的道德性,而在于它的事实性、形式性或程序性。凯尔森创造了存粹法学说,强调制裁是法律结构中一个基本的要素。[16] 哈特认为,法律的实质是第一性的义务规则与第二性的承

---

〔12〕［英］洛克:《政府论》(下篇),叶启芳、瞿菊农译,商务印书馆1964年版,第74页。

〔13〕［法］卢梭:《社会契约论》,何兆武译,商务印书馆1980年版,第23页。

〔14〕参见［美］诺内特、［美］塞尔兹尼克:《转变中的法律与社会》,张志铭译,中国政法大学出版社1994年版,第60页。

〔15〕［美］汤姆·R.泰勒:《人们为什么遵守法律》,黄永译,中国法制出版社2015年版,第3~4页。

〔16〕［奥］凯尔森:《法与国家的一般理论》,沈宗灵译,中国大百科全书出版社1996年版,第29~30页。

认规则、改变规则、审判规则的结合,但还是存在最低限度的自然法。[17] 卢曼则进一步强调法律的独立性,把法律视为社会系统的一个功能上的子系统,其在规范上与外在于法律的道德伦理与宗教律令失去了关联。[18] 也正是基于这些法律与道德的分离命题,拉兹明确提出守法义务否定论,认为"不存在服从法律的绝对义务或终极性义务,甚至不存在服从法律的初确义务"。[19] 但无论分析实证主义法学派的理论如何精致,逻辑如何缜密,却似乎始终无法令人满意,因为它掏空了道德基础。

(三)回应型法框架下的协同主义进路

回应型法是20世纪后出现的法律现象,已成为现代社会持续不断的关注点,其代表性的理论倡导者是法律现实主义、新法律现实主义等。在回应型法中,法律既不过度卷入也非完全独立于道德和政治,而是对政治与道德保持一种适度开放的回应姿态。也就是说,在回应型法中,法律在结构上对外部世界保持刚性和分离,具有一定自治性,但法律运作向外部秩序开放,法律行动者的法律操作受到价值观的影响,由此呈现一种压制型法与自治型法协调统一的新状态。

因此,基于回应型法框架,我们在微观进路的选择上,需要一种由规范主义与工具主义协调合作产生的协同主义进路。哈肯提出了协同学(Synergetics)理论,用以反映复杂系统与子系统间的协调合作关系。[20] 协同最显著的特点是子系统间的相互合作,可以使系统产生出微观层次所无法实现的新的系统结构

[17] [英]哈特:《法律的概念》,张文显译,中国大百科全书出版社1996年版,第153页、第189~195页。

[18] 鲁楠、陆宇峰:《卢曼社会系统论视野中的法律自治》,载《清华法学》2008年第2期。

[19] [英]拉兹:《法律的权威——法律与道德论文集》,朱峰译,法律出版社2005年版,第34页。

[20] 参见[德]赫尔曼·哈肯:《高等协同学》,郭治安译,科学出版社1989年版,第87页;[德]赫尔曼·哈肯:《协同学——大自然构成的奥秘》,凌复华译,上海译文出版社2005年版,第5页。

和功能。[21] 社会主义核心价值观融入守法的协同主义进路是一个复杂系统，由两个相互关联的子系统组成：一是意识塑造体系，通过发挥社会主义核心价值观的思想引领、目标指引与价值支撑等功能，塑造守法主体的守法意识，培育出契合现代国家治理需要的守法公民；二是制度规训体系，将社会主义核心价值观融入守法从一个自觉性的价值改造过程转化为一个带有法律强制性的规训过程，促进社会主义核心价值观由软性要求向硬性规范转变。系统在某一时刻所处的状态称为"相"，其所处的虚、实状态分别为"虚相"和"实相"，对社会系统而言，"虚相"表现为价值观念、伦理道德与文化传统等，"实相"表现为制度、规范和法律等。[22] 因此，在社会主义核心价值观融入守法的协同主义进路中，意识塑造体系即"虚相"，制度规训体系为"实相"。总之，协同主义融入进路的生成逻辑可由图 1 清晰表示。

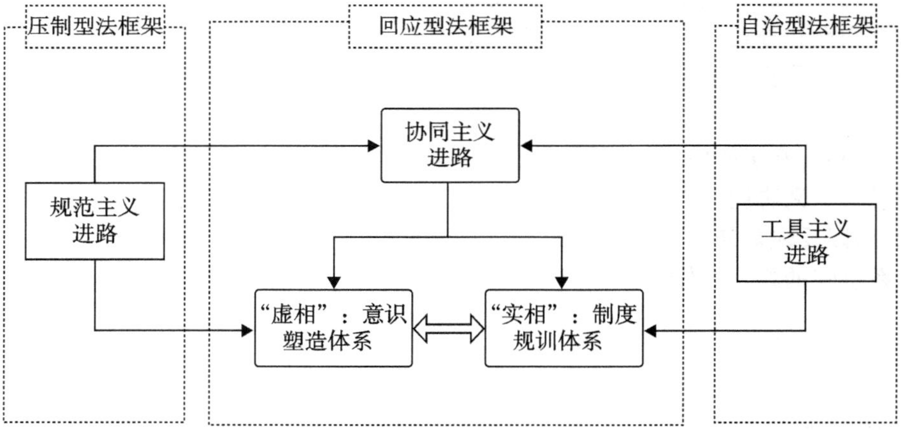

图 1　协同主义融入进路的生成逻辑

---

[21] 参见范如国：《复杂网络结构范型下的社会治理协同创新》，载《中国社会科学》2014 年第 4 期。

[22] 范如国：《制度演化及其复杂性》，科学出版社 2011 年版，第 220 页。

三、"虚相"层面的意识塑造体系建构

守法意识属于主观维度,是守法的心理与认知发生机制,也是形成守法动机的基础条件。[23] 因而,协同主义融入进路的"虚相"为守法意识塑造体系,是通过社会主义核心价值观塑造守法主体的心理认知,以引领守法主体从被动服法到自觉尊法转变。具体呈现为,以立场维度的思想根基、理念维度的价值取向、应用维度的主体范畴与核心要素为结构的塑造体系。

(一)思想根基:社会主义意识形态安全

社会主义核心价值观,是作为意识形态上的社会主义国家的核心价值观。在我国,守法意识的思想根基是社会主义意识形态安全。国外学者的研究也指出,《指导意见》和后续的行动计划,将法律与道德的结合带到了新的意识形态高度。[24] 当前,我们正面对中华民族伟大复兴战略全局和世界百年未有之大变局,社会思想与社会价值纷纭激荡,意识形态领域的较量尖锐复杂。

社会主义核心价值观与我国意识形态内容具有内在一致性,系国家意识形态体系的抽象与浓缩,可有效引领整合纷繁复杂的社会思潮,避免利益格局调整可能带来的思想对立和混乱,是推进我国意识形态建设的重要抓手。[25] 守法环节作为法治中国建设的社会基础,迫切需要把社会主义核心价值观融入全民的守法意识,巩固坚持以马克思主义为指导、坚持党的领导、坚持以人民为中心等主流意识形态的支配权、主导权、话语权,引导民众坚决把握社会主义意识形态安全这一思想根基,为守法环节设置"安全防火墙"。

(二)价值取向:目标与准则相结合

守法价值取向主要涉及守法主体遵守法律所要达到的价值目标,以及在遵

---

[23] 参见李娜:《守法社会的建设:内涵、机理与路径探讨》,载《法学家》2018 年第 5 期。

[24] See Lin, Delia, and Susan Trevaskes, *Creating a Virtuous Leviathan: The Pcrty, Law, and Socialist Core Values*, Asian Journal of Law and Society, Vol. 6, No. 1, p. 41 – 66 (2019).

[25] 参见伍志燕:《用社会主义核心价值观引领当代中国意识形态建设》,载《学习论坛》2017 年第 8 期。

守法律时所应依据的价值准则。《关于培育和践行社会主义核心价值观的意见》指出,"富强、民主、文明、和谐是国家层面的价值目标,自由、平等、公正、法治是社会层面的价值取向,爱国、敬业、诚信、友善是公民个人层面的价值准则……"。由此可见,国家层面的价值观属于价值目标,是具有行为结果属性的价值;个人层面的价值观属于价值准则,是具有行为规则属性的价值;社会层面的价值观则兼具行为结果属性与行为规则属性。

社会主义核心价值观塑造守法意识的价值目标,主要是指国家层面与社会层面的核心价值观对守法目标与方向的引导,回应通过守法环节建设一个什么样的国家与社会。以国家层面的价值目标为例,富强是我国在经济建设上的价值目标,也是指引守法主体遵守民法、商法、经济法等法律部门的价值目标;民主是我国在政治建设上的价值目标,也是指引守法主体遵守宪法、行政法等法律部门的价值目标。价值目标导向下的守法是民众对法治背后所蕴含的价值理念和治理逻辑的认同,进而形成稳定的心理状态与行动自觉。〔26〕

价值准则,是指守法主体对法包括法的现象进行价值判断时体现的基本准则。社会主义核心价值观塑造守法意识的价值准则,主要涉及社会层面与个人层面的价值观,关键是适用于以下两种情况:一是"类型"的情况,是指当法律表述语句属于"类型"而非"概念"时,需要价值判断介入;二是"须填补"的情况,其并非"被描述"词汇,其本身即评价事物的标准要素,未在法律条文中被进一步描述和解释。〔27〕 在价值准则的指引下,守法主体在面对没有法律明确规定或大量可供选择的情况时将会作出科学合理的守法决策,也将进一步避免法律秩序混乱的发生。如我国在诚信方面的法律未健全,具有全国性、专门性的诚信法律暂未出台,特别是《消费者权益保护法》等法律中有关诚信的内容也亟须修订,因此诚信作为价值准则的引领作用将充分发挥。

(三)主体范畴:广泛性与层次性的统一

意识是客观存在于人脑中的主观反映,守法意识的主体范畴是回答"什么人应有守法意识"的理论命题。社会主义核心价值观的受众指涉所具有的广泛

---

〔26〕 参见陆幸福、郭秉贵:《新中国守法理论的发展脉络与观念变革》,载《西南政法大学学报》2020 年第 5 期。

〔27〕 参见[美]卡尔 · 拉伦茨:《法学方法论》,陈爱娥译,商务印书馆 2003 年版,第 95 ~ 103 页。

性与层次性将塑造守法意识的主体范畴。

社会主义核心价值观的广泛性，是指其受众不是具有特定知识技能或者身份地位的精英阶层，而是普遍同质化的大众。社会主义核心价值观的广泛性特征，在塑造守法意识的主体范畴时，把“人人守法”塑造为守法环节的重要内涵，是对一切国家机关、社会组织和公民提出的整体性要求。基于此，现代中国需要一种赋予“法盲”主体参与意义，为法治的群众路线提供理论武器的“法盲法理学”。[28]

“没有普遍有效的道德，只有道德的多元性，每一种道德仅有局部有效性。”[29]社会主义核心价值观的层次性是指由于人在价值追求、文化水平与道德情操等方面的差异性，在建设社会主义核心价值观的过程中要对不同层次的受众提出不同的要求，特别是对领导干部与群众的要求要区分不同层次。社会主义核心价值观建设的层次性对守法意识主体范畴的塑造主要体现在：首先，要求作为“关键少数”的领导干部在带头践行社会主义核心价值观的过程中，做尊法学法守法用法的模范。[30] 其次，要求作为“最广泛主体”的普通民众认可法律、崇尚法律、遵守法律，从而营造守法光荣、违法可耻的社会氛围。众多复杂因素交互作用下的多元价值将会阻碍民众守法价值共识的产生，亟须以社会主义核心价值观凝聚民众守法共识。

（四）核心要素：法律认同感与道德义务感

汤姆·R. 泰勒指出：“在人们按照自己的社会价值观行事的社会中，公民自愿服从法律，因为他们认为：一是相信法律权威是应该遵守其指令的合法权威，二是相信法律描述的是道德上适当的行为。”[31]可见，守法意识的核心要素包括对法律的认同感与遵守法律的道德义务感，前者指向行为人对“法律应该被

---

〔28〕 参见凌斌：《普法、法盲与法治》，载《法制与社会发展》2004 年第 2 期。

〔29〕 J. David Velleman, *Foundations for Moral Relativism: Second Expanded Edition*. Cambridge, UK: Open Book Publishers, 2015, p. 1.

〔30〕 参见习近平：《论坚持全面依法治国》，中央文献出版社 2020 年版，第 136 ~ 141 页；卓泽渊：《领导干部应如何尊法用法》，载《紫光阁》2016 年第 7 期。

〔31〕 Tyler, Tom R., and John M. Darley, *Building a Law-Abiding Society: Taking Public Views about Morality and the Legitimacy of Legal Authorities into Account When Formulating Substantive Law*, Hofstra Law Review, Vol. 28, No. 3, p. 707 (2000).

遵守”的内在认可,是一种政治社会化的观念;后者指向行为人抱持“遵守法律是正确的事情”,是一种道德社会化的观念。[32]

关于法律认同感的研究主要体现在对法律本质、法律起源、法律继承性、法律价值、法律协调性等理论问题的回答上,其中法律本质的研究最重要。[33] 我国的法学理论最初以苏联的法学理论为蓝本,“法是统治阶级意志的体现”这一命题长期处于“正宗”的地位。但其也受到了法学界的群起发难,梁治平教授强调,法是专政工具对合法性观念的损益性,孙育玮教授回归马克思主义经典作家认为该命题犯了以偏概全的错误,马长山教授则运用社会理论对“统治阶级意志论”进行否证。[34] 这些研究论证了“法是统治阶级意志的体现”命题的片面性,认为其塑造的是法律肃杀、压迫的景象,对法律认同感的塑造形成了阻碍。社会主义核心价值观吸收了中国传统的民本思想与马克思主义的群众观,将以人民为中心贯穿始终。将社会主义核心价值观中“以人民为中心”的内核融入守法环节,将改变强调法是统治阶级意志的理念,塑造法体现全体国民意志的理念,提升民众对法律的认同感。

遵守法律的道德义务感是指即法律的要求符合道德上的正当性判断,从而使守法主体确信遵守法律是道德上正确的事情。正如学者指出,当民主制定的规则反映了大多数人的判断或偏好时,在道德对这种判断起支配作用的情况下,人们将有充分的理由来遵守这些规则。[35] 在社会结构扁平化与破碎化加剧,社会空间双重性与共振性凸显,社会生活流动性与智慧化提速的智能社会中,由于个人选择性的增强与道德约束力的“松绑”,培养守法意识中道德义务感的困难性日益明显。社会主义核心价值观是国家价值、社会价值与个人价值的有机统一,所蕴含的道德理性作为调节、约束守法主体思想和行为的精神力

---

〔32〕 参见李娜:《守法社会的建设:内涵、机理与路径探讨》,载《法学家》2018 年第 5 期。

〔33〕 参见张志铭、于浩:《共和国法治认识的逻辑展开》,载《法学研究》2013 年第 3 期。

〔34〕 参见梁治平:《“法”辨》,载《中国社会科学》1986 年第 4 期;孙育玮:《关于“法是统治阶级意志的表现”命题的几点思考》,载《中国社会科学》1988 年第 2 期;马长山:《从市民社会理论出发对法本质的再认识》,载《法学研究》1995 年第 1 期。

〔35〕 Hurd, Heidi M., *Why You Should Be a Law-Abiding Anarchist* (*Except When You Shouldn't*), San Diego Law Review, Vol. 42, No. 1, p. 78 (2005).

量,可以从道德的层面帮助人们认识理解公平、正义、诚信等问题,规避现实生活中因功利化、感性化、肤浅化而违法的现象,用道德涵养法律,为守法的道德义务感提供伦理价值参照。

四、"实相"层面的制度规训体系建构

意识塑造体系对于社会主义核心价值观融入守法具有重要意义,但人们在守法环节中,能否真正领会社会主义核心价值观的深刻内涵,并把它自觉作为行为指引仍有待反思。协同主义融入进路的"实相"为制度规训体系,是通过制度设置将社会主义核心价值观融入守法从意识塑造过程转化为正式的、具有法律强制性的规训过程。这里借用福柯的理论,制度的设置是一种对守法主体的"规训"(discipline)手段。[36]

(一)党对守法领域意识形态工作的领导机制

意识形态作为观念的集合与思想的范畴,总是显得无法捉摸,但意识形态却最需要掌握。葛兰西首次提出了"意识形态领导权"的概念,即使社会成员自愿选择某种意识形态,并在行动中受该意识形态的指引。[37] 习近平总书记多次强调意识形态领导权,[38]党的十九大报告中也明确提出"加强党对意识形态工作的领导""牢牢掌握意识形态工作领导权"。这些都深刻揭示了党对意识形态工作领导的极端重要性。

首先,健全党领导守法领域意识形态工作的组织体系。中国共产党是一个有着健全的、严密的组织体系的政党。党对法治工作的领导,应健全以党中央为中枢、各级党委总揽全局、党的工作部门归口领导、国家机关党组主管主抓、基层党组织守土有责的组织体系。在守法领域中,党的领导体系应牢牢把握意

〔36〕 参见[法]米歇尔·福柯:《规训与惩罚:监狱的诞生》,刘北成、杨远婴译,三联书店2003年版,第153~219页。

〔37〕 参见[意]葛兰西:《狱中札记》,曹雷雨等译,中国社会科学出版社2000年版,第361页。

〔38〕 如习近平总书记在全国宣传思想工作会议上强调,要始终坚持党对意识形态工作的领导权,建设具有强大凝聚力和引领力的社会主义意识形态。参见郑水泉:《加强党对意识形态工作的全面领导》,载《红旗文稿》2018年第22期。

识形态工作的领导权,坚持马克思主义在意识形态领域的指导地位,认真培育和践行社会主义核心价值观,坚决抵制司法领域西方错误思潮,通过常态化的思想教育,帮助守法主体筑牢理想信念防线,真正解决好意识形态这个"安全阀"问题。

其次,健全党领导守法领域意识形态工作的具体制度。习近平总书记指出,"全面依法治国是要加强和改善党的领导,健全党领导全面依法治国的制度和工作机制,推进党的领导制度化、法治化,通过法治保障党的路线方针政策有效实施"。[39] 目前,《中国共产党章程》《关于新形势下党内政治生活的若干准则》《党组工作条例》《政法工作条例》《中国共产党宣传工作条例》《党委(党组)意识形态工作责任制实施办法》等党内法规从不同角度规定了党领导意识形态工作、法治工作的制度和工作机制。守法领域意识形态工作具有多样性、复杂性的特征,必须在对各项具体工作的规范管理中进一步完善党的领导。一是要定期召开意识形态工作领导小组会议,研究制定意识形态工作要点与责任清单;二是将意识形态工作纳入领导班子民主生活会、述职报告和绩效考评体系;三是把意识形态工作纳入巡视巡察,进行专项巡视;四是建立舆情预警管控机制,掌握意识形态工作的主动权;五是坚持党媒姓党,确保党的新闻舆论媒体的所有工作都能体现党的意志、反映党的主张。

(二)法治宣传教育中的社会主义核心价值观融入机制

我国历来重视法治宣传教育,1986 年开启的全民法制宣传教育工程延续至今已有 30 余年,在传播法律知识、培养法治观念等方面作出了巨大贡献。在我国,法治宣传教育无疑是使守法主体认知守法价值目标与价值准则最直接、最有效的实现机制。根据中央宣传部、司法部《关于开展法治宣传教育的第八个五年规划(2021—2025 年)》的规定,法治宣传教育中的社会主义核心价值观融入机制主要包括以下方面。

首先,将社会主义核心价值观融入全民普法。当代中国的法治属于"普法型法治",其基本策略是积极的,国家千方百计帮助和督促民众了解法律,以期人们守法用法。[40] 但根据调查数据显示,人们普遍认为普法流于形式,近些年

---

[39] 习近平:《论坚持全面依法治国》,中央文献出版社 2020 年版,第 2 页。

[40] 凌斌:《法治的两条道路》,载《中外法学》2007 年第 1 期。

虽有改善，但即便是2019年的好评率也仅为26%，差评率近50%。[41] 在普法方式上，我们不能机械式地宣讲法律文本，把普法看作一辆发送法律知识的"运输车"，而应将普法变成一种渗透于生活的隐性教育。例如，广泛开展时代楷模、道德模范、最美人物和身边好人学习宣传活动，将释法说理贯穿于守法主体参与法治建设的全过程，充分利用新媒体新技术开展守法主体喜闻乐见的普法活动等。在普法内容上，坚持把习近平法治思想宣传放在首位，积极倡导助人为乐、见义勇为、诚实守信、敬业奉献、孝老爱亲等美德善行，以此将社会主义核心价值观的核心要义融入普法。值得一提的是，《民法典》就是融入社会主义核心价值观的重要普法内容。《民法典》第1条就开宗明义地规定："弘扬社会主义核心价值观"，并把公正、诚信、和谐等作为基本原则加以规定，在其他各章节则以规则的形式贯彻了社会主义核心价值观的要求。

其次，将社会主义核心价值观融入法治教育。孙晓楼教授在《法律教育》中写道，"讲到法律人才，我认为至少要有三个要件：要有法律学问，要有社会常识，要有法律道德"。[42] 长期以来，我国的法律教育都普遍重视具体法律知识的讲解，受教育者的法律理念、道德观念与法治国家的根本要求还存在距离。因此，应将集中体现社会主义道德的社会主义核心价值观融入法治教育，培养熟悉和坚持社会主义核心价值观与社会主义法治理念的法治人才。一是将社会主义核心价值观融入师资建设，以政治要强、情怀要深、思维要新、视野要广、自律要严、人格要正为师资队伍建设的基本方向。[43] 二是将社会主义核心价值观融入教材编写，选取体现社会主义核心价值观的素材，包括经典案例、人物等，引导学生在真实的情境中予以理解。三是将社会主义核心价值观融入课程体系，积极整合教学课程，将社会主义核心价值观作为贯穿课程体系的一条主线，构筑起由"思政课程—专业课程—实践课程—在线课程"构成的社会主义核心价值观融入法治教育的科学结构。

最后，将社会主义核心价值观融入法治文化建设。根据中共中央办公厅、

---

[41] 参见朱景文主编：《中国法律发展报告2020：中国法治评估的理论、方法和实践》，中国人民大学出版社2020年版，第202～211页。

[42] 孙晓楼：《法律教育》，中国政法大学出版社1997年版，第9页。

[43] 参见习近平：《用新时代中国特色社会主义思想铸魂育人 贯彻党的教育方针落实立德树人根本任务》，载《人民日报》2019年3月19日，第1版。

国务院办公厅印发的《关于加强社会主义法治文化建设的意见》,具体路径有:一是将社会主义核心价值观融入中华优秀传统法律文化的创造性转化与创新性发展中。通过研究我国古代法制传统和成败得失,传承与发展民为邦本、礼法并用、以和为贵、明德慎罚等与社会主义核心价值观相符的中华法系的优秀思想和理念。二是将社会主义核心价值观融入法治文艺。建立以内容建设为根本、先进技术为支撑、创新管理为保障的法治全媒体传播体系,创建宣传培育社会主义核心价值观的法治品牌栏目、节目。三是将社会主义核心价值观融入社会主义法治文化阵地建设。在法治宣传教育基地、法治文化创作基地、青少年法治教育实践基地、市县法治文化阵地、村(社区)法治文化阵地等中培育社会主义核心价值观。四是将社会主义核心价值观融入法治文化国际交流。注重在共建"一带一路"中融入社会主义核心价值观,以社会主义核心价值观为价值定位的法治文化作为国际传播能力建设的重要内容,建立和完善以调解、仲裁为主的"以和为贵"的国际争端解决机制,推动沿线国家、地区开展法治文化交流合作,不断提升我国法治文化的影响力。

(三)领导干部与公众人物模范守法的培育机制

制度优势是一个政党、一个国家的最大优势。扎紧织密制度笼子,用制度保障领导干部发挥"关键少数"作用。[44] 一是完善领导干部选任制度。习近平总书记指出:"一个人纵有天大的本事,如果没有很强的法治意识、不守规矩,也不能当领导干部,这个关首先要把住。"[45] 在干部选拔中,应将社会主义核心价值观融入干部选拔标准,突出德才兼备、以德为先的用人理念。二是完善领导干部法治培训制度。建立领导干部应知应会法律法规清单制度,分级分类明确领导干部履职应当学习掌握的法律法规和党内法规。各级党委政府党校、行政学院、干部学院等要高度重视针对领导干部的法治培训,组织开展习近平法治思想、法治中国建设系列讲座,举办各类法律知识专题学习会,开办领导干部学法用法竞赛与测试活动等。三是完善领导干部守法考核评价机制。把遵守法律、依法办事与法治素养等情况纳入考核内容,实施定量与定性、静态与动态相结合的考核方式,抓住"模范守法"与"带头违法"正反两方面的典型。四是完善领导干部守法制约监督机制。形成以制度制约监督权力、以权力制约监督权

[44] 陈训秋:《坚持抓住领导干部这个"关键少数"》,载《中国法学》2021 年第 3 期。

[45] 习近平:《论坚持全面依法治国》,中央文献出版社 2020 年版,第 137 页。

力、以权利制约监督权力、以科技制约监督权力的四大控权模式,[46]对于被发现问题的领导干部予以严肃处理,任何人都没有免罪的“丹书铁券”,也没有“铁帽子王”。

公众人物,是指在一定范围内有较大影响力,且与社会公共利益相关的人物。公众人物在相应领域具有一定的影响力和号召力,其言行均会给受众与粉丝起到示范作用。构建公众人物模范守法培育机制应把握两大方向:监管内容从以文化产品为主的内容管理转变为注重主体和行为的监管;监管主体从以政府监管为主转向政府监管与行业监管并行。具体机制包括:一是明确公众人物行为规范,通过完善《电影产业促进法》《网络表演经纪机构管理办法》《演出行业演艺人员从业自律管理办法(试行)》等法律规范,明确规定公众人物的必须遵循的要求、不得出现的行为等。二是建立常态化培训机制。加强公众人物的教育管理和道德建设,定期开展政策法规和职业道德培训,重点开展学习相关部委关于治理天价片酬、“阴阳合同”、偷逃税等问题的文件精神,学习宪法、民法、知识产权法、税法等重点领域的法律法规。三是建立道德评价与遴选推介机制。在相关行业协会设立道德建设委员会,具体承担道德建设和从业自律等工作。把公众人物的道德水准纳入考核体系,将评价结果与业务考核挂钩,并在选派参加重大活动以及选拔优秀人才时根据评价结果予以相应倾斜。四是建立行业联合抵制机制。行业会员单位对于违法失德、违反有关从业规范的公众人物应予以一定期限的联合抵制,不得邀请、组织处于联合抵制期内的人员参与行业各类活动,也不得为其提供其他宣传、推介等便利。

(四)守法诚信褒奖机制和违法失信惩戒机制

从经济学视角看,社会主体是自我利益的最大化者,将通过权衡成本收益来比较守法与违法两种方案的优劣,这是一种最贴近生活世界的逻辑。[47]针对这一问题,中共中央印发《社会主义核心价值观融入法治建设立法修法规划》强调,健全守法诚信褒奖机制和违法失信惩戒机制,以此改变违法成本低、守法成本高的现象,让遵纪守法成为理性选择。

---

〔46〕 参见黄文艺:《权力监督哲学与执法司法制约监督体系建设》,载《法律科学(西北政法大学学报)》2021年第2期。

〔47〕 桑本谦:《理论法学的迷雾——以轰动案例为素材》,法律出版社2008年版,第6页。

守法成本包括履行义务所付出的成本和因履行义务而失去可能获得利益的机会成本,加之许多法律规定了宣言性的禁止性规范,却无相应的执法措施,由此出现了守法成本大于违法成本的现象。为使守法主体通过自我守法行为获得最大化的利益、尽可能减少代价和损失,应对需要付出高额守法成本的守法行为,给予适当补偿。具体而言,可从以下方面建构与完善守法诚信褒奖机制:一是优化执法制度。在执法者的执法概率和执法强度均不确定的前提下,"低概率、高强度"的方式对社会最有利。[48] 原因在于,执法效应损失仅由允许执行低概率处罚产生,处罚强度能够提高到足以避免低概率引起的威慑效应稀释。[49] 二是完善政府激励方式。政府运用自己特有的公共权力管理职能,采用物质奖励、荣誉表彰、带头示范等激励手段,诱发、引导人们产生守法的行为动机,进而实现法治社会的运行目标。三是诚信机制与守法激励相结合。鼓励创新诚信激励场景,通过优先办理、降低门槛、简化程序、免交押金等形式激励群众的守信行为,让每一个社会成员体会到守信为其带来的便利。

同时,违法失信惩戒机制的完善可从以下方面展开:一是明确违法失信惩戒机制的目标定位。"失信惩戒制度一旦被滥用会给法治社会带来极为不利的影响,同时也会影响国家治理能力的提升。"[50] 社会信用体系的构建绝不应以滥用失信惩戒制度、背离失信惩戒制度目的来推进,而应以社会主义核心价值观作为引领,在对违法失信者采取制裁措施时,应当坚持公正、法治的价值,坚持比例原则和禁止不当联结原则。二是完善对违法失信主体的联合惩戒方式。具体包括:修改对违法失信者惩戒的行政处罚和司法处罚标准,扩大违法失信联合惩戒的范围,综合发挥政府部门、行业组织、市场主体、社会征信机构、新闻媒体、社会公众的协同作用等。三是完善违法失信修复机制。如果违法失信者在规定期限内采取主动赔偿受害人、提供社区服务、慈善公益等行为,已消除不良影响的,应当给予一定的信用加分,当累计信用分达到一定标准时,可以不再作为联合惩戒的对象,各部门应当解除对其采取的惩戒措施。

---

〔48〕 参见宋湘琦:《守法激励的经济分析》,载《社会科学战线》2014 年第 12 期。

〔49〕 参见斯蒂文 · 沙维尔:《法律经济分析的理论基础》,赵海怡、史册、宁静波译,中国人民大学出版社 2013 年版,第 430 页。

〔50〕 梁尧:《信用惩戒实践的行政法治逻辑:反思与完善》,载《苏州大学学报(法学版)》2021 年第 8 期。

五、结语:“二相”对偶的复杂性运动

上述分析表明,在回应型法框架下,法律与社会主义核心价值观既相互独立又相互影响,社会主义核心价值观融入守法需要协同主义进路。这一进路由意识塑造体系(虚相)与制度规训体系(实相)的协同运动予以实现。该协同运动符合“二相”对偶原理[51],主要表现为以下规律性特征:

其一,意识塑造体系与制度规训体系的对立性。在社会主义核心价值观融入守法的协同主义进路中,意识塑造体系作为“虚相”,更多地从个人立场出发,强调社会主义核心价值观对主体的守法意识塑造,借由守法意识之构造的解码而对症下药;制度规训体系作为“实相”,则注重建构社会核心价值观融入守法的保障机制,形成一个复合交错的规则网络,将国家渐次推至“全民守法”宏大愿景的彼岸。正如阿尔都塞指出,“镇压性国家机器或意识形态国家机器按照各自的情况(首要地或辅助地)通过镇压或意识形态的双重方式发挥功能”。[52]意识塑造体系与制度规训体系二者相互区别、相互竞争,但不可能由一相兼并另一相,且一方总是存在向另一方转化的倾向。

其二,意识塑造体系与制度规训体系的统一性。意识塑造体系与制度规训体系相互依存、彼此印证,共同构成系统的整体,离开任何一相都不可能准确、全面把握系统的整体性特征。例如,意识塑造体系中“塑造法律的认同感与遵守法律的道德义务感”和制度规训体系中“守法诚信褒奖机制和违法失信惩戒机制”存在统一性。前者是通过价值认同与道德内化的方式使民众自觉守法,是社会网络系统中的非正式网络;后者则利用奖励与惩罚的二元制度构造保障民众遵守法律,属于社会网络系统中的正式网络。虽然正式网络在实践中往往更受人们关注,但非正式网络是正式网络形成的基础和前提,并通过对正式网络的补充、修正和说明,使其成为得到社会认可的行为规范。正式网络与非正式网络相辅相成,共同促进了社会主义核心价值观融入守法这一目标

〔51〕 参见徐飞、高隆昌:《二象对偶空间与管理学二象论》,科学出版社2005年版,第70页。

〔52〕 [法]路易·阿尔都塞:《意识形态与意识形态国家机器》,载陈越编:《哲学与政治:阿尔都塞读本》,吉林人民出版社2003年版,第337页。

的实现。

其三,意识塑造体系与制度规训体系的稳定性。对于一个确定的系统,“虚相”与“实相”间权重比是统计意义上的稳定值,即二者在系统中所占的份额比原则上是不变的,通常只是绕着这一稳定比值在一定的幅度内做着随机振荡,一旦比例失调,系统将处于非正常状态。[53] 在社会主义核心价值观融入守法的系统中,意识塑造体系与制度规训体系的互动即具有稳定性。早在中国第一代马克思主义法学家董必武就指出,一方面,应当注重培养人民群众的守法思想,改变其过去仇视和不信任旧法的心理,使其转而信奉和遵守人民民主的法律;另一方面,要让人民群众和党政机关及其工作人员真正守法,就必须加强法制宣传教育。[54] 他强调的两个方面即是,意识塑造体系中“塑造守法意识的价值取向”与制度规训体系中“完善法治宣传教育机制”。至今,从党的十八届四中全会、十九大、十九届四中全会的决定看,二者互相重叠式的稳定发展仍然存在。

其四,意识塑造体系与制度规训体系的互涨性。互涨性,是指“虚相”与“实相”中某一相的改变将导致二相间的“比例”失衡,以致其内在机制促使它的另一相发生变化,通过“涨落”演化出新的二相比例,达到新的均衡,这种二相间的变动构成一个循环,并往复进行。[55] 新中国成立以来,意识塑造体系与制度规训体系至少可凝练出 3 次明显的互涨性运动。一是在国家建立初期,法律制度建设处于极为落后的状态,党和政府对民众守法意识的塑造成为守法社会建设的主要状态,这同时也促使制度规训体系的发展。正如谢觉哉在 1949 年提出的:“如何养成大家守法的观念,是今后一件大事。”[56] 二是随着中国特色社会主义法律体系的建成,制度规训逐步成了主要状态。人们开始把法制宣传教育等守法培育措施当成满足国家治理上纯工具性的东西。如果继续偏重工具主义的制度规训体系,将会使守法环节逐渐远离道德价值。三是进入全面依法治

---

〔53〕 罗会军、范如国:《社会制度系统的复杂“二相性”与社会治理创新研究》,载《学习与实践》2016 年第 2 期。

〔54〕 参见程梦婧:《中国第一代马克思主义法学家的理论开创》,载《法学研究》2020 年第 5 期。

〔55〕 参见范如国:《制度演化及其复杂性》,科学出版社 2011 年版,第 221 页。

〔56〕 谢觉哉:《谢觉哉文集》,人民出版社 1989 年版,第 650 页。

国的新时代后，应加强守法意识塑造体系建设。对此，习近平总书记在长期的法治领导实践中，通过执着探索与深邃思考，提出了诸多重视精神立场的重大法治命题。譬如："法律要发挥作用，首先全社会要信仰法律。"[57]"推进全民守法，必须着力增强全民法治观念。"[58]社会主义核心价值观融入守法的协同主义进路，必须坚持习近平法治思想的指引，增强全社会尊法学法守法用法护法的思想自觉和行动自主。

Synergism Approach of Integrating the Socialist Core Values Into Law-abiding

Zhao Yiyu

Abstract: There are double frustrations in the effect of integrating the socialist core values into law-abiding. The guidance of the socialist core values to the people's law-abiding is insufficient, and the institutional construction of a law-abiding society does not effectively guarantee the people's practice of the socialist core values. There are limitations in the normativism under the repressive law or the instrumentalism under the autonomous law. In the perspective of responsive law, the integration of the socialist core values into law-abiding should move towards the path of synergism. The consciousness shaping system at the "virtual phase" level is to shape the law-abiding consciousness through the socialist core values, forming a system structure including ideological foundation, value orientation, subject category and core elements. The institutional discipline system at the "reality" level is a guarantee mechanism for the integration of the social core values into law-abiding, including ideological leadership mechanism, rule of law publicity and education mechanism, model law-abiding cultivation mechanism, law-abiding integrity praise and punishment mechanism for violation of law and dishonesty. The coordinated movement of consciousness shaping system and system discipline system conforms to the dual principle of "two phases", showing

[57] 习近平：《论坚持全面依法治国》，中央文献出版社 2020 年版，第 115 页。

[58] 习近平：《论坚持全面依法治国》，中央文献出版社 2020 年版，第 5 页。

the laws of opposition, unity, stability and mutual expansion.

Key Words: The Socialist Core Values; Law-abiding; Synergism; Integration Approach

法院调解的定量研究*

——以借款合同纠纷案件为例

潘　宁**

内容摘要：

一个案件的哪些因素会影响法院处理该纠纷的方式，法院调解还是审判？这需要智慧算法。以借款合同纠纷为例，通过对2019年中国裁判文书网上以借款合同纠纷为案由的183份文书进行分析，发现被告委托专业代理人情况以及借款合同利率与结案方式之间具有显著的负相关关系，经换模型和子样本两种方式检验后，结果依旧稳健。由此，搭建一个调审选择智能辅助系统，来帮助法官判断具体案件调解就成为可能，从而促进司法资源的有效分配。此外，结案方式影响因素的探究，也提供了一个立法论上思考如何完善法院调解原则条款的契机，这显现了使适宜调解原则纳入法院调解总原则的重要性。

关键词：

智慧调解　借款合同纠纷　实证研究　适宜调解原则

近年来，在科技创新支持法治中国建设大框架下，科技部和司法部全方位推进"数字法治、智慧司法"工程建设，各机构积极响应，基于法律大数据结合自然语言处理、机器学习等技术搭建了一系列有特色的智能辅助系统。这些知识服务智能辅助系统在解决法规检索难、司法类案匹配难和量刑结果精准难等问题上成效颇丰，但仍有许多有待进一步开发的空间。以智慧调解系统为例，尽管目前推广使用的类案检索智能推送有助于帮助法官在调解中实现类案同调，

---

* 本文为中国科协2021年"高端科技创新智库青年项目——智能算法在社会治理中的挑战、机遇与发展对策研究"（项目编号：2021ZZZLFZB1207065）的阶段性研究成果。

** 北京大学法学院博士研究生。

系统自动生成调解协议书也有益于提高调解后行政工作的效率，但是仍然没有一套智能系统来帮助法官事前高效判断调解的适宜度。也就是说，一个有待解决的重要现实问题是：如何让解纷路径与纠纷相适应，从而真正快速彻底解决纠纷？

原本，法院先行调解的初衷在于分流司法负担、提升司法效率，[1]但在实践中，调解案件进入强制执行比例高[2]、调解反悔率高。对于这种司法替代调解的事与愿违的结果，一些研究者已敏锐地指出其中重要的主观方面原因——当前法院调解的运作较多受到法官调解偏好的影响，在某种程度上是法官违背调解适宜性客观规律作出的策略选择，如受到法院人事考评中调解率目标、服判率、上诉率等指标的影响，[3]在此种情况下，很多客观上不适合被调解的案件事实上也以调解方式结案了。实际上，先行调解的两个基本前提是适宜原则和不拒绝原则，不调不立、以调压判等方式变相强迫调解不仅实质违反不拒绝原则，而且轻视适宜原则，因此除结合法学理论和管理学原理反思如何改进法院调解运作外，另一个重要但被忽略的研究任务就是为法官提供智能助手，帮助他们更高效识别适宜调解的案件。

智慧司法的创新实践虽依托人工智能技术的大发展，但也离不开学界通过实证研究所积淀的理论成果。司法智能化的前提是对既有司法文书进行概率建模，这需要法律专业人士先结合相关领域的专业知识进行信息化加工，[4]因此法律实证研究是人工智能系统搭建所需算法智慧的源泉。得益于刑法实证研究的发展，定罪量刑已经依托刑事大数据分析在很大程度上迈向智能化、精准化，但其他领域的法律人工智能发展尚不理想，这与其他领域实证研究相对薄弱相关。调审关系的实证研究也正处于这种相对薄弱阶段。尽管有学者基

---

〔1〕 参见潘剑锋：《论民事司法与调解关系的定位》，载《中外法学》2013 年第 1 期。

〔2〕 参见李浩：《当下法院调解中一个值得警惕的现象——调解案件大量进入强制执行研究》，载《法学》2012 年第 1 期。

〔3〕 参见陈力：《民事调解高反悔率及其解释》，载《法律适用》2010 年第 7 期。

〔4〕 参见马靖云：《智慧司法的难题及其破解》，载《华东政法大学学报》2019 年第 4 期。

于定性方法对比分析了调解和判决的思维模式和功能,[5]分析了诉讼调解与裁判的应然关系,揭示并剖析了此关系实然中的异化问题;[6]有学者使用双重差分方法验证了强制性诉前调解缓解“诉讼爆炸”的效果,并基于此思考如何在完善诉前调解制度设计基础上实现全面推广;[7]还有学者直接基于问卷调查数据对当事人的关系距离、司法环境以及法官的偏好与特质、案件的类型等社会变量与司法调解行为的关系进行了分析。[8] 这些代表性研究为优化解纷资源配置提供了一定理论指导和经验论证,但对实现科学高效地利用解纷资源这一目标而言尚不充分。比如,有学者指出,现行强调司法调解的政策应当有其边界,但我国目前法律并未对此有所规定。[9]

鉴于此,本文将通过规范的回归分析回答一个案件的哪些因素会影响法院处理该纠纷的方式这一研究问题,来为搭建一个解纷方式选择智能辅助系统提供理论支持。本文的基本结构为:第二部分提出研究假设并阐明实证研究方案;第三部分交代本文研究所使用数据的来源和抽样方法,并对变量定义和基本情况予以描述;第四部分展示回归结果并进行稳健性检验;第五部分总结研究结论并进行理论反思。

一、研究假设与实证设计

面对审判花钱费事和一刀两断式的判决方式未必能真正地解决纠纷的问

---

〔5〕 有学者认为,裁判以“法条主义”为指南,采取“切片性思维”,调解主要以“合意主义”为指南,采取“整体性思维”,在法治背景下,调解的思维比裁判的思维更能实现法律实施和纠纷解决的公正性、合理性、和谐性和经济性。因此,在整个民事纠纷解决机制中具有优先适用的地位。参见张立平:《为什么调解优先——以纠纷解决的思维模式为视角》,载《法商研究》2014 年第 4 期。

〔6〕 参见潘剑锋:《论民事司法与调解关系的定位》,载《中外法学》2013 年第 1 期。

〔7〕 参见左卫民:《通过诉前调解控制“诉讼爆炸”——区域经验的实证研究》,载《清华法学》2020 年第 4 期。

〔8〕 参见宋明:《司法调解的法社会学分析——以实证研究为视角》,载《比较法研究》2014 年第 3 期。

〔9〕 参见艾佳慧:《大调解的运作模式与适用边界》,载《法商研究》2011 年第 1 期。

题,人们期望能够在纠纷的解决成本和解决内容两个方面,发挥调解的功能,以实现审判所无法达到的良好社会效果。[10] 法院调解通过快捷的程序和低廉的成本实现案结事了,如果法官能够快速有效地识别一个纠纷是否适合调解,那么就可以极大地减少司法成本。因此,笔者希望通过实证研究搭建量化指标模型来帮助预测哪些纠纷更有可能被诉讼调解,这将为未来智能司法发展提供初始的算法智慧。为了衡量纠纷的解决方式,本研究以结案方式作为代理变量,因此本文的核心因变量为纠纷结案方式是否为制作调解书的虚拟变量,即如果一个纠纷最终以司法确认调解书的形式了结,那么该变量被赋值为 1,否则为 0。

一个有趣的研究选题必须以谨慎的变量操作方能迈向科学的法律实证研究,[11] 因此笔者将基于理论,通过体系化梳理影响纠纷解决方式的因素来确定自变量和控制变量。从整体来看,适用调解主要有主客观两个方面的条件:一是主观上要求当事人能够接受;二是客观上要求纠纷本身适宜调解。由于调解政策主要由法院来制定以及纠纷是否适宜调解也主要由法院来判断,所以当事人、案件和法院三个方面的因素都会对法院处理纠纷的方式产生影响。

首先,当事人各方的社会地位、关系距离以及他们是个人还是组织,这些因素决定并解释了法律的处理过程是如何实施的。[12] 功利取向是理解人类解纷行为中的重要方面,[13] 面对一个纠纷,当事人时常会权衡诉讼力量并估计诉讼风险和收益,在此基础上才作出解决纠纷方式的选择。有研究表明,相互平等的人倾向于自行解决他们的问题,而不同等级的人们更可能将问题提交法庭或者其他司法机构,[14] 所以社会地位悬殊时,通过判决解决纠纷的比例越高,反

---

〔10〕 参见[日]棚濑孝雄:《纠纷的解决与审判制度》,王亚新译,中国政法大学出版社 1994 年版,第 46 ~ 47 页。

〔11〕 参见程金华:《迈向科学的法律实证研究》,载《清华法学》2018 年第 4 期。

〔12〕 参见[美]唐纳德 · J. 布莱克:《社会学视野中的司法》,郭星华等译,法律出版社 2002 年版,第 103 页。

〔13〕 参见刘文会:《当前纠纷解决理论法哲学基础的反思与超越——在权利与功利之间》,中国政法大学出版社 2013 年版,第 2 ~ 4 页。

〔14〕 参见[美]唐纳德 · J. 布莱克:《法律的运作行为》,唐越、苏力译,中国政法大学出版社 1994 年版,第 17 页。

之则通过调解解决的可能性越大。然而，有时关系距离[15]较近的当事人可能会倾向于接受一种收益相对不高的纠纷解决方案。对此，实证研究表明，关系距离会影响纠纷解决方式，当关系距离越大，当事人越不亲密，他们就越有可能采取更正式和公开的程序来解决纠纷，反之则可能性越小。[16] 如果当事人双方存在较近的关系距离，同时希望在纠纷发生后继续维持关系，[17]会寻求调解来追求一种妥协，而当纠纷各方之间没有未来的关系时，诉讼率会上升，[18]纠纷当事人更可能求助法律规则解纷。[19] 此外，组织在法律行为中的作用是举足轻重的，个人通常不愿意同组织较量，相比个人，组织具有更大的法律优势，[20]所以当事人是组织还是个人也会影响到纠纷最终的处理方式。

其次，纠纷性质和合同要素差异会影响最终结案方式，因此为了避免调解被适用于那些不适合调解的纠纷而浪费司法资源，有必要践行"适宜调解"[21]原则在选择调解前进行科学的个案判断。过往有不少文献探讨哪些类型案件适宜以调解方式解决这一问题，纠纷性质影响纠纷解决方式是这些研究者的共

---

〔15〕 影响随着他们对他人生活的参与程度而变化，这种参与程度即为关系距离(relational distance)。相关概念，参见[美]唐纳德·J. 布莱克：《法律的运作行为》，唐越、苏力译，中国政法大学出版社1994年版，第47页。

〔16〕 Claire B. Wofford, *The Effect of Gender and Relational Distance on Plaintiff Decision Making in the Litigation Process*, Law & Society Review, Vol. 51, p. 966 – 1000 (2017).

〔17〕 参见[美]劳拉·纳德尔、哈里·F. 托德：《人类学视野中的纠纷解决：材料、方法与理论框架》，徐昕译，载徐昕：《迈向社会和谐的纠纷解决》，中国检察出版社2008年版，第216页。

〔18〕 Macaulay Stewart, *Non-Contractual Relations in Business: A Preliminary Study*, American Sociological Review, Vol. 28, p. 55 – 67 (1963).

〔19〕 参见[美]罗伯特·C. 埃里克森：《无需法律的秩序》，苏力译，中国政法大学出版社2016年版，第301页。

〔20〕 参见[美]唐纳德·J. 布莱克：《社会学视野中的司法》，郭星华等译，法律出版社2002年版，第44页。

〔21〕 适宜调解强调不能违法调解或不应在案情复杂、当事人对抗激烈之类的纠纷上徒劳。对于适宜调解的认识，参见李德恩：《先行调解制度重述：时间限定与适用扩张》，载《法学论坛》2015年第2期。

识,也是他们开展研究的逻辑起点,只是学者对纠纷的分类方式有所差异。有研究者认为,调解不适宜解决一些针对行为的纠纷,而是适宜解决针对人的纠纷;[22]有研究者则将纠纷类型分为现实性冲突与非现实性冲突,并指出现实性冲突相比非现实性冲突调解的可能性更高,因为涉及价值观的非现实性利益冲突很容易使当事人把敌对情绪作为目的本身表达出来,使他们不愿妥协。[23]还有研究者指出,纠纷是否关涉当事人的生存利益对于当事人纠纷解决方式的选择有重要影响,如果纠纷利益接近生存利益的全部,纠纷当事人不会因为考虑亲密关系的维系而放弃纠纷利益,而如果纠纷利益只是生存利益的局部,纠纷当事人大多可能作出一定妥协。[24] 进一步地,合同要素差异也可能对解决方式产生实质影响。比如,在借款合同纠纷当中,借款合同的标的额、价款、履行期限和方式、违约责任等基本要素都会影响到借款合同纠纷解决方式。具体而言,有时候借款本金大小、约定利率大小、约定借款期限长短、担保情况等不仅反映了当事人的情感态度,而且体现了当事人的诉讼收益,[25]因此会最终影响到当事人对纠纷解决方式的态度和实际选择。

最后,法院的法官、法院级别和法院所在地区都会在不同程度对纠纷解决方式产生影响。纠纷解决方式的选择面临风险或成本评估,在我国,这部分主要是法官在评估审判风险。[26] 所以当下的法院调解主要是一种诱导型调解,是法官在各种外在因素影响下,基于裁判不良后果的判断,为规避这种风险,诱导当事人双方妥协并达成合意。它是监管型体制压力、法官高风险生存状态、

---

〔22〕 Lon L. Fuller, *Mediation-Its Forms and Functions*, Southern California Law Review, Vol. 44, p. 305 – 339(1971).

〔23〕 参见吴英姿:《“大调解”的功能及限度——纠纷解决的制度供给与社会自治》,载《中外法学》2008 年第 2 期。

〔24〕 参见李俊:《社会转型、关系距离与城市居民纠纷解决方式的选择》,载《社会科学研究》2015 年第 6 期。

〔25〕 参见[美]罗伯特 · C. 埃里克森:《无需法律的秩序》,苏力译,中国政法大学出版社 2016 年版,第 301 页。

〔26〕 参见曹云吉:《审判风险与法院调解》,载《国家检察官学院学报》2015 年第 5 期。

法院不出事逻辑等因素共同作用的结果。[27] 比如,在过去政策层面高度重视调解的背景下,一些法院为强化对调解的重视,曾将调解结案率作为年终考核的重要指标,所以法官对于案件调解在有意无意间采取强制态度,即使当事人并不愿意调解,在法官不断劝说下,当事人为迎合法官而不得不转变态度同意调解。[28] 由此可见,法官直接影响了当事人的纠纷解决方式。进一步地,调解制度的落实依赖于各地法院的实施,因此法院的一些特征,如所在地区及级别,可能也会影响调解率。一些统计分析表明,不同层级法院的调解利用率存在显著差异,总体来说,基层人民法院较中级人民法院法官调解利用率更高,[29] 中级人民法院的法官调解率一般在30%左右,而基层人民法院的调解率则大部分保持在50%~70%。[30] 与此同时,根据笔者对借款合同纠纷案由文书数据的相关统计,各地法院调解书与判决书文书数量比也反映出一定差异。如2020年,天津市、广东省和江苏省的调判文书数量比不到1%,其中天津市为0.01%,广东省为0.25%,江苏省为0.40%,而宁夏回族自治区为11.48%,内蒙古自治区为14.33%,甘肃省为17.38%,西藏自治区高达37.57%,各地法院制作调解书结案和制作判决书结案的情况存在显著差异。除了如前所述的各地法院行政领导层对调判的整体政策导向存在差异[31]之外,一些研究还指出纠纷解决方式利用的整体情况其实与社会人口和经济的发展规模、[32] 风俗习惯息息相关。[33]

基于此,本文也从纠纷、当事人和法院3个角度来设计拟关注的变量。首先,由于民事案件案由类别繁多,且每一类纠纷法律构成要素截然不同,难以清

---

[27] 参见汪永涛、陈鹏:《诱导型调解:法院调解的一个解释框架》,载《法制与社会发展》2016年第5期。

[28] 参见张嘉军:《民事诉讼调解结案率实证研究》,载《法学研究》2012年第1期。

[29] 参见范愉:《纠纷解决的理论与实践》,清华大学出版社2007年版,第411页。

[30] 参见宋明:《司法调解的法社会学分析——以实证研究为视角》,载《比较法研究》2014年第3期。

[31] 参见张嘉军:《民事诉讼调解结案率实证研究》,载《法学研究》2012年第1期。

[32] 参见范愉:《多元化的法律实施与定量化研究》,载《江苏大学学报(社会科学版)》2013年第2期。

[33] 参见范愉:《纠纷解决的理论与实践》,清华大学出版社2007年版,第75页。

晰和逻辑地将纠纷类型通过二元划分处理为 0 ~ 1 变量,本研究将聚焦一类在现实中适用诉讼调解率高的纠纷,着重分析哪些因素使其适宜调解。由于借款合同纠纷的案件数量规模庞大,调解比例高,〔34〕是一个被认为是适宜调解的纠纷类型,〔35〕所以笔者将以案由为借款合同纠纷的案件为分析对象进行量化研究。

具体而言,在回归分析中,笔者将关注该借款纠纷的借款合同背景信息 Con_i ,包括借款利率 $Rate_i$ 和借款金额 $LnAmt_i$,这些背景信息从不同方面共同指向了纠纷的大小,是此种纠纷的基本面。一般来说,借款利率越高意味着原告当初将款借予被告时有较高的收益期待,这使其越不容易通过放弃部分利益接受调解,因此笔者提出假设 1:当借款利率越高时,借款合同纠纷越可能以判决的方式结案。原告的借款本金数额越大意味着原告出借资金时认为被告的信贷风险较低,具有较高的还款义务履行的可能性,因此笔者提出假设 2:当借款本金越高时,借款合同纠纷越可能以判决的方式结案。

其次,笔者将通过诉讼当事人的特征 Par_i 来间接衡量当事人间关系〔36〕和

---

〔34〕 戈尔德堡基于美国的数据指出,调解对于如婚姻、家庭和债务等关系的纠纷的解决作用尤其突出,参见[美]斯蒂芬 · B. 戈尔德堡等:《纠纷解决——谈判、调解和其他机制》,蔡彦敏等译,中国政法大学出版社 2004 年版。冯俊海基于中国的数据指出,民商事调解案件类型主要为机动车交通事故纠纷、离婚纠纷、金融借款合同纠纷、民间借贷纠纷及抚养继承类纠纷案件。参见冯俊海:《论"适宜调解"条款之把握》,载《法律适用》2013 年第 11 期。

〔35〕 有学者指出,借贷纠纷案件最后大多数通过调解予以解决,其达成合意可能性非常大的原因是缺乏良好信用约束下,违约收益远大于付出代价,所以会促使债务人违约。如果最后达成调解,违约方可以在讨价还价中获得利益。原告倾向调解时因为认为司法的低执行效率使其即使胜诉也难以达到其诉请,如果调解中的一些让步能够换来对方对本金的履约也是划算的。参见汪永涛、陈鹏:《诱导型调解:法院调解的一个解释框架》,载《法制与社会发展》2016 年第 5 期。

〔36〕 自然人与组织之间的借贷关系一般意味着当事人之间是陌生的,而自然人之间的借贷则更多是依托社交关系网的,因此更多发生在熟人之间。因此,对当事人类型的观察不仅可以间接衡量当事人之间的关系,而且可以反映当事人之间的力量对比。这里之所以对自然人之间关系的间接衡量还有一个重要原因是,文书中直接记载当事人关系的数据非常少,不仅难以清晰地知道关系类型是亲人、同学、同事、朋友还是没有关系,也难以进行熟悉或者陌生的二元统计。当然,随着法律大数据的发展,可获数据维度愈加丰富,相信今后可以有机会对此展开进一步研究。

诉讼力量对比情况,这些特征包括诉讼当事人类型(个人还是组织体)$PType_i$ 和 $DType_i$,诉讼当事人数量 $\#Plaintiff_i$ 和 $\#Defendant_i$,诉讼当事人有无请专业代理 $PRepresentative_i$ 和 $DRepresentative_i$,与此同时,被告出庭情况 $DAppear_i$ 等特征。如前所述,组织是多人的集合体,组织体相对个人诉讼力量更强,所以笔者提出了假设3:当原告或被告是组织体时,两者越倾向于通过判决来解决纠纷;假设4:当原告或者被告一方人数众多时,两者越倾向于通过判决来解决纠纷。在此基础上,聘请专业代理人也意味着诉讼方的组织性提升,因此笔者提出进一步假设5:当原告或被告委托了专业诉讼代理人时,两者越倾向于通过判决来解决纠纷。此外,由于借款合同纠纷案件一般是借款人已违约,出借人无法联系或催告无果的情况下提起诉讼,借款人既可能是有还款能力但无还款意愿,又可能是暂无还款能力但有还款意愿,抑或是无还款能力也无还款意愿多种情况。尽管法院调解既有面对面调解,也有背靠背方式,但一线办案的几位法官在被访谈时告诉笔者,在借款合同纠纷案件的情形下,主要是一般被告实际出席庭审时达成的调解,因为很多原告认为被告实际出庭才能够表明其具有相对更强的还款意愿和足够的履约诚意,他们很难相信那些不敢站出来面对出借人的借款人所给出的新的还款承诺。对此,笔者提出假设6:当被告实际出席庭审时,制作调解书结案的可能性将显著提升。

最后,笔者也关注法院所属区域$Area_i$和其级别$Level_i$对纠纷解决方式选择的影响。受到区域经济发展水平的影响,高昂的时间成本可能促使发达地区的人倾向于接受司法调解;司法资源丰富、司法实力越强也可能意味着该地区人群越有信心依靠判决解决纠纷而不是妥协。因此,笔者加入法院所在地区和层级来控制地方发达程度、文化以及整体经济发展状况可能对实证结果带来的干扰。具体公式如下:

$$\underline{Document_i} = \beta 1\, Rate_i + \beta 2\, LnAmt_i + \beta 3\, Ptype_i + \beta 4\, Dtype_i + \beta 5\, \#Plaintiff_i + \beta 6\, \#Defendant_i + \beta 7\, PRepresentative_i + \beta 8\, DRepresentative_i + \beta 9\, DAppear_i + Area_i + Level_i + \varepsilon_{i,t}$$

二、数据、变量和描述性统计

本文使用的数据源于对中国裁判文书网“借款合同纠纷”案由案件的分层抽样。由于该案由案件中最重要也是与本研究最相关分层是文书类型,所以本文基本按照数据库的文书类型比例,从调解书数据〔37〕和判决书数据中随机抽取个体。具体而言,截至2020年8月18日,2019年借款合同纠纷案由的调解书一共720,648份,判决书一共1,549,365份,根据此文书数量比,本文分层随机抽取了189份文书。由于其中有6份文书存在部分变量缺失问题,因此最后分析样本数量为183份。在样本中,以制作调解书为结案方式的比例为31.1%(见表2描述性统计中变量 *Document* 的平均值),这与总样本中比例31.7%〔38〕基本一致,从侧面印证了本文抽样方法的科学性与样本的代表性。

本文旨在通过观察和总结法院公示文书数据来寻找提升司法资源利用效率和效果的方式,本文的核心因变量为结案方式〔39〕。该变量为虚拟变量,某案件若最后以制作调解书的形式结案则赋值为1,如果是制作判决书则为0。本

〔37〕 尽管根据最高人民法院关于裁判文书上网的相关规定,以调解方式结案的裁判文书不在互联网公布,但正如清华大学何海波、于晓虹老师领衔课题组在中国司法裁判文书上网公开报告中所说的那样,"被明确排除公布的调解书存在于互联网上,按规定就属于把关不严了,只能算是一个意外的惊喜"。对于大量借款合同纠纷调解书被上网这一情况,笔者也专门通过访谈S省的一位民庭庭长和其法官助理,以及H省的一位民庭庭长、一位法官助理和一位负责排案和文书上网的书记员,了解到借款合同纠纷案件调解结案没有特别的上传事由,上传调解书是法院落实文书上网的一个整体性行动,已上传的借款合同纠纷调解书数据内容本身具有随机性,因此这些被错误地视为公开功绩上传并公开了的调解书,对于本研究来说正是"一个意外的惊喜"——裁判文书网上的调解书数据尽管不是全覆盖现实所有的调解书,但不具有影响实证结论可靠性的偏向。前述引用,参见马超、于晓虹、何海波:《大数据分析:中国司法裁判文书上网公开报告》,载《中国法律评论》2016年第4期。

〔38〕 截至2020年8月18日,中国裁判文书网上以借款合同纠纷为案由的文书中一共有调解书720,648份,判决书1,549,365份,因此以制作调解书为结案方式的比例通过720,648/(720,648+1,549,365)的计算保留一位小数为31.7%。

〔39〕 法院调解既是一种结案方式,也是审判权行使的一种方式,所以在现实中法院调解可能是部分调解,也可能是全案调解。这里选择结案方式作为被解释变量,理由在于以制作调解书结案是相对更明显地体现该案调解适宜性的信号,而且基于一种类似数学不等式证明时采用的"放缩法"思维,不考虑部分调解作用也不影响结论的可靠性。尽管部分调解的情况不会直接体现在调解书里,但可以肯定的是,被全案调解的案件数据大概率更全面地载有适宜调解的元素,所以笔者通过全案调解的调解书的分析已经能够有效地识别出一些重要的判断调解适宜性的信息要素。

文搜集数据时所关注变量的定义如表 1 所示。

表 1　变量定义

变量	定义
Document	指结案方式。当文书类型为判决书时,赋值为 0;当文书类型为调解书时,赋值为 1
PType	指原告的主体性质。当原告为自然人时,赋值为 0;当原告为组织体时,赋值为 1
DType	指被告的主体性质。当被告为自然人时,赋值为 0;当被告为组织体时,赋值为 1
#Plaintiff	指原告方的人数。当存在一个原告时赋值为 1,存在两个原告时赋值为 2,依此类推
#Defendant	指被告方的人数。当存在一个被告时赋值为 1,存在两个被告时赋值为 2,依此类推
DAppear	指被告是否出席庭审。当被告实际出席了庭审时,赋值为 0;当被告实际并未出席庭审时,赋值为 1
PRepresentative	指原告有无请专业代理人。当原告请了专业代理人时,如有委托律师或者社区的法律工作者时,赋值为 1,否则为 0
DRepresentative	指被告有无请专业代理人。当被告请了专业代理人时,如有委托律师或者社区的法律工作者时,赋值为 1,否则为 0
LnAmt	指借款合同标的金额的对数
Rate	指借款合同约定的借款年化利率
Area	指文书制作法院所在地区。当文书制作法院所在城市 2018 年人均 GDP 超过 1 万美元时,赋值为 1,否则为 0
*Level*2	指是否为中级人民法院。若非中级人民法院,赋值为 0,反之为 1
*Level*3	指是否为高级人民法院。若非高级人民法院,赋值为 0,反之为 1

表 2　描述性统计

变量名称	观测值	平均值	标准差	最小值	中位数	最大值
Document	183	0.311	0.464	0	0	1
PType	183	0.219	0.414	0	0	1
DType	183	0.148	0.356	0	0	1
#Plaintiff	183	1.016	0.127	1	1	2
#Defendant	183	1.749	1.289	1	1	7
DAppear	183	0.617	0.487	0	1	1
PRepresentative	183	0.497	0.501	0	0	1
DRepresentative	183	0.158	0.366	0	0	1
Amt	183	7,294,278	35,200,000	1079	165,000	350,000,000
LnAmt	183	12.321	2.228	6.985	12.014	19.673
Rate	183	0.142	0.140	0	0.118	1.09
Area	183	0.404	0.492	0	0	1
*Level*2	183	0.055	0.228	0	0	1
*Level*3	183	0.011	0.104	0	0	1

本文的核心自变量群之一为当事人相关变量,通过当事人的主体性质(判别当事人是自然人,还是法人或者非法人组织这样的组织体,是自然人时赋值为 1,组织体时赋值为 2)、人数(如当存在一个原告时赋值为 1,存在两个原告时赋值为 2,依此类推)、委托代理人情况(如当事人请了委托律师或者社区的法律工作者这样的专业代理人时,赋值为 1,否则为 0)以及出庭情况(当事人实际出庭了赋值为 1,未出庭则为 0)来衡量当事人间的关系和诉讼力量。如表 2 所示,原告主体性质的平均值为 0.219,表明在样本中,有 21.9% 的原告为组织体,78.1% 的原告为自然人;相应地,被告主体性质的平均值为 0.148,即在样本中,14.8% 的被告为组织体。整体来看,借款合同纠纷样本里的诉讼当事人更多是自然人。通过原告方人数和被告方人数的描述统计结果来看,每个案件平均有 1.016 位原告,1.749 位被告,原告数量的中位数为 1,被告数量的中位数为 1,表明大多数案件都是 1 名原告诉 1 名被告,而从最值角度来看,个别案件中最多出现了两位原告,最多出现了有 7 名被告的情况。被告实际出席庭审的平均值为 0.617,这表明有 61.7% 的案件中至少有 1 名被告未实际出席庭审,且中位数为 1,意味着被告不出庭的情况在借款合同纠纷中时有发生。原被告委托

代理人情况的平均值分别为0.497和0.158，这表明有49.7%的案件中原告方委托了专业的诉讼代理人，而只有15.8%的案件中被告方委托了专业的诉讼代理人，结合中位数来看，多数的原被告没有委托专业的诉讼代理人。

本文另一个核心自变量群为借款合同内容相关变量，具体包括借款金额和借款利率。借款金额平均数为7,294,278元，表明样本里的这些借款合同纠纷的标的额平均高达7,294,278元，中位数为165,000元，表明样本的借款金额分布呈右偏形态。由于借款人金额的标准差高达35,200,000元，为与实证研究惯例保持一致，笔者在回归中使用该变量的自然对数。借款合同的约定年化利率平均值为14.2，表明样本平均年化利率为14.2%，最小值为0，最大值为109%，即有的案件中，原告借款时并未向被告提出收取利息，但在有的案件中，原告与被告约定了高达109%的年化利率。

此外，笔者还选取了法院所在地区的发展水平和法院层级作为控制变量。为了衡量法院所在地区发展水平，笔者选取人均GDP 1万美元作为标准，将超过1万美元地区定义为较发达地区，将未及1万美元的地区定义为发展中地区。[40] 法院所在地区的平均值为0.404，即样本中文书制作单位所在地40.4%为较发达地区，59.6%为发展中地区。当*Level*2值为1时作出该份文书的法院为中级人民法院，当*Level*3等于1时，作出该份文书的法院为高级人民法院，而当*Level*2和*Level*3均为0时，作出该份文书的法院为基层人民法院。描述性统计结果显示，样本主要文书来自基层人民法院，其文书占比，而中级人民法院文书占比14.2%，高级人民法院的文书则仅占比1.1%，这符合民事一审审理法院的现实结构，也一定程度体现出样本的代表性。

在此基础上，笔者通过相关分析对变量间关系进行初步探究，并在此基础上检验变量选择的适当性。表3列出了本文核心因变量与自变量之间的相关系数与显著性水平，由此可以得出一些能够支撑前文论述的初步结论。

---

〔40〕 根据《中国统计年鉴2019》中地区生产总值表中人均地区生产总值换算为美元单位后分类，具体而言，北京、上海、天津、江苏、浙江、福建、广东、山东、内蒙古、湖北、重庆地区被定义为较发达地区，而陕西、辽宁、吉林、宁夏、湖南、海南、河南、新疆、四川、安徽、河北、青海、江西、山西、黑龙江、西藏、广西、贵州、云南、甘肃地区被定义为发展中地区。详细数据参见国家统计局编：《中国统计年鉴（2019）》，载国家统计局官网，http://www.stats.gov.cn/sj/ndsj/2019/indexch.htm，最后访问日期：2020年8月23日。

表 3　相关性分析

	Document	*PType*	*DType*	*#PLaintiff*	*#Defendant*	*DAppear*	*PRepresentative*	*DRepresentative*	*lnAmt*
PType	-0.213***								
	(0.004)								
DType	-0.18	0.377***	1						
	0.015	0.000							
#PLaintiff	-0.087	-0.068	-0.054	1					
	0.243	0.358	0.470						
#Defendant	-0.217***	0.556***	0.525***	-0.042	1				
	0.003	0.000	0.000	0.575					
DAppear	0.529***	-0.155**	0.010	0.013	-0.049	1			
	0.000	0.036	0.889	0.861	0.511				
PRepresentative	-0.150**	0.162**	0.233***	-0.128*	0.203***	0.153**	1		
	0.043	0.029	0.002	0.083	0.006	0.039			
DRepresentative	-0.195***	0.060	0.284***	0.062	0.259***	0.311***	0.287***	1	
	0.008	0.419	0.000	0.406	0.000	0.000	0.000		
LnAmt	-0.227***	0.332***	0.542***	0.074	0.484***	0.048	0.361***	0.388***	1
	0.002	0.000	0.000	0.319	0.000	0.516	0.000	0.000	
Rate	-0.311***	-0.088	0.032	0.091	0.072	-0.171**	0.131*	0.138*	0.111
	0.000	0.237	0.669	0.220	0.332	0.021	0.076	0.063	0.134

注:该表格对两两变量之间进行相关性分析,各变量定义见表1,括号内为p值,*、**、***分别表示该系数在0.1、0.05和0.01水平上显著。

表3分析表明,本研究所关注的核心因变量与自变量之间存在7对相关关系。第一,结案方式与原告主体性质在1%的显著性水平上呈现负相关关系,相关系数为 -0.213,但与被告主体性质却无明显相关性,因此这证实了假设3中对原告主体性质的假设。第二,结案方式与被告方人数在1%的显著性水平上呈现负相关关系,相关系数为 -0.217,因此这证实了假设中,被告方人数越多可能意味着被告诉讼力量越强大,原告更希望通过法官裁判来获得公允结果。第三,结案方式与被告是否实际出席庭审在1%的显著性水平上呈现正相关关系,相关系数为0.529,较大的相关系数也印证了被告实际出庭是诉讼调解结案的前提性条件。第四,结案方式与原被告委托专业代理人的情况呈现显著负相关关系,其中与原告委托专业代理人的情况在5%的显著性水平上呈现负相关关系,相关系数为 -0.150,而与被告委托专业代理人的情况在1%的显著性水平上呈现负相关关系,相关系数为 -0.195,这表明当事人若出资聘请了专业代理人则更可能以判决结案。第五,结案方式与借款合同标的金额、利率在1%的显著性水平上呈负相关关系,相关系数分别为 -0.227 和 -0.311,这在一定程度上能够加强借款合同标的金额和利率对结案方式影响的猜测,即纠纷金额、利率越大则更不可能通过诉讼调解的方式解决。

这些结论仅为两两变量间较简单的相关关系,为了给本文的结论提供更翔实与严谨的证据,本研究需要通过回归分析进行探索。与此同时,从各变量彼此的相关关系来看,那些存在显著相关性的变量之间的相关系数均在0.8以下,因此不能认为其存在明显的多重共线性问题。当然,鉴于有时候相关系数值不大也不能完全排除多重共线性问题存在的可能性,所以笔者在后面的回归中也进一步通过方差膨胀系数来判断无多重共线性问题。

三、实证结果

如表4所示,OLS回归揭示了3个具有统计学意义的结果,也就是说,从统计推断的角度来看,该结果一定程度能够支持假设1、假设5和假设6,即初步验证了当借款利率越高时,借款合同纠纷越可能以判决的方式结案;当被告委托了专业的诉讼代理人时,越倾向于通过判决来解决纠纷;而当被告实际出席庭审时,制作调解书结案的可能性将显著提升。

具体而言,首先,OLS回归证实了被告实际出庭对结案方式的重要影响。

如表 4 所示,*DAppear* 被告是否出席的系数为 0.537,即如果被告实际出席了庭审,该案件最后以制作调解书方式结案的可能性提高 53.7%,t 值结果为 9.114,所以该结果在 1% 水平上显著。其次,该回归结果揭示了被告委托代理人情况对结案方式的影响,*DRepresentative* 被告委托专业诉讼代理人情况的系数为 -0.362,即当被告委托了专业的代理人时,该案件最后以制作调解书方式结案的可能性下降 36.2%,该结果在 1% 水平上显著,而且与均值相比下降了 117%,所以这意味着当法官在判断某案件是否适宜进行诉讼调解时,被告是否请了专业代理律师是一个非常重要的线索。最后,同样对结案方式产生负向影响的还有借款合同的约定年化利率。借款合同约定的年化利率影响系数为 -0.576,该结果在 1% 水平上显著,也就是说,当借款合同约定年化利率每提高 1% 时,调解率下降 0.58%,与均值相比下降约 2%,所以在一定程度上可以说是利率越高越难以制作调解书的方式结案。

表 4　OLS 模型回归结果

VARIABLES	(1)
	Document
PType	-0.078
	(-1.023)
DType	-0.052
	(-0.549)
#PLaintiff	-0.308
	(-1.517)
#Defendant	-0.018
	(-0.684)
DAppear	0.537***
	(9.114)
PRepresentative	-0.073
	(-1.282)

续表

VARIABLES	(1)
	Document
DRepresentative	-0.362***
	(-4.470)
LnAmt	-0.022
	(-1.326)
Rate	-0.576***
	(-2.675)
Constant	0.692***
	(2.609)
法院所在地区影响	已控制
法院层级影响	已控制
Observations	183
R-squared	0.514

注：该表格使用 OLS 模型，各变量定义见表 1，括号内为 t 值，*、**、*** 分别表示该系数在 0.1、0.05 和 0.01 水平上显著。

OLS 模型中，笔者还通过计算方差膨胀系数论证了模型中变量选择的适当性。多重共线性指模型中自变量之间存在线性相关关系，即一个自变量可以是其他一个或几个自变量的线性组合，存在多重共线性意味着变量选择存在一定问题。方差膨胀系数(variance inflation factor)是衡量多元线性回归模型中多重共线性严重程度的一种度量，VIF 越接近于 1 表明自变量间相关程度越低，越大表明自变量间存在共线性的可能越大。由表 5 可知，各变量的方差膨胀因子最大为 2.28，最小为 1.09，因而均小于 10。因此，可以认为模型不存在多重共线性问题。

表 5 方差膨胀系数

Variable	VIF	1/VIF
LnAmt	2.28	0.438234
#Defendant	1.95	0.5134
Level2	1.89	0.52968
DType	1.84	0.544878
PType	1.61	0.623023
DRepresentative	1.43	0.699439
DAppear	1.34	0.747855
PRepresentative	1.31	0.764518
level3	1.28	0.783542
Rate	1.18	0.850114
Area	1.12	0.895541
#PLaintiff	1.09	0.921647
Mean VIF	1.52	

在此结果的基础上,由于本文核心因变量为 0 ~ 1 变量,笔者借鉴乔仕彤行政征收实证研究〔41〕的方法,更换 Probit 模型对结果进行稳健性检验。如表 6 所示,被告委托专业代理人情况以及借款合同年化利率的影响非常稳健,不过有趣的是,在 Probit 模型中,结果还呈现了原告委托专业代理人情况以及借款合同标的金额(取对数)的一定影响,显著性水平均为 5%。其中,原告委托专业代理人的边际影响为 -0.11%,即当原告为其诉讼请了代理律师时,该案件以制作调解书结案的可能性减少约 0.11%,与均值 31% 相比减少了 0.35%;〔42〕借款合

〔41〕 参见乔仕彤、毛文峥:《行政征收的司法控制之道——基于各高级法院裁判文书的分析》,载《清华法学》2018 年第 4 期。

〔42〕 由于本文使用的 Probit 模型,其经济意义的计算方法需要使用标准正态的累积分布概率。本文展现的经济意义的计算方式为当该变量从 0 变到 1,保持其他变量一致(其他变量的均值乘以系数),所关注变量变化单位乘以其系数,然后计算标准正态累积分布概率的差值即可。

同标的金额的边际影响为 -0.05%,与均值31%相比减少了0.16%。

表6 Probit 模型回归结果

VARIABLES	(1)
	Document
PType	-0.745
	(-1.418)
DType	-0.963
	(-1.201)
#PLaintiff	-5.351
	(-0.002)
#Defendant	-0.195
	(-0.895)
DAppear	7.505
	(0.021)
PRepresentative	-0.477
	(-1.449)
DRepresentative	-1.410***
	(-2.764)
LnAmt	-0.237**
	(-2.138)
Rate	-6.103***
	(-3.581)
Constant	2.748
	(0.001)
法院所在地区影响	已控制
法院层级固定效应	已控制
Observations	183
r2_p	0.610

注:该表格使用 Probit 模型,各变量定义见表1,括号内为 z 值,*、**、*** 分别表示该系数在0.1、0.05和0.01水平上显著。

由于更换模型发现了新的具有统计意义的显著性结果,笔者使用子样本来进一步检验稳健性。因基层人民法院是诉讼调解的主要机构,诉讼调解与判决这两种解纷方式选择的适当性对于基层人民法院具有相当的重要性,所以笔者使用基层人民法院子样本利用 Probit 模型来进行检验。如表 7 所示,被告委托专业代理人的情况以及借款合同约定年化利率的影响依旧十分稳健。

表 7　基层人民法院子样本 Probit 模型

VARIABLES	(1)
	Document
PType	-0.902*
	(-1.683)
DType	-1.050
	(-1.359)
#PLaintiff	-5.443
	(-0.002)
#Defendant	-0.025
	(-0.102)
DAppear	7.460
	(0.017)
PRepresentative	-0.484
	(-1.454)
DRepresentative	-1.648***
	(-2.944)
LnAmt	-0.205*
	(-1.837)
Rate	-6.281***
	(-3.574)
Constant	1.376
	(0.001)

续表

VARIABLES	(1)
	Document
法院所在地区影响	已控制
法院层级固定效应	已控制
Observations	171
r2_p	0.567

注:该表格使用Probit模型,各变量定义见表1,括号内为z值,*、**、***分别表示该系数在0.1、0.05和0.01水平上显著。

四、总结与反思

法院通过调解方式结案意在有效且和谐地解决纠纷,但调解并非万能。法院调解不仅要切实遵循当事人意愿,而且要关注案件被调解的适宜性。从审判实践来看,在对案件进行诉讼调解前应当对案件可调性进行评估,[43]而如何评估调解的适宜性需要审慎研究。因此,笔者基于司法文书数据探究法院以调解还是判决结案的内在规律,意图揭示出影响法院结案方式的重要因素来为搭建调审选择智能辅助系统提供初始的算法智慧。

从整体来看,当事人、案件和法院三个方面的因素都会对法院处理纠纷的方式产生影响。在参考既往研究的基础上,笔者从当事人、案件背景和法院3个角度设计拟关注的变量。由于借款合同纠纷案件数量规模庞大,调解比例高,是一个被认为是适宜调解的纠纷类型,笔者以借款合同纠纷为例经适当的抽样探索了借款利率、借款金额、当事人类型、数量、有无委托专业代理人、实际出庭情况、法院所属区域和级别对法院结案方式的影响。实证结果表明,被告委托专业代理人情况以及借款合同利率与结案方式之间具有显著的稳定的负相关关系,其他自变量未观察到与因变量之间存在具有统计学意义上的显著相关关系,或者是未能在多模型中稳定地存在显著相关关系。在借款合同纠纷诉讼案件当中,如果被告委托了专业代理人,那么当事人以制作调解书结案的可

〔43〕 冯俊海:《论"适宜调解"条款之把握》,载《法律适用》2013年第11期。

能性显著降低。同时,当事人借款合同约定利率越高,当事人也越不可能以制作调解书的方式结案。经换模型和子样本两种方式检验后,这些结果依旧稳健。由此,法院在判断调解适宜性时,应当优先关注被告委托专业代理人的情况以及借款合同约定利率大小。

为什么当其他条件一致时,某案件被告如果委托了专业代理人则法院调解结案的可能性降低?被告委托专业代理人对结案方式产生影响的原因本质在于,此行为一定程度反映了被告的履行能力和主观态度,一般借款合同纠纷中的被告有一定的经济实力才能够聘请专业的诉讼代理人,而且聘请专业的诉讼代理人这一决策本身就反映了被告期待诉讼代理人帮助其更好地维护权益,其退让妥协的意愿较低。具体而言,借款合同纠纷的诉讼利益相对单纯,主要是资金利益问题。对于被告来说,其出借资金或为生活所需,或为经营所需,被诉往往因为逾期未还本息。其之所以逾期主要有 3 种情形:第一,主观上有还款意愿但客观上欠缺还款能力而未还款;第二,虽然有一定还款能力但主观上不具有还款意愿而未还款;第三,既没有客观上的还款能力且主观上又无还款意愿。对于第一种情形,其纠纷起因则可能是被告出现一些削弱其履行能力的问题而久借不还,所以原告企图通过诉讼途径获取国家强制力来追回自己的资金利益。被告一般会出席庭审,承认借款合同纠纷的一些基本事实,表明自己的履行意愿,指出自己现实存在的履行能力欠缺问题。此时被告具有一定还款意愿但还款能力有所欠缺,所以案件往往较可能通过原告作出一定合同利益让步、被告即使履行或作出切实履行计划承诺的方式实现调解结案,如此一来,被告能够减轻一些履行负担,原告也能够避免资金利益损失进一步扩大。对于第二种情形,被告具备一定履行能力,但出于经济利益的计算,认为逾期还款有利可图,即使被提起诉讼,自己也有实力在审判中通过辩论取得有利结果。经济实力越强的人越可能接触专业诉讼代理人,[44]具有一定经济实力但专业知识有限的当事人牵涉一个利益重大的案件当中,其会考虑重金聘请专业的诉讼代理人,专业诉讼代理人尤其是律师的加入会显著改变当事人的力量,因此这些

---

〔44〕 Jerome E. Carlin and Jan Howard, *Legal Representation and Class Justice*, UCLA Law Review, Vol. 12(1965), p. 382 – 383.

在法律上具有优势[45]的被告不但不会畏惧审判程序,反而会积极参与整个审判程序。由此可见,在实践中,被告一旦聘请专业的诉讼代理人,大概率的情况往往是当被告对纠纷事实存在争议或者认为有可辩论空间时,会委托专业的诉讼代理人来帮助自己在辩论中获取优势。比如,被告可能试图通过律师协助利用当时借款合同约定上的漏洞来谋求自己的诉讼利益,常见的方式包括证据上的漏洞、年化利率合规性问题以及主体适格问题等。而对于第三种情形,当被告既无履行能力又没有履行意愿时,往往不会实际出席庭审,法院调解也就无法开展,多以缺席审判的方式结束,而且即使是判决书生效后,被告也不会主动履行判决义务,可能会想方设法逃避强制执行。另外,从诉讼代理人的角度来看,由于诉讼代理人与当事人之间存在一个委托代理合同关系,诉讼代理人可以不同程度代理当事人的诉讼事宜,此种代理会直接影响案件的结案方式。如前文提出假设时所述,诉讼代理人的个人利益考量会影响结案方式,现实中不少律师与当事人约定按照胜诉收益一定比例收取代理费,由于调解意味着一定程度的让步与妥协,会间接影响律师的代理费,可能出现律师独揽整个诉讼过程,干扰当事人之间的协商,进而不利于法院调解的开展。

那为什么当其他条件一致时,某案件争议的借款合同中年化利率的大小对结案方式的影响很显著也很稳健,而借款合同标的金额的影响却不明显也不稳健呢?首先,借助文中相关分析的结果来看,借款利率和借款合同标的金额之间是不存在显著相关性的,也就是说,并非借的钱越多约定的利率就会越高或者越低。一方面,一个人只有具备较好的资信水平时才能借到更多的款,所以其可能以较低的利率水平借较多的贷款;另一方面,借贷金额越多越可能有道德风险,所以也需要更高的利率来抵消这个风险。这两方面相反的影响可能相互抵销并导致最后相关关系呈现不显著的结果。由于两者之间不存在显著相关,我们并不能期待利率对结案方式的影响也能够推及借款金额。其次,利率相比借款金额而言能够传递出更多有效信息。利率包含了出借人对借款人贷款风险的衡量以及其经济收益期待。利率越高意味着贷款风险越高,也意味着出借人有较高的经济收益期待。当作为出借人的原告本就认为借款人贷款风险高时,其本身很难信任借款人被告能够切实履行调解协议,而且也并不想作

---

〔45〕 参见[美]唐纳德·J. 布莱克:《法律的运作行为》,唐越、苏力译,中国政法大学出版社 1994 年版,第 13 页。

出利益让步,因此利率具备判断调解适宜性的信息价值。然而,借款金额的信息是很不确定的,小额借款放贷人既可能是通过向多人放小额较高利率贷款来获取经济利益,也可能是熟人之间不要利息的慷慨救急,大额借款可能是金融机构放贷人发放的较低利率经营贷款,也可能是民间个人发放的较高利率的不特定目的贷款,因此,借款合同标的金额的影响是不明显的。

过往研究通过描述性统计提供了许多影响结案方式因素的有益猜想,这些推测帮助本研究提出了合理的前提假设和实证方案。但是,要想在司法实践中依托法律大数据推进智能化发展,还必须理论上给出更可靠的模型。这种可靠性不仅源于对自变量影响显著性的确认,而且源于自变量和控制变量选择的全面和适当。在本文中,笔者所关注的自变量涉及了案件背景和当事人,控制了与法院相关的一些因素,模型通过方差膨胀因子数据在一定程度上排除了潜在的多重共线性问题,在变量选择方面较全面和适当,而且从抽样到描述性统计、相关性分析、回归分析以及稳健性检验阶层递进,相比过往文献也提升了变量影响显著性结论的可靠性。有些遗憾的是,在与当事人相关的因素中,当事人人口统计学特征其实也是一个值得关注的因素,但由于文书披露的信息非常有限,难以收集到足够多的数据去分析。但正如学者所言,“一个有待开拓的领域是把裁判文书、统计年鉴、政府文书、市场数据、调查问卷和网页信息等关联数据整合在一起做量化研究”,[46] 笔者也期待今后能够真正借助“法律大数据”的力量去探究当事人性别、年龄、文化程度等因素对法院结案方式的潜在影响,从而为智能调审选择系统提供更多维度的算法智慧。

此外,从立法论的角度来看,本文也对完善法院调解原则有所启发。提升司法资源的配置和利用效率是非常重要的议题。目前,《民事诉讼法》在审判程序编中有两处规范试图调整法院调解与审判两种纠纷解决方式的关系:一是第 122 条关于先行调解的规定,该规定中明确指出了适宜调解原则,即在判断纠纷是否适宜调解的基础上尊重当事人意愿后进行调解;二是第 133 条中明确要求法院对受理案件分别情况予以处理,该条第 2 项提及可以调解的采取调解方式及时解决纠纷,这也间接要求法院考量案件的具体情况来选择纠纷解决方式。但是,适宜调解原则指向的适用范围还相对较窄,前述两款均指庭前调解,并未被《民事诉讼法》第 9 条法院调解原则以及第 93 条调解的原则所吸收。实际

---

〔46〕 程金华:《迈向科学的法律实证研究》,载《清华法学》2018 年第 4 期。

上，根据《民事诉讼法》第 142 条的规定，法院调解不仅可能发生在庭前，而且可能发生在开庭后直到辩论终结作出判决之前的任何时候，这充分体现了对调解解纷方式优点的认可。但能调尽调并非只是法官主观上尽可能推动以调解方式结案，而是要在尊重客观上调解的可能性的基础上去开展，应当坚持主客观相统一去理解能够调解之"能够"一词。鉴于此，适宜调解原则应当是法院所有阶段调解的原则。调解有能也有不能，法院解决纠纷方式选择必须合情才能最大限度地发挥调解与审判各自的功能，唯有落实适宜调解原则才能更好地配置和利用有限的司法资源。

What Characteristics of the Case are Suitable for Court Mediation?

—An Empirical Analysis of Loan Contract Disputes

Pan Ning

Abstract: The construction of intelligent judicature is not only a beautiful vision but also an arduous challenge. In order to make the healthy development of intelligent judicature, empirical research must be strengthened so as to provide algorithm wisdom. Court mediation and trial are both important judicial resources for dispute resolution, but in practice the relationship between them is not ideal. It is necessary to conduct empirical analysis on the case characteristics of the two ways of settling cases so as to make the choice and use of judicial resources more intelligent. In this regard, this paper takes the loan contract dispute as an example to sort out and analyze 183 documents in 2019 that are based on loan contract dispute on the Chinese judgment documents website. The empirical analysis shows that there is a significant negative correlation between the professional agent entrusted by the defendant and the interest rate of the loan contract and the way of closing the case. The results are still robust after the test of the replacement model and the subsample. In practice, based on the conclusions of this study, courts can set up an intelligent auxiliary system for trial selection to help judges judge the possibility of mediation in specific cases, thus promoting the effective allocation of judicial resources. In addition, the exploration of the influencing factors of the settlement mode also provides an opportunity for the legislative theory to think about how to improve the provisions of the mediation principle of the court, which makes the importance of bringing the principle of appropriate mediation into the general principle of the court mediation more prominent.

Key words: Wisdom mediation; Loan contract disputes; Empirical study; Principle of appropriate mediation

青豸计划

公序良俗条款的引致功能

——以侵权法为视角

李智湄*

内容摘要：

在公私法交融背景下，私法自治与公私法功能互补的需求日益突出。公序良俗作为民法中极富抽象意义的概念，可作为公私法沟通的桥梁，为民法体系外之客观注意义务以及受保障权益提供引致管道。公序良俗在侵权法中具有适用空间，并与违法性概念相关联，作为违法性的兜底、补充条款。公序良俗引致功能的发挥意味着其不仅是公私法互动沟通的渠道，同时也是将公法规范所规定客观注意义务、所确认保障权益纳入侵权法体系的闸门。公序良俗发挥引致功能有赖于公私法关系的相对性、公序良俗的包容性与非异质性，以及立法过程中的价值判断与立法技术的调整。通过公序良俗引入公法规范有其积极一面，但也应当保持克制态度。

关键词：

公序良俗　违法性　公私法交融

一、问题的提出

我国原《民法通则》以及各民事单行法一直未对公序良俗原则予以明确规定，而仅规定了被学界视作其他立法例中所谓公序良俗原则的“社会公德”“社会公共利益”。由于立法表述上的差异，关于公序良俗原则内涵界定的争论始终未有定论。《民法典》首次采用“公序良俗”的规范表达代替“社会公德”“社

* 中国政法大学民商经济法学院硕士研究生，国家发展和改革委员会一带一路建设促进中心工作人员。

会公共利益”,公序良俗原则在民法规范体系中的定位得以明确。

值得注意的是,《民法典》并未在侵权责任编中规定公序良俗原则,关于公序良俗条款的既有研究,也多认为公序良俗条款适用于法律行为领域,至于公序良俗条款在侵权法中的适用问题,却鲜有讨论。鉴于此,本文将首先解决公序良俗在侵权法中的适用余地问题。

作为民法一般条款之一,公序良俗的规范功能不仅在于突破成文法局限性〔1〕,其引致功能——沟通民法规范与民法体系外公共秩序以及道德规范,同样备受关注。在论及公序良俗的引致功能时,“何以对民法意思自治领域介入”是应先行解决的问题。对此,学者多立足宪法私法化,依据间接适用论将公序良俗条款作为联系民法规范与宪法基本权利的桥梁,以此保护宪法基本权利。〔2〕 上述观点涉及公、私法二分理念下二者沟通的维度之一,即私法规范对公法规范中基本权利的保护;但公、私法互动的另一维度,即公法规范对私法体系发生效力,却未有提及。由此,本文将尝试从公法规范对侵权法发生效力的视角,探讨公序良俗条款引致功能的正当性基础。此外,公序良俗以何种方式呈现在侵权法中,也将成为本文的核心问题之一。

二、侵权法对公序良俗的功能设定

法律文本中的任何一部分都应当具有其独特内容,“每个文本都应当包含一项自己特有的、不能被包含于其他文本之中的内容”。〔3〕 公序良俗与意思自治、诚实信用等同为民法原则,自应具有其独特要旨,以发挥其独特体系功能。

---

〔1〕 国内最早提出民法基本原则之克服“成文法局限性”功能的,应为徐国栋教授。“民法基本原则可以起克服法律规定的有限性与社会关系的无限性的矛盾、法律的相对稳定性与社会生活的变动不居性的矛盾、法律的正义性与法律的具体规定在特殊情况下适用的非正义性的矛盾的作用。”参见徐国栋:《民法基本原则解释——诚信原则的历史、实务、法理研究》,北京大学出版社 2013 年版,第 12 ~ 13 页。

〔2〕 参见[日]山本敬三:《民法讲义Ⅰ　总则》,解亘译,北京大学出版社 2012 年版,第 213 ~ 221 页。

〔3〕 萨维尼称为法律解释的个殊性原则。参见[德]萨维尼、格林:《萨维尼法学方法论讲义与格林笔记》,杨代雄译,法律出版社 2008 年版,第 11 页。

在现有关于公序良俗原则功能的讨论中，诸如克服成文法局限性、实现实质公平[4]、限制私法自治[5]等，都并非公序良俗特有的功能。自然，若要细论，虽然上述功能类型并非某一原则特有，但在同一种功能范围内，各原则却有不同的功能内容与实现途径。如诚实信用与公序良俗都对意思自治形成限制，但公序良俗侧重考察法律行为内容，而诚实信用则关注权利行使行为，具体体现为禁止权利滥用等民法规则；诚实信用强调私法领域中的交往安定性，因此由诚信要求产生的注意义务须以社会关系为基础，即往往从具体的社会关系、特定的当事人之间探究，而公序良俗则着眼普遍适用的民法外规范，因此适用范围更广泛。可见，从功能体系内部的内容、实现途径的角度出发，各原则在民法体系中所发挥的作用并不相同。但由此产生的问题是，原则之间的功能界限模糊，所谓法律行为内容以及权利行使行为，均是高度凝练的抽象术语，在复杂的社会事务实践中往往出现界分不清的情况；至于从适用范围的角度区分两原则，也会在触及“善良风俗”与“诚实信用”两个同样涉及道德要求的概念时面临阻碍。反映在司法实践层面，则是使两原则的司法适用引发争议，[6]两原则的理论区分对司法实务发挥的作用有限。

因此，对公序良俗条款的功能考察，不应局限于某个特定功能类型内部，而应将其置于民法体系中，就其特殊功能类型予以细致、全面分析。就此而言，本文在侵权法语境下讨论公序良俗之适用，便是意在强调其体系功能。

（一）前提：公序良俗在侵权法中的适用可能性

在我国司法实践中已存在大量应用公序良俗的案例，如“吉林市中小企业信用担保集团有限公司、中国长城资产管理股份有限公司吉林省分公司侵权责任纠纷案”[7]（以下简称案例1），“罗某波、赵某斌一般人格权纠纷案”[8]（以

---

[4] 参见陈聪富：《契约自由与定型化契约的管制》，载《月旦法学杂志》2002年第91期；易军：《论私法上公序良俗条款的基本功能》，载《比较法研究》2006年第5期。

[5] 参见马俊驹、余延满：《民法原论》，法律出版社2010年版，第47页；郑显文：《公序良俗原则在中国近代民法转型中的价值》，载《法学》2017年第11期。

[6] 参见李岩：《公序良俗原则的司法乱象与本相——兼论公序良俗原则适用的类型化》，载《法学》2015年第11期。

[7] 最高人民法院民事判决书，(2017)最高法民终181号。

[8] 湖南省长沙市中级人民法院民事判决书，(2020)湘01民终2490号。

下简称案例 2),“中国太平洋财产保险股份有限公司贵阳中心支公司、彭某发机动车交通事故责任纠纷案”[9](以下简称案例 3)等。

可见,在我国司法实践中,存在将公序良俗适用于侵权责任认定中的情况,并且法院对此秉持不同做法:在案例 1 中,法院根据公序良俗判断中小企业担保公司具有主观过错;在案例 2 中,法院并未将违背公序良俗作为主观过错的判断标准,而是以公序良俗作为客观行为妥当性的衡量因素,实际上是通过公序良俗为行为人确立客观行为标准;在案例 3 中,法院将公序良俗作为责任抗辩事由,实际上是以公序良俗评价“赔偿责任承担行为”的正当性,通过公序良俗作出行为评价。

我国《民法典》第 8 条[10]首次明确规定了公序良俗原则。其后,《民法典》还在第 153 条[11]对无效民事法律行为作出规定,其中无效事由之一,便是违背公序良俗。但是,《民法典》却似乎对公序良俗在侵权责任编中的适用持保留态度,在侵权责任编中并未见公序良俗的相关规定。由此不免产生疑问:本文在侵权法语境下探讨公序良俗之功能,是否具有现实意义？换言之,公序良俗在侵权法中,是否具有适用空间？[12]

《民法典》第 8 条是对公序良俗原则的规定,在该条中,“不得违反法律”与“不得违背公序良俗”共同构成对民事行为的“适法性要求”——在民法框架内从事的民事活动,必须符合一定的社会规范要求。立足于法规范结构中看待第 8 条,公序良俗原则作为民法原则之一,必然具有向上归纳法律理念、向下演绎

---

[9] 贵州省贵阳市中级人民法院民事判决书,(2020)黔 01 民终 376 号。

[10] 《民法典》第 8 条规定:“民事主体从事民事活动,不得违反法律,不得违背公序良俗。”

[11] 《民法典》第 153 条规定:“违反法律、行政法规的强制性规定的民事法律行为无效。但是,该强制性规定不导致该民事法律行为无效的除外。违背公序良俗的民事法律行为无效。”

[12] 关于民法基本原则的适用,素有主张“效力贯穿始终”者。笔者认为,“效力贯穿始终”在解释民法基本原则适用范围上有其局限性,如诚信原则便难以在侵权法中得以体现,“效力贯穿始终”更像是对民法最高原则——民法核心理念,即私法自治理念的期待。因此,笔者主张,不能仅以“效力贯穿始终”认定公序良俗必定可适用于侵权法中;相反,公序良俗在侵权法中的适用可能性仍有待进一步论证。

法律规则的结构性功能。由此,依循"法律理念—法律原则"的路径看,第 8 条是私法自治理念的展开——私法自治的真正实现需要对个体行为自由界限的界定,需要在权益保护与行为自由之间寻求平衡,因此,第 8 条所规定"适法性要求"(包括公序良俗原则)看似是对私法自治的限制,实则是私法自治的应有之义。

再凭"法律原则—法律规则"的路径观之,《民法典》第 153 条第 2 款对无效民事法律行为的规定是公序良俗原则的向下演绎,其本质是具有明确行为模式及行为后果指向、依照"全有或全无"方法适用的法律规则,或许称为"公序良俗规则"更妥当。一般而言,法律行为被视为实现私法自治的主要工具。法律行为意味着行为人可根据其意志而发生一定法律效果,意思表示作为个人自由意志的表达,体现了自治领域中个人的自主性与充分自由。因此,意思表示实则是法律行为中的关键要素,意思表示在法律行为实现私法自治的过程中提供有效支撑。但是,仅通过法律行为这一法律术语呈现私法自治理念〔13〕,并不能完全推动私法自治的实现,私法自治仍面临"失灵"的威胁。为了对私法自治失灵进行补救,民法规范通过行为无效等规则对私主体的法律行为进行限制。其中,法律行为无效规则,本质上是对法律行为效力的否定。据此,《民法典》第 153 条中的公序良俗规则,其作用也在于否定法律行为效力,以此促进民事主体活动符合第 8 条的"适法性要求",助推私法自治的实现。

法律行为固然是维护私法自治的主要工具,但非法律行为既然为私法领域中的重要部分,同样也是社会中私主体之间社会事务的一种,非法律行为规则也应当以实现私法自治为根本。所不同的是,法律行为以否定行为效力对民事行为进行规制,而作为非法律行为之一的侵权行为,因具有非意思表示特性以及行为不当性,民事法律不能采取否定行为效力的方式维护私法自治,而只能对行为作出否定性评价。显然,对行为作出否定性评价须依赖一定标准,而公序良俗恰好可作为行为不当的判断标准——违背公序良俗的民事行为,即意味着违背了某项具有普遍意义的社会规范,此时民事行为具有不当性,应当受到侵权法规制。可见,若在侵权法中规定公序良俗作为行为否定性评价的条件之

---

〔13〕《民法典》中对民事法律行为的实现作出了大量规定,如第 143 条规定了民事法律行为有效的条件、第 469 条规定了民事合同订立的形式要求等。前述规定都旨在通过描述民事主体"应为""可为"的内容而对民事行为作出正面引导。

一,实则与法律行为中规定公序良俗规则一样,都是对《民法典》第 8 条公序良俗原则以及适法性要求的回应,最终也是服务于私法自治理念。

因此,在侵权法中探究公序良俗具有可能性:既是公序良俗原则向下递次演绎的结果,也是满足向上追溯实现私法自治理念之需(见图 1)。

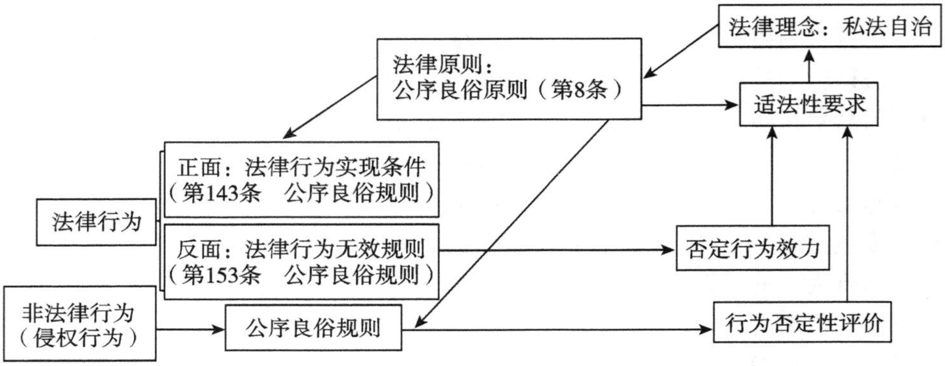

图 1 公序良俗原则的结构性功能

(二)概念:公序良俗与违法性的关系

关于公序良俗与违法性关系的探讨,在司法实务中已有实践。在“中国人民财产保险股份有限公司监利支公司、翟某机动车交通事故责任纠纷案”(以下简称案例 4)中,再审法院认为,“调解协议的内容违反法律”包括“违背公序良俗”的情形。[14] 类似案件还有“原告颜某贤与被告成某玉侵权纠纷案”[15](以下简称案例 5)等。

可见,在我国侵权责任认定的司法实践中,不乏涉及公序良俗与违法性关系的例子。在案例 4 中,法院认为违法性包含违背公序良俗。在案例 5 中,法院引为依据的最高人民法院《关于确定民事侵权精神损害赔偿责任若干问题的解释》(以下简称《精神损害司法解释》)第 1 条规定,“非法侵害人格权利”与“违反社会公共利益、社会公德侵害他人隐私或者其他人格利益”均是请求赔偿精神损害的合法事由。换言之,《精神损害司法解释》在规范表达层面上将违法性与违背公序良俗作出了并列处理,但在规范意涵层面上,二者究竟是并列、平

〔14〕 参见湖北荆州市中级人民法院民事裁定书,(2020)鄂 10 民申 4 号。

〔15〕 湖南省涟源市人民法院民事判决书,(2020)湘 1382 民初 226 号。

行关系，还是补充、兜底关系，却值得深思。

《民法典》第 8 条同时规定民事活动“不得违反法律”“不得违背公序良俗”，似乎将二者作并列处理，由此产生的问题是，既然“不得违背公序良俗”本质上是对公序良俗原则的陈述，则“不得违反法律”是否同样指向某一法律原则？或者说，民法是否要求民事活动应当符合“合法性原则”？对此，笔者认为，民法中并无所谓“合法性原则”产生与发展的土壤。诚然，在一国法律体系中关于“合法性原则”的说法并不少见，但该原则却主要见诸公法领域。公法领域受法治国理念主导，强调法无授权不可为，因此以合法性原则约束公权力。反之，民法领域奉行私法自治理念，强调法无禁止即可为，因此以人格平等原则、个人责任原则等维护私权利；此外，“合法性”既不能作为民法原则，也难以上升为民法基本理念，原因在于其并非民法赖以存在的根基。因此，“不得违反法律”并非意指某一单独法律原则。

问题还可以再作延伸。“不得违反法律”既然不构成独立原则，其与公序良俗原则并列于《民法典》基本原则部分又应当作何解释？除总则部分对二者作出并列规定外，《民法典》各编又是如何安排的？

我国《民法典》第 153 条将“违反法律、行政法规的强制性规定”与“违背公序良俗”作并列规定，二者同时作为民事法律行为的无效事由。同样地，德国《民法典》也在第 134 条、第 138 条将违反强制性规范与违背公序良俗并列为民事法律行为无效事由。至于侵权行为，我国现有立法并未对二者作出专门规定，但德国立法仍可提供参考——在侵权法中以“三个小概括条款”模式对侵权责任作出一般规定，相应地，违法性样态共 3 种，“违反善良风俗”便是其中之一。换言之，在德国侵权法模式中，是以“违法性”概念统摄“违反强制性规范”与“违背公序良俗”，即“违法性 > 违背公序良俗”，违背公序良俗是违法性判断标准之一（见表 1）。

表 1　违背公序良俗与违反强制性规范

立法例	原则	规则	
		法律行为	侵权行为
中国《民法典》	并列	并列	
	第 153 条	第 143 条、第 153 条	

续表

立法例	原则	规则	
		法律行为	侵权行为
德国《民法典》		并列	违法性 > 违背公序良俗、违反保护性法律
		第 134 条、第 138 条	第 823 条、第 826 条

从以上立法例可以发现,一方面,违反强制性规范、违法性与违背公序良俗之间的联系并非偶然,无论是我国立法或是德国立法,都对三者作出关联规定——或将违反强制性规范与违背公序良俗并列作为无效事由,或以违法性包容违背公序良俗;另一方面,并非处于完全区分、相互对立的地位,在德国的侵权法规定中,似乎表现出某种从属性,或称为包容性,违反强制性规范与违背公序良俗并非处于割裂状态。

可见,对公序良俗的理解不能止步于形式上的、类型化的理解,否则将难以解释对违反强制性规范与违背公序良俗的立法安排,也难以解释司法实践中的混乱适用。探析公序良俗还应当结合违反强制性规范,研究公序良俗在侵权法语境下的功能设定,须在厘清二者关系的基础上进行。

对于违背公序良俗与违法性的关系,笔者认为,后者应当统一于前者中;置于侵权法语境中,则违背公序良俗应当覆盖违法性,即"违背公序良俗 > 违法性"。理由如下:

1. 主张"违法性 > 违背公序良俗",不适于中国立法实践

我国学界一直有主张对违法性作广义理解的观点。按照此种观点,违法性可被类型化为包含违背公序良俗在内的 3 个行为模式。[16] 但事实上,亦有论者持相反意见,认为违法性仅限于"违反强制性规范"的情形。[17] 在同样并未将违法性类型化的日本,亦有学者持相同主张,"而原则无效论主张的是,重视取

〔16〕 参见杨立新:《侵权行为法专论》,高等教育出版社 2005 年版,第 93 页;解亘:《论管制规范在侵权行为法上的意义》,载《中国法学》2009 年第 2 期。

〔17〕 参见谢鸿飞:《论法律行为生效的"适法规范"——公法对法律行为效力的影响及其限度》,载《中国社会科学》2007 年第 6 期;于飞:《认真地对待〈民法总则〉第一章"基本规定"》,载《中国高校社会科学》2017 年第 5 期;等等。

缔性法令的否定评价，一旦违反它即构成违反公序良俗”。[18] 可见，关于违法性这一学理概念的内涵，学者并未形成统一意见。

我国对违法性的类型化讨论系基于比较法资源的支撑，但显然，比较法的价值亦须经过本土立法实践的检视。故而，不妨从中国《民法典》的侵权法体系出发，检视违法性采广义理解、违法性类型化是否具有必然性。

按照德国民法的体系安排，侵权法一般条款采“三个小的概括类型”模式，其中规定了3种相互独立的侵权行为类型，与之相对应的是各有区别的权益保护范围。因此，两个立法例中的违法性类型化的重要功能之一，便在于权益区分保护。具体而言，行为类型之一“侵害他人权利”专以“权利”为保护对象，而行为类型之二“违反保护他人之法律”以特定法律所保护的个体权益为限，至于行为类型之三“故意违反善良风俗”则将保护范围扩展至一切应受保护的利益。[19] 因此，一方面，违背公序良俗肩负了“从权利到利益”的权益保护范围扩张的任务，以此实现民法尽其所能保障民事主体之权益的目标；另一方面，违背公序良俗作为侵权行为类型之一发挥作用，亦须以“故意”为前提，实则是立法者对利益保护的限制。在德国民法中，以权益区分保护为出发点，违背公序良俗作为违法行为类型之一，既是对侵权法保护对象的扩张，也是对利益保护的限制。

目光回转至我国侵权法中。我国《民法典》第120条、第126条、第1165条、第1166条对侵权责任作出了一般规定，诸条款均规定我国侵权法保护对象系“民事权益”，其中包括权利以及应受保护的利益，可见，我国侵权法并未对权益进行区分保护，对于权利与利益并未加以不同的保障条件。

比较法学仅具有“有限的横向参考价值”，[20] 如若因为比较法资源的支撑而主张对违法性采广义理解，则似乎是对其他立法例的简单搬运、嫁接，在我国侵权法语境下是否有必要、是否有其类型化发挥效力的空间却在所不问。因

〔18〕 参见[日]大村敦志：《从三个维度看日本民法研究——30年、60年、120年》，渠涛等译，中国法制出版社2015年版，第72页。

〔19〕 参见于飞：《公序良俗概念在侵权行为法中的功能》，载《学术交流》2007年第5期。

〔20〕 参见谢潇：《公序良俗与私法自治：原则冲突与位阶的妥当性安置》，载《法制与社会发展》2015年第6期。

此,若以体系化、本土化的思维考察违法性、违背公序良俗的关系问题,起码就当前的权益保护安排来看,对违法性采广义理解、覆盖违背公序良俗并无太大必要。

2. 主张“违法性=违反强制性规范”,适于理解与表达

对违法性作广义理解缺乏必要性,仍不必然导致对其否定,毕竟违法性概念下的行为类型,如违反强制性规范、违背公序良俗,仍可作为行为归责事由而发挥作用。此时,违法性的类型化实则为民事主体、司法者提供了明确的客观行为标准。因此,更进一步地,对违法性广义理解之存在可能性的否定,根源于其本身欠缺合理性。

对违法性采广义理解将造成理解分歧与适用混乱。此种分歧与混乱局面,一方面,源自违法性广义理解已经超出了其原本的语义,系学界为了统一概念、精简表达而提炼的抽象术语,但“违法性”这一学理表达,在我国却不具有当然的可接受性,前述学界关于违法性含义的分歧便是典型例子——从本质上来看,我国侵权法长期未见关于违法性要件以及违背公序良俗行为类型的规定,对违法性的广义理解以及再分类便缺乏立法与理论传统支撑。另一方面,此种分歧还源于违法性广义理解与我国民法非侵权法部分中的违法性之法律意涵相矛盾。除侵权法部分外,我国民法关于“违法性”的规定不在少数,如涉及民事法律行为的第 652 条〔21〕、第 806 条〔22〕均对违法行为作出规定,但其中所谓违法行为,仅限于“违反强制性规范”的行为,即“违法性”概念之狭义理解。由此,若将侵权法中的违法性作广义理解,将导致违法性概念在侵权责任与民事法律行为间的矛盾、错乱。事实上,这也是违法性采广义理解所引起的体系不兼容问题的表现之一。

---

〔21〕《民法典》第 652 条规定:“供电人因供电设施计划检修、临时检修、依法限电或者用电人违法用电等原因,需要中断供电时,应当按照国家有关规定事先通知用电人;未事先通知用电人中断供电,造成用电人损失的,应当承担赔偿责任。”

〔22〕《民法典》第 806 条规定:“承包人将建设工程转包、违法分包的,发包人可以解除合同。发包人提供的主要建筑材料、建筑构配件和设备不符合强制性标准或者不履行协助义务,致使承包人无法施工,经催告后在合理期限内仍未履行相应义务的,承包人可以解除合同。合同解除后,已经完成的建设工程质量合格的,发包人应当按照约定支付相应的工程价款;已经完成的建设工程质量不合格的,参照本法第七百九十三条的规定处理。”

相较而言,对违法性采狭义理解,即将违法性概念之意涵限定为"违反强制性规范",更贴合其原本语义,且契合我国民法体系的整体表达,适于理解与表达。此外,即便如前文所述,侵权法一般条款还需要为民事主体提供客观行为标准,违法性类型化也并非必然,对违法性采狭义理解同样可回应此种需求——客观行为标准的本质要求在于明确性、类型化。因此,提供客观行为标准之功能需求实则在于区分违反强制性规范与违背公序良俗行为类型的必要性,却不是采取"违法性"作为统摄性的上位概念的充分必要条件。[23]

3. 主张"违背公序良俗 > 违法性",逻辑融贯且利于功能发挥

第一,公序良俗原则之内涵可二分为"公共秩序原则"与"善良风俗原则"看待:从逻辑上考察,"公共秩序"一词当然包含了法律规范所维系的法秩序。[24] 因此,违反强制性规范也必定触及与公共秩序相关的社会规范。

第二,"违反强制性规范"与"违法性"在规范适用上均具有局限性。按照我国《民法典》第143条以及最高人民法院《关于适用〈中华人民共和国合同法〉若干问题的解释(一)》(以下简称《合同法解释(一)》,已失效)第4条[25]的规定,强制性规范的范围仅限于法律及行政法规,《合同法解释(一)》更是强调地方性法规、行政规章不得作为认定合同无效的依据。将强制性规范的范围作限缩处理有其合理性——行政立法数量繁多难以把握,且应当避免公权力过度介入私法自治领域。但是,具有抽象性、模糊性的法律、行政法规并不足以完全规制民事活动,引用地方性法规、行政规章往往是实践之需。如在"冯某花、王某权等与陈某强生命权纠纷案"[26]中,二审法院认为,《关于改善农民工居住

---

〔23〕 已有学者提出,可从违法性与过失中抽离、提炼出"客观注意义务违反"这一核心,以"客观义务违反"统一违法性与过失,此种尝试实则已暗含"违法性仅是一称谓,行为义务才是本质"之意。参见朱岩:《侵权责任法通论·总论》,法律出版社2011年版,第264~266页。

〔24〕 参见尹田:《民法典总则之理论与立法研究》,法律出版社2018年版,第147页。

〔25〕 《合同法解释(一)》第4条规定:"合同法实施以后,人民法院确认合同无效,应当以全国人大及其常委会制定的法律和国务院制定的行政法规为依据,不得以地方性法规、行政规章为依据。"

〔26〕 新疆维吾尔自治区高级人民法院伊犁哈萨克自治州分院民事判决书,(2020)新40民终239号。

条件的指导意见》虽是指导性政策文件,但由于该文件符合公序良俗,因此该文件可作为侵权责任认定的依据。由此,对于不能被“违反强制性规范”包含的社会规范,可从“公序良俗”的角度把握,对于确实需要援引法律及行政法规以外规范的情况,转由公序良俗引入,以此缓和立法愿景与纠纷解决实务间的冲突。

第三,强制性规范除规制不足的倾向外,还具有另一倾向——规制过度。依据强制性规范一律否定法律行为效力、认定民事行为具有违法性构成侵权行为,将造成国家干预与私法自治之间的失衡。正因如此,才有学者主张民事行为定性(是否无效、是否侵权)应当结合公序良俗,即只有民事行为违反“具备强烈的伦理基础”的规范时,[27]才能认定其无效或构成侵权;也有学者将公序良俗区分为“法令型公序良俗”与“裁判型公序良俗”,[28]前者以强制性规范为基础,后者则是法院在司法实务中因保护权益之需而发展出来的公序良俗。

故而,公序良俗与强制性规范违反密切相关。已有学者提出,违反强制性规范理论的发展趋势将要取决于公序良俗理论的发展,公序良俗不能仅被简单理解为“社会公共利益”,[29]将公序良俗与强制性规范违反作割裂看待也无益于法律适用与解释。基于此,笔者主张,在我国侵权法语境下,违法性宜采狭义理解为“违反强制性规范”,且违法性与违反公序良俗实际上可作统合处理,由违反公序良俗覆盖违法性,公序良俗发挥兜底性作用。至于本文将要讨论的公序良俗在侵权法中的功能,也可借由“违法性”管见其作用发挥。

(三)功能之一:公序良俗对客观注意义务的引致功能

公序良俗除具有权益区分保护的功能外,还是民法与体系外界保持沟通关联的桥梁——此种作为私法与外界沟通联结的管道的功能,便是引致功能。正是得益于这一引致管道,民法体系得以将体系外之公法规范、价值意识纳入其中。[30] 换言之,民法体系外之公法规范、道德、习俗,经由公序良俗之规定,可

---

〔27〕 参见[德]迪特尔 · 梅迪库斯:《德国民法总论》,邵建东译,法律出版社 2013 年版,第 491 页。

〔28〕 参见[日]山本敬三:《民法讲义 I 总则》,解亘译,北京大学出版社 2012 年版,第 214 页。

〔29〕 参见解亘:《论违反强制性规定契约之效力——来自日本法的启示》,载《中外法学》2003 年第 1 期。

〔30〕 参见渠涛:《中日民商法研究》(第 1 卷),法律出版社 2003 年版,第 177 页。

在私法体系内发挥效力。

1. 违法性引致公法规范中的客观注意义务

在我国侵权法体系中,仅有行为不法的作用空间,行为与权益损害后果之间存在因果关系仍不至于构成侵权行为——也便可知,所谓违法性与违背公序良俗,在本质上均是对客观注意义务的违反,客观注意义务实则可作为二者的上位概念。

民法体系内固然已具备一定行为标准,可供民事主体适用。但问题是,民法规范是否可为客观注意义务提供足够依据。民法以私法自治为宗旨,追求“法无禁止即自由”之自由状态,因此,民法规范多以促进意思自治、保护行动自由为内容,若从民法规范中寻求客观注意义务的依据,则最终受到侵权法规制的行为或许仅为社会事务实践中之极少一部分。但显然,社会生活中还存在大量未被民法明文禁止、却有可能造成民事主体权益受损的情形,典型者,如违反关于交通的法律法规,造成交通事故的行为——可见,对于在实践中未被民法规范所规定的行为,却有可能在公法规范中找到依据。私法规范为了最大限度地为民事主体行动预留空间,往往将行为判断后移至司法阶段,因此更注重规范的技术精确性;与之相反,公法规范却具有极强的目的导向性,在公法关系形成时即注重行为的实效性,因此公法规范对行为主体、行为内容等都具有更为清晰明确的指向。此外,在公法领域中,为了保障公权力的顺利行使,同时保障公民权利,需要明晰行使公权力一方与公民之间的法律关系,因此常以命令或禁令的形式出现,对行为人应当进行或不得进行的活动作出明确规定。换言之,公法规范同样为行为主体进行社会活动确立了一般注意义务的标准,公法领域将存在为数不少的并未被民法规范加以规制的违法行为。为了避免出现公法上违法、而私法上却适法的情形,公法规范也应当被引入侵权法中作为违法性判断的基准,也正因如此,有学者主张公法规范可构成“民法上的完善法律”,[31]以弥补仅有民法规范而造成的遗漏。

2. 违背公序良俗引致客观注意义务

违背公序良俗既然可以作为违法性的补充、兜底条款,则意味着不属于强制性规范之列的公法规范仍可经由公序良俗进入私法体系。从“公共秩序”内

〔31〕 参见[德]迪特尔·梅迪库斯:《德国民法总论》,邵建东译,法律出版社2013年版,第483页。

涵的角度看,学界对公序良俗内含的“公共秩序”之意一直未有定论,但笔者认为,“公共秩序”一词起码应当包含符合社会一般价值判断的社会公益〔32〕;实际上,即使是主张法秩序不包含于公共秩序之内的学者,也认为“公共秩序”应当理解为“法律的一般原则和法律学说的概括”〔33〕“既包括了法制本身内在的伦理道德价值和原则,也包括了现今社会占‘统治地位的道德’的行为准则”,〔34〕这种理解,实则是在公益范畴内对公共秩序进行解释。换言之,符合公共秩序的行为,应当是与公共利益要求相契合的。显然,在公私法二分的背景下,私法并不适于公共利益保护的需求,公法才是维护公共利益、规制相关行为的最佳方案。就此而言,若把违法性统理解为违背公序良俗,也就必然包含了指向公法体系的规范选择。鉴于此,与违法性判断同理,经由公序良俗引入的非强制性规范,在侵权法体系内也充当着提供客观注意义务的角色。

此外,违背公序良俗还为纳入规范体系外之价值意识提供渠道——道德、习俗。民法引入道德、习俗,仍是出于意思自治这一私法最高理念的追求——有学者以意思自治为逻辑大前提,以一个理想的“人”的模型为出发点,推演出民法基本原则体系的 3 个阶段,分别是“我”“我 + 你”“我 + 你 + 他(第三人)”,公序良俗便是基于其中第三阶段关照私域空间之延续而产生。〔35〕 因此,民法引入道德、习俗,其背后实则蕴含了“人的互相尊重”的伦理基础,〔36〕系对人作为文化共同体之一员、社会成员之一所应考虑的更高价值利益的要求。故而,伴随公序良俗之民法体系地位已被长期确认,其所指向的道德、习俗将在民法

---

〔32〕 关于“公共秩序”的内涵,学界已有“一般利益”与“社会公共利益”之争。参见杨德群:《公序良俗比较研究》,中国社会科学出版社 2017 年版,第 27 ~ 28 页。笔者认为,无论是一般利益还是社会公共利益,都是内涵不确定、外延不明确的概念,本文的写作也并非意在探讨两概念之间的区别。因此,本文使用“社会公益”一词,指代个人私益之外的利益。

〔33〕 参见[德]卡尔·拉伦茨:《德国民法通论》(下册),王晓晔、邵建东、程建英等译,法律出版社 2003 年版,第 598 页。

〔34〕 参见[德]卡尔·拉伦茨:《德国民法通论》(下册),王晓晔、邵建东、程建英等译,法律出版社 2003 年版,第 599 页。

〔35〕 参见侯佳儒:《民法基本原则解释:意思自治原理及其展开》,载《环球法律评论》2013 年第 4 期。

〔36〕 参见王泽鉴:《民法总则》,北京大学出版社 2009 年版,第 28 ~ 29 页。

体系内发挥效力,已基本获得学界认同。若置于侵权法背景下,违背公序良俗作为行为不法之一种,其作用之一仍在于为民事主体提供相对明确的行为标准——公序良俗所要求之道德、习俗,须以社会认同为必要,使民事主体对其行为后果具备预期可能性,以此缓和权益保障与行为自由之间的紧张关系;另外,也为司法裁量阶段的行为性质认定提供认定标准,以此判断行为是否具有可归责性。因此,公序良俗所引致道德、习俗,仍为侵权法体系提供了可供适用的客观行为义务。

唯须注意的是,违法性之存在具有相对独立性,其对客观注意义务的引致功能可独立发挥,但并不意味着违背公序良俗与违法性应当割裂讨论。一方面,公序良俗虽然居于民法原则的地位,并不具有直接适用性,而违法性仅是侵权法一般条款中的一部分、侵权责任认定的要件之一,且“公共秩序原则”内涵也远超违法性所涵括之法秩序范围,但借由违法性管窥公序良俗在侵权法体系中的引致功能,其意义之一,在于违法性(狭义理解为“违反强制性规范”)具有明确性、特定性。相较而言,道德、习俗却具有抽象性、模糊性。因此,从违法性的角度讨论引致功能,可以在一般意义上展开理论探讨;至于涉及道德、习俗的引致功能,却因为与具体情形、判断者之主观认识与价值判断等相关,而难以达成共识——因此,既往研究在讨论公序良俗时,“类型化”几乎是无法回避的研究方法、适用方法。意义之二,以违法性为切入点考察公序良俗之引致功能,“以小见大”,亦可窥见公序良俗作为民法规范中高度抽象模糊、具有极大解释空间的民法原则的潜能,即突破公私法分立乃至对立的固有观点以及立法格局,顺应法制现代化过程中“公私法多层而交错的关系”,[37]为公私法的转化调和提供路径选择。正因如此,本文不仅在公序良俗条款的一般意义上探讨其引致功能,且将以违法性为其中典型,对公私法之互动沟通展开具体阐释。

另一方面,违法性与违背公序良俗之间的关联性,也意味着在对引致功能展开讨论的情况下,对二者一并探讨更为适宜。前已述及,“违法性”要件存在规制不足与规制过度两种可能性,对于前者,公序良俗作为兜底条款,为民法体系补充法源——非强制性规范;对于后者,公序良俗作为公法得以纳入私法体系的闸门,对规范外表下的伦理基础进行检验、筛选,对于不必要、不应当纳入

〔37〕 苏永钦:《民事立法与公私法的接轨》,北京大学出版社2005年版,第75页。

私法体系的公法规范,排除在外。可见,所谓引致功能,并非仅是指民法体系外之规范的"接入",还意指"有限度"地接入,而此种"限度",则需要由公序良俗条款把握。

(四)功能之二:公序良俗对权益的引致功能

在对违法性概念持狭义理解的前提下,违法性实则近似于德国侵权法一般条款中的"违反保护性法律"行为类型,违法性与公法规范直接挂钩,与之相应的,权益既是法规范体系核心,也是其引致对象。

由于我国并未作出权益区分保护的规定,若按照侵权法一般条款的规定,实则是对所有权益无论是否属于绝对权,均予以同样程度的保障,因此,违法性反而具有"限制"权益保障范围的功能——只有强制性规范中明确予以保障的权益,才会通过违法性这一引致规定被纳入侵权法体系。换言之,在违法性引致公法规范的情况下,受侵权法保障的权益范围需要结合公法规范方能确定。

当然,即便是在权益引致过程中,公序良俗依旧发挥着闸门作用。经由公法规范确认的权益类型大多与公共利益关联——此类权益,或在涉及公共利益的立法预设情境中产生,但最终可归于平等主体之间的私益关系,如因违反道路交通安全法律而引发交通事故,最终产生当事人之间的损害赔偿关系;又或者以私益损害为外观,却以公共利益保障为内核,如因生态环境损害而产生的生态功能丧失赔偿费用。而公序良俗条款的适用,便意味着引入侵权法体系的权益须经由公序良俗的检验——无论此种权益与公共利益作何种关联,其受侵权法保障的前提应当是符合私域秩序、民法伦理基础(见图 2)。

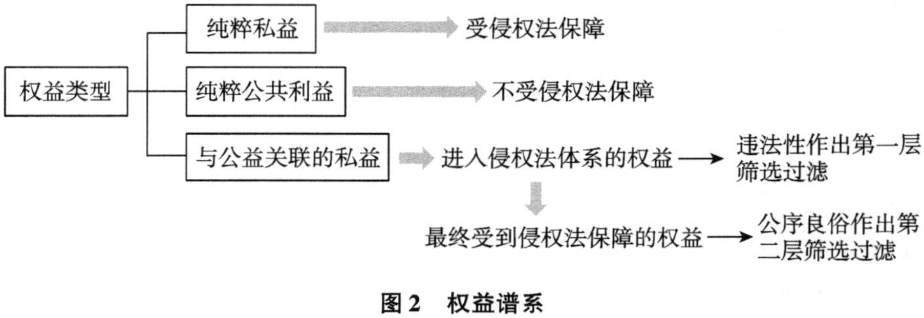

图 2 权益谱系

(五)反思:违法性在侵权法中的适用可能性

本文行进至此,已经表明公序良俗可在侵权法中发挥引致功能,使公法规范在私法规范中发挥效力,而其功能发挥在侵权责任认定中的具体体现,便是侵权行为的违法性。但至此却出现了进一步研究的阻碍：我国《民法典》侵权责任编未明文规定侵权行为构成须以违法性为要件，因此，若依照文义解释，我国侵权法中似乎并没有违法性的适用余地，则本文关于公序良俗条款引致功能的讨论，是否还具有现实意义？

侵权法归责理论经历了“原始的结果客观归责—主观归责—现代客观归责”的过程，[38]发展至当代，归责理论已逐步摆脱近代民法因对人的主体性、意志力之倚重而加以强调的意志要素，转而通过对是否违反以理性人为预设的客观行为标准从而判断过错之存在。因此，在过错客观化的趋势下，[39]客观过失与客观不法性日益难以区分，二者在很大程度上发生重合——已有学者提出，将过错与违法性统一于客观行为义务中。[40]

立足我国侵权法中并未规定违法性作为构成要件的立法现状，亦有学者主张，我国侵权法实际上是作出了“过错吸收违法性”的立法选择。[41] 依此观点，由于过错采客观标准进行认定后，与违法性判断中的客观注意义务出现重叠情况，而过错是比违法性更宽泛的概念，因此，立法上不再规定违法性，而转由过错吸收违法性——“过错”概念不仅包含主观上的道德非难性，且包含了客观行为对法秩序的破坏，即是主观过错与客观不法的复合概念。可见，即便是“过错吸收违法性”观点也并非否定违法性的存在，而是认为过错要件“吸收”了违法性要件，其本质是使违法性判断中的客观注意义务的行为标准来源更趋多样化，摆脱“违法性”之“法”的限制，因此无论是法规范，抑或是属性存在争议的技术规则（如技术标准）、法律基本精神等，都可以为注意义务的判定提供依

〔38〕 参见朱岩：《侵权责任法通论·总论》，法律出版社2011年版，第233页。

〔39〕 过错客观化理论一直备受争议，有学者认为，依据客观标准认定过错将悖于侵权法的伦理基础，采取客观过错标准并不利于民事主体的行为自由维护，也缺乏充足的理论支撑。但即便是对客观过错抱有否定态度的学者，也认为客观过错理论已被广泛采纳。参见[奥地利]海尔姆特·库齐奥：《侵权责任法的基本问题（第一卷）：德语国家的视角》，朱岩译，北京大学出版社2017年版，第204～207页。

〔40〕 参见[德]布吕格迈耶尔、朱岩：《中国侵权责任法学者建议稿及其立法理由》，北京大学出版社2009年版，第76～84页。

〔41〕 参见王利明：《我国〈侵权责任法〉采纳了违法性要件吗？》，载《中外法学》2012年第1期。

据——作为行为不法性判断关键的客观注意义务仍然存在,只是被融入过错要件中。"过错吸收违法性"更像是在既有立法、司法实务需求以及理论争歧之间寻求妥当解释的折中方法。

无论是"过错与违法性统一于客观行为义务"的理论建构,抑或是"过错吸收违法性"的理论解释,均指出了在过错客观化的背景下,违反强制性规范虽无"违法性"之"名",却以"客观行为义务"之"实"存在于侵权法体系。因此,笔者认为,尽管《民法典》未以明文规定的形式确定违法性要件,但若从违法性之核心——客观行为义务的角度把握,则违法性仍然是认定侵权责任中必要的一环,违法性之争或应聚焦于如何认定违法性,而非其存在与否。对于前者来说,本文在论述公序良俗在侵权法中的引致功能的同时,或许也可以同作探讨。

三、公序良俗条款引致功能的正当性基础

在侵权法语境下,公序良俗以及违法性要件对侵权行为作出否定性评价,且更进一步地,二者可实现公私法的接轨,使公法规范可在私法领域中发挥效力。在某种程度上,公法规范借由公序良俗拓展了私法法源,以至于作为事后救济法、裁判法的侵权法,还不能为司法裁判提供足够依据,法院往往须从公法文本中寻找可引作判决基础的规范材料。但此种引致功能的合理性却并非全无疑问。公私法划分由来已久,有学者认为,现代国家之实定法是以公私法区分为前提的,公私法区分甚至可被称为"现代国法的基本原则"。[42] 体现在实定法规范中,则是公法规范以规制国家与公民之间的法律关系为己任,主体之间并非处于平等地位,甚至长时间以来被认为以"命令—控制"为规制手段。因此,公法体系围绕为国家权力行使提供必要条件、合理限制国家权力从而保障公民权利加以建构。反观私法规范,则以平等的私主体为规制对象,私法自治、意思自治是私法体系中的根本理念。因此,行为自由在其中得以强调。

可见,公私法之间的差异是既存的,也是难以逾越的——二者在根本理念上就难以磨合。故而,在一般情况下,公法规范不应介入私法领域。但公序良俗条款之引致功能却似乎与上述描述相悖。由此,公序良俗在侵权法中借由违

---

〔42〕 参见[日]美浓部达吉:《公法与私法》,黄冯明译,中国政法大学出版社 2003 年版,第 3 页。

法性要件发挥引致功能，还存在可能性之惑——在公私法二分的背景下，公序良俗将公法规范引入私法体系的正当性何在？

（一）引致功能的发生基础：公私法关系的相对性

公私法关系的相对性是公序良俗条款引致功能的逻辑前提。

“公法”概念与“私法”概念是先验的，〔43〕因此，公私法的区分是必然的。但是，公法与私法的关系却不是绝对的，二者的关系还受到历史传统与价值观的影响。就这一点而言，萨维尼关于法的界分或许可供借鉴：法分为经由民族共同意识所形成的具有内在必然性的天性之法，以及通过法学形成的、包含法学家意识的、关注技术因素的学术之法。〔44〕在公私法区分的语境下，则意指公法与私法是从法律理念（分配正义与矫正正义）中推导出来的概念，因此公法与私法的存在是客观的、必然的，正如即便未有法学之定义，民法之私法关系、立法与司法之公法关系也必然存在，此为公法与私法之“实”，只是未被冠以“公法”“私法”之“名”；而公法与私法的关系却是法学研究者在实定法规范中归纳得出的、融入法学研究者价值判断的理性建构的产物，因此这种关系是相对的，其受研究者的主观影响，也受二者关系之基础——实定法的规范现状影响。

将公私法关系的相对性展开来看，第一，公私法的区别标准不一。理论研究中，有将法律义务来源、法律关系性质作为区分标准者，〔45〕也有按照法律关系主体作出区分者，〔46〕还有综合考虑法主体、法益、法律关系性质者。〔47〕关于公私法区分的标准并无定论，其根本原因在于公私法之间并非界限分明。换言之，公私法除了围绕根本理念之核心规范具有绝对的区分意义以外，其实还存在模糊、交错的地带。

第二，公法与私法之间具有共通之处。二者既共同处于法规范体系之内，

---

〔43〕 参见［德］拉德布鲁赫：《法哲学》，王朴译，法律出版社2013年版，第143页。

〔44〕 参见［德］萨维尼：《历史法学派的基本思想》，郑永流译，法律出版社2009年版，第5～9页。

〔45〕 参见［德］拉德布鲁赫：《法学导论》，米健译，法律出版社2012年版，第66～67页。

〔46〕 参见［德］萨维尼：《当代罗马法体系Ⅰ》，朱虎译，中国法制出版社2010年版，第23页。

〔47〕 参见［日］美浓部达吉：《公法与私法》，黄冯明译，中国政法大学出版社2003年版，第33～41页。

则必然具有法规范之共同点,以法律关系为例,公私法都表现为权利义务关系、也可能存在共同的法律关系主体。此外,从更细微的层面上看,公法与私法在法律所保护的利益上也存在共同之处,如一般认为行政行为以公共利益为目的指向,但不可否认的是,行政法在实现公共利益的同时也有可能直接或间接为个体私益提供保护,环境保护法中的各类行政制度与行政规制手段便是一例。公法与私法具有共通之处,实则意味着二者具有相同点。

第三,公法与私法并不能涵括所有法律领域。所谓社会法便是其中一个例证。常被归入社会法之中的劳动法,存在大量法律现象,难以被直接区分为私法或公法。因此,公私法之区分还不能被称为完备理论,法律世界中仍有大量既存现象无法仅以一种规范得到定义。

梁治平教授曾将罗马之政教分离比作灵肉分离。[48] 笔者认为,或许可以借用此比喻以解释公私法二分——公法与私法互为相互独立的"灵"与"肉",其区分为必然,但"灵"与"肉"始终无法完全割裂看待,此即公法与私法关系的相对性。也正是此种相对性,为公私法之间的关联互动提供了可能性。

(二)公序良俗条款作为引致桥梁的正当性:包容性与非异质性

公私法关系之相对性既已从宏观角度为公私法沟通的发生展现可能性,则不妨再循此方向作进一步探讨。公法与私法之间可以发生联结,但并不必然以公序良俗条款为中介。可作为二者接轨的桥梁的规范,应当具备承载公法与私法体系核心理念的能力,即接轨规范应当具有兼容性,适于公法与私法环境。就公序良俗中之"公共秩序原则"而言,其似乎带有公法色彩,可将发生于民法内部的规范需求转向公法体系,但与之相伴的问题却是:以公序良俗条款为中介的公法介入,是否与民法体系相冲突?笔者认为,公序良俗条款(包括经其引入的公法规范)对民法体系而言,并非异质。故而,此种公法介入并不会导致不相容。具体理由如下:

首先,以公序良俗条款为管道引入公法规范与民法规范的目标同向。

在侵权责任构成中引入公法规范,乍看之下似乎与私法自治理念相悖,毕竟一般情况下,公法规范以管制为目标,而民法却以自治为根本追求。正因如此,公序良俗对私法自治空间造成限缩,是对私法自治的限制。

---

〔48〕 参见梁治平:《寻求自然秩序中的和谐:中国传统法律文化研究》,商务印书馆2013年版,第24页。

从形式上看,前述说法似乎准确。但若往深层理解公序良俗条款,却可以作另一番解释。民法以私法自治为根本理念,民法领域内的私主体享有充分的意志自由,因此,私主体得以享有权利,并自由行动。在每个人都以适法行动行使权利的情况下,行动自由与民事权利并非矛盾,二者可以说是私法自治中一体两面的问题。基于此,民法中已经设置了大量规范以授予权利,并保障权利行使,合同法、物权法便是作出此种规范的典型例子。

但在行为自由损害民事权利时,便会发生行为自由与权利保护之间的冲突。正是在此意义上,所谓私法自治,应当是指私主体可自主进行社会事务而不受不当干预。在行为自由与民事权利发生冲突时,如何权衡二者之间的关系是民法所要解决的问题,合同法中关于违约处理的规定以及侵权法正是致力于此。因此,侵权法既需要保障民事权利,也需要保留民事主体行动自由的空间。在侵权法中适用公序良俗、进而引入公法规范,看似是以管制手段限制了民事主体的行为自由,但本质上其实是通过责任认定的方式界定行为自由的界限,并保障民事权利。因此,若谈及公序良俗是对私法自治空间的压缩,毋宁说公序良俗借助公法管制手段支撑私法自治——绝对的自由意味着不存在自由,正是此意。

其次,经由公序良俗条款引入的公法规范所保护的权益,与民法保护的权益趋同。

公序良俗条款是民法的公序良俗条款。换言之,公序良俗既是置于民法中的条款,理应具有私法属性,应以私法视角、从私法内部展开对公序良俗的考察。[49] 民法体系所保护的权益以私主体之间的私益为限,与之相反,公法却往往表现为保障公共利益以及与国家权力相对的个体权利。如此看来,似乎民法与公法在利益保护类型上,存在本质上的差别。但细看公法规范,却会发现其中同样留有私法意义上的私益存在的余地。如《环境保护法》通过规定"三同时"制度,[50] 既能实现污染预防、维护环境公益的目的,也可以间接影响私主体

〔49〕 参见侯佳儒:《民法基本原则解释:意思自治原理及其展开》,载《环球法律评论》2013 年第 4 期。

〔50〕 《环境保护法》第 41 条规定:"建设项目中防治污染的设施,应当与主体工程同时设计、同时施工、同时投产使用。防治污染的设施应当符合经批准的环境影响评价文件的要求,不得擅自拆除或者闲置。"

与环境相关的人身权益与财产权益。

究其本质,公共利益、公法关系中的权利以及民法私益,都是以“人”为立足点的。若是置于法学研究中高度抽象的“人”身上看待,则会因法律关系之差异而显现出巨大差异,使3种利益难以相互联系;但若将“人”具体化并置于具体生活情境中,则会发现3种利益往往汇集于同一个“人”身上,任何一种利益的变化,都有可能引发其他利益增减。就此而言,公法上的利益变动,也有可能引发私法上的权益变动。因此,公法或以保障公共利益以及公法关系中的权利为基础,但也存在对民法私益的反射效果。

但问题不止于此。除权益保护类型上的差异外,公法与私法在利益保护优先性上也并非统一。民法以私益保护为限,但公法却更强调公共利益优先。即便是公法领域的各部门法中,公共利益与私人私益之间的张力问题也时常凸显,一旦由公序良俗条款引导公法规范介入私法领域,问题必定更加突出。

处于民法规制范围内,公法所呈现的利益追求也应当予以适当调整——承认私益保护的优先性,甚至是私益保护的根本性。正是基于此,德国《民法典》第823条在侵权责任违法性要件的设计中,采用“违反保护他人之法律”的表述,即与民法接轨而在侵权责任认定中发挥效力的公法规范,必定是具备私益保护面向的,仅保护公益的公法规范被排除在外。就此而言,公序良俗及其在侵权法中的具体化——违法性要件,不仅充当了公私法接轨的通道,更是在实践中发挥“筛选器”的功能,以此识别、过滤与民法理念不相容的公法利益保护规范,使进入私法领域中的公法规范得以在利益保护问题上保持一致。

如此看来,公序良俗条款作为立法技术的体现,对其判断远不能说是没有价值倾向的。公序良俗条款具有形式上的开放性,但私法核心价值始终是其内核——这也是其处于民法体系内应有的坚持。因此,无论是立法者、司法者还是理论研究者,均须以克制的态度对待公序良俗,尤其是经由公序良俗引入的公法规范。如此,公序良俗才不至于在民法体系内成为异质的存在。

值得注意的是,本文讨论公序良俗于民法体系而言是否异质的问题,其中隐含的前提是其具有包容性,即公序良俗的兼容性问题包含两层含义:一是包容性,可包容公法与私法同时存在的可能性;二是非异质,意味着公序良俗作为接轨规范对于接轨的任一端而言,都是非异质的,公序良俗可适于不同的规范环境。就公序良俗的包容性而言,或许结合其他规范进行对比可以形成更好的理解。以《环境保护法》第64条[51]为例,该条规定了依照侵权法承担侵权责任的情形,似乎在民法体系外提供了引致的情形。但就文义层面来看,该条已经明确指向了适用侵权法,其中并不包含适用公法规范的可能性,也不带有公法理念的影子。这种在立法时已作出明确选择的规定,本质上只是对法律适用情况作出指示,即便没有该条款的存在,对于因污染环境造成损害的情况,还是应当回归侵权法中寻找依据。可见,指向过于明确、内容过于清晰的法律规定,并不具有包容公私法存在的余地、不具有怀疑兼容性的空间,也就无从谈起将公法规范引入私法体系、发挥引致功能了。

(三)公法介入的克制态度:公法规范之转化

如前所述,在侵权责任认定中,法院还须在公法中寻求判决依据,但问题在于,寻得的公法规范是如何适用于司法裁判中的——直接适用,或是通过其他途径加以转化方能适用?此处涉及对侵权责任违法性要件的分析,是继探讨公私法联结以及公序良俗条款作为中介之可能性后,以更微观的视角对公序良俗引致功能的合理性进行追问。

违法性要件虽引入公法规范参与侵权责任认定,但尤须注意的是,无论如何违法性要件仍是侵权责任一般条款的构成要素,即"法律的构成要件"。而在司法实践中,法院在进行侵权责任认定时,则须对照法律的构成要件将生活事实加工为"作为陈述的案件事实",[52]此时所谓违法性要件是对规范意义上之侵权行为的事实描述。换言之,在司法裁判中,违法性要件最终须转化为案件事实,经由违法性要件引入的公法规范也旨在辅助确认侵权行为存在之事实——对侵权行为是否具有违法性,是应当经过当事人举证、质证的,也是可被推翻的。因此,此时公法规范作用于事实认定阶段,而非法律适用阶段。公法规范须经过加工转化为可被侵权法一般条款消纳的案件事实,此为公法规范转化的第一层含义。

但是,公法上之不法事实,在侵权责任认定中又充当何种角色?刑法学界

---

[51] 《环境保护法》第64条规定:"因污染环境和破坏生态造成损害的,应当依照《中华人民共和国侵权责任法》的有关规定承担侵权责任。"

[52] 参见[德]卡尔·拉伦茨:《法学方法论》,陈爱娥译,商务印书馆2003年版,第160~161页。

中针对行政犯提出层次性理论，[53]笔者认为，或许可借助该理论对侵权责任认定中的违法性问题进行说明。刑法上的层次性理论认为，行政犯中的法律事实可二分为行政不法事实以及犯罪事实。由于两者之间存在巨大差异，行政不法事实还需要结合“特定犯罪构成要件事实”才能最终构成行政犯。

同样地，侵权责任中的法律事实，实际上也包含两层含义：公法上的不法事实以及侵权事实。其中，前者由公法规范确认，而后者则须以侵权法上的规范加以认定，也就是最终构成侵权责任认定基础的案件事实。之所以对公法上的不法事实与侵权事实作出区分，是因为公法不法性与侵权责任认定中的行为注意义务并不相同。在规范客体方面，公法以公共利益的保护优先，[54]而侵权法则专于私益保护；公法以预防风险为目的，采取事前预防手段为主，也因此多表现为禁止性规范，而侵权法则更具有事后救济法的属性——其预防功能一直有争议，其固有手段也表现为损害赔偿。此外，公法与侵权法对社会行为之规制还有一处重大差异：公法（以行政法为代表）以国家（行政主体）为规范使用主体，因此在规范设计时往往从宏观角度对公法行为类型化（如行政许可、行政强制）并加以调控；但侵权法以救济、损害填补为主要目的，因此强调具体情境下个体利益的保护。公法与侵权法之间的差异导致二者在行为标准上的差别，应当说，侵权法具有更高的行为标准。据此，违反公法上的行为标准并不能直接作为侵权法上责任认定基础。

由此，公法上的行为违法性确定只具有初步意义，最终侵权责任的认定还

〔53〕 参见陈瑞华：《行政不法事实与犯罪事实的层次性理论　兼论行政不法行为向犯罪转化的事实认定问题》，载《中外法学》2019年第1期。

〔54〕 在“公序良俗作为引致桥梁的正当性：包容性与非异质性”部分，笔者曾提及进入民法体系中的公法规范所“呈现”的利益追求应当予以调整，也就是承认私益的优先性甚至是根本性，似乎与此处说法相矛盾。但实际上，前文意在强调被引入民法体系内的公法规范“表现”出不同的利益追求，即在公序良俗原则与违法性要件的指导下，进入私法领域的门槛在于必须是“违反保护他人之法律”，是具有保护私益的可能性的，仅保护公共利益的公法规范不能被引为依据。但本文并不否定公法的目标为管制、保护客体以公共利益为优先，也不认为公私法接轨必须并且能够改变公法的核心理念。果真如此，公法之性质也将发生改变，便无所谓公私法之区分，公序良俗原则的引致功能也将无从谈起。因此，在本部分提及公法以公益保护为优先，本是对公法之内核的描述，与前文并不矛盾。

需结合侵权法规范中的其他要素。易言之,公法上之不法事实还须结合侵权法之特定构成要件事实——对责任主体的要求、过失推定、特定因果关系模式等,才能构成侵权事实,如在产品责任认定中,产品虽符合相关标准但仍造成消费者人身、财产损害的,行为人不能以此为抗辩主张全部免责。经由生活事实与公法规范建构的公法不法事实,仍须经过一系列要件事实配合方能转化为侵权事实,此为公法规范转化的第二层含义。

由公序良俗引入的公法规范须通过层层转化方能成为侵权责任认定的基础,其立足点之一,在于公私法之间的差异,此种差异需经过立法技术的控制才得以弥合;立足点之二,则是为了保持公法介入的克制,从而保持私法领域的独立性、维护私法自治。如果说引致功能的发生基础在于公私法关系的相对性,公序良俗作为引致桥梁的合理性在于其包容性与非异质特性,那么,公法规范最终得以通过违法性要件成为侵权责任认定基础,则有赖立法过程中的价值判断与立法技术的调整。

四、公序良俗条款引致功能的侵权法解读

侵权法对公序良俗之引致功能的特别设定——公法对私法产生效力,以及其正当性基础已被知悉,但其功能如何在具体规范环境下发挥实效却仍有待探究。既然违法性要件与违背公序良俗相互关联,可视作公序良俗在侵权法中的具体化,则对公序良俗引致功能的侵权法解读,也应围绕违法性要件展开。

但在此之前,还须先明确本文对公序良俗引致功能的规范解读的立场:本文并非立意于追求立法者原意——且不说民法作为哈耶克所称"自我生成秩序"的产物,立法者只是"发现"民法规范,即便是认为民法规范实际上必定受立法者主观影响,但此种立法原意是否具有可获得性,也不免存疑。因此,探讨侵权法语境下公序良俗的规范体现与功能发挥,应当立足于民法文本之语义、体系本身,并结合研究者之主观判断。[55] 基于此,本文将以侵权法"解读"的视角看待公序良俗的引致功能,而非以侵权法"表达"——更具有探寻立法者原意倾

---

〔55〕 有学者将规范解释的主要倾向归纳为"作者中心论""读者中心论""文本中心论"。参见侯佳儒:《将民法视为文本:寓意、问题和启示》,载《人大法律评论》编辑委员会组编:《人大法律评论》2018 年第 2 辑(总第 27 辑),法律出版社 2018 年版,第 209 ~229 页。

向的方式展开研究。

(一)公序良俗引致功能的积极意义

公序良俗可为侵权行为认定引入公法规范,从而为客观注意义务的判断提供更多行为标准,这一点已在前文有所论述。进言之,这是公序良俗可用以补足侵权法主体行为预期性的功能。[56] 一方面,经由公序良俗引入的公法规范,因常表现为禁止性规定,而为规范对象提供了更明确的行为标准,由此在公法领域中的诸多行动均有迹可循,将公法中更清晰、具体的行为标准引入民法领域,无疑将有助于侵权法行为主体预期其可采取的行为,以及评估其行为是否具有适法性。以《道路交通安全法》第21条[57]为例,该条已明确规定驾驶人的机动车检查义务,因此,如果驾驶人驾驶具有安全隐患的车辆并导致事故发生,便可据此认定行为人具有行为违法性(由于我国侵权法一般条款中未规定违法性,在实务中往往表述为"过错")。[58] 另一方面,由于侵权法转介条款中对保护性规范的表述为"保护他人之法律""以保护他人为目的的法律",行为主体对其行为侵害人是相对可预料的——保护性规范已就保护群体划定大致范围,如依据《消费者权益保护法》的规定,生产者、销售者所负有义务均指向消费者,一旦消费行为发生,潜在的消费权益主张者便可被知悉。就某种程度而言,侵权法借由公序良俗引入民法外规范,使得权益保护与行为自由之间不至于过分失衡——既然侵权法主体在行动之前已具有了解行为界限的条件,则私主体具

〔56〕 也有学者从法院实务的角度出发,认为保护性规范的引入将有助于法院减轻侵权行为认定成本。其实质也在于指出引入公法规范将使侵权行为的各要素更明确。参见简资修:《违反保护他人法律之过失推定:经济功效与司法仙丹》,载《政大法学评论》2003年第75期。

〔57〕 《道路交通安全法》第21条规定:"驾驶人驾驶机动车上道路行驶前,应当对机动车的安全技术性能进行认真检查;不得驾驶安全设施不全或者机件不符合技术标准等具有安全隐患的机动车。"

〔58〕 在"葛某斐诉沈丘县汽车运输有限公司、中国人民财产保险股份有限公司周口市分公司、中国人民财产保险股份有限公司沈丘支公司道路交通事故损害赔偿纠纷案"中,二审法院认为,当事人在驾驶车辆码表已损坏的情况下,违反《道路交通安全法》第21条的规定,将具有安全隐患的车辆驶入高速公路,并未能采取有效措施避免事故发生,法院由此认为当事人对事故的发生具有预见可能性。参见《最高人民法院公报》2010年第11期。

备以适法方式自由行动的可能性，民事规范并非无端侵入私主体行为自由领域中。

分析至此，却并非全然解决了公序良俗在侵权法语境下的功能问题——公法规范固然在侵权法中具有重要作用，但其地位是否不可替代？换言之，民法规范为何不自行设定更为精确、丰富的行为标准，而将此任务转交民法外规范？公序良俗在侵权法中的引致功能是否具有必然性？对此问题的解答似乎不能从民法体系内部寻得，或许还须立足于法体系看待公私法各自功能。

就公法规范而言，公法往往表现出极强的目的导向性，公共政策得以反映在其中，由此公法规范具有两个特点：其一，以行为规制为目标，且风险预防功能突出，因此，公法规范对社会事务中多种类行为均予以全过程关注，从行为预防、行为过程至行为结果产生，公法规范均有相应规定，并且此种规定还具有内容上的细致性，以量化数值的形式表现出来的技术标准便是其中一例。就此而言，公法规范对行为义务进行了更全面而仔细的规定。其二，由于公法规范须反映公共政策内容，因此公法体系中设置了多层级规范，以行政法为例，从行政法律、行政法规，到各类规章，不仅形式上具有多样性，且规范层级上也具有灵活性——对待新型问题，以较低层级规范先予立法，经过实践检视后再上升为较高规范层次的现象并不少见。因此，公法规范具有时常更新的特点，并且相对于民法规范而言，其行为依据来源更广泛。故而，公法处于相对动态变化的规范体系中。

反观民法规范，却呈现相对静止的体系样貌。民法既然是社会中自发形成的私法规范，民法的发展自然应当与社会变化紧密贴合，但以法典形式或单行法律形式固定民法核心的做法，在某种程度上，反而成为桎梏，原因之一在于单行法律、法典虽具有安定性，但始终难以兼顾法律素材的完整性；至于立法者寄希望于通过用语精准、逻辑严密、体系完整的民事法律/民法典使私主体对其行为产生合理预期，此一期望更加难以得到保证，毕竟民法的形式理性若不具有因应现代社会，尤其是风险社会中迅速且突发的变化的内核，民事主体的预期展望只会深受形式理性的束缚，可谓适得其反——无怪乎自萨维尼[59]起便有反对民法典立法的呼声。这一问题已足以影响民法规范的适用，须在立法时便

---

〔59〕 参见[德]萨维尼：《历史法学派的基本思想》，郑永流译，法律出版社2009年版，第10～16页。

得到足够重视。

可见,公私法规范之间有其固有差异,但此种差异也隐含了二者进行功能互补的可能性——公法规范的强行为规制性、灵活性、内容细致、更新常态化等,都恰好是民法规范所缺乏并需要补足的。发展至当代,公私法的关系问题早已不是如何作出泾渭分明的区隔,而是如何协调沟通以发挥最大效用,"一法律(领域)如何经由公法条文与私法条文之搭配,而发挥最适规范效力",[60]以法体系的整体视角看待公私法关系,才是现代法制建设中应当具备的目光。公序良俗条款正是对此立法需求的回应。民法之形式已被固定为法典,但立法者仍可利用立法技术,在立法时便预留民法外规范进入自治领域的空间。公序良俗条款通过架设公法进入私法领域的通道,使公法规范成为外接于民法体系外的规制规范,民法体系可在不作大幅变动的情况下,不断丰富其内容。

在侵权法中,公序良俗的引致功能也可作同等解释。公序良俗在侵权法中具体化为行为不法性,并通过引入民法外的规范,而实现侵权行为规制。在此种做法下民法依然可以固守根基,也不会损害民法之形式理性,但同时亦可顺应社会发展,保持更新。

总而言之,公序良俗在侵权法中的功能体现,其一,在于补足侵权法主体的行为可预期性,这是公序良俗作为公法规范之载体所具有的工具价值;其二,在于通过公私法功能互补以及沟通关联,补足民法规范在适应性上的缺憾,保证民法体系与现代社会发展同步,这也是公序良俗引致功能更具根本性、决定其不可替代性的一面。

(二)公序良俗引致功能的消极一面及对策

公序良俗引致功能之积极面向已被阐明,但实务中尤有值得注意的倾向:在我国侵权法中,虽然并未规定违反保护性法律之行为类型,但在违法性采狭义理解的情况下,其含义也近似于违反保护性法律,再加上侵权法保障范围的限制,我国侵权法在确定"违反强制性规范"之范围时,同样需要考虑规范目的,对法规范所欲施以保障的权益类型作出区分。此种区分似乎在理论上并不困难,但在实践中,如何判断某法律规范是否保护个体私益、是否仅保护公共利益,却并非易事。在公共利益与个体利益息息相关的当代社会中,若轻易判断某规范只涉及公共利益的保护,似乎将显得说服力不足——个体利益保护的重

[60] 翁岳生编:《行政法》(上册),中国法制出版社2009年版,第113页。

要性已经日趋凸显,不为个人提供保护的规范实际上少之又少。此为其一。此外,既然在实在法规范中,存在为数不少涉及私益保护的公法规范,则是否所有公法规范均能进入私法领域发挥效力?就此而言,目的解释的作用有限。

对于前述第二个问题,实际上涉及公法介入私法领域的妥当性问题,即在特定情况下民法外规范与侵权法规范之联结是否具有合理性。这种以规范为判断依据,但以侵权法整体甚至是规范整体为考察视角、综合考虑多种因素的个案判断,本质上属于政策判断,其中必定融入了判断者关于公私法衡量的价值判断。在此处,或许会产生疑问——对法规范的判断是否应当"掺杂"判断者的价值标准。对此疑问,有主张"立法者仅仅修正3个字,整座图书馆即成为废纸堆"[61]者,也有提倡法律职业者具有技术素养仅是必备条件,一定的实践智慧、审慎品德、对正确选择的杰出洞察力等是法律人群体应当具备的才能[62]者——法律并非由技术规则堆砌而成的文本。显然,法学并非完全脱离于价值判断的学问,从立法至执法、司法,均有法解释者进行价值判断的余地,因此,与其探讨法学中是否应当存在价值判断,倒不如将研究重点转向如何使价值判断具有客观性。

在法律解释中,若要限制解释者的恣意,确保价值判断具有客观性,则须确定特定"价值"为核心,[63]围绕该核心展开研究活动。就此而言,要解决经由公序良俗进入侵权法体系的公法规范是否具有妥当性的问题,也应先确定一以贯之的核心价值——公法规范与私法规范秉持相异的价值体系,若在考虑公法介入合理性问题时不以确定的价值选择作为支撑,恐怕会陷入价值判断左右摇摆的境地。笔者认为,公法介入私域既以实现私法目的为出发点,公法之效力发挥也处于私法领域且实际受私法规则限制,因此,在价值判断中,应选择私法价值作为核心。

---

〔61〕 [德]冯·基尔希曼:《法学作为科学之无价值性》,谢良骏等译,台北,元照出版有限公司2019年版,第105页。作者旨在抨击当时概念法学依靠纯粹逻辑推演获得法律解释,而未对法学发展之现实状况、法规则的个别性予以足够关注。其实质已经暗含了"法学"与"价值"之间的关联。

〔62〕 参见[美]安索尼·T.克罗曼:《迷失的律师:法律职业理想的衰落》,田凤常译,法律出版社2010年版,第3~4页。作者也称为"律师政治家理想"。

〔63〕 参见杨仁寿:《法学方法论》,中国政法大学出版社2013年版,第227页。

由此,以私法价值为核心观照公法规范之介入,便能发现公序良俗引致功能之两面性:其既能发挥扩大侵权责任认定中的行为标准来源、在维持民法体系之相对稳定的同时保持活力的功能,也将导致公法规范对私法自治的干预、对私法自治空间的压缩,尤其在公法规范蕴含公共政策倾向的情况下,公权力主体(特别是行政主体)的意愿更有可能经由公法规范介入私法领域中。实际上,这也是长期以来民法学者所讨论的话题——所谓私法自治,原本便意在强调市民社会与政治国家之间的区分与相互独立。

公序良俗引致功能的消极一面并非指出公法介入是不当的,相反,公序良俗引致功能具备两面性意味着公法介入是必需的,应被警惕的是公法的不当介入。换言之,对于民法外规范与侵权法体系之间的关联,应当经过深思熟虑,并且足够谨慎。

故而,在侵权法语境下适用公序良俗引入公法规范,须借助政策判断,用以考量在具体个案中公法规范介入是否具有必要性,以及此种程度的公法介入是否会对私法自治造成不合理的限缩,此种判断,本质上是对具体情境下公法介入与私益保护孰轻孰重的判断——手段与目的之间的衡量。鉴于此,或许比例原则有其适用余地。

“比例原则是一种实质的——指导法官具体法规范的——法原则。”〔64〕通说认为,比例原则包括3项子原则,分别是适当性原则、必要性原则以及狭义比例原则,其关注重点,恰恰在于手段与目的之间的均衡性。以比例原则看待公序良俗在侵权法中的公法介入合理性问题,则意味着侵权法中引入公法规范,应当考量以下3项内容:(1)引入公法判断民事主体是否具有行为违法性,是否有助于实现私益保护的目的;(2)在有其他法规范,包括公法规范与私法规范可供引用的情况下,被选择适用的公法规范是否对私法自治(民事主体行为自由)损害最小;(3)引入公法规范对私法自治(民事主体行为自由)所造成的损害,不得超过公法介入所追求的私益保护。诚然,判断上述3项内容并非易事,如果说私益保护——从其反面来看,实际上表现为被侵权人的人身、财产损失,尤有量化数值的可能性,则所谓行为自由、私法自治的评估似乎全凭法官主观臆测,对司法恣意的限制、价值判断客观性的达成都无从谈起。但是,比例原则的

〔64〕 参见[德]卡尔·拉伦茨:《法学方法论》,陈爱娥译,商务印书馆2003年版,第285~286页。

引入,其价值或许并不在于对目的与手段进行精确比较——即便是在适用于德国行政法的情况下,行政行为所欲实现的公益,与受损害的公民利益之间也无法量化,之所以引入该原则,意义更在于敦促司法者对公法介入保持克制、谦抑的态度,在个案中决定是否引用某保护性规范前,应当“三思而后行”,对公法介入的目的与后果作出比较,尔后再作抉择。

The Referral Function of Public Order and Good Custom Clause
—From the Perspective of Tort Law

LI Zhimei

Abstract: In the context of the public-private integration order, the need for private law autonomy and the complementary functions of public and private law is increasingly prominent. Public order and good customs, as a abstract concept in civil law, can be used as a bridge between public and private law. Public order and good customs has the possibility of application in tort law, and the public law norms are introduced into the field of private law by including the concept of unlawfulness. The function of public order and good customs depends on the relativity of the relationship between public and private law, the tolerance and non-heterogeneity of public order and good customs, as well as the value judgment and the adjustment of legislative techniques in the legislative process. The introduction of public law norms through public order and good customs has its positive side, but it should also be restrained.

Key words: Public order and good customs; Unlawfulness; Public-private integration

《人大法律评论》稿约

《人大法律评论》是在中国人民大学法学院支持下，由法学院学生自主创办、独立编辑并公开出版发行的学术出版物，现为中文社会科学引文索引（CSSCI）来源集刊。

《人大法律评论》初创于2000年，现包含“专题研讨”“论文”“评论”等板块，新设有“法哲学专题”“公法专题”“博士论文精华”等特色板块。

欢迎海内外专家学者、优秀学子惠赐稿件，来稿原则上在1万至2万字，特别优秀的稿件，可以不限字数。《人大法律评论》线上投稿系统现已正式启用，网址为：https://rdfl.cbpt.cnki.net/。

来稿请附中、英文标题和摘要（300字之内）、关键词（5个以内），并于线上投稿系统中填写作者个人简介（包括姓名、单位、职务或职称、地址、联系电话、电子邮箱）。关于注释规范，请参见后附注释体例。

《人大法律评论》实行匿名三审制，编辑部收到稿件起3个月内向作者通报审录结果，每稿必复。

《人大法律评论》崇尚学术自由、严守学术规范。一旦发现作者一稿多投、抄袭或者存在其他严重学术不端行为的，本评论将向其所在单位、主管机关、学术团体及新闻媒体通报情况，并保留追究其法律责任的权利。

为了扩大本评论及作者知识信息交流渠道，除非作者在来稿时声明保留，则视为同意《人大法律评论》拥有以非专有方式向第三人授予已收录作品电子出版权、信息网络传播权和数字化汇编、复制权，以及向《中国社会科学文摘》《高等学校文科学术文摘》和中国人民大学书报资料中心《复印报刊资料》等文摘类刊物推荐转载已收录作品的权利。

《人大法律评论》编辑部

《人大法律评论》注释体例

一、文中注释一律采用脚注,全文连续编号。

二、非直接引用原文的,注释前加“参见”;引用非原始资料时,请注明“转引自”。

三、引用同一文献的,无论两个注释是否相邻,均应列出完整的文献信息,避免使用“同上”“同上书”表述。

四、表格的表号和表题在表身上方,插图的图号和图题在图形下方。图表制作应当使用可在文档中编辑的制图软件,勿使用截图。

五、注释及参考文献范例

(一)著作、教材类

(1)个人专著

[1]《习近平谈治国理政》(第4卷),外文出版社2022年版,第24页。

[2]龚祥瑞:《比较宪法与行政法》,法律出版社1985年版,第255页。

(2)多位作者专著

[1]胡锦光、韩大元:《中国宪法》,法律出版社2018年版,第89页。

(3)主编等其他著作方式作品

[1]佟柔主编:《中国民法》,法律出版社1990年版,第67~75页。

(二)论文类

[1]苏永钦:《私法自治中的国家强制》,载《中外法学》2001年第1期。

[2]王利明:《合同无效制度》,载《人大法律评论》编辑委员会组编:《人大法律评论》2012年卷·第1辑,法律出版社2012年版,第67~91页。

[3]梁君瑜:《行政诉权研究》,武汉大学2017年博士学位论文,第36页。

[4]姜明安:《新时代中国行政法学的转型与使命》,中国法学会行政法学研究会2018年年会论文。

（三）文集类

[1]尹田：《法国合同责任的理论与实践》，载梁慧星主编：《民商法论丛》第 3 卷，法律出版社 1995 年版。

（四）译作类

[1][古希腊]亚里士多德：《政治学》，吴寿彭译，商务印书馆 1983 年版，第 54 页。

（五）报纸

[1]张志铭：《何谓法律真实？》，载《人民法院报》2002 年 3 月 15 日，第 3 版。

（六）古籍类

[1]（西汉）司马迁：《史记 · 商君列传》，中华书局 1959 年版，第 2229 页。

[2]《清实录》卷二四五。

（七）辞书类

[1]《新英汉法律词典》，法律出版社 1998 年版，第 24 页。

（八）网络资料类

[1]洪明思、钟法：《5 位律界“大咖”成为杭州中院首批“律师调解员”》，载杭州网，http://ori.hangzhou.com.cn/ornews/content/2017-11/11/content_6712391.htm。

[2]刘松山：《失信惩戒立法的三大问题》，载微信公众号“中国法律评论”2019 年 11 月 19 日，http://mp.weixin.qq.com/s/wA3Jj923WNctVATeSKIhCw。

（九）裁判文书类

[1]北京市海淀区人民法院民事判决书，（2018）京 0108 号民初 142 号。

（十）案例类（案例中出现的姓名、名称需匿名化处理）

[1]“田某诉北京科技大学案”，北京市海淀区人民法院行政判决书，（1998）海行初字第 142 号。

[2]“荣某某诉王某、永诚财产保险股份有限公司江阴支公司机动车交通事故责任纠纷案”，最高人民法院指导案例 24 号（2014 年）。

[3]“陆某某诉南通市发展和改革委员会政府信息公开答复案”，载《最高人民法院公报》2015 年第 11 期。

（十一）英文类

[1]L. Fuller, *The Morality of Law*, Yale University Press, 1969, p. 143.

[2]Randolph Quirk et al., *A Comprehensive Grammar of the English Language*, New York, Longman Inc., 1985, p. 1140.

[3]Mark Greenburg, *How Facts Make Law*, 10 Legal Theory 157 (2004).

[4] H. L. A. Hart, *Jhering's Heaven of Concepts and Modern Analytical Jurisprudence*, in Eaasys in Jurisprudence and philosophy, Oxford University Press, 1983, p. 269 - 270.

(十二)德文类

[1]Claus Roxin, Strafrecht Allgemeiner Teil, band Ⅰ, 4. Aufl. 2006, § 15 Rn. 19.

[2]Benjamin Vogel, Rechtsgüterschutz und Normgeltung, ZStW 129(2017), S. 630, 632.

(十三)法文类

[1] Marc Chevallier, *L'État de droit*, Montchrestien, 4eéd., Paris, 2003, p. 16 - 29.

[2]Marc Poisson, «Le droit de la mer», *RGDIP*, p. 15 - 47.

(十四)日文类

[1]喜多了祐『外観優越の法理』(千倉書房,1977 年)215 頁。

[2]我妻栄 = 有泉亨『民法総則物権法(法律法体系・コンメンタール篇)』(日本評論社,1950 年)31 頁。

[3]於保不二雄「付加物及び従物と抵当権」民商法雑誌 29 巻 5 号(1954 年)1 頁以下。